Georg Herzwurm

Wissensbasiertes CASE

Georg Herzwurm

Wissensbasiertes CASE

Theoretische Analyse
Empirische Untersuchung
Entwicklung eines Prototyps

Mit einem Geleitwort von Paul Schmitz

Die Deutsche Bibliothek - CIP-Einheitsaufnahme

Herzwurm, Georg:
Wissensbasiertes CASE : theoretische Analyse, empirische
Untersuchung, Entwicklung eines Prototyps / Georg Herzwurm.
Mit einem Geleitw. von Paul Schmitz. - Braunschweig ;
Wiesbaden : Vieweg, 1993
  ISBN-13: 978-3-528-05298-0   e-ISBN-13: 978-3-322-86446-8
  DOI: 10.1007/978-3-322-86446-8

Das in diesem Buch enthaltene Programm-Material ist mit keiner Verpflichtung oder Garantie irgendeiner Art verbunden. Der Autor, die Reihenherausgeber und der Verlag übernehmen infolgedessen keine Verantwortung und werden keine daraus folgende oder sonstige Haftung übernehmen, die auf irgendeine Art aus der Benutzung dieses Programm-Materials oder Teilen davon entsteht.

Gedruckt auf säurefreiem Papier

ISBN-13: 978-3-528-05298-0

Für meine Frau, Marina

Geleitwort

Infolge der zunehmenden Komplexität rechnergestützter betrieblicher Informationssysteme bei gleichzeitig gestiegenen Qualitätsanforderungen sind in den letzten Jahren verstärkt Bemühungen zur Automatisierung des Software-Entwicklungsprozesses zu verzeichnen. Die unter dem Schlagwort "Computer Aided Software Engineering (CASE)" entwickelten Methoden und Werkzeuge haben jedoch in der Praxis die
teilweise sehr hohen Erwartungen bislang nicht erfüllt. Eine wesentliche Ursache
hierfür ist die Tatsache, daß die gegenwärtigen CASE-Werkzeuge zwar die Durchführung administrativer Tätigkeiten des Software-Entwicklers unterstützen, aber nicht
das zur Software-Entwicklung erforderliche Fach- und Erfahrungswissen bereitstellen. Die systematische Berücksichtigung und explizite Repräsentation von diffusem
Expertenwissen in einem begrenzten Bereich ist eine Aufgabe, die in anderen Anwendungsgebieten bereits erfolgreich von wissensbasierten Systemen wahrgenommen wird.

Wissensbasiertes CASE ist der Versuch, dieses Wissen über die Software-Entwicklung in moderne CASE-Werkzeuge zu integrieren. Durch die Symbiose von wissensbasierter Technologie zur Bereitstellung von Fach- und Erfahrungswissen einerseits und konventionellen CASE-Werkzeugen zur Automatisierung von Routine-
tätigkeiten andererseits soll eine Vielzahl der bestehenden Probleme der Software-
Entwicklung beseitigt werden.

Die vorliegende Arbeit erforscht das Potential des wissensbasierten CASE und untersucht, inwiefern diese Technologie bereits in die Praxis umgesetzt werden kann.
Zu diesem Zweck werden u. a. auf der Basis einer umfassenden empirischen Untersuchung etwa 300 existierende wissensbasierte Systeme im CASE analysiert und im
Hinblick auf ihre Einsatzmöglichkeiten klassifiziert.

Der Verfasser stellt ein Konzept zur wissensbasierten Methodenunterstützung im
CASE vor und belegt dessen Machbarkeit durch die Implementierung eines eigenen
wissensbasierten Systems, das in ein existierendes konventionelles CASE-Werkzeug integriert ist.

Die Ergebnisse dieser Arbeit bieten konkrete Gestaltungsempfehlungen für die Hersteller von CASE-Werkzeugen und enthalten ferner Anregungen, die insbesondere
für mit der Entwicklung von Anwendungssystemen beauftragte Praktiker von Interesse sind. Durch die wissenschaftlich fundierte Herleitung und Systematisierung der
Aussagen in Form von Thesen ist die Arbeit darüber hinaus auch für Interessenten
aus den Bereichen Forschung und Lehre empfehlenswert.

Köln, im September 1992   Prof. Dr. Paul Schmitz

Vorwort

Es existiert kaum eine Teildisziplin der Wirtschaftsinformatik, in der Forschungsvorhaben so leicht zu begründen sind, wie im Software Engineering: Die Produktivität und Qualität der Software-Entwicklung wird in Theorie und Praxis gleichermaßen als unbefriedigend angesehen, so daß Ansätze zur Verbesserung dieser Situation dringend erforderlich sind.

Aber bereits Goethe war bewußt: "Die Menschen werden durch Gesinnungen vereinigt, durch Meinungen getrennt". Obwohl das Ziel einer wirksameren und wirtschaftlicheren Software-Entwicklung allgemein akzeptiert ist, bestehen zum Teil erhebliche Meinungsverschiedenheiten darüber, wie dieses Ziel erreicht werden soll.

Auch die unter dem Schlagwort "Computer Aided Software Engineering (CASE)" in den letzten Jahren vorgestellten Konzepte für eine Rechnerunterstützung der Software-Entwicklung haben nicht die erhofften Wirkungen gezeigt, weil sie zu wenig das für die Konstruktion von Software-Systemen erforderliche (Erfahrungs-)Wissen berücksichtigen. Auf der Suche nach neuen Lösungen für die alten Probleme der Software-Entwicklung ist deshalb ein Ansatz in den Vordergrund gerückt, der bereits in anderen Gebieten zu bemerkenswerten Erfolgen geführt hat - die Technologie der wissensbasierten Systeme. Die vorliegende Arbeit basiert auf meiner Dissertation, die ich unter dem Titel "Möglichkeiten und Grenzen des Einsatzes wissensbasierter Systeme im Computer Aided Software Engineering (CASE) - Theoretische Analyse, empirische Untersuchung und Entwicklung eines Prototypen" der Wirtschafts- und Sozialwissenschaftlichen Fakultät der Universität zu Köln im Frühjahr 1992 vorlegte. Sie untersucht, inwieweit sich das Potential wissensbasierter Systeme unter Ausnutzung von Synergieeffekten mit konventionellen CASE-Werkzeugen für die Software-Entwicklung nutzen läßt.

Köln, im September 1992   Georg Herzwurm

Danksagung

Den überdurchschnittlich zahlreichen Personen, die zum Gelingen dieser Arbeit beigetragen haben, sei an dieser Stelle aufrichtig gedankt.

Besonderer Dank gebührt hierbei meinem akademischen Lehrer und Doktorvater, Herrn Professor Dr. Paul Schmitz, der mir einerseits genügend Freiheit ließ, meine eigenen Ideen zu verwirklichen und andererseits mit seinem Fach- und Erfahrungswissen durch konstruktive Unterstützung wichtige Elemente zu dieser Arbeit beigetragen hat.

Ferner danke ich herzlich Herrn Professor Dr. Dietrich Seibt, der über das normale Maß an Engagement eines Korreferenten hinaus mit zahlreichen Diskussionsbeiträgen und Anregungen dieser Arbeit entscheidende Impulse verliehen hat.

Von unschätzbarem Wert für die psychische Konstitution des Verfassers und die redaktionelle Stringenz der Arbeit waren die Bemühungen meines strengsten Kritikers, meiner Ehefrau Marina, die mit einer Erweiterung ihrer Wissensbasis über Rechtschreibung bzw. Interpunktion und Software-Entwicklung nur unzureichend entschädigt ist.

Auch die Mitarbeiter des Lehrstuhls für Informatik und des Lehrstuhls für Wirtschaftsinformatik, insbesondere Informationsmanagement, haben mir in zahlreichen Gesprächen interessante Denkanstöße vermittelt und ihre Erfahrungen weitergegeben. Stellvertretend für alle anderen sei hier Herr Dipl.-Kfm. Ralf Blankenberg genannt, dem aufgrund seines selbstlosen Engagements besondere Anerkennung gebührt.

Lob und Respekt verdienen außerdem die Geduld und Einsatzbereitschaft der Mitarbeiter von LBMS Plc. sowie der ExperTeam GmbH, allen voran Frau Dipl.-Math. Christiane Kapteina und Herrn Dipl.-Kfm. Wolfgang George, die nicht nur ihre Software-Produkte zur Verfügung stellten, sondern selbst in Streßsituationen auch noch genügend Zeit fanden, sich mit den Problemen des ExpertAssistant-Teams auseinanderzusetzen.

Selbstverständlich sind an dieser Stelle auch die Leistungen von Stefan Bordelius, Michael Kunz und Arnd Loewenich bei der Entwicklung von ExpertAssistant hervorzuheben: Sie haben vor der scheinbaren Unlösbarkeit der ihnen gestellten Aufgabe nicht kapituliert, sondern mit ihrem Erfolg alle in sie gesetzten Erwartungen übertroffen.

Köln, im September 1992   Georg Herzwurm

Inhaltsverzeichnis

Seite

Verzeichnis der Abkürzungen

AD/Cycle	Application Development/Cycle
ADV	Automatisierte Datenverarbeitung
C	Korrigierter Kontingenzkoeffizient
CAD	Computer Aided Design
CASE	Computer Aided Software Engineering
CBT	Computer Based Training
CPU	Central Processing Unit
CUA	Common User Access
DDE	Dynamic Data Exchange
DFD	Datenflußdiagramm
ERM	Entity-Relationship-Modell
ICAI	Intelligent Computer Aided Instruction
ICASE	Integrated CASE Environment
IPSE	Integrated Project Support Environment
JSD	Jackson System Development
JSP	Jackson Structured Programming
KADS	Knowledge Acquisition and Documentation System
KE	Knowledge Engineering
KI	Künstliche Intelligenz
KIM	Kölner Integrationsmodell
LOC	Lines of Code
OOP	Objektorientierte Programmierung
PC	Personal Computer
RBIS	Rechnergestütztes betriebliches Informationssystem
SA	Structured Analysis
SAA	Systems Application Architecture bzw. System-Anwendungs-Architektur
SDE	Software Development Environment
SEES	Software Engineering Environment System
SEU	Software-Entwicklungsumgebung
SPU	Software-Produktionsumgebung
SQS	Software-Qualitätssicherung
UIMS	User Interface Management System
WBS	Wissensbasiertes System

1 Einleitung

1.1 Wissensbasierte Systeme und Computer Aided Software Engineering

In Theorie und Praxis besteht bezüglich der Notwendigkeit einer Automation der Software-Entwicklung weitgehender Konsens. Dennoch ist die Qualität der bislang verfügbaren Werkzeuge als nicht zufriedenstellend zu beurteilen. Selbst die jüngste Werkzeuggeneration des Computer Aided Software Engineering (CASE) erreicht häufig nicht das Niveau der Standardsoftware in anderen Disziplinen.[1]

Als potentieller Ansatz zur Lösung dieser Problematik ist die Integration der Künstlichen Intelligenz (KI) in die Werkzeuge des Software-Entwicklers zu nennen. Die Beurteilung der generellen Leistungsfähigkeit der KI und deren Teilgebiete ist allerdings sehr differenziert und reicht von Skepsis ("Die Hälfte von dem was man über KI hört, ist nicht wahr; die andere Hälfte ist nicht möglich."[2]) bis zu Euphorie ("Tatsächlich werden Expertensysteme die Verwendung des Computers und damit das Geschäftsleben revolutionieren."[3]).

Ziel der vorliegenden Arbeit ist eine realistische Einschätzung des Potentials wissensbasierter Systeme, einem KI-Bereich, der bislang zu den in der Praxis verwertbarsten Ergebnissen geführt hat. Es wird untersucht, ob die Verwendung wissensbasierter Technologie einen Beitrag zur Lösung der aktuellen Probleme bei der werkzeuggestützten Entwicklung konventioneller Software leisten kann.

| | | Produkt | |
		Konventionell	Wissensbasiert
Werkzeug	Konventionell	Computer Aided Software Engineering	Knowledge Engineering
	Wissensbasiert	wissensbasiertes Computer Aided Software Engineering	wissensbasiertes Knowledge Engineering

Abb. 1-1:   Abgrenzung des Gegenstands dieser Arbeit

Um diese Analyse mit der notwendigen Gründlichkeit durchführen zu können, wird der Einsatz wissensbasierter Werkzeuge zur Entwicklung wissensbasierter Systeme im Rahmen des Knowledge Engineering jedoch vernachlässigt, da die spezifischen Charakteristika wissensbasierter Systeme eine gesonderte Betrachtung erfordern.

Gegenstand der vorliegenden Arbeit ist somit lediglich das wissensbasierte CASE (siehe Abb. 1-1).

1.2 Ziel der Arbeit

Sowohl zur Beurteilung der Anforderungen an wissenschaftliche Aussagen und Systeme als auch zur Auswahl adäquater Forschungsmethoden ist eine präzise Festsetzung der Ziele eines Untersuchungsvorhabens unabdingbar.[4]

Die konkrete Zielsetzung einer wissenschaftlichen Arbeit hängt jedoch u. a. vom wissenschaftstheoretischen Standpunkt ab,[5] so daß zunächst eine kurze wissenschaftstheoretische Einordnung erfolgt.

Wissenschaftstheoretische Einordnung der Arbeit

Diese Arbeit versteht sich als Beitrag zur Wirtschaftsinformatik, die sich mit der Anwendung von Computern in Wirtschaftsunternehmen[6] beschäftigt und somit eine fächerübergreifende Disziplin zwischen Betriebswirtschaftslehre und Informatik darstellt, deren Erkenntnisse auch der Überwindung der Grenzen der Einzeldisziplinen und Funktionsbereiche der Allgemeinen Betriebswirtschaftslehre mittels integrierter Informations- und Kommunikationssysteme dienen.[7]

Infolge dieser primär anwendungsorientierten Perspektive beschränkt sich das Erkenntnisziel der vorliegenden Arbeit nicht auf die Gewinnung von Aussagen, deren Wahrheitsgehalt lediglich logischer Natur[8] ist,[9] sondern strebt eine über den Einzelfall hinausreichende, intersubjektiv eindeutig bestätigte und stets erneut bestätigungsfähige Erfahrungswahrheit[10] an.[11] Eine derartige Zielsetzung erfordert die explizite Berücksichtigung der Realität bei der Ableitung wissenschaftlicher Aussagen, wobei die Vorgehensweise mit dem konkreten Erkenntnisziel eines Forschungsvorhabens korreliert.[12] Als Konsequenzen dieser unterschiedlichen erkenntnistheoretischen Standpunkte ergeben sich Methodenkontroversen und Diskussionen über die Wahl der "richtigen" Forschungsstrategie.[13]

Die Vertreter des kritischen Rationalismus[14] stellen den Begründungszusammenhang[15] als Erkenntnisziel wissenschaftlicher Forschungen in den Vordergrund und versuchen im Rahmen einer Falsifikationsstrategie mittels Widerlegung von Hypothesen[16] auf der Basis einer Konfrontation mit der Realität Erkenntnisfortschritte zu erlangen.[17]

Alternative Forschungskonzeptionen konzentrieren sich auf den Entdeckungszusammenhang wissenschaftlicher Aussagen und setzen im Rahmen einer Explorationsstrategie, z. B. unter Vernachlässigung des Repräsentativitätsaspekts[18], mittels Fallstudien, vergleichender Feldstudien oder ähnlicher Forschungsformen den Schwerpunkt auf das erstmalige Erkennen von Zusammenhängen.[19]

Schließlich wird zur Erzielung theoretischer Aussagen neben der Falsifikations- und Explorationsstrategie die Konstruktionsstrategie verfolgt, die auf die Gewinnung technologischer Aussagen anhand einer Gestaltung der Realität abzielt und somit auf den Verwertungszusammenhang wissenschaftlicher Erkenntnisse ausgerichtet ist.[20] Exemplarisch für einen derartigen Ansatz ist die sogenannte Forschung durch Entwicklung im Bereich der Informationssystementwicklung zu nennen, bei der u. a. die direkte Mitwirkung des Forschers am Gestaltungsprozeß gefordert wird.[21]

Die vorliegende Abhandlung strebt nicht die Dogmatisierung der erarbeiteten Erkenntnisse an, sondern versucht "die Schwächen bisheriger Problemlösungen herauszuarbeiten und bessere Lösungen zu erzielen, die aber stets für eine Revision offen sein müssen"[22]. Forschung wird somit als Lernprozeß aufgefaßt, bei dem die untersuchten Problemstellungen mit Hilfe theoriegeleiteter Fragen an die Realität auf der Basis von Erfahrungswissen theoretisch erfaßt, präzisiert und systematisiert werden.[23] Die strenge Dichotomie zwischen Entdeckungs- und Begründungszusammenhang wird zugunsten eines heuristischen Forschungsdesigns aufgegeben, das die Generierung neuer, das Vorverständnis erweiternder Fragen intendiert.[24] Das systematische Erfahrungswissen als Ausgangspunkt für die Konstruktion theoretischer Aussagen und deren exemplarische Verdeutlichung einerseits sowie die starke Orientierung an praktischen Erfordernissen andererseits entsprechen somit einem pragmatischen Wissenschaftsziel[25], das auf eine zweckmäßige Nutzung der gewonnenen Aussagen abzielt.[26]

Erkenntnisziele der Arbeit

Entsprechend der heuristischen Forschungskonzeption stellen theoretisch geleitete Fragen an die Realität das Fortschrittsmedium wissenschaftlicher Untersuchungen dar.[27] Die zentrale Frage im Rahmen dieser Arbeit lautet:

Welchen Beitrag können wissensbasierte Systeme zur werkzeuggestützten Entwicklung konventioneller Software im Rahmen des CASE leisten?

Die Beantwortung dieser übergeordneten Fragestellung erfordert die Untersuchung einiger Detailfragen:

- Was ist CASE und wodurch unterscheidet es sich vom "klassischen" Software Engineering? (Kapitel 2.1)

- Was sind wissensbasierte Systeme und wodurch unterscheiden sie sich von anderen ADV-Systemen? (Kapitel 2.2)

- Können wissensbasierte Systeme zur Lösung der Probleme der Entwicklung konventioneller Software beitragen? (Kapitel 3.1)

- Stellt CASE eine geeignete Domäne für wissensbasierte Systeme dar? (Kapitel 3.2)

- Welche Phasen und Aktivitäten des Systemlebenszyklus können von wissensbasierten Systemen unterstützt werden? (Kapitel 3.3)

- In welcher Form können wissensbasierte Systeme im CASE eingesetzt werden? (Kapitel 3.4)

- Welche Grenzen ergeben sich beim Einsatz wissensbasierter Systeme im CASE? (Kapitel 4)

- Wie ist der aktuelle Stand des Einsatzes wissensbasierter Systeme im CASE in Theorie und Praxis? (Kapitel 5)

- Wie können wissensbasierte Systeme in moderne CASE-Umgebungen integriert und produktivitäts- bzw. qualitätssteigernd eingesetzt werden? (Kapitel 6)

- Welchen Einfluß haben zukünftige Entwicklungen im Bereich der Informationstechnologie auf wissensbasiertes CASE? (Kapitel 7)

Adressaten der Arbeit

Art und Inhalt dieser Fragen implizieren gleichzeitig die mit dieser Arbeit angesprochenen Zielgruppen:

- Hersteller und Vertreiber von CASE-Werkzeugen, die sich für die Einsatzmöglichkeiten wissensbasierter Systeme zur Verbesserung ihrer Produkte interessieren,

- Hersteller und Vertreiber von Werkzeugen zur Entwicklung wissensbasierter Systeme, die neue Einsatzgebiete für ihre Produkte suchen,

- Praktiker, die mit der Entwicklung von CASE-Werkzeugen einerseits oder von Anwendungssystemen andererseits beauftragt sind,

- Wissenschaftler, die das Potential wissensbasierter Systeme und deren Integrationsmöglichkeiten in die konventionelle Datenverarbeitung untersuchen oder sich mit dem Thema CASE beschäftigen.

1.3 Gang der Untersuchung

Neben dieser Einleitung (Kapitel 1), der Determinierung der terminologischen Grundlagen (Kapitel 2) und einer Schlußbetrachtung (Kapitel 7), die Überlegungen zum wissensbasierten CASE der Zukunft enthält, besteht die vorliegende Arbeit aus drei logischen Elementen:

In einem theoretischen Teil (Kapitel 3 und 4) werden die Möglichkeiten und Grenzen des Einsatzes wissensbasierter Systeme im CASE systematisiert und diskutiert. Dieser Abschnitt beinhaltet subjektive Annahmen über wissensbasierte Systeme im CASE, die jedoch keinen Hypothesencharakter im Sinne genereller Behauptungen über die Realität aufweisen, sondern ihre Legitimation lediglich in dem mit ihrer Hilfe erzielten bzw. erzielbaren Erkenntnisgewinn finden und infolgedessen als Thesen bezeichnet werden.[28] Im Sinne der heuristischen Forschungskonzeption der Arbeit bilden diese Thesen zusammen mit den definitorischen Grundlagen des Kapitels 2 den gedanklichen Bezugsrahmen für die nachfolgende empirische Untersuchung.[29]

Zwecks empirischer Fundierung der zuvor entwickelten theoretischen Konzeption erfolgt in Kapitel 5 dieser Arbeit eine Bestandsaufnahme und Analyse bereits existierender wissensbasierter Systeme im CASE.

Da einerseits die Erkenntnisgewinnung in der Wirtschaftsinformatik nicht ausschließlich auf realwissenschaftlichen Analysen, sondern auch auf konstruktiver Arbeit mit Computern und Technologie-Anwendungssystemen basiert[30] und andererseits die Praktikabilität nicht implementierter Ideen bezweifelt wird[31], erfolgt zum Beleg der Machbarkeit der beschriebenen Konzeption[32] die Entwicklung eines wissensbasierten Systems zur Methodenunterstützung im CASE, die in Kapitel 6 dieser Arbeit dargestellt wird.

Anmerkungen

1   Eine Definition der in dieser Einleitung verwendeten Begriffe und die Fundierung der dargestellten Standpunkte erfolgt im Verlauf der Arbeit.

2   Partridge /KI und das Software Engineering/ 1. Interpunktionsfehler in der Originalquelle.

3   Harmon, Maus, Morrissey /Werkzeuge und Anwendungen/ 15

4   Vgl. Albert /Wissenschaftstheorie/ 4675

5   Vgl. Albert /Wissenschaftstheorie/ 4675-4677

6   Vgl. Seibt /Aufgaben der Wirtschaftsinformatik/ 8

7   Vgl. Kurbel u. a. /GI-Empfehlungen Wirtschaftsinformatik/ 225

8   "Ein Wahrheitsgehalt logischer Natur liegt vor, wenn er sich mittels formalwissenschaftlicher Denkinstrumente bei Anerkennung der Grundregeln deduktiven Schließens ohne Zuhilfenahme realer Fakten intellektuell einsehen läßt." Witte /Empirische Forschung in der Betriebswirtschafts-lehre/ 1264-1265

9   Diese "reine Erkenntnis des Seienden" stellt das Erkenntnisziel der theoretischen Betriebswirt-schaftslehre dar. Wöhe /Allgemeine Betriebswirtschaftslehre/ 34

10   Vgl. Witte /Empirische Forschung in der Betriebswirtschaftslehre/ 1264

11   In Analogie zum Erkenntnisziel der angewandten Betriebswirtschaftslehre (auch empirisch-reali-stische Betriebswirtschaftslehre genannt). Vgl. Wöhe /Allgemeine Betriebswirtschaftslehre/ 34-36

12   Vgl. Müller-Böling /Organisationsforschung/ 1493

13   Siehe hierzu Albert /Wissenschaftstheorie/

14   Siehe hierzu Popper /Logik der Forschung/

15   In Abhängigkeit vom Ziel des Forschungsvorhabens wird zwischen Entdeckungszusammenhang (Gewinnung wissenschaftlicher Aussagen), Verwertungszusammenhang (Nutzbarmachung wis-senschaftlicher Aussagen) und Begründungszusammenhang (Beurteilung wissenschaftlicher Aussagen) differenziert. Vgl. Alemann /Forschungsprozeß/ 148-149 und Wild /Methodenproble-me in der Betriebswirtschaftslehre/ 2666

16   Unter Hypothesen werden im folgenden Aussagen, die einen Zusammenhang zwischen minde-stens zwei Eigenschaften oder Variablen postulieren, verstanden. Vgl. Schnell, Hill, Esser /Methoden der empirischen Sozialforschung/ 40. Eine Abgrenzung zwischen Gesetz, Theorie und Hypothese bietet z. B. Wild /Theorienbildung/ 3889-3910

17   Vgl. Müller-Böling /Organisationsforschung/ 1494

18   Vgl. zum Begriff der Repräsentativität z. B. Schnell, Hill, Esser /Methoden der empirischen So-zialforschung/ 280-282

19   Vgl. Müller-Böling /Organisationsforschung/ 1494

20   Vgl. Müller-Böling /Organisationsforschung/ 1494-1495

21   Vgl. Szyperski, Seibt, Sikora /Forschung durch Entwicklung/ 253-269

22   Albert /Wissenschaftstheorie/ 4677

23   Vgl. Kubicek /Heuristischer Bezugsrahmen/ 12

24   Vgl. Kubicek /Heuristischer Bezugsrahmen/ 13

25   Siehe zur Gegenüberstellung von theoretischem und pragmatischem Wissenschaftsziel Kubicek /Empirische Organisationsforschung/ 29-31

26   Vgl. Kubicek /Heuristischer Bezugsrahmen/ 11-13

27 Vgl. Kubicek /Heuristischer Bezugsrahmen/ 12

28 Diese Thesen weisen den Charakter von aus Erfahrung und Beobachtung resultierenden An-
    nahmen auf und erheben daher im Gegensatz zu Hypothesen nicht den Anspruch auf eine stati-
    stische Nachweisbarkeit. Vgl. zur Konfrontation dieser Vorgehensweise mit der Vorgehensweise
    hypothesentestender Untersuchungen Kubicek /Heuristischer Bezugsrahmen/ 15-16

29 Siehe hierzu auch Kapitel 5.1.2 dieser Arbeit.

30 Vgl. Seibt /Aufgaben der Wirtschaftsinformatik/ 9

31 Vgl. Partridge /KI und das Software Engineering/ Vorwort

32 Zur Problematik des Theoriebeweises mittels Entwicklung eines Prototypen siehe z. B. Szy-
    perski, Seibt, Sikora /Forschung durch Entwicklung/ 254-255

2 Theoretische Grundlagen

2.1 Computer Aided Software Engineering

2.1.1 Begriffliche Abgrenzung

Die Suche nach geeigneten Hilfsmitteln[1] zur Erstellung rechnergestützter betrieblicher Informationssysteme (RBIS)[2] beschäftigt Wissenschaft und Praxis nunmehr schon seit über 30 Jahren.[3] Mit dem Aufkommen des Schlagwortes Computer Aided Software Engineering (CASE) hat diese Diskussion jedoch eine neue Dimension erhalten: Man spricht von einer "Revolutionierung"[4] des Entwurfs von Informationssystemen und mißt der Entscheidung über die Einführung von CASE-Systemen die gleiche Bedeutung zu wie der "Einführung der Datenverarbeitung in ein Unternehmen vor 20-30 Jahren"[5]. Betrachtet man jedoch die wissenschaftliche Literatur oder Umfrageergebnisse in der Praxis[6], so stellt man fest, daß weitgehend unklar ist, was unter der Bezeichnung CASE zu subsumieren ist.[7] Ein Grund für derartige Unsicherheiten ist auch das Marketing-Verhalten der Anbieter von Werkzeugen zur Software-Entwicklung: So wurde aus dem von Arthur Andersen angebotenen Produkt Foundation, einem "Managementinstrument für die Systementwicklung", im Lauf der Zeit eine "integrierte CASE-Lösung"[8], ohne daß sich Produktumfang oder -inhalt wesentlich geändert haben. Interpretationen von CASE als "COBOL und Generator aided software engineering", wie sie beispielsweise in einer Werbebroschüre von mbp Software&Systems GmbH zu finden sind, erscheinen ebensowenig geeignet, der Begriffsverwirrung Einhalt zu gebieten. Die drei in der Literatur verbreitetsten Ansätze zur Begriffsbestimmung von CASE werden im folgenden kurz diskutiert.

2.1.1.1 CASE als Philosophie

In der weitesten Auslegung wird CASE als Philosophie aufgefaßt. Unter Philosophie versteht man das "Streben nach der Erkenntnis von ... dem Zusammenhang aller Dinge"[9]. Bezogen auf die Software-Entwicklung bedeutet dies, daß CASE eine umfassende Denk- und Handlungsweise für die Unternehmensmodellierung und die Entwicklung von Informationssystemen bereitstellt.[10] CASE zielt in diesem Sinne nicht nur auf die Benutzung des Computers[11] als Entwicklungswerkzeug ab, sondern beschreibt darüberhinaus Zusammenhänge von der strategischen Unternehmensplanung bis zur Implementierung von RBIS.[12] Im Unterschied zum konventionellen Software Engineering bietet CASE eine schnellere und vollständigere Methode für die Bewältigung der ständig wechselnden Informationsanforderungen[13] und berücksichtigt dabei alle Aktivitäten von der Unternehmensplanung über die

Systemanalyse und den Systementwurf bis zur Codierung[14].

Bei dieser Betonung des Methodenaspekts wird nicht deutlich, daß beispielsweise der Einsatz strukturierter Techniken[15], die heute als Standard-Methoden im CASE gelten, nur durch die Entwicklung neuer leistungsfähiger Werkzeuge praktikabel wurde.[16] Erst die Automatisierung[17] der Software-Entwicklung ebnete somit den Weg für die Denk- und Handlungsweise, die im Rahmen dieser Definition beschrieben wird.

2.1.1.2   CASE als Software-Tool

Eine weitaus engere Interpretation von CASE reduziert den Betrachtungshorizont auf die Werkzeugebene und setzt CASE mit einem Software-Tool gleich. Darunter versteht man ein Computer-Programm für die Unterstützung der Entwicklung, der Analyse und der Wartung von anderen Computer-Programmen oder deren Dokumentation.[18] In diesem Sinne ist CASE jedes Programm, welches zu irgendeinem Zeitpunkt eine beliebige Aktivität der Software-Entwicklung unterstützt.[19] In einer restriktiveren Version werden an Software-Tools bestimmte quantitative oder qualitative Anforderungen gestellt, damit man von einem CASE sprechen kann. Im Idealfall stellt CASE dann ein Software-Tool für alle an der Unternehmensplanung und RBIS-Entwicklung beteiligten Personen dar, das sich auf alle RBIS-Entwicklungs-Ebenen von Unternehmen beliebiger Größe, Gestalt und Struktur erstreckt.[20] Von den zuvor existierenden Software-Tools unterscheiden sich diese CASEs[21] durch die Möglichkeit der Integration und den Grad der Automatisierung von Entwicklungsaktivitäten.[22] Außerdem zeichnen sie sich u. a. durch eine umfassendere Unterstützungswirkung sowie durch die Formalisierung und Standardisierung des gesamten Software-Entwicklungsprozesses aus.[23] Aus der historischen Entwicklung ist zu erklären, daß anfänglich vielfach an Software-Tools die Forderung nach einer Unterstützung der frühen Phasen[24] der Software-Entwicklung unter Bereitstellung einer einheitlichen grafischen Benutzeroberfläche gestellt wurde, um sie als CASEs zu qualifizieren.[25]

Eine Fokussierung auf die Werkzeugsicht erfaßt jedoch nicht das volle Ausmaß des Einflusses von CASE auf die Software-Entwicklung, sondern vernachlässigt die Interdependenzen zwischen den Werkzeugen und den zugrundeliegenden Methoden.[26]

2.1.1.3   CASE als Technologie

Mit dem Terminus Technologie wird die "Gesamtheit der fachlichen Kenntnisse, Fähigkeiten, Möglichkeiten u. Methoden in einem bestimmten Bereich"[27] bezeichnet. Demzufolge stellt CASE eine Kombination von Software-Entwicklungsmethoden und (automatisierten) Verfahren, d.h. Software-Werkzeugen bzw. Software-Tools, dar. Die Software-Tools automatisieren den Software-Entwicklungsprozeß, während die Software-Entwicklungsmethoden die zu automatisierenden Prozesse definieren.[28] Der grundlegende Unterschied zum traditionellen Software Engineering besteht darin, daß CASE nicht nur quantitativ oder qualitativ verbesserte Methoden und Werkzeuge bereitstellt, sondern darüberhinaus ein verändertes Software-Life-Cycle Konzept[29] auf der Basis der Automatisierung der Software-Entwicklung ermöglicht.[30]

Dieses Begriffsverständnis verdeutlicht am ehesten, daß es sich bei CASE um eine Evolution des Software Engineering[31] handelt. Neu ist dabei weniger die Ausgestaltung der einzelnen Hilfsmittel der Software-Entwicklung, sondern vielmehr die Integration dieser Hilfsmittel (siehe Abb. 2-1) sowie die Art ihres Einsatzes.

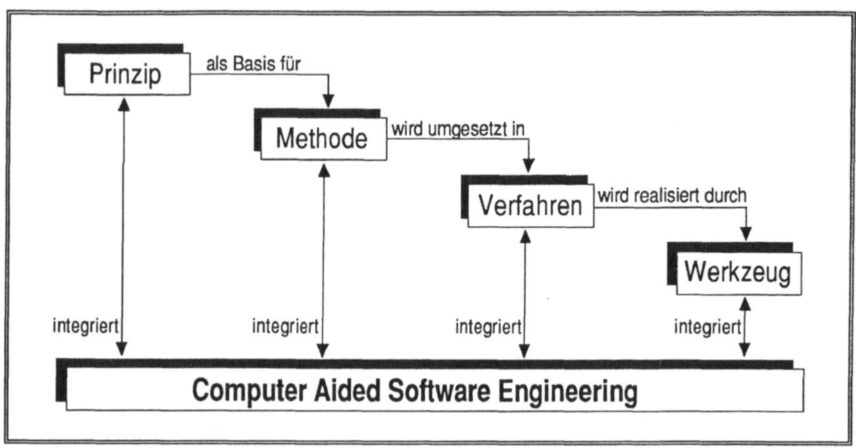

Abb. 2-1:   CASE als Integration von Prinzipien, Methoden, Verfahren und Werkzeugen der Software-Entwicklung

CASE kann somit als Teildisziplin der Informatik definiert werden, die sich mit der Automatisierung und Rechnerunterstützung der Entwicklung, Nutzung und Wartung von Software-Produkten befaßt.[32] Durch die Integration von Methoden und Verfahren sowie deren Automatisierung soll ein rechnergestütztes System[33] zur Unterstützung sämtlicher Phasen und Aktivitäten[34] des Systemlebenszyklus zur Verfügung gestellt werden.[35]

2.1.2 Architektur von Computer Aided Software Engineering Systemen

Ziel von CASE ist es, ein vollständiges System für die automatisierte Unterstützung des gesamten Systemlebenszyklus bereitzustellen. Für derartige CASE-Systeme existieren einige, teilweise synonyme Bezeichnungen:[36]

- im deutschen Sprachraum:

  - Software-Entwicklungsumgebung (SEU)[37]
  - Software-Produktionsumgcbung (SPU)[38]
  - CASE-Umgebung[39]

- im angelsächsischen Sprachraum:

  - Integrated CASE (ICASE) Environment[40]
  - Software Engineering Environment System (SEES)[41]
  - Integrated Project Support Environment (IPSE)[42]
  - Software Development Environment (SDE)[43]

Im folgenden wird der Begriff Software-Entwicklungsumgebung verwendet[44], weil der Wortteil "Entwicklung" am besten zum Ausdruck bringt, daß kein Schwerpunkt auf einen bestimmten Abschnitt der Software-Entwicklung gesetzt wird, während der Terminus "Umgebung" verdeutlicht, daß für eine Software-Entwicklung im Sinne von CASE nicht nur Software-Komponenten, sondern auch Hardware-Komponenten sowie organisatorische Regelungen und die dazugehörigen Menschen betrachtet werden müssen.[45]

2.1.2.1 Organisatorische Regelungen

Zu einer integrierten Software-Entwicklungsumgebung gehören neben dem lauffähigen Hardware-/Software-System auch ein Projektmangement-, Vorgehens-, Entwicklungs- und Rechnerunterstützungskonzept.[46]

Projektmanagementkonzept

Für die Abwicklung eines Projekts[47] ist ein Führungskonzept notwendig, um die angestrebten Ziele zu erreichen.[48] Zur Planung, Überwachung und Steuerung von Software-Entwicklungsprojekten können verschiedene Controlling-Instrumente[49] wie Investitions- und Wirtschaftlichkeitsrechnungen oder Methoden zur Aufwandsschätzung[50], Ressourcenplanung etc. eingesetzt werden.[51]

Vorgehenskonzept

"Die Abgrenzung eines Phasenkonzepts ist eine der wichtigsten Voraussetzungen für die systematische Durchführung von RBIS-Entwicklungen".[52] Bei diesen zumeist aus Erfahrungen resultierenden Phasenkonzepten handelt es sich um standardisierte Ablaufmodelle[53], die System-Entwicklungsaktivitäten zu Tätigkeitsgruppen mit entsprechenden Teilprodukten[54] in Phasen zusammenfassen zwecks Bewältigung der Komplexität sowie Sicherstellung der Beteiligung der betroffenen Personen und organisatorischen Stellen[55]. Ein allgemein anerkanntes Phasenmodell hat sich bislang allerdings nicht durchgesetzt.[56] Diese Arbeit orientiert sich am Systemlebenszyklusmodell von Schmitz/Seibt, da es Aspekte der organisatorischen Implementierung[57] berücksichtigt, die Einführungsphase explizit miteinschließt und zyklische Betriebs- und Wartungsphasen einbezieht.[58]

Die am Gestaltungsobjekt Informationssystem orientierten sachlichen Phasen, die ihrerseits in die formalen Phasen Planung, Durchführung und Kontrolle zerlegt werden können, zeigt Abb. 2-2.

Entwurf	Problem-	I	Initialisierung
und	definition	II	Voruntersuchung
Analyse		III	Grobkonzeption
	Konzeption	IV	Logisch-organisatorischer Detailentwurf
		V	DV-technischer Detailentwurf
Realisierung		VIa	Logisch-organisatorische Realisierung
		VIb	DV-technische Realisierung
Erprobung	Übergabe/	VIIa	Logisch-organisatorische Einführung
und	Einführung	VIIb	DV-technische Einführung
Konsolidierung	Kontrolle	VIIIa	Logisch-organisatorische Kontrolle und Anpassung
	Feinanpassung	VIIIb	DV-technische Kontrolle und Anpassung

Abb. 2-2: Objektbezogene Phasen der Entwicklung von RBIS[59]

Entwicklungskonzept

Das Entwicklungskonzept ordnet jeder Phase des Vorgehenskonzeptes bestimmte, aufeinander abzustimmende Methoden zu, die den gesamten Entwicklungsprozeß unterstützen sollen und Vorschriften bezüglich der Entwurfsgrundsätze, Vorgehensweise, Darstellungsart, Konsistenzregeln etc. zur Verfügung stellen.[60] Eine Klassifikation der im Rahmen von CASE eingesetzten Methoden ist hinsichtlich verschiedener Kriterien möglich:[61] So entstammen diese Methoden entweder der klassischen Schule des Software Engineering oder dem Information Engineering, sind prozeß-, daten- oder informationsorientiert und zielen auf betriebliche Informationssysteme oder Systeme mit Echtzeitanforderungen (Real-Time-Systeme) ab. Abb. 2-3 stellt die in den U.S.A. am häufigsten verwendeten bzw. die von den U.S.-Unternehmen[62] als Standard geplanten Software-Entwicklungsmethoden[63] dar.[64]

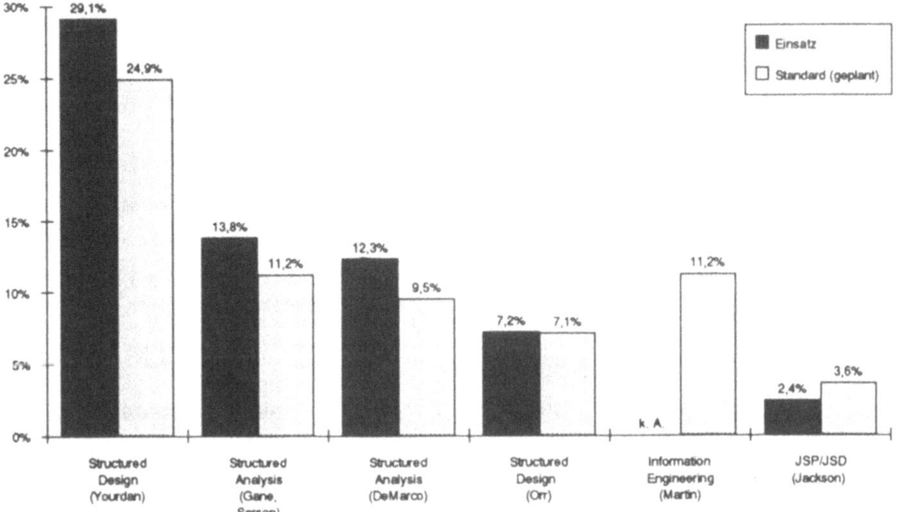

Abb. 2-3:   Verbreitung von Software-Entwicklungsmethoden in den U.S.A.[65]

Rechnerunterstützungskonzept

Zwecks Reduzierung des Verwaltungsaufwandes und Beherrschung der Komplexität der Methoden sollten alle Konzepte durch entsprechende Tools unterstützt werden.[66] Das Rechnerunterstützungskonzept beschreibt somit die nachfolgend näher betrachtete Hardware- und Softwarearchitektur[67].[68] In Deutschland sind zur Zeit weit über 80 Anbieter mit mehr als 600 CASE-Werkzeugen am Markt vertreten.[69]

2.1.2.2   Software-Komponenten

Benutzerschnittstelle

Software-Entwicklungsumgebungen besitzen als oberste Schicht eine Bedieneroberfläche als Schnittstelle zum Benutzer.[70] Diese sollte für alle Werkzeuge einheitlich sein.[71]

Werkzeuge

Die zweite Schicht innerhalb dieser Architektur bildet die Werkzeugebene. Neben den im Mittelpunkt dieser Arbeit stehenden CASE-Tools beinhaltet eine vollständige Software-Entwicklungsumgebung z. B. zusätzlich Textverarbeitungs-, Electronic Mail-, Kalender- und System-Software, auf die hier nicht näher eingegangen wird.[72]

Das Kriterium der Abdeckungsbreite des Systemlebenszyklus ermöglicht eine Unterscheidung zwischen drei Konfigurierungsformen von Software-Tools:[73]

- CASE-Tool (CASE-Werkzeug)

  Ein Software-Tool, das eine (Teil-)Aktivität des Systemlebenszyklus abdeckt.[74] Dabei handelt es sich entweder um ein Single Function Tool, d. h. ein Tool mit nur einer Funktion wie z. B. ein Tracer, oder ein Multi Function Tool, d. h. ein Tool mit mehreren Funktionen wie z. B. ein Editor mit Syntaxchecker.[75]

- CASE-Toolkit (CASE-Werkzeugkasten)

  Eine Sammlung integrierter CASE-Tools zur (partiellen) Automatisierung von Phasen oder (Teil-)Aktivitäten des Systemlebenszyklus.[76] In Abhängigkeit von der unterstützten Phase wird oft zwischen upper CASE für die rechnerunterstützte Unternehmensplanung, middle CASE für die Systemanalyse und den Systementwurf sowie lower CASE für die Realisierung und den (Programm-)Test differenziert.[77]

- CASE-Workbench (CASE-Werkbank)

  Eine Sammlung integrierter CASE-Tools zur (partiellen) Automatisierung des gesamten Systemlebenszyklus.[78] Zur Erfüllung dieses Zwecks muß eine CASE-Workbench folgende Aufgaben unterstützen:[79]

  - grafische Erstellung von Systemanforderungen und Spezifikationen,
  - automatisierte Überprüfung, Analyse und Cross-reference von Informationen in einem Repository[80],
  - automatisierter wechselseitiger Austausch von Phasenergebnissen sowie Bereitstellung von Schnittstellen zu anderen Dictionaries, Datenbanken und Programmen,
  - vollständige Abdeckung des Systemlebenszyklus inklusive des Testens und Analysierens von Programmen,

- rechnerunterstützte Entwicklung und Animation von Prototypen,
- automatisierte Generierung von Programm-Code und Dokumentation mit der Möglichkeit des Reverse Engineerings sowie
- wirkungsvolle Unterstützung strukturierter Software-Entwicklungsmethoden.[81]

Informationsbasis

In einer unterhalb der Werkzeugebene liegenden Informationsbasis werden alle Daten der Systementwicklung abgelegt.[82] Im Zeitablauf wächst eine solche Informationsbasis somit zu einer Enzyklopädie[83] über das Unternehmen heran.[84] Für eine derartige Informationsbasis werden verschiedene Konzepte (dezentrale versus zentrale Entwicklungsdatenhaltung, relationale versus Entity-Relationship bzw. dedizierte Datenbanken etc.) vorgeschlagen.[85] Gemeinsam ist diesen Ansätzen der Versuch, die Datenbanktechnologie im Sinne der von vielen Methoden[86] geforderten Meta-Informationsdatenbank zu nutzen.[87] Grundsätzlich können drei Formen von Entwicklungsdatenbanken differenziert werden: Einfache Bibliotheksverwaltungssysteme, in denen Entwicklungsinformationen in hierarchisch organisierten Textbausteinen abgelegt sind (z. B. MAESTRO, ADPS), ursprünglich aus Datenverzeichnissen entstandene Data-Dictionary-Systeme als Datenbankmanagementsysteme mit vordefinierter Datenbankstruktur für die Systementwicklung (z. B. PREDICT CASE) und Objektmanagementsysteme (z. B. PCTE), bei denen Entwicklungsergebnisse in Form von Objekten (z. B. Moduln), deren interne Struktur im Detail offenbleibt, verwaltet werden.[88]

2.1.2.3   Hardware-Komponenten

Aufgrund der unterschiedlichen Vor- und Nachteile (siehe Abb. 2-4) von Mikro- bzw. Minirechnern einerseits und Supercomputern[89] andererseits hat sich für Software-Entwicklungsumgebungen zunehmend ein Mainframe-Workstation-Konzept durchgesetzt, das die Vorzüge beider Hardware-Plattformen zu kombinieren versucht.[90]

Im Rahmen dieses Verbundkonzeptes existieren zwei Varianten: Entweder werden individuelle Arbeitsplatzrechner direkt mit einem zentralen Großrechner gekoppelt (Zwei-Ebenen-Architektur) oder es wird auf der Projektebene ein Abteilungsrechner zwischengeschaltet (Drei-Ebenen-Architektur).[91]

Das Modell der Anwendungsentwicklung der IBM, im September 1990 unter dem Namen Application Development/Cycle (AD/Cycle) als offenes Rahmenwerk einer Software-Entwicklungsumgebung angekündigt[92], basiert ebenfalls auf einem "Anwendungsentwicklungsverbund"[93] zwischen PC und Mainframe sowie auf der zentralen Haltung von Entwicklungsdaten in einem Repository[94].

	PC/Workstation	Großrechner/Mainframe
Vorteile bzw. Stärken	Angebot an CASE-Tools Benutzerkomfort Entlastung des Zentralrechners Kosten Performance Transportabilität Unabhängigkeit Verfügbarkeit	Anwendungsentwicklung in realer Umgebung Benutzeranforderungen Datenschutz, -sicherheit, -integrität, -redundanzfreiheit Funktionalität Leistungsfähigkeit Möglichkeit der zentralen Kontrolle und Steuerung Ressourcen
Nachteile bzw. Schwächen	Anwendungsentwicklung nicht in realer Umgebung Benutzeranforderungen Datenschutz, -sicherheit, -integrität, -redundanzfreiheit Funktionalität Gefahr der Insellösung bzw. des Wildwuchses Leistungsfähigkeit Ressourcen	Angebot an CASE-Tools Belastung des Zentralrechners Benutzerkomfort Kosten Performanceschwankungen Transportabilität Abhängigkeit Verfügbarkeit

Abb. 2-4:   Vor- und Nachteile der Software-Entwicklung auf unterschiedlichen Hardware-Plattformen[95]

Auch andere Standardisierungsbemühungen lassen vermuten, daß sich diese Grundarchitektur in Zukunft bei Unternehmen mit sehr großen Entwicklungsabteilungen durchsetzen wird.[96]

Die nachfolgende Abb. 2-5 stellt die Komponenten einer Software-Entwicklungsumgebung schematisch dar.[97]

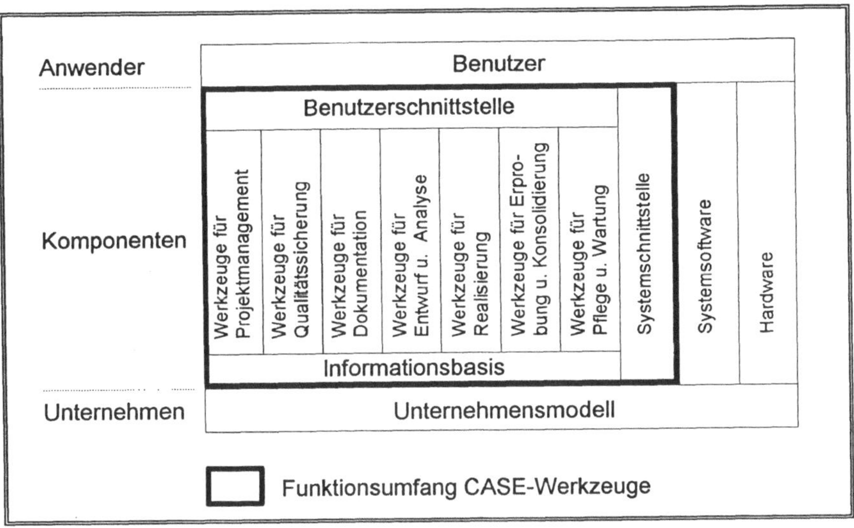

Abb. 2-5: Komponenten einer Software-Entwicklungsumgebung

2.2 Wissensbasierte Systeme

2.2.1 Begriffliche Abgrenzung

Vergleichbar mit der Entwicklung von CASE entfachten auch die Anbieter von Produkten der Künstlichen Intelligenz (KI) Ende der siebziger Jahre eine Euphorie, indem sie versuchten, wissenschaftliche Forschungsansätze weit vor ihrer kommerziellen Einsatzreife vertrieblich zu nutzen, der später eine große Ernüchterung folgte.[98] Mittlerweile wird das Potential dieser Technologie realistischer eingeschätzt; und wie die langsam, aber kontinuierlich steigende Zahl der in der Praxis eingesetzten Systeme z. B. im Expertensystem-Bereich zeigt[99], gelangen Teilgebiete der KI langsam zur Marktreife.[100] Ein Grund für den eher schleppenden Wachstumsprozeß in der Wirtschaft ist die Komplexität der KI-Technologie, die neben geänderten Konzepten auch eine neue Terminologie mit spezieller Semantik beinhaltet.[101] Aus diesem Grund erfolgt zunächst eine Einordnung der wissensbasierten Systeme (WBS) in das Gebiet der KI sowie eine Abgrenzung dieser Systeme von anderen Informationssystemen.

2.2.1.1 Wissensbasierte Systeme und Künstliche Intelligenz

Als KI bezeichnet man ein Forschungsgebiet an der Grenze zwischen Informatik,

Linguistik und kognitiver Psychologie[102], das sich mit der Formalisierung und Automatisierung von Aufgaben, zu deren Lösung ein Mensch Intelligenz benötigt, beschäftigt.[103] Menschliche Intelligenz[104] ist durch Intuition, Allgemeinwissen, Urteilsfähigkeit, Kreativität, Zielgerichtetheit, plausibles Schließen, Wissen sowie Glauben, aber auch durch Fehlbarkeit sowie begrenzten Wissensumfang gekennzeichnet und zeigt sich beispielsweise in der Fähigkeit zur Kommunikation (über Texte, Bilder, Sprache bzw. andere Medien) oder des Lernens (Aneignung neuen Wissens durch Erfahrung und nachfolgende Demonstration mit Hilfe der Kommunikation).[105] Wichtige Teildisziplinen der KI[106] sind:[107]

Bildverstehende Systeme

- Synonyme für den Begriff Bildverstehen (image understanding): Computersehen (computer vision), Bildmustererkennung (pictorial pattern recognition), Bildverarbeitung (automatic image analysis), Szenenanalyse (scene analysis)[108]

- Zugrundeliegende intelligente Fähigkeit des Menschen: visuelle Wahrnehmung[109]

- Ziel: über das Speichern, Erfassen und Übertragen von Bildern hinaus, auch Ermöglichung einer Verarbeitung im engeren Sinne[110], was das Verstehen des Bildinhaltes voraussetzt[111]

Deduktionssysteme

- Synonyme: schlußfolgernde Systeme, schließende Systeme, inferierende Systeme, vereinzelt: Systeme zum automatischen Beweisen (theorem proving)[112] bzw. Systeme für die automatische Programmierung[113]

- Zugrundeliegende intelligente Fähigkeit des Menschen: Problemlösung[114]

- Ziel: Beweisen mathematischer Theoreme und Aussagen der mathematischen Logik durch logisches Schließen (auf der Basis der Aussagen- bzw. Prädikatenlogik) oder mittels probabilistischen Schließens (Wahrscheinlichkeiten, Inferenznetze)[115]

Natürlichsprachliche Systeme

- Synonyme: sprachverstehende Systeme, natürliche Sprache verarbeitende Systeme (natural language systems, natural language processing systems)[116]

- Zugrundeliegende intelligente Fähigkeit des Menschen: sprachliche Kommunikation[117]

- Ziel: Verarbeitung der von Menschen gesprochenen bzw. geschriebenen Sprache

  - In Analogie zu den bildverstehenden Systemen ist zur Verarbeitung natürlicher Sprache deren Verstehen, Interpretation und Verwendung durch das System erforderlich.[118] Ein System versteht natürlichsprachliche Eingaben, "wenn es geeignete Begriffstrukturen aufbaut, daran geeignete Änderungen vornimmt und seine Wissensbasis in geeigneter Weise modifiziert"[119].
  - Interdisziplinäre Forschungen zwischen Linguistik (Schwerpunkt: Beschreibung der Sprach-Struktur) und Informatik (Schwerpunkt: Prozeß der Sprach-Verarbeitung) haben in den letzten Jahren zu bedeutenden Fortschritten und ersten vielversprechenden Systemen dieser Art geführt.[120]

Robotiksysteme

- Synonyme: Robotersysteme (robotics systems)[121]

- Definition: Hierbei handelt es sich um rechnergesteuerte Handhabungssysteme, deren Arbeitsweise der eines Menschen nachgebildet ist und die komplexe manuelle Handlungen eines Menschen ausführen können. Sie verfügen über Sensoren (z. B. Abstands-, Bild- oder Berührungssensoren) zur Kommunikation mit der Umwelt, Effektoren (z. B. Schalter, Greifarme) zur Ausführung von Tätigkeiten und Prozessoren zur Informationsverarbeitung bzw. zur Steuerung der Effektoren und Sensoren.[122]

- Zugrundeliegende intelligente Fähigkeit des Menschen: Motorik auf der Basis autonomer Steuerung[123]

- Ziel: Entwicklung sowie Automatisierung von Methoden für die Planung bzw. Realisierung der auszuführenden Aktionen und für die Reaktion auf Umwelteinflüsse (z. B. Störfälle)[124]

Expertensysteme

- Synonyme: Systeme der fünften Generation[125], vereinzelt: wissensbasierte Systeme[126] (expert systems, knowledge-based systems)

- Definition: Teilgebiet der KI für die automatisierte[127] "Bereitstellung und Anwendung des Wissens und der Problemlösungsfähigkeit eines oder mehrerer Experten[128] in einem speziellen Fachgebiet"[129]

- Zugrundeliegende intelligente Fähigkeit des Menschen: Anwendung von Wissen zur Problemlösung[130]

- Ziel: Entwicklung von Systemen zur Lösung von Problemen in einem bestimmten, meist diffusen Anwendungsgebiet für die entweder keine allgemeinen Lösungsverfahren angegeben werden können, existierende Algorithmen zu komplex und wirtschaftlichlich zu aufwendig sind oder die praktische Anwendung der Lösungsverfahren prinzipiell nicht möglich ist[131]

Grundsätzlich ist jedes System der KI, das eine Wissensbasis[132] mit Wissen über einen eng begrenzten Bereich enthält, ein wissensbasiertes System.[133] Den Ausgangspunkt für derartige Systeme, die komplexe Probleme durch die Nutzung von speziellem Anwendungs- und Methodenwissen in einem eng umrissenen Aufgabenfeld nutzen, bildet die sogenannte Wissensrepräsentationshypothese: Danach arbeiten Problemlösungssysteme aufgrund des Einsatzes speziellen Wissens, das durch explizite, vom Problemlösungsverfahren weitgehend unabhängige Repräsentationsformalismen nutzbar gemacht wird, mit der höchsten Effektivität.[134]

2.2.1.2 Wissensbasierte Systeme und konventionelle ADV-Systeme

Der grundlegende Unterschied[135] zwischen einem wissensbasierten System und einem konventionellen ADV-System[136] besteht in der Trennung des Wissens von seinen prozeduralen Verarbeitungsstrukturen (Problemlösungsstrategien).[137] Somit

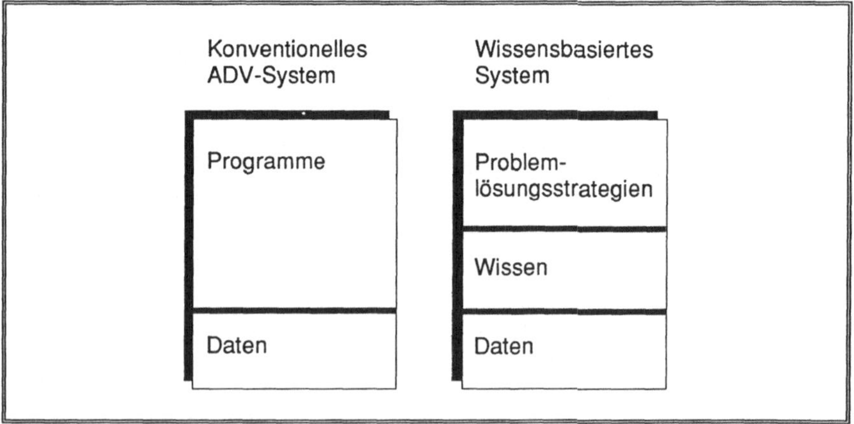

Abb. 2-6:   Aufbau von konventionellen ADV-Systemen und wissensbasierten Systemen[138]

ergibt sich statt der Zweiteilung von Programmen (Algorithmen) und Daten im Sinne konventioneller ADV-Systeme bei wissensbasierten Systemen eine Dreiteilung in Daten (im Sinne von fallspezifischen Angaben[139]), (domänenspezifischem[140]) Wissen und Problemlösungsstrategien (siehe Abb. 2-6).[141]

Detailliertere Unterschiede läßt z. B. eine Gegenüberstellung von konventionellen ADV-Systemen und (wissensbasierten) Expertensystemen[142] erkennen (siehe Abb. 2-7).[143]

Abgrenzungskriterien		Konventionelle ADV-Systeme	Expertensysteme
Aufgabenstellung	Objekte	Syntax von Daten	Semantik von Wissen
	Verarbeitungsvorschriften	Determinismus von Algorithmen	Heuristik von Inferenzen
	Zielsetzungen	Aspekte der Quantität	Aspekte der Qualität
Entwicklung	Entwurf und Analyse	logisch-organisatorischer Detailentwurf	interaktiver Informationsaustausch zwischen Knowledge Engineer und Experte
	Realisierung	prozedurorientierte Programmiersprachen strukturierte Programmierung Werkzeuge des Software Engineering	symbolverarbeitende Programmiersprachen explorative Programmierung spezielle Werkzeuge des Knowledge Engineering
	Erprobung und Konsolidierung	Test durch Überprüfung der Eingabe-Ausgabe-Spezifikation problemlose Integration	Test durch Vergleich mit kognitivem Verhalten menschlicher Experten schwierige Integration
Betrieb	Betriebsund Nutzungsformen	serieller Datentransport und sequentielle Abfolge der Verarbeitungsschritte trace-Funktion	Parallelverarbeitung auf der Grundlage des Parallelbetriebs interaktive Erklärungskomponente
	Wartung	Programmierer	Knowledge Engineer und Experte

Abb. 2-7: Abgrenzung von wissensbasierten Systemen und konventionellen ADV-Systemen am Beispiel von Expertensystemen[144]

2.2.1.3 Wissensbasierte Systeme und Expertensysteme

In der Literatur sind verschiedene Auffassungen über die Beziehungen zwischen wissensbasierten Systemen und Expertensystemen zu finden:

Wissensbasierte Systeme und Expertensysteme als synonyme Begriffe[145]

Die synonyme Verwendung der Begriffe wissensbasierte Systeme und Expertensysteme (siehe Abb. 2-8) berücksichtigt nicht die Tatsache, daß eine explizite Trennung von anwendungsspezifischem Wissen und allgemeinen Problemlösungsstrategien (als wichtigstes Abgrenzungskriterium gegenüber konventionellen ADV-Systemen[146]) auch in anderen Systemen der KI (z. B. in Deduktionssystemen) erfolgt.[147]

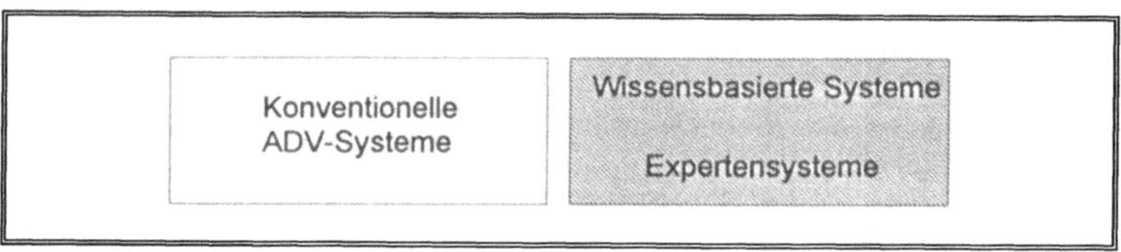

Abb. 2-8:   Einordnung wissensbasierter Systeme - I

Wissensbasierte Systeme als Oberbegriff zu Expertensystemen[148]

Differenzierte Betrachtungsweisen definieren Expertensysteme als eine Teilmenge

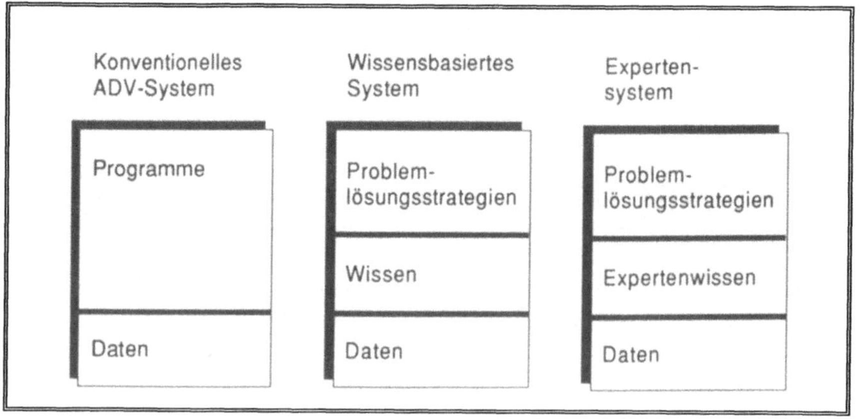

Abb. 2-9:   Aufbau von wissensbasierten Systemen, Expertensystemen und konventionellen ADV-Systemen[149]

von wissensbasierten Systemen, die Expertenwissen auf schwierige Probleme der realen Welt anwenden.[150] Diese Zuordnung basiert auf der Überlegung, daß nicht alle Systeme, die mit Hilfe von wissensbasierten Techniken entwickelt wurden, das Wissen eines menschlichen Experten abbilden.[151] Somit unterscheiden sich Expertensysteme "von wissensbasierten Systemen nur dadurch, daß ihr Wissen letztlich von Experten stammt"[152] (siehe Abb. 2-9).

Ein anderes Kriterium zur Abgrenzung von wissensbasierten Systemen und Expertensystemen ist die "Leistungsanforderung auf Expertenniveau"[153]. Ein denkbares operationales Merkmal ist die Größe der Wissensbasis eines Systems (z. B. gemessen in der Anzahl der Regeln): Große Systeme werden dann als Expertensysteme, kleine Systeme als Wissenssysteme bezeichnet.[154] Die Einordnung von Expertensystemen als Teilmenge wissensbasierter Systeme verdeutlicht Abb. 2-10.

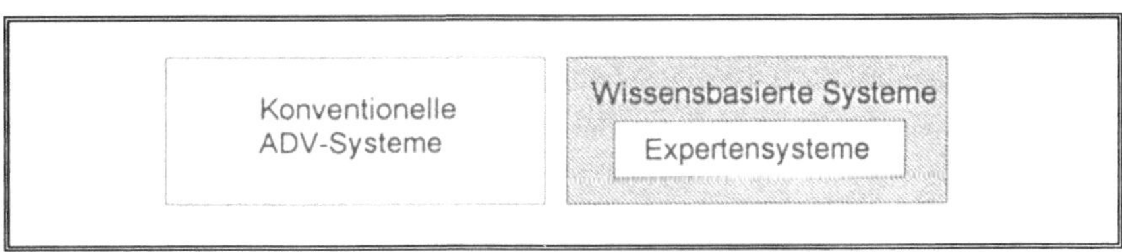

Abb. 2-10: Einordnung wissensbasierter Systeme - II[155]

Wissensbasierte Systeme als Expertensysteme oder konventionelle ADV-Systeme[156]

Bei diesem Begriffsverständnis erfolgt die Betrachtung auf zwei verschiedenen Ebenen: Das Verhalten des Systems (Simulation eines menschlichen Experten) wird durch den Begriff Expertensystem beschrieben, während die interne, software-technologische Sicht (explizite Darstellung anwendungsspezifischen Wissens) in dem Terminus wissensbasiert zum Ausdruck gebracht wird.[157] Hieraus folgt, daß auch Probleme der konventionellen ADV wissensbasiert gelöst werden können und umgekehrt Expertensysteme nicht zwangsläufig mit Hilfe wissensbasierter Techniken realisiert werden müssen.[158] Neuere Ansätze im Bereich neuronaler Netze und assoziativer Systeme heben sogar die Annahme auf, daß das Wissen explizit symbolisch dargestellt werden muß und eine Trennung von fallbezogenem Wissen und allgemeinem Anwendungswissen erforderlich ist.[159] Wie die nachfolgende Abb. 2-11 zeigt, macht diese nicht überschneidungsfreie Terminologie eine eindeutige Zuordnung existierender Systeme zu bestimmten Begriffskategorien nur sehr schwer möglich und erscheint infolgedessen für die Intention dieser Arbeit eher ungeeignet.

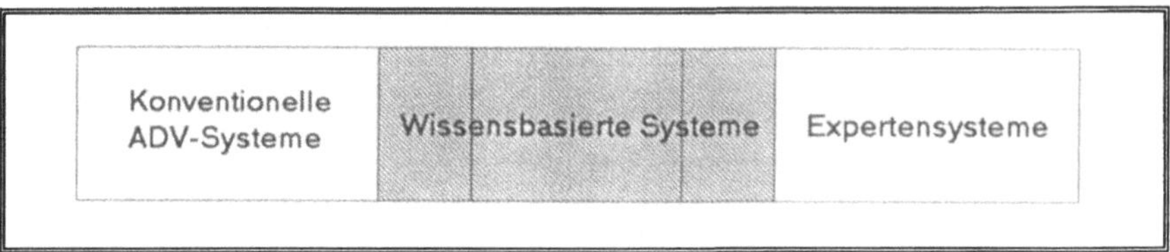

Abb. 2-11: Einordnung wissensbasierter Systeme - III[160]

Wissensbasierte Systeme als Erkenntnisobjekt dieser Arbeit

Im Rahmen dieser Arbeit werden wissensbasierte Systeme, die in ihrer Wissensbasis Wissen[161] über die Software-Entwicklung speichern, untersucht. Dabei handelt es sich um Systeme, die anhand der Struktur von Wissensbasis und getrennter Inferenzkomponente das Wissen eines oder mehrerer Experten der Software-Entwicklung in Teilausschnitten repräsentieren und zur Lösung von diffusen[162] Problemen der Software-Entwicklung anwenden.[163] Entspricht die Aufgabenstellung hinsichtlich ihres Anspruchs bzw. ihrer Komplexität dem Niveau von Experten, handelt es sich um Expertensysteme.[164] Da in der Praxis eine objektive Beurteilung der Problemkomplexität sehr schwierig ist und außerdem vermieden werden soll, daß durch die Verwendung des Begriffs Expertensystem der Kreis der für die Untersuchung in Frage kommenden Systeme per definitione eingeschränkt wird, erfolgt in dieser Arbeit immer die Verwendung des übergeordneten Begriffs wissensbasierte Systeme. Bildverstehende, natürlichsprachliche und andere Systeme der KI, die zwar grundsätzlich für die Software-Entwicklung eingesetzt werden könnten, in denen aber kein Expertenwissen abgebildet ist, sind somit nicht Gegenstand dieser Arbeit.[165]

2.2.2 Architektur von wissensbasierten Systemen

Integrierte Entwicklungsumgebungen für wissensbasierte Systeme erfordern ebenso wie Entwicklungsumgebungen für konventionelle ADV-Systeme ein lauffähiges Hardware-/Software-System sowie organisatorische Regelungen, die jedoch in ihrer internen Struktur differieren.[166]

2.2.2.1 Organisatorische Regelungen

Projektmanagementkonzept

In Analogie zu den Anfängen des Software Engineering wird in vielen Projekten die Entwicklung wissensbasierter Systeme als ein künstlerischer Akt betrachtet.[167] Fehlende Erfahrungen mit umfangreichen Projekten unter Beteiligung großer Entwicklungsteams, mehrerer Experten und unterschiedlicher zu erschließender Wissensquellen haben dazu geführt, daß z. B. Methoden zur Aufwandsschätzung oder Projektorganisationsformen[168] bislang nur unzureichend entwickelt sind[169], zumal die Methoden des klassischen Software Engineering nicht ohne weiteres auf die Entwicklung wissensbasierter Systeme übertragbar sind.[170]

Vorgehens- und Entwicklungskonzept

Für die Strukturierung des Entwicklungsprozesses[171] wissensbasierter Systeme existieren eine Reihe unterschiedlicher Ansätze, deren Grundprinzipien hier nur kurz skizziert werden:[172]

- Prototyping[173]

  Bei dieser Vorgehensweise erfolgt ein sukzessiver Aufbau des Systems bis die gewünschte Problemlösungsfähigkeit erreicht ist,[174] indem frühzeitig ablauffähige Versionen (= Prototypen) des zukünftigen Systems entwickelt und evaluiert werden.[175]

- Modellierung[176]

  Im Rahmen der modellbasierten Entwicklung erfolgt eine Separation von Wissensakquisition und Wissensrepräsentation.[177] Durch die Strukturierung von Wissen und dessen Abbildung in einem Modell wird v. a. eine höhere Wartbarkeit erzielt.[178]

- Integration von Prototyping und Modellierung

  Neuere Ansätze fordern die Zusammenführung von Prototyping und Modellierung auf der Basis einer Trennung von konzeptionellen und implementierungsbezogenen Arbeiten unter Berücksichtigung früher Entwicklungsphasen (siehe Abb. 2-12).[179]

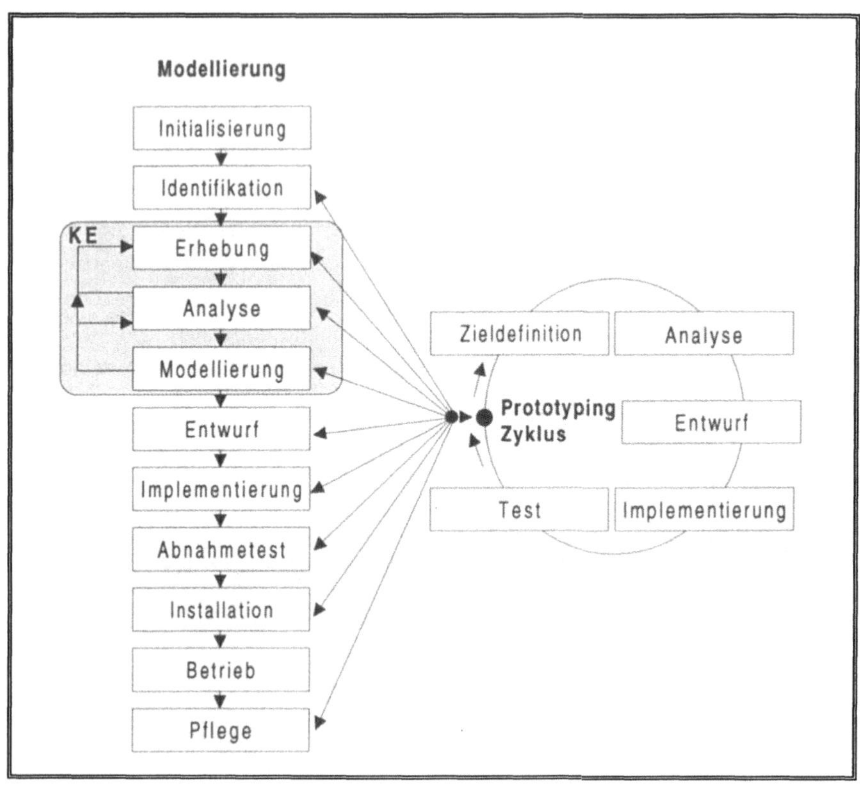

Abb. 2-12: Integration von Prototyping und Modellierung in einem Vorgehensmodell
            für Expertensysteme[180]

Rechnerunterstützungskonzept

Der personal- und zeitintensive Prozeß der Entwicklung wissensbasierter Systeme,
der typischerweise immer noch durch eher handwerklich orientierte
"Expertensystemwerkstätten" statt durch professionelle Entwicklungsumgebungen
charakterisiert ist, hat in den letzten Jahren zu immer stärkeren Bemühungen um
eine effiziente Rechnerunterstützung geführt, die ihren Ausdruck in einem dynamischen Markt für entsprechende Werkzeuge finden.[181] Für Werkzeuge, die von Sprachen bzw. Spracherweiterungen über Shells bis zu umfangreichen Entwicklungsumgebungen reichen, existieren zur Zeit über 60 Anbieter in Deutschland.[182]

2.2.2.2 Software-Komponenten

Wissensbasierte Systeme bestehen im Kern[183] aus einer Wissensbasis und einer Inferenzkomponente und verfügen darüberhinaus als Benutzerschnittstelle über eine Interview-[184], Erklärungs- und Wissensakquisitionskomponente[185].[186]

- Wissensbasis

  Das Kriterium der Herkunft des Wissens bedingt eine Unterscheidung von drei Wissensarten in der Wissensbasis:[187]

  - Wissen von Experten über die Domäne (bereichsspezifisches Expertenwissen),
  - Wissen von Benutzern, Datenbanken oder anderen Quellen über den bearbeiteten Fall (fallspezifisches Wissen),
  - Wissen von der Inferenzkomponente über Problemlösungen (Zwischen- und Endergebnisse).

  Das Wissen wird in Abhängigkeit von seiner Verwendung über deklarative (z. B. Prädikatenlogik oder semantische Netze) oder prozedurale (z. B. Produktionensysteme) Formalismen der Wissensrepräsentation codiert und somit explizit dargestellt.[188]

- Inferenzkomponente

  Unter Nutzung des bereichs- und fallspezifischen Wissens leitet die Inferenzkomponente durch Verwendung daten- oder zielgetriebener Schlußfolgerungsmechanismen (Analogie, Deduktion, Induktion, Statistik) bzw. durch Vererbungsmechanismen neues Wissen in Form von Zwischenergebnissen und Problemlösungen ab.[189]

- Interviewkomponente

  Für die Kommunikation zwischen System und Benutzer steht i. d. R. eine Interviewkomponente zur Verfügung, die während der Entwicklungsphase auch vom Knowledge Engineer genutzt wird.[190]

- Wissensakquisitionskomponente

  Die Wissensakquisitionskomponente dient der Eingabe und Veränderung des Wissens durch den Knowledge Engineer oder den Experten.[191]

- Erklärungskomponente

  Die Erklärungskomponente ermöglicht die Anzeige und Rekonstruktion der Infe-
  renz durch die Beantwortung von Wie-Fragen (Mitteilung des angewandten Wissens) und Warum-Fragen (Mitteilung der verfolgten Hypothese).[192] Ihre Existenz
  wird vielfach als ein notwendiges Kriterium für die Einordnung als wissensbasiertes System in Abgrenzung zu einem konventionellen System gefordert.[193]

2.2.2.3 Hardware-Komponenten

Als Hardware-Plattform für die Entwicklung wissensbasierter Systeme kommen
grundsätzlich dieselben Rechner in Frage wie bei der Entwicklung konventioneller
ADV-Systeme.[194] Dennoch existieren vielfältige Möglichkeiten, die Computer an
spezielle Bedürfnisse anzupassen, etwa mittels Verwendung von LISP- oder
PROLOG-Prozessoren.[195] Forschungen im Bereich der Parallelarchitekturen, mit
denen die für wissensbasierte Systeme erforderlichen Verarbeitungsgeschwindigkei-
ten erzielt werden können, eröffnen weitere Perspektiven.[196]

Die nachfolgende Abb. 2-13 stellt Komponenten und Umfeld eines wissensbasierten
Systems schematisch dar.

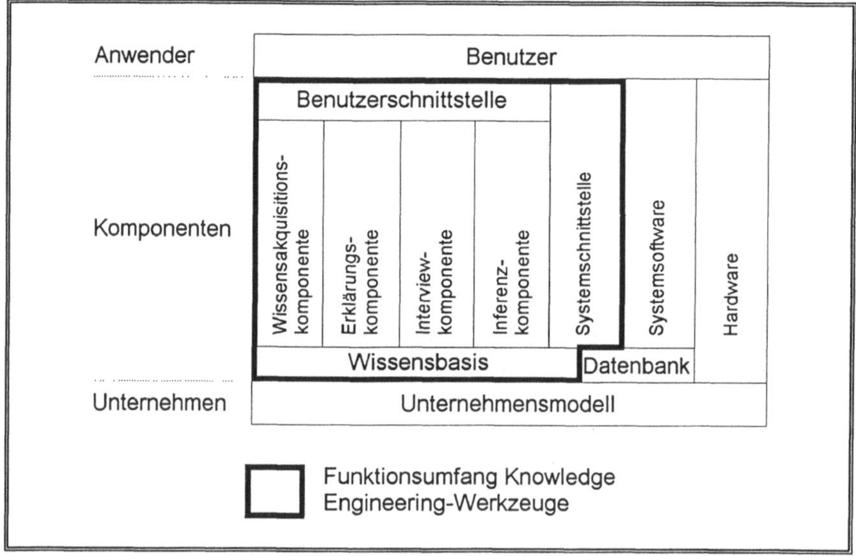

Abb. 2-13: Komponenten und Umfeld eines wissensbasierten Systems

2.3 Konventionelle versus wissensbasierte Methodenunterstützung im Computer Aided Software Engineering

2.3.1 Formen der Methodenunterstützung

Die Methodenunterstützungskomponente in CASE-Werkzeugen übernimmt beim rechnergestützten Einsatz einer Methode automatisierbare (Teil-)Aufgaben. Diese Aufgaben reichen von der Bereitstellung der erforderlichen textlichen und grafischen Beschreibungsmittel bis zur Durchführung von konstruktiven oder analytischen Maßnahmen.[197]

Methodenunterstützungssysteme in CASE-Werkzeugen weisen einige Parallelen zu Hilfesystemen[198] in anderen Software-Produkten auf. Beide Software-Komponenten besitzen die Aufgabe, "den Benutzer bei der Behebung von Handlungsfehlern als Folge von Fehlhandlungen ... und der Prävention von Fehlhandlungen zu unterstützen"[199].

Während Hilfesysteme den Benutzer allerdings i. d. R. lediglich dazu befähigen sollen, mit den "Anwendungssystemen umgehen zu können"[200], dient die Methodenunterstützung in CASE-Werkzeugen in erster Linie einer rechnergestützten, methodenkonformen Vorgehensweise bei der Software-Entwicklung.

Unter Beachtung dieser Aufgabenstellung kann eine Klassifikation und Beurteilung[201] der Methodenunterstützung in CASE-Werkzeugen nach verschiedenen Kriterien vorgenommen werden. Die Zielsetzung dieser Arbeit bedingt zunächst eine technologisch orientierte Differenzierung in wissensbasierte und konventionelle Methodenunterstützung, auf die in den nächsten beiden Kapiteln eingegangen wird. Aus funktionaler Sicht können ferner die Unterscheidungsmerkmale Zeitpunkt, Initiator, Kontextsensitivität und Benutzerorientierung der Methodenunterstützung herangezogen werden.[202]

Ex ante versus ex post Methodenunterstützung

Das Kriterium des Zeitpunkts der Hilfestellung bewirkt eine Abgrenzung zwischen ex ante und ex post Methodenunterstützung. Die ex ante Methodenunterstützung bietet bereits Hilfestellungen in Form von Handlungsempfehlungen vor der Realisierung eines Methodenschritts (Vorgehenshilfe). Demgegenüber ermöglicht die ex post Methodenunterstützung dem Entwickler, die durchgeführten Methodenschritte im nachhinein auf Methodenverstöße überprüfen zu lassen (Analysehilfe).

Zur Qualitätssteigerung im Sinne der Korrektheit der Entwürfe ist eine Analysehilfe unverzichtbar. Allerdings bedingt eine vollständige Methodenunterstützung, die zusätzlich die Produktivität des Entwicklers erhöhen soll, darüber hinaus eine konstruktive Vorgehenshilfe.

Aktive versus passive Methodenunterstützung

In Abhängigkeit davon, ob die Initiative zur Bereitstellung der Methodenhilfe vom Benutzer oder vom System ausgeht, kann zwischen aktiver (rechnerinitiierter) und passiver (benutzerinitiierter) Methodenunterstützung differenziert werden.[203]

Eine aktive Hilfe ist ein zusätzliches potentielles Qualitätsmerkmal einer Methodenunterstützung in CASE-Werkzeugen. Sie setzt neben Kenntnissen über das CASE-Werkzeug und den Zustand der Interaktion v. a. Wissen über den Benutzer in Form eines Benutzermodells[204] voraus.[205] Beim Einsatz eines aktiven Methodenunterstützungssystems, das den Benutzer permanent beobachtet, dessen Vorgehensweise ohne Aufforderung beurteilt und das Ergebnis auch zufällig anwesenden Personen mitteilt, besteht allerdings die Gefahr, daß die ohnehin bestehenden Schwellenängste bei der Anwendung von CASE-Werkzeugen noch verstärkt werden. Außerdem stößt die Festlegung eines passenden Zeitpunkts für den Eingriff eines aktiven Methodenunterstützungssystems im CASE auf Schwierigkeiten. So ist beispielsweise der Entwurf eines Diagramms ein kreativer Prozeß, bei dem der Entwickler bestimmte Designentscheidungen häufig selbst revidiert und mit verschiedenen Modellvarianten experimentiert. Infolgedessen ist eine Fixierung eindeutiger Kriterien für einen geeigneten (d. h. vom Software-Entwickler nicht als störend empfundenen) Zeitpunkt rechnerinitiierter Methodenhinweise kaum möglich.[206] Die qualifizierte Beurteilung der Adäquatheit einer aktiven Methodenunterstützung kann daher nicht allgemeingültig erfolgen, sondern erfordert eine differenzierte Betrachtung des jeweiligen Kontextes. Allerdings ist selbst bei Existenz einer aktiven Hilfekomponente die Funktionalität einer passiven Methodenunterstützung unverzichtbar.[207]

Statische versus dynamische Methodenunterstützung

Berücksichtigt die Methodenunterstützung den jeweiligen Kontext, d. h. ist die angezeigte Hilfestellung abhängig vom aktuellen Projektstand, liegt eine dynamische Methodenunterstützung vor. Bleibt die angebotene Hilfe während der gesamten Konsultation des Werkzeugs konstant, ist die Methodenunterstützung als statisch einzustufen.[208]

Mit Hilfe des Computers ist die Präsentation von i. d. R. stark vernetzten Methodeninformationen wesentlich besser zu gewährleisten als mit Handbüchern in gedruckter Form.[209] Deshalb sollte statische Methodenhilfe ein inhärenter Bestandteil eines

CASE-Werkzeugs sein. Allerdings erfordert eine problemadäquate Vorgehenshilfe bei der Anwendung einer Software-Entwicklungsmethode auch die Anpassung der Antwort an den jeweiligen Projektstand unter Berücksichtigung der bis zum Zeitpunkt der Hilfestellung ausgeführten Aktivitäten, so daß eine dynamische Methodenunterstützung ebenfalls unabdingbar ist.

Uniforme versus individuelle Methodenunterstützung

Eine uniforme Methodenunterstützung stellt für jeden Benutzer identische Hilfestellungen bereit. Dagegen erfolgt bei einer individuellen Methodenunterstützung die Adaption der Hilfestellungen an die speziellen Bedürfnisse des jeweiligen Benutzers.[210]

Individuelle Hilfestellungen sind erforderlich, damit die Methodenunterstützung einerseits der dynamischen Entwicklung eines Software-Entwicklers vom Anfänger zum Experten mit den jeweils veränderten Bedürfnissen gerecht wird und sich andererseits auf eine Vielzahl unterschiedlicher Benutzer einstellen kann.[211] Die Erstellung des hierfür erforderlichen, Konventionen, Kompetenzen und Intentionen[212] eines Software-Entwicklers enthaltenden Benutzermodells setzt allerdings eine eindeutige Identifizierung des für den durchgeführten Methodenschritt verantwortlichen Benutzers voraus. Diese Zuordnung verursacht im CASE allerdings Probleme, wenn beispielsweise mehrere Personen eines Projektteams zur Diskussion eines Entwurfs gleichzeitig an einem PC bzw. Terminal arbeiten.[213]

2.3.2 Konventionelle Methodenunterstützung

Konventionelle CASE-Werkzeuge bieten häufig lediglich eine ex post Bewertung der vom Entwickler durchgeführten Aktivitäten, die sich bei diagrammorientierten Methoden auf die Korrektheit der verwendeten Symbolik beschränkt. Diese Syntaxprüfungen vollziehen sich überwiegend auf einer sehr niedrigen formalen Ebene und berücksichtigen keine unterschiedlichen Methodendialekte oder projektspezifischen Anforderungen.[214] Ex ante Vorgehenshilfen existieren i. d. R. bestenfalls in Form von Online-Methodenhandbüchern.[215]

Die Methodenunterstützung muß zumeist vom Benutzer in Form von Hilfetexten oder Reports angefordert werden.[216] Aktive Hilfestellungen werden von einigen Werkzeugen durch die unmittelbare Erzeugung von Fehlermeldungen bei unzulässigen Eingaben und vereinzelt in Form von Statuszeilen, die den Systemzustand anzeigen, geboten. [217]

Die i. d. R. statischen Hinweise berücksichtigen bei ex ante Methodenhilfen den

Kontext allenfalls in bezug auf den Systemzustand, d. h. Hilfetexte beziehen sich entweder auf die Werkzeugkomponente, mit der der Benutzer gerade arbeitet[218] oder (bei fortschrittlicheren Werkzeugen) auf das jeweils aktuelle Dialogfenster.[219] Projektspezifische Informationen, wie etwa die bis zum Zeitpunkt der Konsultation des Unterstützungssystems abgearbeiteten Methodenschritte, finden dagegen höchstens bei ex post Analysen Berücksichtigung.

Eine benutzerindividuelle Methodenunterstützung ist in marktgängigen konventionellen CASE-Werkzeugen gewöhnlich nicht verfügbar.

Resümierend ist festzuhalten, daß konventionelle CASE-Werkzeuge die Konstruktion von Software durch Bereitstellung textlicher und grafischer Beschreibungsmittel sowie durch partielle Automation bislang manuell durchgeführter Tätigkeiten (z. B. Generierung von Reports) unterstützen. Sie stellen jedoch i. d. R. keine konstruktive Hilfestellung bezüglich des eigentlichen Entwurfs-Prozesses, der u. a. Wissen über die Software-Entwicklungsmethoden erfordert, zur Verfügung.[220]

2.3.3 Wissensbasierte Methodenunterstützung

Wissensbasierte Systeme ermöglichen im Rahmen der ex ante Methodenunterstützung neben der Bereitstellung statischer Methodenhinweise die Generierung konstruktiver und dynamischer Vorgehenshilfen, die den Benutzer beim Gebrauch bestimmter Methoden führen.[221] Die ex post Analyse kann mit Hilfe einer entsprechenden Wissensbasis[222] auf einer höheren Ebene als bei konventionellen Systemen erfolgen.

Mit Hilfe von Wissen über Namenskonventionen, zulässige Kommandos etc. können wissensbasierte Systeme z. B. automatische Tippfehlerkorrekturen vornehmen.[223] Das implementierte Methodenwissen befähigt wissensbasierte Systeme ferner, auf Benutzeranfragen nicht nur die gewünschte Antwort, sondern zusätzliche, für das Verständnis und die korrekte Anwendung des Methodenratschlags wichtige Informationen zu liefern (Fragenüberbeantwortung).[224] Außerdem ermöglicht Wissen über die optimale Abfolge von Methodenschritten das Erkennen eines hinsichtlich der Methode umständlichen oder zweifelhaften Benutzerverhaltens und die Generierung von entsprechenden Verbesserungsvorschlägen.[225]

Die infolge der Trennung von Wissensbasis und Inferenzkomponente gegebene Änderungsfreundlichkeit wissensbasierter Systeme[226] erleichtert die Entwicklung unternehmensspezifischer oder an spezielle Dialekte angepaßter, variabler Methodenwissensbasen.[227] Ferner kann mit Hilfe wissensbasierter Systeme neben einer Kontextabhängigkeit in bezug auf den Systemzustand auch eine Projektsensitivität, beispielsweise durch Wissen über den aktuellen Projektstand und die bislang durchgeführten Methodenschritte, erreicht werden.[228]

Mit Hilfe von Wissen über vorhandene Erfahrungen, bekannte Methodenkonzepte, beherrschte Kommandos und bevorzugte Interaktionstechniken des Software-Entwicklers ist eine Erweiterung der benutzeruniformen zu einer benutzerindividuellen Methodenunterstützung möglich.[229]

Abb. 2-14 zeigt zusammenfassend eine Gegenüberstellung der klassischen Methodenunterstützung in konventionellen CASE-Werkzeugen mit den wichtigsten, durch den Einsatz wissensbasierter Systeme zusätzlich erreichbaren Möglichkeiten.[230]

	Klassische Methodenunterstützung in konventionellen CASE-Werkzeugen	Zusätzliche Methodenunterstützungsmöglichkeiten durch wissensbasierte Systeme
Zeitpunkt	ex post Low-Level-Syntaxchecks ex ante Online-Methodenhandbuch	ex post High-Level-Syntaxchecks ex ante Vorgehensempfehlungen
Initiator	benutzerinitiierte Hilfetexte, Reports rechnerinitiierte Statuszeilen, Fehlermeldungen	benutzerinitiierte Analyse-, Vorgehenshilfen rechnerinitiierte Tippfehlerkorrekturen, Fragenüberbeantwortungen, Verbesserungsvorschläge
Kontextsensitivität	globale Methodenhinweise werkzeugbezogene Methodenhinweise fensterbezogene Methodenhinweise	unternehmensspezifische Methodenhinweise dialektspezifische Methodenhinweise projektspezifische Methodenhinweise
Benutzerorientierung	benutzeruniforme Methodenhilfen	benutzerindividuelle Methodenhilfen

Abb. 2-14: Klassische Methodenunterstützung in konventionellen CASE-Werkzeugen und wichtige Verbesserungsmöglichkeiten durch den Einsatz wissensbasierter Systeme

Für eine umfassende Methodenunterstützung sind somit folgende Wissensformen notwendig:[231]

- Wissen über die Aktionsfolge der Methode

- Wissen über die Syntax der Methode

- Wissen über den Projektstand

- Wissen über das CASE-Werkzeug

- Wissen über den Benutzer

Wissensbasierte Systeme können dieses Wissen, das in konventionellen CASE-Werkzeugen entweder überhaupt nicht oder nur implizit enthalten ist[232], verfügbar machen.[233] Sie sind aufgrund ihrer Änderungsfreundlichkeit eher als konventionelle Systeme in der Lage, das Konzept eines auswechselbaren Methodentreibers zu verwirklichen.[234] Außerdem sind von CASE-Werkzeugen häufig unterstützte Methoden wie Structured Analysis i. d. R. informal und beinhalten mehrere korrekte Lösungen, so daß sich Heuristiken in Wissensbasen besser als Algorithmen in konventionellen Programmen zur Beschreibung der Methodenschritte sowie zur Darstellung der Beziehungen zwischen den einzelnen Methodenschritten eignen.[235] Ferner können wissensbasierte Systeme im Gegensatz zu konventionellen Systemen die erteilten Methodenratschläge dem Software[236]-Entwickler mit Hilfe der Erklärungskomponente erläutern und begründen.[237]

Anmerkungen

1   Nach dem Abstraktionsgrad dieser Hilfsmittel unterscheidet man Prinzipien ("allgemeingültiger Grundsatz des Denkens und Handelns"), Methoden ("Gesamtheit aller Vorschriften zur Bewältigung einer Klasse von Problemen"), Verfahren ("vollständig determinierte Methode, die keine weitere Differenzierung bei der Bewältigung spezieller Probleme zuläßt") und Werkzeuge ("ganz oder teilweise automatisierte Verfahren"). Schmitz /Methoden, Verfahren und Werkzeuge/ 72-73

2   Zum Begriff RBIS siehe z. B. Seibt /Grundlagen und Entwicklungsphasen/ -aktivitäten/ 1-16

3   Vgl. Schmitz /Methoden, Verfahren und Werkzeuge/ 72-73

4   Hughes, Clark /CASE usage/ 41

5   Balzert /Anforderungen an CASE-Umgebungen/ 112

6   Vgl. z. B. für Europa Prakash /How Europe Is Using CASE/ 79-82 oder für U.S.A. Schuck /Umfragen zum Thema Computer Aided Software Engineering/ 29-30

7   Vgl. Grehan /Making a case for CASE/ 154

8   Nomina /ISIS Software Report 1991/ 3343

9   Wahrig /Brockhaus Wörterbuch/ 125

10 Vgl. Gibson /CASE Philosophie/ 209

11 Zur Auflockerung der Diktion werden im folgenden die Begriffe Rechenanlage, Rechner und Computer synonym verwendet.

12 Vgl. Gibson /CASE Philosophie/ 209

13 Vgl. Gibson /Implementing the Promise/ 65

14 Vgl. Gibson /CASE Philosophie/ 210

15 Unter dem Begriff strukturierte Techniken werden systematische Software-Entwicklungsmethoden zusammengefaßt, die in der Regel auf folgenden Grundsätzen basieren: "Principle of Abstraction ... Principle of Formality ... Divide-and-Conquer Concept ... Hierarchical Ordering Concept". Martin, McClure /Structured Techniques/ 16

16 Vgl. Crozier u. a. /Critical analysis/ 486

17 Automatisierung ist der Einsatz künstlicher Mittel zur Schaffung eines künstlichen Systems, das selbsttätig ein Programm befolgt. Vgl. DIN /DIN 19233 Automatisierung/ 1. Unter Automatisierung wird in dieser Arbeit der Einsatz von Hardware und Software zur rechnergestützten Durchführung von Tätigkeiten im Rahmen der Software-Entwicklung verstanden. Das Potential der Automatisierung im Software Engineering wird in Kapitel 3 näher erläutert.

18 In Anlehnung an ANSI, IEEE /Glossary of Software Engineering Terminology/ 32. Die Begriffe (Software-)Tool und (Software-)Werkzeug werden im folgenden synonym verwendet.

19 Vgl. Keller /CASE oder IPSE/ 23

20 Vgl. Tazelaar /In Depth: CASE/ 206

21 Abgesehen von den an späterer Stelle diskutierten inhaltlichen Mängeln der Interpretation von CASE als Software-Tool macht sich an dieser Stelle bereits eine sprachliche Unzulänglichkeit bemerkbar: CASE bedeutet sowohl im englischen als auch im deutschen Sprachgebrauch rechnerunterstützte Software-Bautechnik im Sinne des Ingenieurwesens. Eine Gleichsetzung mit einem Tool ist aus diesem Grunde problematisch. Dies zeigt auch die grammatisch bedenkliche, aber in der Praxis häufig anzutreffende und deshalb an dieser Stelle verwendete Pluralbildung "CASEs".

22 Vgl. Case /Development Productivity/ 35

23 Vgl. Seibt /Probleme und Trends/ 6

24   Phasen sind sequentiell verlaufende Abschnitte des Systementwicklungsprozesses mit klar defi-
     niertem Anfang und Ende. Vgl. Seibt /Grundlagen und Entwicklungsphasen/ -aktivitäten/ 18

25   Vgl. z. B. Gane /Computer-Aided Software Engineering/ xii; Keller /CASE oder IPSE/ 23; Warner,
     Woschinski /CASE-Tools/ 58; Vonk /Prototyping/ xii

26   Vgl. McClure /CASE is software automation/ 5

27   Wahrig /Brockhaus Wörterbuch/ 191

28   Vgl. McClure /CASE Experience/ 235

29   Der Lebenszyklus eines Informationssystems (im Rahmen dieser Arbeit ist hiermit immer ein be-
     triebliches Anwendungssystem gemeint) umfaßt den üblicherweise in Phasen eingeteilten Sy-
     stementwicklungsprozeß (Aufbauzeitraum) und den durch Wartungsphasen unterbrochenen Sy-
     stembetriebsprozeß (Betriebszeitraum). Vgl. Schmitz, Seibt /Einführung in die anwendungsorien-
     tierte Informatik/ 9-10 und Seibt /Systemlebenszyklus/ 413-415. Einen Überblick über verschie-
     dene Phasenkonzepte bzw. -modelle bieten z. B. Seibt /Phasenkonzept/ 326-328; Schulz
     /Software-Lifecycle- und Vorgehensmodelle/ 137-142; Balzert /Entwicklung von Software-Sy-
     stemen/ 468-470

30   Vgl. McClure /CASE is software automation/ 5 und Yourdon /System life cycle/ 42-64

31   Die durch sinkende Hardwarekosten forcierte Tendenz, zunehmend komplexere Aufgaben der
     betrieblichen Informationsverarbeitung zu automatisieren, führt Mitte der sechziger Jahre zu einer
     Situation, die unter dem Schlagwort Softwarekrise bekannt ist: Software-Produkte werden nicht
     preis- und termingerecht fertiggestellt, sind qualitativ unbefriedigend, unzureichend wartbar und
     entsprechen oft nicht den Erwartungen der Auftraggeber. Vgl. Sommerville /Software Enginee-
     ring/ 3. Auf der NATO-Wissenschaftstagung im Jahre 1968 in Garmisch, die erstmals den Titel
     Software Engineering trägt, wird jene Teildisziplin der Informatik geboren, die heute als
     "Wissenschaft der Konzipierung und gezielten Anwendung von Prinzipien, Methoden, Verfahren
     und Werkzeugen zur Lösung technischer, ökonomischer und organisatorischer Probleme bei der
     Entwicklung, Nutzung und Wartung von Software-Produkten" (Schmitz /Methoden, Verfahren und
     Werkzeuge/ 73) definiert wird. Vgl. Naur, Randell /Software Engineering 1968/ und Sneed
     /Software-Engineering - Überblick/ 11. Anfang der achtziger Jahre etablieren sich die Begriffe
     Computer Aided Softwaredesign (1982) und Computer Aided Software Engineering (1984). Vgl.
     Schulz /Vom CAD zum CAS/ 607-614 oder Manley /CASE-Foundation/ 1 ff.

32   Erweiterung der Definition des Software Engineering in ANSI, IEEE /Glossary of Software Engi-
     neering Terminology/ 32

33   Ein System ist die "Gesamtheit der zur selbständigen Erfüllung eines Aufgabenkomplexes erfor-
     derlichen technischen und/oder organisatorischen und/oder anderen Mittel der obersten Betrach-
     tungsebene ... Zu den organisatorischen Mitteln zählen auch Personal und Ausbildung". DIN /DIN
     40150 Funktions- und Baueinheiten/ 1. CASE-Systeme umfassen somit alle zur automatisierten
     Entwicklung von Software erforderlichen Hilfsmittel.

34   Aktivitäten oder Tätigkeiten sind Elemente von Phasen, wobei mehrere Aktivitäten parallel ab-
     gewickelt werden können und jeweils mehrere Aktivitäten zur Erreichung eines definierten Pha-
     senergebnisses erforderlich sind. Vgl. Seibt /Grundlagen und Entwicklungsphasen/ -aktivitäten/
     18

35   Vgl. McClure /CASE is software automation/ 5

36   Weitere Aufzählungen von Synonymen befinden sich z. B. in Balzert /Anforderungen an CASE-
     Systeme/ 101 und Seibt /Probleme und Trends/ 5

37   Vgl. z. B. Österle /Von Programmiersprachen zu Softwareentwicklungsumgebungen/ 354

38   Vgl. z. B. Müllerburg /Programmier- und Softwareproduktions-Umgebungen/ VI-4-09 f.

39   Vgl. z. B. Balzert /Anforderungen an CASE-Umgebungen/ 101 f.

40   Vgl. z. B. Martin /Information Engineering - Introduction/ 50-52

41   Vgl. z. B. Evans /Software Factory/ 3 ff.

42   Vgl. z. B. Gane /Computer-Aided Software Engineering/ 87

43   Vgl. z. B. Boehm u. a. /Improving Productivity/ 30-42

44   Auch die IBM hat sich im Rahmen ihrer Anwendungsentwicklungsstrategie für den Terminus Software-Entwicklungsumgebung entschieden. Vgl. IBM /Integrierte Software-Entwicklung mit AD/Cycle/ 3

45   Vgl. Balzert /Anforderungen an CASE-Systeme/ 101-112 und Herzwurm, Berkau /Auswahl PC-gestützter Software-Entwicklungsumgebungen/ 6-7. Die Komponenten einer Software-Entwicklungsumgebung zeigt Abb. 2-5.

46   Vgl. Ploenzke /CASE-Studie/ 3-4 - 3-6 und Rüesch /Entwicklungsumgebung/ 45-51. Ploenzke zählt hierzu außerdem noch ein Administrationskonzept zur Verwaltung der Entwicklungsergebnisse, die jedoch Bestandteil von Projektmangement-, Vorgehens-, Entwicklungs- und Rechnerunterstützungskonzepten sein können und deshalb hier nicht separat aufgeführt werden.

47   Ein Projekt ist ein hinsichtlich der Einmaligkeit der Bedingungen (z. B. Zielvorgabe; zeitliche, finanzielle, personelle oder andere Limitierungen; Abgrenzung gegenüber anderen Vorhaben; Organisation) gekennzeichnetes Vorhaben. Vgl. DIN /DIN 69901 Projektmanagement/ 1

48   Vgl. Brack, Koppe /Organisation und Management von Softwareentwicklungskonzepten/ 291

49   Vgl. Seibt /Auditing/ 5-49

50   Siehe hierzu z. B. Boehm /Software Engineering Economics/ 7-19; Boehm /Wirtschaftliche Software-Produktion/ 49-504; Seibt /Schätzverfahren für Software-Projekte/ 6-172

51   Vgl. Seibt /Informationsmanagement und Controlling/ 123

52   Seibt /Grundlagen und Entwicklungsphasen/-aktivitäten/ 19

53   Vgl. Seibt /Phasenkonzept/ 326-327

54   Vgl. Balzert /Entwicklung von Software-Systemen/ 15

55   Vgl. Schmitz, Seibt /Einführung in die anwendungsorientierte Informatik/ 8

56   Die einzelnen Phasenmodelle unterscheiden sich primär in der Bezeichnung, der Abgrenzung und dem Detaillierungsgrad der einzelnen Phasen sowie durch die jeweils den Phasen zugeordneten Tätigkeiten. Vgl. Balzert /Entwicklung von Software-Systemen/ 15

57   Mit dem Ansatz der organisatorischen Implementierung wird zum Ausdruck gebracht, daß bei der Gestaltung von RBIS alle Systemkomponenten (Aufgabenstellung, Organisationsstruktur, Personen, Informationstechnologie) abzustimmen sind und der Schwerpunkt nicht auf der Realisierung technologischer Systemkomponenten liegt. Vgl. Seibt /Betrieb und Wartung/Pflege eines RBIS/ 48-49 und Seibt /Implementierung, organisatorische/ 853-862

58   Vgl. Seibt /Grundlagen und Entwicklungsphasen/ -aktivitäten/ 1 ff.; Seibt /Betrieb und Wartung/Pflege eines RBIS/ 1 ff.; Seibt /Projektphasenmodell und Lebenszyklusmodell/ 6-30; Schmitz, Seibt /Einführung in die anwendungsorientierte Informatik/ 9-10

59   Vgl. Schmitz /Einführung in die Informatik/ Kap. 2.1 II. Darüberhinaus umfaßt dieses Modell phasenübergreifende Maßnahmen wie das Projektmanagement, die Software-Qualitätssicherung und die Dokumentation.

60   Vgl. Ploenzke /CASE-Studie/ 3-5 und Rüesch /Entwicklungsumgebung/ 45

61   Vgl. McClure /CASE is software automation/ 81-123

62   Ähnliche Tendenzen sind auch in Deutschland festzustellen: So ist z. B. Structured Analysis auf dem Weg zum "De-facto-Standard". Hruschka /Structured Analysis auf dem Weg zum De-facto-Standard/ 1. Eine noch größere Verbreitung ist von der Weiterentwicklung von Structured Analysis zu einem objektorientierten Ansatz zu erwarten. Siehe hierzu Coad, Yourdon /Object-Oriented Analysis/

63   Siehe zu den einzelnen Methoden: Yourdon, Constantine /Structured Design/; Yourdon /Modern Structured Analysis/; Gane, Sarson /Structured Systems Analysis/; DeMarco /Structured Analysis and System Specification/; Orr u. a. /Methodology/; Jackson /System Development/; Martin /Information Engineering - Introduction/; Martin /Information Engineering - Planning and Analysis/; Martin /Information Engineering - Design/ oder Martin, McClure /Structured Techniques/ mit einem ausgezeichneten Überblick. Die Datenmodellierung (siehe z. B. Chen /Entity-Relationship Approach/) wird an dieser Stelle nicht gesondert aufgeführt, da sie z. B. Element von Structured Analysis oder Information Engineering ist.

64   Da die 1000 befragten Unternehmen auch mehrere Software-Entwicklungsmethoden nennen konnten, übersteigt die Summe aller Prozentzahlen den Wert 100.

65   Erstellt nach Angaben aus McClure /CASE is software automation/ 91

66   Vgl. Rüesch /Entwicklungsumgebung/ 45

67   Das Architektur-Modell wird an dieser Stelle verwendet, weil verschiedene typisierte Grundstrukturen, die als Basis für diverse Realisationsformen bzw. technische Varianten existierender Systeme fungieren, mit Hilfe des Architektur-Modells abgegrenzt werden können. Vgl. Seibt /Aufgaben der Wirtschaftsinformatik/ 14

68   Vgl. Ploenzke /CASE-Studie/ 3-6

69   Marktübersichten befinden sich z. B. in Balzert /TOOLs-Datenbank/; Nomina /ISIS Software Report 1991/; o. V. /Marktübersicht: CASE/; o. V. /Werkzeuge für Programmier-Profis/; Parthier /Marktbild CASE/; Ploenzke /CASE-Studie/ oder international Fersko-Weiss /CASE Tools/ und Schmidt /CASE Products 1990/. Eine Darstellung des Software-Marktes in der Bundesrepublik Deutschland liefert Buschmann u. a. /Software-Markt/

70   Vgl. Tobiasch /Software-Entwicklungsumgebungen und Programmiersprachen/ 28

71   Vgl. Kulling /Problemstellung und Perspektiven/ VI-1-06 und Balzert /Anforderungen an CASE-Umgebungen/ 103-104. Weitere Anforderungen an eine Benutzerschnittstelle beschreibt z. B. DIN /DIN 66234 Dialoggestaltung/ 1-5

72   Vgl. z. B. Boehm u. a. /Improving Productivity/ 32

73   Vgl. z. B. McClure /CASE is software automation/ 16

74   Ein Beispiel für ein modernes CASE-Tool stellt der ISA DIALOG-MANAGER zur Entwicklung grafischer Benutzerschnittstellen dar.

75   Vgl. Hildebrand /Automatisierung im Software Engineering/ 34

76   Beispiele für CASE-Toolkits sind DesignAid von Nastec oder Analyst/Designer Toolkit von Yourdon zur Unterstützung der Entwurfs- und Analysephase.

77   Vgl. Gibson, Snyder, Carr /Corporatewide Information Strategy Through CASE/ 8-10 und Gibson /CASE-Philosophy/ 209. Gibson räumt selbst ein, daß diese funktionale Trennung eher zur Vereinfachung der Diskussion als zur wissenschaftlich exakten Klassifikation von CASE-Tools dient.

78   Bei einer strengen Interpretation des Begriffs Software-Entwicklungsumgebung kommen somit nur CASE-Workbenches als Software-Komponenten in Betracht. Da Vollständigkeit bei den heute am Markt verfügbaren Produkten jedoch kaum anzutreffen ist, werden vielfach auch CASE-Toolkits (z. B. Information Engineering Facility IEF von Texas Instruments bzw. James Martin Associates) als Software-Entwicklungsumgebungen bezeichnet. Vgl. z. B. Löffler, Warner /Integration von Software-Entwicklungswerkzeugen/ 31; Curth, Wyss /Information Engineering Konzeption/ 194; Lehnhardt, Kimmel /Vollständige SPU/ 27

79   Vgl. McClure /CASE is software automation/ 21-22

80   Als Repository bezeichnet man eine strukturierte Einheit eines Speichers, die Informationen über ein Unternehmen enthält. Vgl. Gibson, Snyder, Carr /Corporatewide Information Strategy Through CASE/ 10. Auf diesen Begriff wird später noch näher eingegangen.

81   Siehe zu Anforderungen an Software-Entwicklungsumgebungen auch Balzert /Anforderungen an

CASE-Systeme/ 101-112 und Herzwurm, Berkau /Auswahl PC-gestützter Software-Entwicklungsumgebungen/ 13-40

82 Vgl. Tobiasch /Software-Entwicklungsumgebungen und Programmiersprachen/ 28

83 Eine Enzyklopädie ist die zentrale, rechnerlesbare Ansammlung von Wissen über die Unternehmenssziele, -struktur, -funktionen, -prozesse, -prozeduren und -programme. Der grundlegende Unterschied zu einem Data Dictionary besteht somit im Umfang der gesammelten Informationen über spezielle Software-Entwicklungsprojekte hinaus und in der Möglichkeit, diese Informationen semantisch zu interpretieren und zu verarbeiten. Oft wird in diesem Zusammenhang deshalb auch von einer Wissensbasis gesprochen. Vgl. Martin /Information Engineering - Introduction/ 15-16 und Souza /Strategies for Software Engineering/ 35-36

84 Vgl. Gibson, Snyder, Carr /Corporatewide Information Strategy Through CASE/ 10

85 Vgl. z. B. Abbenhardt /Datenbanken für Software-Entwicklungsumgebungen/ 49-53

86 Dies fordert z. B. das Information Engineering nach James Martin. Vgl. Martin /Information Engineering - Introduction/ 1 ff. und Curth, Wyss /Information Engineering Konzeption/ 1 ff.

87 Vgl. Curth, Wyss /Information Engineering Konzeption/ 194

88 Vgl. Österle /Von Programmiersprachen zu Softwareentwicklungsumgebungen/ 356-357

89 In der Praxis werden folgende Begriffe synonym verwendet: Mikrorechner und Personal Computer (PC), Minirechner und Workstation, Supercomputer und Mainframe bzw. Host respektive Großrechner. Siehe zur Klassifikation von Rechnern nach Größenkriterien Schmitz, Seibt /Einführung in die anwendungsorientierte Informatik/ 154-158 und speziell zur Abgrenzung PC und Workstation Born /Workstation/ 24-26

90 Vgl. Bröhl /Informationssysteme der Bundeswehr/ 97

91 Vgl. McClure /CASE is software automation/ 125. Zur historischen Entwicklung von Hardware-Architekturen für Software-Entwicklungsumgebungen sowie deren Beurteilung siehe z. B. Merbeth /Functional and Architectural Integration/ 31-42

92 Vgl. IBM /AD/Cycle/ 3-16; Kelting /IBM's Vision/ 40-43; Merlyn, Boone /Ins and Outs/ 9-63; Winter, Maag /Verstärkung für SAA/ 32-39

93 IBM /Integrierte Software-Entwicklung mit AD/Cycle/ 5

94 Vgl. Andexer /IBM-Softwareentwicklungs-Konzept/ 26

95 Erstellt nach Angaben aus Preßmar /Strategien für den Einsatz/ 17; Tobiasch /Software-Entwicklungsumgebungen und Programmiersprachen/ 28; McClure /CASE is software automation/ 133; Schulz /CAS(E)-Systeme/ 530

96 Vgl. z. B. Bröhl /Standardization of Software Development Environments/ 99-108. Einen Überblick über Standards im Software Engineering bietet Breuninger /Normen und Standards/

97 Hierbei wird bewußt auf die Darstellung der Beziehungen zwischen den einzelnen Komponenten verzichtet, da diese bei unterschiedlichen Architekturmodellen andersartig verwirklicht werden können. Vgl. Schulz /CAS(E)-Systeme/ 526-527

98 Vgl. Gill /Lernende Maschinen/ 2 und Harmon, King /Expertensysteme in der Praxis/ 10-11. Einen Überblick über die Geschichte der KI bieten z. B. Harmon, King /Expertensysteme in der Praxis/ 2-7; Mertens, Allgeyer /Künstliche Intelligenz in der Betriebswirtschaft/ 686-688; Schefe /Realisierung von Systemen der künstlichen Intelligenz/ 30-55; Zelewski /Leistungspotential der künstlichen Intelligenz/ 29-40; speziell für Expertensysteme Hayes-Roth, Waterman, Lenat /Overview/ 6-11

99 Vgl. Mertens, Borkowski, Geis /Betriebliche Expertensystem-Anwendungen/ 9

100 Vgl. Harmon, King /Expertensysteme in der Praxis/ 5; Zelewski /Leistungspotential der künstlichen Intelligenz/ 46-87; Tanimoto /KI: Die Grundlagen/ 26-27

101 Vgl. Gill /Lernende Maschinen/ 2. Gill zeigt an dieser Stelle auch noch weitere Gründe für das

Zurückbleiben der Kommerzialisierung der KI hinter den Prognosen zahlreicher Marktforschungs-institute auf.

102 Vgl. Jarke /Wissensbasierte Systeme - Architektur und Einbettung/ 461

103 Vgl. Tanimoto /KI: Die Grundlagen/ 24; Schmitz /Expertensysteme/ 611-612; Kurbel /Entwicklung und Einsatz von Expertensystemen/ 1; Minsky /Semantic Information Processing/ V; eine ausführliche Begriffsbestimmung bietet z. B. Zelewski /Leistungspotential der künstlichen Intelligenz/ 88-170

104 Aufgrund der mangelnden Eindeutigkeit des Intelligenzbegriffs versuchen andere Autoren die KI über ihre verwendeten Methoden und Anwendungsgebiete abzugrenzen. Vgl. Kurbel /Entwicklung und Einsatz von Expertensystemen/ 1-15

105 Vgl. Tanimoto /KI: Die Grundlagen/ 22-23

106 Außerdem existieren noch weitere Teilgebiete der KI wie z. B. Intelligent Computer Aided Instruction (ICAI). Vgl. Kurbel /Entwicklung und Einsatz von Expertensystemen/ 13

107 Vgl. Schmitz /Expertensysteme/ 612

108 Vgl. Tanimoto /KI: Die Grundlagen/ 438

109 Vgl. Lenz /Konstruktion systematischer Domänen/ 19

110 Zu den Begriffen der Informationsverarbeitungs-Funktionen siehe Schmitz /Informationsverarbeitung/ 958-960

111 D. h. "die Einordnung des Bildes in ein maschineninternes Schema für die Repräsentation von Wissen über den Problemkreis" Niemann /Bildverarbeitung/ 77

112 Vgl. Schefe /Realisierung von Systemen der künstlichen Intelligenz/ 13, 102

113 Vgl. Kurbel /Entwicklung und Einsatz von Expertensystemen/ 8-9. Auf die automatische Programmierung wird in Kapitel 3 noch näher eingegangen.

114 Vgl. Lenz /Konstruktion systematischer Domänen/ 19

115 Vgl. Tanimoto /KI: Die Grundlagen/ 225-330 mit einer ausführlichen Erläuterung der verwendeten Begriffe

116 Vgl. Schefe /Realisierung von Systemen der künstlichen Intelligenz/ 13

117 Vgl. Lenz /Konstruktion systematischer Domänen/ 19

118 Vgl. Savory /Expertensysteme: Nutzen/ 19

119 Tanimoto /KI: Die Grundlagen/ 377

120 Vgl. Allen /Natural Language Understanding/ 194

121 Vgl. Schefe /Realisierung von Systemen der künstlichen Intelligenz/ 13

122 Vgl. Kurbel /Entwicklung und Einsatz von Expertensystemen/ 11-13 und Duden /Informatik/ 316

123 Vgl. Lenz /Konstruktion systematischer Domänen/ 19

124 Vgl. Kurbel /Entwicklung und Einsatz von Expertensystemen/ 11-13 und Duden /Informatik/ 316

125 Vgl. Duden /Informatik/ 222

126 Vgl. z. B. Behrendt /Wissensverarbeitung/ 15. Im folgenden wird diese Gleichsetzung von wissensbasierten Systemen mit Expertensystemen nicht übernommen. Siehe hierzu Kapitel 2.2.1.3 dieser Arbeit.

127 Vgl. Schmitz, Lenz /Glossar/ 2

128 Ein Experte ist ein Spezialist für ein spezifisches, begrenztes Fachgebiet, auf dem er Lösungen erarbeiten und anwenden kann. Vgl. Raulefs /Expertensysteme/ 62

129 Schmitz /Expertensysteme/ 612

130 An dieser Stelle wird deutlich, daß in einem Expertensystem mehrere Techniken der KI (z. B. Problemlösungsverfahren und Wissensrepräsentationsformalismen) integriert sind und auf reale Probleme angewendet werden, indem man sie in ein Hardware-/Softwaresystem (=> Expertensystem) einbettet. Vgl. Tanimoto /KI: Die Grundlagen/ 523

131 Vgl. Valder /Hilfsmittel in der Software-Produktion/ 89-90 und die dort angeführten Beispiele

132 Die Wissensbasis enthält Wissen (Kenntnisse objektiven und subjektiven Charakters) in Form von Fakten (Wissen als Tatsachen) und Heuristiken (strategisches, erfahrungsbasiertes Problemlösungswissen). Vgl. Schmitz, Lenz /Glossar/ 2-10 und Kapitel 2.2.1 dieser Arbeit. Der grundlegende Unterschied zu einer Datenbank ergibt sich v. a. dadurch, daß eine Datenbank nur Informationen enthält, die explizit eingegeben wurden, während sich die Wissensbasis mittels Anwendung der Regeln auf Fakten im Zeitablauf dynamisch verändert. Vgl. Katzan /State of the Art/ 110

133 Vgl. Schmitz, Lenz /Glossar/ 10

134 Vgl. Jarke /Wissensbasierte Systeme - Architektur und Einbettung/ 461

135 Siehe hierzu auch Behrendt /Wissensverarbeitung/ 13-16; Behrendt /Wartung und Pflege von Expertensystemen/ 104-106; Curth, Bölscher, Raschke /Entwicklung von Expertensystemen/ 17-19; Harmon, King /Expertensysteme in der Praxis/ 8-9; Wahlster /Expertensysteme Vorlesungsskript/ 3-5; Zelewski /Expertensystem-Anwendungsmöglichkeiten/ 105 ff.

136 Unter einem konventionellen ADV-System werden im folgenden v. a. für gut strukturierte Probleme in Sprachen der 3. oder 4. Generation realisierte daten- und prozedurorientierte Systeme zusammengefaßt. Vgl. Kurbel, Pietsch /Expertensystem-Projekte/ 133

137 Vgl. Schmitz /Expertensysteme/ 612

138 In Anlehnung an Puppe /Einführung in Expertensysteme/ 2

139 Vgl. Lenz /Konstruktion systematischer Domänen/ 43. Lenz kritisiert den Gebrauch des Begriffs Daten für die fallspezifischen Angaben, da Daten i. d. R. auch domänenspezifisches Wissen enthalten. Mit Domäne wird im folgenden das Problemgebiet (Anwendungsgebiet, Aufgabengebiet), das im wissensbasierten System abgebildet ist, bezeichnet. Vgl. Harmon, King /Expertensysteme in der Praxis/ 93

140 Vgl. Lenz /Konstruktion systematischer Domänen/ 43

141 Vgl. Schmitz /Expertensysteme/ 612

142 Auf die Problematik des Begriffs wissensbasierte Expertensysteme oder knowledge-based expert systems, wie ihn z. B. Hayes-Roth /Tutorial/ 11 und Savory /Expertensysteme: Nutzen/ 18 verwenden, wird im nächsten Abschnitt näher eingegangen.

143 Ausgewählte Vergleiche von Expertensystemen mit Entscheidungstabellen, Information Retrievalsystemen und konventioneller Programmierung zeigt Geis, Straßer, Mertens /Ausgewählte Vergleiche/ 68-72

144 Erstellt nach Schmitz, Lenz /Abgrenzung/ 504-514

145 Vgl. z. B. Behrendt /Wissensverarbeitung/ 15; Curth, Bölscher, Raschke /Entwicklung von Expertensystemen/ 19-21; Mertens, Borkowski, Geis /Status/ 301

146 Vgl. Mertens, Borkowski, Geis /Betriebliche Expertensystem-Anwendungen/ 4

147 Vgl. Steinhoff /Benutzerschnittstellen für Expertensysteme/ 17

148 Vgl. z. B. Schmitz /Expertensysteme/ 612; Steinhoff /Benutzerschnittstellen für Expertensysteme/ 15-17; Waterman /Guide to expert systems/ 18

149 In Anlehnung an Puppe /Problemlösungsmethoden in Expertensystemen/ 2

150 Vgl. Waterman /Guide to expert systems/ 18

151 Vgl. Harmon, King /Expertensysteme in der Praxis/ 5

152 Puppe /Problemlösungsmethoden in Expertensystemen/ 2

153 Lenz /Konstruktion systematischer Domänen/ 45

154 Vgl. Harmon, King /Expertensysteme in der Praxis/ 5

155 Vgl. Steinhoff /Benutzerschnittstellen für Expertensysteme/ 16

156 Vgl. Kurbel /Entwicklung und Einsatz von Expertensystemen/ 25-27

157 Vgl. Kurbel /Entwicklung und Einsatz von Expertensystemen/ 26

158 Vgl. Kurbel /Entwicklung und Einsatz von Expertensystemen/ 26

159 Vgl. Bechtolsheim, Schweichhart, Winand /Expertensystemwerkzeuge/ 8-9 und die dort angege-
    bene Erläuterung der Begriffe neuronale Netze und assoziative Systeme

160 In Anlehnung an Kurbel /Entwicklung und Einsatz von Expertensystemen/ 27

161 Die Klassifikation dieses Wissens und die Darstellung des Nutzens für CASE erfolgen in Kapitel 3
    dieser Arbeit.

162 Das Wissen in derartigen Anwendungsbereichen ist unsicher, unvollständig oder zeitabhängig;
    bezüglich der Problemfelder liegt zumindest am Projektanfang noch kein klares Verständnis vor.
    Vgl. Puppe /Einführung in Expertensysteme/ 4

163 In Anlehnung an Bechtolsheim, Schweichhart, Winand /Expertensystemwerkzeuge/ 9 und
    Schmitz /Expertensysteme/ 612

164 Vgl. Schmitz, Lenz /Glossar/ 10

165 Hinzu kommt, daß Expertensysteme die erste Teildisziplin der KI sind, "deren Technik den not-
    wendigen Reifegrad erlangt hat, um über das Stadium labormäßigen Experimentierens hinaus
    den Eingang in die Praxis zu finden." Schmitz, Lenz /Abgrenzung/ 500

166 Siehe hierzu die Ausführungen in Kapitel 2.1.3 dieser Arbeit.

167 Vgl. Kurbel, Pietsch /Projektmanagement bei Expertensystem-Entwicklungen/ 3

168 Zur Organisation der Wissensverarbeitung siehe Böhnke /Projektmanagement wissensbasierter
    Systeme/ 182-190

169 Vgl. Kurbel, Pietsch /Expertensystem-Projekte/ 134-135

170 Vgl. König, Behrendt /Produktion von Expertensystemen/ 95

171 Bezogen auf Wissensbasis und Inferenzen auf die Wissensbasis spricht man auch vom Know-
    ledge Engineering. Der Entwickler des Systems heißt Knowledge Engineer, der Prozeß der Wis-
    senserhebung wird als Wissensakquisition bezeichnet. Vgl. Schmitz /Expertensysteme/ 619-620

172 Eine ausführliche Diskussion alternativer Ansätze findet sich in Curth, Bölscher, Raschke
    /Entwicklung von Expertensystemen/ 106-131 und Lenz /Konstruktion systematischer Domänen/
    109-174

173 Vgl. z. B. Buchanan u. a. /Construction/ 127-168; Hayes-Roth /Tutorial/ 11-28; Harmon, King /Ex-
    pertensysteme in der Praxis/ 218-230

174 Vgl. Schmitz /Expertensysteme/ 620

175 Vgl. Budde, Sylla, Züllighoven /Konzepte des Prototyping/ 77

176 Vgl. z. B. Karbach /Methoden und Techniken/ 87-106 und Breuker, Wielinga /Models of Exper-
    tise/ 265-295

177 Vgl. Schmitz /Expertensysteme /5

178 Vgl. Schmitz /Expertensysteme /5

179 Vgl. Lenz /Konstruktion systematischer Domänen/ 160-174

180 Lenz /Konstruktion systematischer Domänen/ 164. KE steht für Knowledge Engineering, das hier

als Konstruktionsprozeß einer systematischen Domäne aufgefaßt wird, meist jedoch den gesamten Entwicklungsprozeß eines wissensbasierten Systems bezeichnet. Vgl. z. B. Feigenbaum /Art of aritificial intelligence/ 1016-1017

181   Vgl. Bechtolsheim, Schweichhart, Winand /Expertensystemwerkzeuge/ 1, 20

182   Einen Marktüberblick bieten z. B. o. V. /KI-Führer/; Bechtolsheim, Schweichhart; Winand /Expertensystemwerkzeuge/; Harmon, Maus, Morrissey /Werkzeuge und Anwendungen/

183   Wissensbasis und Inferenzkomponente sind als Minimalkonfiguration zu verstehen; Benutzerschnittstellen sind z. B. bei eingebetteten Systemen nicht erforderlich, dafür kommt gegebenenfalls eine Schnittstellenkomponente für den Zugriff auf externe Datenbestände hinzu. Vgl. Schmitz /Expertensysteme/ 614-615. Die Darstellung von Architekturen in dieser Arbeit erfolgt aus rein funktionaler Sichtweise, d. h. daß die einzelnen Komponenten z. B. software-technisch durchaus in einem einzigen Programm realisiert sein können. Zur funktionalen Betrachtungsweise siehe Schmitz, Seibt /Einführung in die anwendungsorientierte Informatik/ 65-67

184   Oft auch als Dialog- oder Interviewerkomponente bezeichnet. Vgl. z. B. Puppe /Einführung in Expertensysteme/ 12-13 und Valder /Hilfsmittel in der Software-Produktion/ 94-95

185   Oft auch Wissenserwerbskomponente genannt. Vgl. z. B. Puppe /Einführung in Expertensysteme/ 12-13

186   Vgl. z. B. Harmon, King /Expertensysteme in der Praxis/ 40; Puppe /Einführung in Expertensysteme/ 12-13; Raulefs /Expertensysteme/ 63; Rolston /Expert Systems Development/ 6-7; Schmitz /Expertensysteme/ 614-615; Steinhoff /Benutzerschnittstellen für Expertensysteme/ 18-31

187   Vgl. Puppe /Einführung in Expertensysteme/ 12-13

188   Vgl. zu den einzelnen Wissensrepräsentationsformalismen z. B. Puppe /Einführung in Expertensysteme/ 15-7; Rolston /Expert Systems Development/ 31-66; ausführlich Lusti /Wissensbasierte Systeme/ 15-255. Eine Bibliographie bietet Decker /Literatur Wissensrepräsentation/

189   Vgl. zu den einzelnen Inferenzstrategien z. B. Harmon, King /Expertensysteme in der Praxis/ 56-68 und Schefe /Realisierung von Systemen der künstlichen Intelligenz/ 102-153. Ausführliche Hinweise zu Problemklassen und Problemlösungsmethoden bietet Puppe /Problemlösungsmethoden in Expertensystemen/ 18-232

190   Vgl. Lenz /Konstruktion systematischer Domänen/ 40

191   Vgl. Puppe /Einführung in Expertensysteme/ 12

192   Vgl. Schmitz, Lenz /Abgrenzung/ 502

193   Vgl. Mertens, Borkowski, Geis /Betriebliche Expertensystem-Anwendungen/ 4

194   Siehe hierzu die Aussagen in Kapitel 2.1.3.3 dieser Arbeit.

195   Vgl. Tanimoto /KI: Die Grundlagen/ 531

196   Vgl. Tanimoto /KI: Die Grundlagen/ 531

197   Siehe hierzu Kapitel 2.1 dieser Arbeit.

198   Hilfesysteme sind Unterstützungssysteme im Bereich Mensch-Computer-Kommunikation zur Assistenz des Benutzers bei der optimalen Nutzung der Funktionalität eines Anwendungsprogramms. Vgl. Böcker, Gunzenhäuser /Einführung/ 1

199   Lutze /Hilfesysteme/ 144

200   Bauer, Schwab /Anforderungen an Hilfesysteme/ 197

201   Eine Beurteilung verschiedener CASE-Werkzeuge im Hinblick auf die Methodenunterstützung enthält z. B. Berkau, Herzwurm /Kriterien/; Bordelius /Hilfesysteme als Werkzeuge des CASE/; Fersko-Weiss /CASE Tools/; Gibson /Selecting CASE Tools/; Manche /CASE Lite/; Ploenzke /CASE-Studie/

202 Die nachfolgenden Ausführungen gehen von der Existenz der zum Methodeneinsatz erforderlichen Beschreibungsmittel aus. Siehe hierzu z. B. Herzwurm, Berkau /Auswahl PC-gestützter Software-Entwicklungsumgebungen/ 32-38. Ferner wird das Vorhandensein eines Hilfesystems für die Bedienung des CASE-Werkzeugs vorausgesetzt. Siehe zu wissensbasierten Hilfesystemen in Anwendungssoftware z. B. Bauer, Herzog /Software-Ergonomie durch wissensbasierte Systeme/; Gunzenhäuser, Böcker /Prototypen benutzergerechter Computersysteme/; Lutze /Hilfesysteme/

203 In Anlehnung an die Klassifikation der Dialogformen bei Steinhoff /Benutzerschnittstellen für Expertensysteme/ 98-99

204 Das hierzu erforderliche Wissen klassifiziert z. B. Young, Howes, Whittington /Knowledge Analysis of Interactivity/ 117-118

205 Vgl. Bauer, Schwab /Anforderungen an Hilfesysteme/ 203

206 Als Einwand gegen diese Kritik wird häufig angeführt, daß man eine aktive Hilfekomponente bei entsprechender Konstruktion jederzeit abstellen könne. Vgl. z. B. Bauer, Schwab /Anforderungen an Hilfesysteme/ 203. Dies stellt jedoch kein plausibles Gegenargument dar, da ein abgeschaltetes aktives Methodenunterstützungssystem äquivalent zu einem passiven Methodenunterstützungssystem ist.

207 Vgl. Schwab /AKTIVIST/ 118

208 In Anlehnung an die Klassifikation von Hilfesystemen bei Bauer, Schwab /Anforderungen an Hilfesysteme/ 188-189

209 Vgl. Bauer, Schwab /Anforderungen an Hilfesysteme/ 198

210 In Anlehnung an die Klassifikation von Hilfesystemen bei Bauer, Schwab /Anforderungen an Hilfesysteme/ 188-189

211 Vgl. Möller, Rosenow /Benutzermodellierung/ 111

212 Vgl. Möller, Rosenow /Benutzermodellierung/ 111

213 Von solchen Schwierigkeiten berichtet auch Moll, Sauter im Zusammenhang mit der Auswertung einer Akzeptanzuntersuchung über ein Hilfesystem. Vgl. Moll, Sauter /Gebrauch eines kontextspezifischen Helpsystems/ 411

214 So bestehen z. B. Unterschiede zwischen dem Entity-Relationship-Ansatz von Bachman und Chen, die über die reine Symbolik weit hinausgehen. Siehe zum Vergleich dieser und anderer Methoden z. B. Martin, McClure /Structured Techniques/ 109-517. Verschiedene Varianten einer Methode werden im folgenden als Methodendialekte bezeichnet.

215 Z. B. als optionales Zusatzprodukt bei Systems Engineer von LBMS

216 Z. B. Excelerator von Index Technology

217 Z. B. ADW/IEW von KnowledgeWare

218 Z. B. SDW von SDW-Software GmbH

219 Z. B. ProKit*WORKBENCH von McDonnell Douglas

220 Vgl. Lowry, Duran /Knowledge-based Software Engineering/ 243-244

221 Vgl. McClure /CASE is software automation/ 245-247

222 Auf die hierfür benötigten Wissensformen wird später eingegangen.

223 Vgl. Gane /Computer-Aided Software Engineering/ 113. An dieser Stelle ist jedoch auf die in Kapitel 4.1 dieser Arbeit erläuterten Restriktionen hinzuweisen.

224 Vgl. Schwab /AKTIVIST/ 118

225 Vgl. Schwab /AKTIVIST/ 119. Schwab zeigt noch weitergehende Formen aktiver Hilfe wie Hinweise auf unbekannte nützliche Kommandos, verzögerte automatische Menüs etc. auf.

226 Siehe hierzu auch Kapitel 4.1 und die dort angeführte Literatur.

227 Analog zu Bildschirm- oder Druckertreibern könnten auf diese Weise auswechselbare Methodentreiber entstehen. Vgl. McClure /CASE is software automation/ 245-260

228 Vgl. Martin /Information Engineering - Introduction/ 25

229 Vgl. Bauer, Schwab /Anforderungen an Hilfesysteme/ 202

230 Durch diese Form der Gegenüberstellung soll außerdem verdeutlicht werden, daß nicht der Ersatz, sondern die Ergänzung konventioneller Technologie in Werkzeugen unter Nutzung der daraus resultierenden Synergieeffekte das Ziel wissensbasierter Systeme im CASE darstellt.

231 Unter Zuhilfenahme weiterer Wissensformen (siehe hierzu Kapitel 3.4.2 dieser Arbeit) kann die Methodenunterstützung entsprechend ausgedehnt werden: So erfordert beispielsweise die Durchführung semantischer Analysen oder die Expertise über den Einsatz von Methoden in Abhängigkeit vom jeweiligen Anwendungsgebiet neben den o. a. Wissensformen zusätzlich Wissen über die Domäne und das Unternehmen.

232 Siehe zu den verschiedenen Wissensformen und deren Existenz in konventionellen CASE-Werkzeugen Abb. 3-15 in Kapitel 3.4.2 dieser Arbeit.

233 Wissensbasen sind in Verbindung mit der Inferenzkomponente leistungsfähiger bei der Verwaltung schlecht strukturierter Information als konventionelle Entwicklungsdatenbanken in CASE-Werkzeugen und daher besser für die Abbildung von Methodenwissen geeignet. Vgl. Lowry, Duran /Knowledge-based Software Engineering/ 244-245

234 Vgl. McClure /CASE Is software automation/ 245-247

235 Vgl. Eagling /Structured design methods/ 96

236

237 Vgl. Hensel /Wissen bei der Anwendungsentwicklung/ 16

3 Möglichkeiten des Einsatzes wissensbasierter Systeme im Computer Aided Software Engineering

Die Leistungsfähigkeit wissensbasierter Systeme im CASE wird in diesem und dem nachfolgenden Kapitel thesenartig systematisiert und diskutiert. Die empirische Fundierung dieser Thesen ist Gegenstand der Kapitel fünf und sechs.

3.1 Ziele des Einsatzes wissensbasierter Systeme im Computer Aided Software Engineering

These 3-1: Eine Vielzahl der aktuellen Probleme bei der Entwicklung konventioneller Software läßt sich durch erfaßbares und formalisierbares Erfahrungswissen und somit durch den Einsatz wissensbasierter Systeme lösen.

Trotz des zunehmenden Angebotes an Methoden und Werkzeugen zur Anwendungsentwicklung können die Probleme der industriellen Software-Produktion auch 20 Jahre nach dem Durchbruch des Software Engineering als eigenständiger Teildisziplin der Informatik nicht als gelöst betrachtet werden: Mangelnde Qualität und unzureichende Produktivität mit der Konsequenz des viel zitierten Anwendungsstaus sind heute ebenso Bestandteil des Alltags in den Unternehmen wie vor 20 Jahren.[1]

Im Mittelpunkt dieser Arbeit steht die Frage, inwiefern wissensbasierte Systeme zu einer wirksamen und wirtschaftlichen Software-Produktion[2] beitragen können. Aus diesem Grund werden zunächst die Potentiale[3] konventioneller und wissensbasierter Software-Werkzeuge zur Überwindung der aktuellen Probleme der Software-Entwicklung gegenübergestellt. Von der Vielzahl existierender Problembereiche werden die wichtigsten exemplarisch untersucht:[4]

- zunehmender Termin- und Kostendruck[5]

- hohe Software-Entwicklungskosten bei niedriger Software-Qualität[6]

- Software-Wartungskosten in Höhe der drei- bis vierfachen Software-Entwicklungskosten[7]

- steigende Komplexität der Aufgabenstellungen[8]

- steigende Komplexität der Software-Entwicklungsmethoden[9]

- steigende Komplexität der Software-Entwicklungswerkzeuge[10]

- uneinheitliche Anwendung von Methoden und Werkzeugen[11]

- sprachliche Kommunikationsbarrieren zwischen Auftraggebern und Software-Entwicklern[12]

- Mangel an geeigneten Software-Entwicklern[13]

- inhomogener Qualifizierungsgrad in Entwicklungsteams[14]

- Ausscheiden qualifizierter, kurzfristig nicht ersetzbarer Software-Entwickler[15]

- räumliche Trennung der Mitglieder von Projektteams

3.1.1 Potential konventioneller Systeme im Computer Aided Software Engineering

These 3-2:	Die derzeit am Markt verfügbaren CASE-Produkte sind aufgrund ihrer technischen Unzulänglichkeiten einerseits sowie infolge der Unsicherheit der Entwickler bezüglich der zugrundeliegenden Methodenkonzepte andererseits nicht dazu geeignet, die bestehenden Schwierigkeiten bei der Software-Entwicklung zu lösen.

Problembereich: zunehmender Termin- und Kostendruck

Produktivitätssteigerung und Kostenreduzierung sind vielgenannte Erwartungen, die das Management an die Einführung von CASE-Tools in das Unternehmen knüpft.[16] Abgesehen von der schwierigen Operationalisierbarkeit der Software-Entwicklungsproduktivität[17] zeigen Erfahrungsberichte von Anwendern, daß die Produktivität nach der Einführung von CASE zunächst ab- statt zunimmt.[18] Ähnliche Beobachtungen lassen sich bezüglich der Kostenverläufe konstatieren: Kosteneinsparungen werden oft erst ein bis zwei Jahre nach der ersten Anwendung von CASE-Tools erzielt;[19] ob sich die hohen Investitionskosten von Software-Entwicklungsumgebungen im Zeitablauf amortisieren ist nur sehr schwer feststellbar.[20]

Problembereich: hohe Software-Entwicklungskosten bei niedriger Software-Qualität

Modellrechnungen und Anwendererfahrungen zeigen, daß sowohl die Investitionskosten (Arbeitsplatzrechner, CASE-Software, Schulungen etc.) als auch die laufenden Kosten (CASE-Expertengruppe, Hardware-/Software-Wartung, weiterführende Schulungen etc.) für CASE vergleichsweise hoch sind: Ausgehend von einem Unternehmen mit 150 professionellen Entwicklern erscheint ein Gesamtkostenvolumen in Höhe von 6,5 Millionen DM in einem Zeitraum von fünf Jahren durchaus realistisch.[21] Der Erfolg der CASE-Technologie unter Kostenaspekten läßt sich somit erst nach Jahren beurteilen, wenn z. B. die Weiterentwicklungs- und Wartungskosten niedriger als in der Vergangenheit ausfallen sollten.[22] Während zuverlässige Aussagen bezüglich positiver Effekte von CASE auf die Software-Entwicklungskosten kaum möglich sind, zeigen sich die Vorteile von CASE-Tools deutlich in der Software-Qualität: Die Anwendung strukturierter Techniken ist praktikabel, der Entwurfs- und Analysephase wird größeres Gewicht eingeräumt, die automatisierte Codegenerierung schließt potentielle Fehlerquellen der manuellen Codeerzeugung aus, die Werkzeuge erzwingen eine ausführliche Dokumentation und anderes mehr.[23]

Problembereich: Software-Wartungskosten in Höhe der drei- bis vierfachen Software-Entwicklungskosten

Einige CASE-Anwender berichten, daß sie nur noch 20% der Aufwendungen, die bei der Wartung mit traditionellen Techniken angefallen wären, benötigen. Dies resultiert v. a. aus der Wiederverwendbarkeit von Datenmodellen und anderen Systeminformationen, die im Repository gespeichert sind.[24] Infolge der unzureichenden Importmöglichkeiten von Altanwendungen bezieht sich diese Wiederverwendbarkeit jedoch oft nur auf solche Software, die mit Hilfe der entsprechenden CASE-Tools entwickelt wurde.[25]

Problembereich: steigende Komplexität der Aufgabenstellungen

Durch die intensivierte und werkzeugunterstützte Entwurfs- und Analysephase erhält der Entwickler ein besseres Verständnis für einzelne Unternehmensfunktionen und für den Einfluß bestimmter Aktivitäten auf die Gesamtorganisation.[26] In der derzeit bestehenden Form sind CASE-Tools jedoch eher für numerische, rechenintensive Aufgaben, die in prozeduralen Sprachen spezifiziert werden können, geeignet.[27] Zur Lösung von semantischen, wissensintensiven Problemstellungen, deren Spezifikation eher in deklarativen Sprachen erfolgen sollte, sind Hilfestellungen erforderlich wie sie gegenwärtige CASE-Tools nicht zur Verfügung stellen können.[28]

Problembereich: steigende Komplexität der Software-Entwicklungsmethoden

Die Software-Werkzeuge haben zwar einerseits die Anwendung bestimmter Software-Entwicklungsmethoden erst praktikabel und wirtschaftlich vertretbar gemacht,[29] andererseits bauen aktuellere Methoden jedoch auf dem neuen Automatisierungspotential der CASE-Systeme auf und sind aufgrund ihrer zunehmenden

Komplexität nur auf der Basis eines profunden Erfahrungswissens anwendbar.[30] Diese Unsicherheit über den Methodeneinsatz führt in vielen Unternehmen dazu, daß verbindliche Projektstandards mit allen Mitteln umgangen oder vermieden werden.[31]

Problembereich: steigende Komplexität der Software-Entwicklungswerkzeuge

Viele Entwickler sind gezwungen Tools zu nutzen, die auf Techniken basieren, mit denen sie wenig Erfahrungen haben. Dies hat zur Folge, daß die Entwickler nicht die beste verfügbare, sondern eine schwächere, aber verständlichere Technik wählen.[32] Die Hilfesysteme existierender CASE-Tools bieten dem Entwickler diesbezüglich eine nur unzureichende Unterstützung.[33] Das Hinzufügen aussagefähiger Hilfestellungen und die Führung durch die Werkzeuge könnten die Akzeptanz von CASE-Tools erhöhen.

Problembereich: uneinheitliche Anwendung von Methoden und Werkzeugen

CASE-Tools erleichtern die Durchsetzung betrieblicher Standards, indem sie z. B. bestimmte syntaktische Konventionen erzwingen, ohne daß zusätzliche Kontrollen erforderlich werden.[34] In Abhängigkeit vom Grad der Strenge der Benutzerführung einzelner Werkzeuge kann eher von einer korrekten und einheitlichen Vorgehensweise ausgegangen werden als bei der manuellen Anwendung von Software-Entwicklungsmethoden.[35] Allerdings sehen sich viele Entwickler in ihrer Kreativität und Flexibilität beeinträchtigt, was häufig zu einer mangelnden Akzeptanz rigoroser CASE-Tools führt.[36]

Problembereich: sprachliche Kommunikationsbarrieren zwischen Auftraggebern und Software-Entwicklern

Zwar verfügen moderne CASE-Tools über Funktionen wie Präsentationsgrafiken, Prototyping-Werkzeuge etc. zur Einbeziehung des Auftraggebers bzw. Benutzers in die Software-Entwicklung, allerdings zielen die gegenwärtig benutzten Methoden und Werkzeuge eher auf die Erstellung von Daten-, Funktions- und Ablaufmodellen ab und orientieren sich somit überwiegend an den technischen Aspekten der zu entwickelnden Informationssysteme.[37] Auftraggeber, die mit diesen für Spezialisten geschaffenen Methoden nicht vertraut sind und den erforderlichen hohen Lernaufwand nicht investieren wollen, verstehen derartige Modelle jedoch nur unzureichend, was zu permanenten Kommunikationsschwierigkeiten mit den Software-Entwicklern führt.[38]

Problembereich: Mangel an geeigneten Software-Entwicklern

Der Übergang zu einer Software-Entwicklungsumgebung mit komplexen Methoden und Werkzeugen erfordert eine intensive Einarbeitung aller Entwickler.[39] Durch die Freistellung dieser ohnehin knappen Experten für Schulungen und Einführungsmaßnahmen fehlt somit häufig qualifiziertes Personal für den produktiven Einsatz, was insbesondere in kleineren Unternehmen zu großen Schwierigkeiten führen kann.[40]

Problembereich: inhomogener Qualifizierungsgrad in Entwicklungsteams

An einem Software-Projekt arbeitet eine Vielzahl von Menschen mit unterschiedlichem Kenntnisstand. Die grafischen Darstellungsmöglichkeiten in CASE-Tools können einen Beitrag zur besseren Kommunikation zwischen diesen Menschen, d. h. zwischen Entwicklern und Fachabteilungen, aber auch zum gegenseitigen Verständnis der Entwickler untereinander leisten.[41] Fraglich ist, ob der Einsatz komplizierter Methoden und Werkzeuge bestehende Qualifizierungs-Divergenzen nicht eher verstärken wird.

Problembereich: Ausscheiden qualifizierter, kurzfristig nicht ersetzbarer Software-Entwickler

Infolge einer verbesserten Dokumentation der mit Hilfe von CASE-Tools entwickelten Software kann die Weiterentwicklung und Pflege eines Systems einfacher erfolgen als bei mittels traditioneller Techniken entwickelten Systemen; das problem- oder methodenabhängige Wissen eines hochrangigen ausscheidenden Experten kann jedoch auch durch konventionelle CASE-Tools nicht bereitgestellt werden.

Problembereich: räumliche Trennung der Mitglieder von Projektteams

Der Einsatz von CASE-Tools ermöglicht eine Modularisierung des Software-Entwicklungsprozesses: Der einzelne Entwickler kann unabhängig von anderen Entwicklern an einer Teilaufgabe, einem Modul, arbeiten, das später mit anderen Moduln zu einem kompletten Programm zusammengesetzt wird.[42] Für die Überwindung der räumlichen Trennung von Projektmitarbeitern infolge anderweitiger Beschäftigungen einzelner Teammitglieder stellen existierende CASE-Tools jedoch in nur unzureichendem Maße Multiuserfähigkeiten und Bürokommunikationsfunktionen zur Verfügung.[43]

3.1.2 Potential wissensbasierter Systeme im Computer Aided Software Engineering

> These 3-3: Die Fähigkeit wissensbasierter Systeme, den Entwickler bei seinen permanenten Entscheidungsproblemen zu unterstützen sowie vorhandenes Methodenwissen erfahrener Experten in CASE-Produkte zu integrieren und zu ergänzen, stellt ein bedeutendes Potential zur Lösung der aktuellen Probleme der Software-Entwicklung dar.

Problembereich: zunehmender Termin- und Kostendruck

In anderen betrieblichen Funktionsbereichen hat der Einsatz wissensbasierter Systeme infolge anderer Nutzeffekte zu einer Verkürzung der Durchlauf- und Reaktionszeiten geführt.[44] Im CASE kann der Einsatz wissensbasierter Systeme den Entwicklungsaufwand vor allem in den frühen Phasen des Software-Entwicklungsprozesses reduzieren und somit zu einer Gesamt-Produktivitätssteigerung beitragen, wodurch sich Wettbewerbsvorteile ergeben. Aus der Sicht der Hersteller von Software-Entwicklungswerkzeugen wird ein Wettbewerbsvorteil dadurch gewonnen, daß das Produkt aufgrund seiner wissensbasierten Komponenten leistungsfähiger ist als Konkurrenzprodukte[45]. Außerdem erlangt der Anbieter "intelligenter" Produkte strategische Vorteile insbesondere hinsichtlich seines Images.[46]

Problembereich: hohe Software-Entwicklungskosten bei niedriger Software-Qualität

Wissensbasierte Systeme haben sich u. a. bei der Fehlerdiagnose und Überwachung flexibler Fertigungsvorgänge bewährt.[47] Die Nutzung solcher Systeme zum Testen von Programmen und zur Überwachung des Software-Entwicklungsprozesses kann zu mehr Sicherheit, Vollständigkeit sowie Fehlerfreiheit und somit zu einer Qualitätssteigerung verglichen mit dem Einsatz konventioneller Systeme führen; ähnliches gilt für die Unterstützung des Requirements Engineering (natürlichsprachliche Systeme) oder der Performance-Optimierung (wissensbasierte Systeme zur Simulation).[48]

Problembereich: Software-Wartungskosten in Höhe der drei- bis vierfachen Software-Entwicklungskosten

Die Strukturierung des Wissens erlaubt es dem Software-Entwickler, zahlreiche potentielle Anpassungs-, Erweiterungs- sowie Fehlermöglichkeiten zu berücksichtigen und somit den späteren Wartungsaufwand zu verringern (Strukturierung des Wissens).[49]

Problembereich: steigende Komplexität der Aufgabenstellungen

Durch die Fähigkeit wissensbasierter Systeme (in genügend eingegrenzten Gebieten) mittels Simulation eine Vielzahl von Konsequenzen und deren Alternativen zu betrachten (das wissensbasierte System filtert die Alternativen, die dem Ziel am nächsten kommen, selbst aus), erfolgt eine Zunahme der Qualität und Quantität von Entscheidungen auch bei komplexen Lösungsräumen, die allerdings oft nicht so gründlich durchsucht werden wie beispielsweise bei einer konventionellen Simulation (Berücksichtigung einer größeren Anzahl von Alternativen möglich).[50]

Problembereich: steigende Komplexität der Software-Entwicklungsmethoden

Wissensbasierte Systeme ermöglichen die Bereitstellung von Expertenwissen über die verschiedenen Methodenschritte, Verfahren und aufzurufenden Werkzeuge sowie die Erläuterung und Begründung von Entscheidungen über die Erklärungskomponente. Diese Vorgehensweise kann unternehmens- oder gar personenspezifisch festgelegt werden.[51] Die Akzeptanz neuer Methoden wird gefördert, da wissensbasierte Komponenten, insbesondere die Erklärungskomponente, dem relativen Laien die Anwendung erleichtern oder aktive Hilfestellungen leisten.[52] Die von modernen Software-Entwicklungsumgebungen bereitgestellten Methoden werden somit (effizienter) genutzt.

Problembereich: steigende Komplexität der Software-Entwicklungswerkzeuge

Wissensbasierte Systeme können das Einsatz-Knowhow für CASE-Tools zur Verfügung stellen und unterstützen somit deren permanent richtige Anwendung.[53]

Problembereich: uneinheitliche Anwendung von Methoden und Werkzeugen

Durch in Software-Entwicklungsumgebungen implementiertes Methodenwissen wird die gleichartige Behandlung gleicher Vorgänge[54] erreicht, was die spätere Wartbarkeit des Systems erleichtert (Normung bzw. Standardisierung). Software-Entwicklungsprozesse unter Einsatz methodenunterstützender wissensbasierter Systeme führen zu objektiven, nachprüfbaren, d. h. nicht von externen Einflüssen (z. B. Streß) beeinträchtigten, Ergebnissen.[55] Die Vereinheitlichung der Anwendung von Methoden und Werkzeugen bewirkt eine zunehmende Entwicklerunabhängigkeit der produzierten Systeme.[56]

Problembereich: sprachliche Kommunikationsbarrieren zwischen Auftraggebern und Software-Entwicklern

Wissensbasierte Systeme, die Wissen über Geschäftsmodelle und Software-Entwicklungsmethoden beinhalten, können zur Übersetzung einfacher, von Software-Entwicklungslaien (Auftraggeber, Fachabteilung) produzierter, grafischer Darstellungen in abstraktere Daten-, Funktions- und Ablaufmodelle eingesetzt werden und somit eine einheitliche Kommunikationsplattform für Auftraggeber und Software-Entwickler aufbauen.[57]

Problembereich: Mangel an geeigneten Software-Entwicklern

Intelligente Lernprogramme und Hilfesysteme als Bestandteile von CASE-Werkzeugen verkürzen die Schulung bzw. Einarbeitung von neuem Personal erheblich; die Möglichkeiten der unternehmensinternen Ausbildung geeigneter Software-Entwickler werden verbessert (Vermittlung von Wissen).[58] Wissensbasierte Systeme liefern "Expertenwissen an Nicht-Experten"[59], aber auch die gesamte Wissensbasis des Unternehmens zur Software-Entwicklung wird im Zeitablauf vergrößert.[60]

Problembereich: inhomogener Qualifizierungsgrad in Entwicklungsteams

Das Wissen hochrangiger Software-Entwicklungsexperten kann auch von weniger qualifizierten Mitarbeitern genutzt werden; die Experten sind somit von Routine- bzw. Beratungstätigkeiten entlastet (Vervielfältigung von Wissen).[61] Ein Personalkostenanstieg wird durch diese Höherqualifikation nicht verursacht.[62] Während ein menschlicher Experte nur bedingt erreichbar ist, steht ein Ratgeber in der Form eines wissensbasierten Systems, z. B. zur Benutzerführung, im Verlauf des gesamten Projekts zur Verfügung.[63]

Problembereich: Ausscheiden qualifizierter, kurzfristig nicht ersetzbarer Software-Entwickler

Das Wissen eines qualifizierten Software-Entwicklers ist in der Wissensbasis gesichert und geht dem Unternehmen und somit dem Software-Projekt auch beim Ausscheiden des Mitarbeiters nicht verloren (Speicherung von Wissen).[64] Ein Personalausfall in konkreten Projekten während der Anwendungsentwicklung ist infolgedessen weniger kritisch als bei konventionellen Systemen.[65]

Problembereich: räumliche Trennung der Mitglieder von Projektteams

Wenn im Unternehmen gefragte (knappe) Software-Entwicklungsexperten an anderen Orten benötigt werden oder lediglich einzelne Entwickler im Dialog mit dem Anwender das zu entwickelnde System besprechen, stellen wissensbasierte Systeme die Expertise zur Software-Entwicklung an beliebig vielen Arbeitsplätzen zur Verfügung.[66] Infolgedessen können bisher von mehreren Entwicklern arbeitsteilig ausgeführte Tätigkeiten nun von einer einzelnen Person ausgeübt werden, da das wissensbasierte System das entsprechende Problemlösungswissen automatisch bereitstellt.[67]

3.1.3 Konsequenzen für wissensbasiertes Computer Aided Software Engineering

> These 3-4: Zur Lösung der aktuellen Probleme bei der Entwicklung konventioneller Software ist das Potential wissensbasierter Systeme in einigen Bereichen höher einzuschätzen als das Potential konventioneller Werkzeuge; ein Höchstmaß an Wirtschaftlichkeit und Wirksamkeit der Software-Entwicklung ist durch die Kombination beider Technologien zu erreichen.

In ihrer derzeit bestehenden Form zielt die CASE-Technologie nicht auf eines der Hauptcharakteristika des Software Engineering ab:[68] Software-Enwicklung ist eine wissensintensive Aktivität, die mit einer informalen, vagen Anforderungsanalyse beginnt und in einem hoch detaillierten formalen Objekt, dem Software-System, endet. Momentan ist dieser Prozeß arbeitsintensiv und fehlerträchtig. Außerdem beinhaltet das Endresultat nicht das Entwurfs-Wissen, das zum Software-System führt.[69] Dieses Entwurfs-Wissen wird jedoch zur Wartung des Software-Systems benötigt und kann weiterhin gewinnbringend zur Entwicklung neuer Software-Systeme wiederverwendet werden.

Hinzu kommt, daß normalerweise im Rahmen des Software-Entwurfs mehrere richtige Lösungen für ein bestimmtes Problem existieren,[70] wobei oft, vor allem in den frühen Phasen der Software-Entwicklung, nicht beurteilt werden kann, ob eine Lösung falsch oder richtig bzw. gut oder schlecht ist. Die Entscheidungen des Software-Entwicklers sind zum Großteil problem- und domänenorientiert und müssen unter Berücksichtigung weitreichender Restriktionen getroffen werden. Dabei ist zu

beachten, daß die Software-Entwicklung kein analytischer Prozeß im mathematischen Sinne ist, sondern rückwärts ein vom Anwender vorgegebenes, bereits bekanntes Ergebnis erarbeitet: Die Entwickler suchen ihren Lösungsweg in einem sehr
großen Alternativenraum, der nicht vollständig abgesucht werden kann und somit ein
klassisches Einsatzfeld wissensbasierter Systeme darstellt. Infolgedessen sollte ein
modernes CASE-Werkzeug den Bedarf des Entwicklers an Lösungsmodellen,
Schätzverfahren, Qualitätsbewertungen etc. befriedigen und während des gesamten
Entwicklungsprozesses die Gründe für die Wahl bestimmter Alternativen dokumen-
tieren. In dieser Situation, in der immer wieder Zweifel bezüglich der Gültigkeit respektive Praktikabilität des ursprünglichen Modells oder hinsichtlich der in einem frü-
heren Schritt getroffenen Entwurfs-Entscheidungen zur Revision von Entscheidungen führen, ist ein wissensbasierter Ansatz die beste Möglichkeit, Domänenwissen
und Heuristiken in CASE-Werkzeuge zu integrieren.

Akzeptiert man die These, daß der Mangel an Wissen[71] eine Hauptursache für die
bestehenden Probleme der Software-Entwicklung darstellt, so wird evident, daß der
Vermittlung von Wissen eine entscheidende Bedeutung zukommt. Wissensbasierte
Systeme enthalten gegenüber konventionellen Wissensmedien zwei wichtige Vorteile: Zum einen sind sie im Gegensatz zu anderen Medien, wie z. B. Film[72], durch den
Benutzer steuerbar und zum anderen kann das Wissen nicht nur durch andere Menschen, sondern auch vom Wissensmedium selbst überprüft werden.[73]

Die bisherigen Ausführungen zeigen, daß zur Bewältigung der Probleme bei der
Software-Entwicklung weder auf die Leistungsfähigkeit konventioneller noch auf das
Potential wissensbasierter CASE-Systeme verzichtet werden kann. Die Intention der
Symbiose konventioneller und wissensbasierter Technologien zur Automation der
Software-Entwicklung, dem wissensbasierten Computer Aided Software Enginee-
ring, kann in fünf Hauptzielen festgehalten werden:[74]

- Formalisierung der "Kunst" der Software-Entwicklung (z. B. durch formale Spezifikationssprachen),

- Verwendung von Wissensrepräsentationsformalismen zur Aufzeichnung, Organisation und Wiedererlangung des Wissens, auf dem die Entwurfs-Entscheidungen basieren,

- Bereitstellung wissensbasierter Assistenz zur Entwicklung und Überprüfung von
  Spezifikationen,

- Bereitstellung wissensbasierter Assistenz zur Synthese und Validierung von
  Source-Code aus formalen Spezifikationen et vice versa,

- Bereitstellung wissensbasierter Assistenz zum Management großer Software-

Projekte.

3.2 Auswahlkriterien für Anwendungen wissensbasierter Systeme im Computer Aided Software Engineering

Zwecks Prüfung der grundsätzlichen Eignung wissensbasierter Systeme für den Einsatz im CASE werden im nachfolgenden Kapitel 3.2.1 zunächst die wichtigsten Auswahlkriterien für Anwendungen wissensbasierter Systeme vorgestellt und anschließend in Kapitel 3.2.2 auf die Domäne CASE angewendet.

3.2.1 Überblick über Auswahlkriterien für Anwendungen wissensbasierter Systeme

These 3-5:	Die allgemeinen Auswahlkriterien für Anwendungen wissensbasierter Systeme lassen sich grundsätzlich auch auf die Domäne Computer Aided Software Engineering übertragen.

Bezüglich des Entscheidungsproblems, ob der Einsatz wissensbasierter Technologie in einem bestimmten Anwendungsgebiet sinnvoll ist, sind eine Reihe unterschiedlicher Kriterien entwickelt worden, die im folgenden kurz skizziert werden.[75]

Für eine fundierte Beurteilung des Einsatzes wissensbasierter Systeme reicht die bloße Aufzählung und einfache Bewertung von Einzelkriterien nicht aus. Vielmehr müssen die Kriterien gewichtet und für das spezielle Anwendungsgebiet verifiziert werden. Zufriedenstellende Untersuchungen, die qualifizierte Aussagen über die tatsächliche Bedeutung von Kriterien beim Einsatz wissensbasierter Systeme treffen, existieren zur Zeit allerdings nur in geringem Umfang.[76]

Auswahlkriterien nach Harmon, King[77]

Gemäß Harmon, King ist die Wahl eines geeigneten Problems die erste Phase im Entwicklungsprozeß eines wissensbasierten Systems. Die Autoren zeigen in eher pragmatischer Weise eine Reihe von Hinweisen zur Beurteilung des Einsatzes wissensbasierter Systeme auf.

Mangel an Wissen	Experten durch Hilfestellungen gebunden
	Experten überfordert
	Experten heterogen
	Experten knapp
Geeignete Aufgabe	auf Spezialgebiet begrenzt
	nicht nur Hintergrundwissen erfordernd
	nicht nur gesunden Menschenverstand erfordernd
	keine sensorischen Wahrnehmungen erfordernd
	Schwierigkeitsgrad angemessen
	Definition eindeutig
	Ergebnisse bewertbar
Geeignetes Werkzeug	mit vorhandenen Methoden entwickelbar
	mit vorhandenen Werkzeugen entwickelbar
Geeigneter Experte	Experte vorhanden
	Experte bereit
Nutzen/ Kosten	geforderte Leistungskriterien angemessen
	Kosten und Amortisationszeit angemessen

Abb. 3-1:   Auswahlkriterien für Anwendungen wissensbasierter Systeme nach Harmon, King

Auswahlkriterien nach Waterman[78]

Waterman hält den Einsatz wissensbasierter Technologie nur dann für empfehlenswert, wenn deren Entwicklung möglich, gerechtfertigt und angemessen ist.

Entwicklung ist möglich	Aufgabe erfordert keinen common sense
	Aufgabe erfordert nur kognitive Fähigkeiten
	Aufgabe ist nicht zu schwierig
	Aufgabe ist nicht zu einfach
	Experten existieren
	Experten können Methoden artikulieren
	Experten stimmen den Lösungen zu
Entwicklung ist gerechtfertigt	Aufgabenlösung hat hohen pay off
	Menschliche Expertise geht verloren
	Menschliche Expertisen sind knapp
	Expertise wird an vielen Orten benötigt
	Expertise wird von der Konkurrenz benötigt
Entwicklung ist angemessen	Aufgabe erfordert symbolische Verarbeitung
	Aufgabe erfordert heuristische Lösungen
	Aufgabe ist nicht zu einfach
	Aufgabe hat praktischen Wert
	Aufgabe ist von zu bewältigendem Umfang

Abb. 3-2:   Auswahlkriterien für Anwendungen wissensbasierter Systeme nach Waterman

Auswahlkriterien nach Lebsanft, Gill[79]

Lebsanft, Gill führen sechs[80] Hauptkriterien auf, anhand derer überprüft werden
kann, ob die Entwicklung eines wissensbasierten Systems zur Lösung einer gegebenen Problemstellung besser geeignet ist als andere Technologien. Sie weisen
darauf hin, daß die angeführten Eigenschaften nicht absolut zu sehen sind und in
den wenigsten Fällen alle Attribute vorliegen.

Grundsätzliche Eigenschaften des Problems oder der Domäne	Aufgabe erfordert Expertenwissen, Verständnis, Urteilsvermögen, Erfahrung
	Konventionelle Methoden sind nicht erfolgreich
	Experten existieren
	Expertise wird tatsächlich benötigt
	Expertise ist nicht zuverlässig und dauerhaft vorhanden
	Verhältnis Projektnutzen und Risiko günstig
	System ist für Unternehmen rentabel
Typus des Problems oder der Domäne	Aufgabe erfordert symbolisches Schlußfolgern
	Aufgabe erfordert Heuristiken
	Aufgabe erfordert kein heterogenes Wissen
	Aufgabe erfordert lediglich kognitive Fähigkeiten
	Aufgabe ist klar definierbar
	Ziel ist ein reales System oder die Gewinnung von Erfahrungen
Anforderungen an den (die) Experten	Experte ist anerkannt
	Experte ist langjährig erfahren
	Experte fungiert als Wissensquelle
	Experte arbeitet im Projekt
	Experte ist während des Projekts verfügbar
	Experte verfügt über Teamfähigkeit
	Experte kann sein Wissen kommunizieren
Randbedingungen für die Aufgabe	Schwierigkeitsgrad der Aufgabe ist angemessen
	Umfang des Wissens ist ausreichend für Wissensbasis
	Aufgabe ist klar umrissen und begrenzt
	Zahl wichtiger Konzepte überschreitet nicht einige hundert
Anforderungen an das Anwendungsgebiet	Einschätzung des Systems seitens des Personals realistisch
	Managementunterstützung ist vorhanden
	Einvernehmen zwischen Systementwicklern und -benutzern ist vorhanden
	Bedarf an Systemen auf Managementebene ist spezifiziert
	Akzeptanz des Systems bei potentiellen Benutzern ist vorhanden
	Einführung des Systems ohne Störung der Arbeitsabläufe ist möglich
	Benutzer sind kooperativ und geduldig
	Konsens über Einführung, Wissen und Ergebnisse des Systems ist vorhanden

Abb. 3-3:   Auswahlkriterien für Anwendungen wissensbasierter Systeme nach
            Lebsanft, Gill

Auswahlkriterien nach Mertens, Borkowski, Geis[81]

Mertens, Borkowski, Geis bieten eine Checkliste, die neben quantifizierbaren Nutzen-Kosten-Überlegungen zur ersten Beurteilung der Eignung potentieller Einsatzgebiete für wissensbasierte Systeme herangezogen werden soll.

Methodische Eignung	wenig allgemeines, viel heuristisches Wissen und kognitive Fähigkeiten
	stabiles und damit wartbares Wissen
	vage Informationen
	mittlerer Komplexitätsgrad
	durch andere Systeme abdeckbarer Datenbedarf
	vorhandene Vergleichsprojekte
Betriebswirtschaftliche Begründung	mit Unterstützungsaufgaben belastete Experten
	häufige Zusammenkünfte aufgrund der Notwendigkeit vieler Expertenmeinungen
	viele Einflüsse bei Entscheidungsfindung
	drohender Wissensverlust
	teurer Wissenserwerb
	Entscheidungsbeschleunigung, wenn kurzfristig keine Experten verfügbar sind
	Vereinheitlichungsbedarf von Entscheidungen
	Dokumentationsbedarf von Entscheidungen
	Bündelungsbedarf leicht divergierender Meinungen
	Weitergabebedarf von Expertenwissen
	Werterhöhung von Produkten oder Dienstleistungen
	Erlangung neuer Erkenntnisse über Problemlösungsprozesse
Verfügbarkeit von Fachwissen	Existenz mindestens eines Experten
	Bereitschaft von Experten
	Verfügbarkeit von Experten
	Erklärungsfähigkeit der Experten
	Homogenität der Experten
	Wissensakquisition ohne übermäßige Expertenbelastung
Akzeptanz	Machtpromotoren (Unternehmensleitung)
	Fachpromotoren (Anwender)
	keine Ängste um Arbeitsplatz
	Nutzeffekte auch bei Teilprojekterfolg
	keine gravierende Veränderung der Geschäftsabläufe nach Einführung des wissensbasierten Systems

Abb. 3-4: Auswahlkriterien für Anwendungen wissensbasierter Systeme nach Mertens, Borkowski, Geis

Auswahlkriterien nach Krcmar[82]

Krcmars Einsatzkriterien für wissensbasierte Systeme basieren auf einer empirischen Untersuchung erfolgreicher und nicht erfolgreicher Projekte.

Technische Machbarkeit	Lösbare Problemstruktur	Problemstruktur
		Problemtyp
		Problemumfang
		Wissensmerkmale
	Technische Umgebung	Entwicklungs- und Überbringungsmaschinen
		Integration des wissensbasierten Systems
		Werkzeuge
Wissensverfügbarkeit		Wissenserfaßbarkeit
		Experteneinigkeit
		Sharing
		Wartbarkeit
Nutzen-/Kosten-Analyse		Managementbewußtsein
		Benutzerakzeptanz
		Nutzen
		Aufwand
		Risiken

Abb. 3-5:   Auswahlkriterien für Anwendungen wissensbasierter Systeme nach Krcmar

Resümee

Die in der Literatur aufgeführten Kriterien für den Einsatz wissensbasierter Systeme betreffen zumeist Attribute, die für jedes Software-Projekt relevant sind.[83] So müssen auch konventionelle Systeme mit Hilfe vorhandener Methoden und Werkzeuge realisierbar sein und unter der Prämisse der Wirtschaftlichkeit entwickelt werden.[84] Infolgedessen sind Projekte zur Entwicklung wissensbasierter Systeme nur teilweise anders zu behandeln als Projekte im konventionellen Bereich. Als wichtigste Charakteristika wissensbasierter Technologie hingegen lassen sich insbesondere die Kriterien Wissensmerkmale und Wissenserfaßbarkeit nennen.[85]

3.2.2 Computer Aided Software Engineering als Anwendungsgebiet wissensbasierter Systeme

These 3-6:   Computer Aided Software Engineering erfüllt aufgrund seiner Problemstruktur und Wissensintensität die wesentlichen Anforderungen an ein Anwendungsgebiet wissensbasierter Systeme.[86]

Grundsätzliche Eignung des Computer Aided Software Engineering als Anwendungsgebiet wissensbasierter Systeme

• Wissensmerkmale des Computer Aided Software Engineering

Wissensmerkmale sind die Kontextunabhängigkeit, welche die Universalität des

Wissens beschreibt, und die Wissensstabilität, die die Veränderungen des Wissens im Zeitablauf angibt. Mit zunehmender Stabilität des Wissens erhöht sich die Wartbarkeit der Wissensbasis.[87] "Wissen wird von den Datenstrukturen eines Unternehmens über die Planungs- und Ablaufprozeduren bis hin zu den aktuellen Daten zunehmend instabil".[88] Methoden zur Software-Entwicklung besitzen per definitione universellen Charakter[89] und genügen somit vielfach dem Erfordernis der Kontextunabhängigkeit. Angesichts der Tatsache, daß die in den aktuellen CASE-Tools implementierten Methoden bereits in den siebziger Jahren entwickelt wurden[90] und Innovationen auf diesem Gebiet erst mit einiger Verzögerung in CASE-Tools Berücksichtigung finden,[91] kann in den meisten CASE-Bereichen von einer gewissen Stabilität des Wissens ausgegangen werden.

- Wissenserfaßbarkeit des Computer Aided Software Engineering[92]

   Wissenserfaßbarkeit setzt die Verfügbarkeit bereitwilliger, abkömmlicher und geeigneter Experten voraus und bildet somit häufig den Engpaß bei der Entwicklung wissensbasierter Systeme.[93] Während aufgrund der Vielzahl detaillierter und gut strukturierter Veröffentlichungen, Seminarunterlagen, Organisationshandbücher etc. die Wissensakquisition auf der Basis schriftlicher Aufzeichnungen vergleichsweise unproblematisch ist, ergeben sich bei der Wissenserhebung mit Hilfe menschlicher Experten zahlreiche Probleme.[94] Aber auch die ausreichende technische Begrenzung ist eine wichtige Prämisse für die erfolgreiche Entwicklung eines wissensbasierten Systems.[95] Ein wissensbasiertes System zur Erfüllung sämtlicher Aktivitäten der Software-Entwicklung erscheint schon aus diesem Grunde unrealistisch.

Eignung spezieller Aktivitäten des Computer Aided Software Engineering als Anwendungsgebiet wissensbasierter Systeme

Die nachfolgende Untersuchung basiert auf der Prämisse, daß bei der Organisation, die die Entwicklung eines wissensbasierten CASE-Systems anstrebt, die finanziellen, personellen, organisatorischen und technischen Voraussetzungen für ein derartiges Vorhaben vorliegen. Gegenstand der Analyse ist somit nicht die vom Kontext der Organisation abhängige Durchführbarkeit solcher Projekte, sondern vielmehr die Eignung der entsprechenden Software-Entwicklungsaktivität für eine Unterstützung mittels wissensbasierter Systeme, deren Überprüfung z. B. mit Hilfe der unter den Rubriken "geeignete Aufgabe" und "methodische Eignung" angeführten Kriterien möglich ist.[96] Außerdem wird der potentielle Nutzen, den wissensbasierte Werkzeuge in diesem Zusammenhang stiften können, analysiert.[97]

3.3 Einsatzgebiete wissensbasierter Systeme im Computer Aided Software Engineering

Für die Untersuchung der Einsatzmöglichkeiten wissensbasierter Systeme im CASE sind zwei grundsätzliche Vorgehensweisen denkbar (siehe Abb. 3-6).

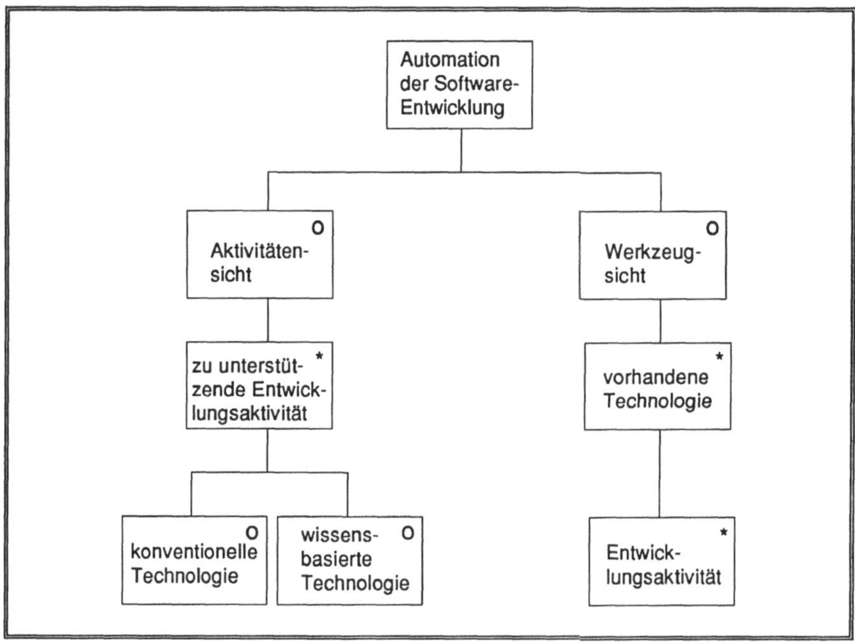

Abb. 3-6:   Vorgehensweisen bei der Untersuchung der Eignung wissensbasierter Technologie zur Software-Entwicklung[98]

Entweder wird für jede Software-Entwicklungsaktivität eine Entscheidung getroffen, ob der Einsatz konventioneller oder wissensbasierter Technologie geeigneter erscheint, oder eine bestimmte Technologie wird auf ihre Tauglichkeit zur Unterstützung einzelner Software-Entwicklungsaktivitäten geprüft. Das Ziel der vorliegenden Arbeit impliziert ein Vorgehen im Sinne der zweiten Alternative, der Technologie- oder Werkzeugsicht.[99] Dabei ergeben sich u. a. folgende Schwierigkeiten:[100]

• Die Vorausbestimmung der Merkmale einzelner Entwicklungsaktivitäten läßt sich nicht immer durchführen; sie ist außerdem häufig unternehmens- bzw. projektspezifisch.

- In einigen Fällen sind nur Teilaufgaben der Entwicklungsaktivität unterstützbar; d. h. lediglich partielle Abdeckungen (evt. unter Einsatz verschiedener Technologien) können realisiert werden.

- Vielfach verändern die Implementierung und der Einsatz eines wissensbasierten Software-Werkzeugs das Aufgabenverständnis.

Zur Klassifizierung verschiedener Typen von Entwicklungsaktivitäten erfolgt eine Analyse der marktgängigen CASE-Werkzeuge auf der Basis der automatisierten Aktivitäten.[101] Zur Zeit offerieren in Deutschland weit über 80 Anbieter mehr als 600 Tools zur Software-Entwicklung.[102] Davon erfüllen jedoch lediglich 51 Werkzeuge die Kriterien, die eine Einordnung als CASE-Toolkit oder CASE-Workbench, auf die sich die Systematisierung der unterstützten Software-Entwicklungsaktivitäten im folgenden beschränkt, rechtfertigen (siehe Abb. 3-7).[103]

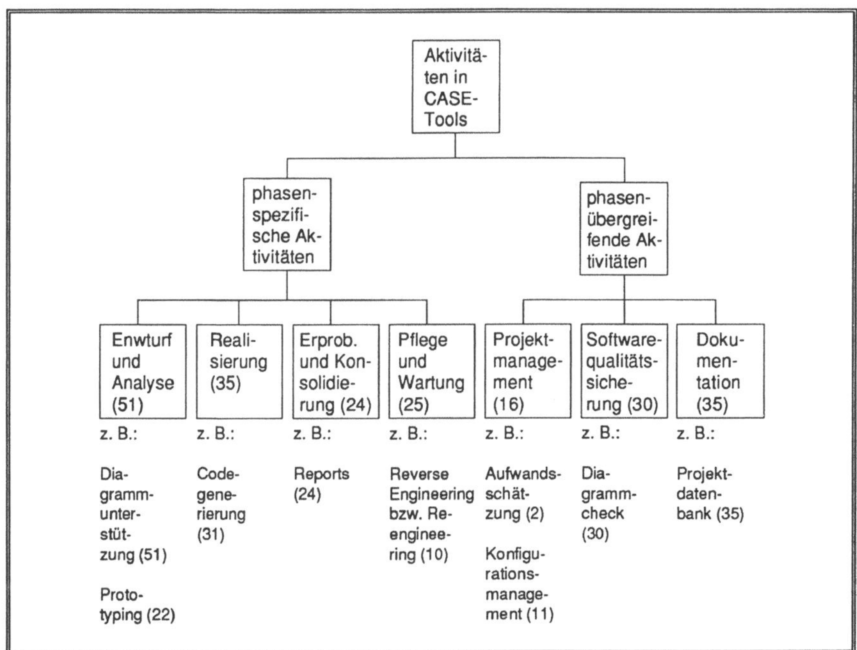

Abb. 3-7: Ausgewählte, in marktgängigen CASE-Toolkits und CASE-Workbenches unterstützte Software-Entwicklungsaktivitäten

3.3.1 Einsatz wissensbasierter Systeme in objektbezogenen Phasen

These 3-7: Da die Strukturierung des zunächst diffusen Problembereichs Software-Entwicklung im Laufe des Systemlebenszyklus zunimmt, sind tendenziell wissensbasierte Systeme zum Einsatz in den frühen Phasen und konventionelle Werkzeuge zum Einsatz in den späten Phasen geeignet.

Während zu Beginn der Software-Entwicklung zunächst vage, meist in natürlich-sprachlicher Form formulierte Benutzeranforderungen vorliegen, ist beispielsweise bei der Wartung ein formales Programm[104] Gegenstand der Aktivitäten.[105] Deshalb wird das potentielle Anwendungsgebiet im Verlaufe des Systemlebenszyklus zunehmend strukturierter und somit für wissensbasierte Systeme inadäquater. Die nachfolgende Abb. 3-8 soll dies grafisch illustrieren:

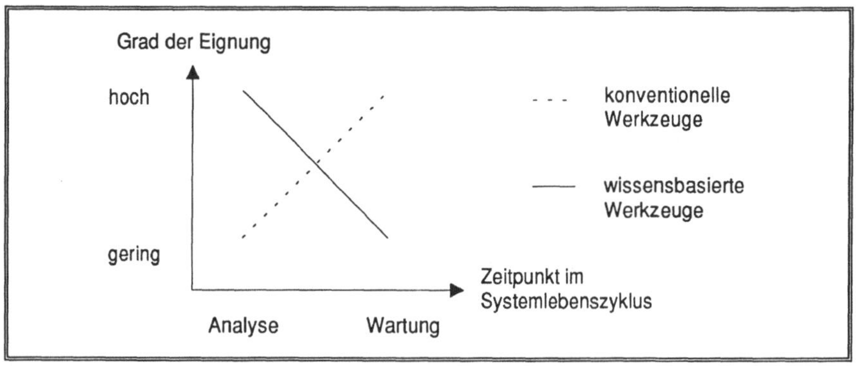

Abb. 3-8:   Eignungsgrad konventioneller und wissensbasierter Werkzeuge im Systemlebenszyklus

3.3.1.1 Entwurf und Analyse

Die Erhebung und Spezifikation[106] von Benutzeranforderungen gilt als ein kritischer Schritt der Software-Entwicklung,[107] weil alle nachfolgenden Entwicklungsaktivitäten hiervon berührt werden.[108] Es sind v. a. zwei Gründe, die den Einsatz wissensbasierter Systeme in dieser wichtigen Phase als geeignet erscheinen lassen: Zum einen ist die Ermittlung von Benutzeranforderungen und deren anschließende

Überführung in ein detailliertes DV-Konzept ein sehr informaler und wissensintensiver[109] Prozeß.[110] Zum anderen erfordert diese Aufgabe ein Höchstmaß an Erfahrung und Geschicklichkeit routinierter Experten, die jedoch nur selten verfügbar sind.[111] Da außerdem die Entwurfs- und Analysephase vielfach als Kerngebiet von CASE aufgefaßt wird,[112] werden die Aktivitäten dieses Abschnittes des Systemlebenszyklus ausführlich behandelt.

3.3.1.1.1 Entwurf und Analyse im Rahmen des traditionellen Paradigmas der Software-Entwicklung

These 3-8:	Auch ohne eine Änderung des traditionellen Paradigmas der Software-Entwicklung kann durch wissensbasierte Assistenz bei der Analyse und dem Entwurf von Software-Systemen eine Vielzahl der Mängel gegenwärtiger CASE-Werkzeuge beseitigt werden.

Diagrammunterstützung

Bereits Anfang der 80er Jahre wurden die ersten Versuche unternommen, sich die positiven Erfahrungen, die die Luftfahrt- und Automobilindustrie mit ihren Computer Aided Design (CAD) Systemen erzielt hat, auch für Werkzeuge zur grafischen Unterstützung der Entwurfs- und Analysephase zu nutzen.[113] Deshalb bieten heute die meisten marktgängigen CASE-Toolkits und CASE-Workbenches als grafische Kommunikationsmittel für Entwickler und Benutzer Datenflußdiagramme[114] für die Prozeßmodellierung und Entity-Relationship-Diagramme[115] für die Datenmodellierung.[116] Die Diagrammtechniken beinhalten jedoch eine Reihe von Problemen, zu deren Bewältigung wissensbasierte Systeme eingesetzt werden können:

- Software ist ein abstraktes Gebilde, das nicht wie ein Hausgrundriß gezeichnet werden kann. Benutzer und Entwickler haben unterschiedliche Sichtweisen und Schwerpunkte, deren Berücksichtigung mit den traditionellen Diagrammen nicht möglich ist.[117] Wissensbasierte Systeme könnten auf der Basis von High-Level-Methoden Geschäftsmodelle aus der Sicht des Benutzers in ein Daten-, Funktions- oder Ablaufmodell des Entwicklers transformieren.[118]

- Software kann nicht wie eine Windkanalsimulation grafisch abgebildet werden. Erste Forschungsergebnisse im Bereich der System-Visualisierung mit Hilfe wissensbasierter Technologie bestärken die Hoffnung, in Zukunft Programme in grafischer Form animieren und simulieren zu können.[119]

- Trotz zahlreicher Zeichenhilfen sind die Diagramme häufig komplex und unübersichtlich. Wissensbasierte Systeme könnten Hilfestellungen bei der Plazierung von Objekten auf dem Bildschirm und in den Ausdrucken liefern, indem sie z. B. die Ausrichtung von Objekten unterstützen (z. B. Zentrieren von Datenspeicher und Prozeß, falls diese untereinanderstehen), die gleichmäßige Verteilung von Objekten im Diagramm fördern, Überkreuzungen von Linien vermeiden oder Seitenumbrüche so vornehmen, daß sie weder Objekte noch Linienverbindungen teilen.[120]

Prototyping

Obwohl die Bedeutung des Prototyping für die Anwendungsentwicklung kaum bestritten wird,[121] verfügen noch nicht einmal die Hälfte aller untersuchten CASE-Toolkits und CASE-Workbenches über Werkzeuge, die diese Technik fördern. In den 22 Werkzeugen mit Prototyping-Funktion beschränkt sich die Unterstützung zumeist auf die Gestaltung von Bildschirmmasken, wobei die Qualität der Prototyping-Werkzeuge oft nur das Niveau von Screen-Paintern erreicht.[122] Mit Hilfe wissensbasierter Systeme könnten diese Funktionen erheblich erweitert werden:[123]

- Mit entsprechendem Wissen über die Gestaltung von Bildschirmmasken (Formularaufbau, Schriftgröße, Farbe etc.)[124] kann beispielsweise ein ergonomisches Bildschirmlayout aus einer vorgegebenen Datenstruktur generiert werden.[125]

- Unter Verwendung von Wissen über im Unternehmen vorhandene Bildschirmmasken und unter Berücksichtigung der als relevant deklarierten Datenelemente ist die Nutzung bereits existierender Masken möglich, wobei alle mit dieser Maske zusammenhängenden logischen Prozesse vererbt werden können.[126]

Methodenunterstützung im Rahmen der Prozeß- und Datenmodellierung

Die aktuellen CASE-Werkzeuge bieten zwar eine breite Methodenvielfalt,[127] enthalten jedoch keinerlei Hilfestellungen zur Auswahl einer geeigneten Methode oder eines Werkzeugs für eine bestimmte Projektphase.[128] Hier könnte die Einbringung von Wissen erfahrener Methoden- und Werkzeugexperten dem Software-Entwickler wichtige Entscheidungshilfen[129] geben.[130] Aber auch bei der Anwendung bereitgestellter Methoden und Werkzeuge[131] zur Prozeß- bzw. Datenmodellierung können eine Reihe von Unterstützungsfunktionen durch wissensbasierte Systeme ausgeübt werden:[132]

- Prozeßmodellierung[133]

    Hierbei sind insbesondere Hilfestellungen (z. B. durch Bereitstellung von Checklisten unter Verwendung von Methoden- und Domänenwissen) bei folgenden oder ähnlichen Entwurfs-Entscheidungen denkbar:[134]

- Ist die Anzahl der definierten Objekte (z. B. External Entities, Prozesse, Datenflüsse, Datenspeicher) adäquat zur Problemstellung?
- Haben alle Objekte einen bedeutungsvollen, dem Unternehmensstandard entsprechenden Namen?
- Bis zu welcher Ebene ist eine Verfeinerung des Datenflußdiagramms sinnvoll?
- Muß zwischen mehreren sequentiell aufeinanderfolgenden Prozessen ein Datenspeicher eingefügt werden?
- Sind die entwickelten Modelle vollständig und widerspruchsfrei?

- Datenmodellierung

  Neben dem bei der Prozeßmodellierung dargestellten Anwendungspotential erscheinen im Rahmen der Datenmodellierung z. B. folgende Anwendungsgebiete für wissensbasierte Systeme sinnvoll:

  - Hilfestellung bei der Normalisierung von Datenstrukturen
  - Generierung eines Entity-Relationship-Diagramms aus den Einträgen im Data Dictionary[135]

  Ausgangspunkt könnte beispielsweise ein relationales Datenbank-Management-System mit folgenden Tabellen sein:[136]

	VERKAUF		VERKAUFS_ARTIKEL
S	VERKAUFS_NR	S	VERKAUFS_NR
	DATUM	S	ARTIKEL_NR
	VERKAEUFER_ID		PROD_CODE
			QUALITAET
	.		.
	.		.
	.		.

Aus der Tatsache, daß VERKAUFS_NR zwar der komplette Schlüssel für VERKAUF, nicht aber für VERKAUFS_ARTIKEL ist, könnte ein wissensbasiertes System schlußfolgern, daß möglicherweise eine 1:N-Beziehung zwischen beiden Tabellen besteht. Außerdem scheint für jeden einzelnen Wert von VERKAUFS_NR in VERKAUF mehr als ein Satz mit diesem Wert in VERKAUFS_ARTIKEL zu existieren, so daß ein wissensbasiertes System schließlich ein Entity-Relationship-Diagramm (siehe Abb. 3-9) generieren könnte.

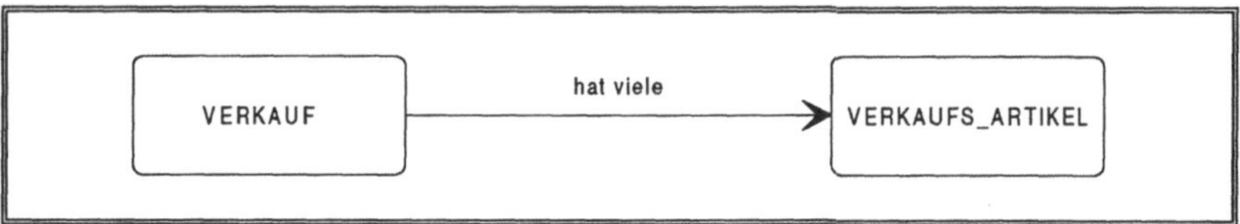

Abb. 3-9:   Aus einer Tabelle generiertes Entity-Relationship-Diagramm

- Abgleich der Prozeß- und Datenmodellierung

  Außerdem sind Ratschläge beim Abgleich von Prozeß- und Datenmodell[137] (z. B. Abstimmung des Inhaltes von Entities im Entity-Relationship-Modell mit assoziierten Datenspeichern im Datenflußdiagramm) oder bei der Kombination verschiedener Methoden durch ein wissensbasiertes System vorstellbar.[138]

Wie die Ausführungen in Kapitel 3.1.1 zeigen, sind die Beschreibungsmodelle sowie die zugrundeliegenden Methoden in ihrer vorliegenden Form weder dazu geeignet, bestehende Sprachbarrieren zwischen Entwickler und Benutzer zu beseitigen,[139] noch bieten sie eine ausreichend formale Spezifikation, die ohne Modifikationen in Code transformiert werden kann.[140] Für den Übergang zum dv-technischen Entwurf bieten die CASE-Werkzeuge i. d. R. Structure Charts[141] und Pseudocode Editoren, mit denen die Umsetzung des informalen Fachkonzeptes in ein formales DV-Konzept, das die Grundlage der späteren Realisierung bildet, erfolgt.[142] Die zugrundeliegenden strukturierten Techniken sind jedoch nicht besonders apodiktisch und zwingen den Entwickler zu Entscheidungen, die auf nicht eindeutigen Kriterien beruhen.[143] Beispielsweise bedingt die Transformation eines Datenflußdiagramms in ein Structure Chart u. a. die Identifizierung der primären funktionalen Komponenten (transactions) sowie deren Inputs und Outputs, die Festlegung eines zentralen Verarbeitungsteils (central transformation) sowie die anschließende Überführung einer nicht-hierarchischen Struktur (Datenflußdiagramm) in eine Hierarchie von Prozeduren (Structure Chart).[144] Diese Schritte hängen eher von den Interpretationen des Entwicklers als von zwingenden Vorgaben seitens der Methoden ab und werden von den CASE-Tools weder unterstützt noch für eine spätere Wiederverwendung dokumentiert.[145] Die CASE-Werkzeuge liefern somit zwar mehr oder weniger gut dokumentierte Ergebnisse der Entwurfs- und Analysephase,[146] enthalten jedoch nicht das für die spätere Wartung wichtige Wissen über den *Prozeß* der Transformation von Benutzeranforderungen in eine Spezifikation und die anschließende Umsetzung in ein Programmsystem.[147]

3.3.1.1.2 Entwurf und Analyse im Rahmen eines neuen Paradigmas der Software-Entwicklung

These 3-9: Durch die Integration von Domänen-, Methoden- und Transformationswissen in CASE-Systeme können formale Spezifikationen erstellt werden, die eine unmittelbare Generierung von Anwendungssystemen und somit ein neues Paradigma der Software-Entwicklung ermöglichen.

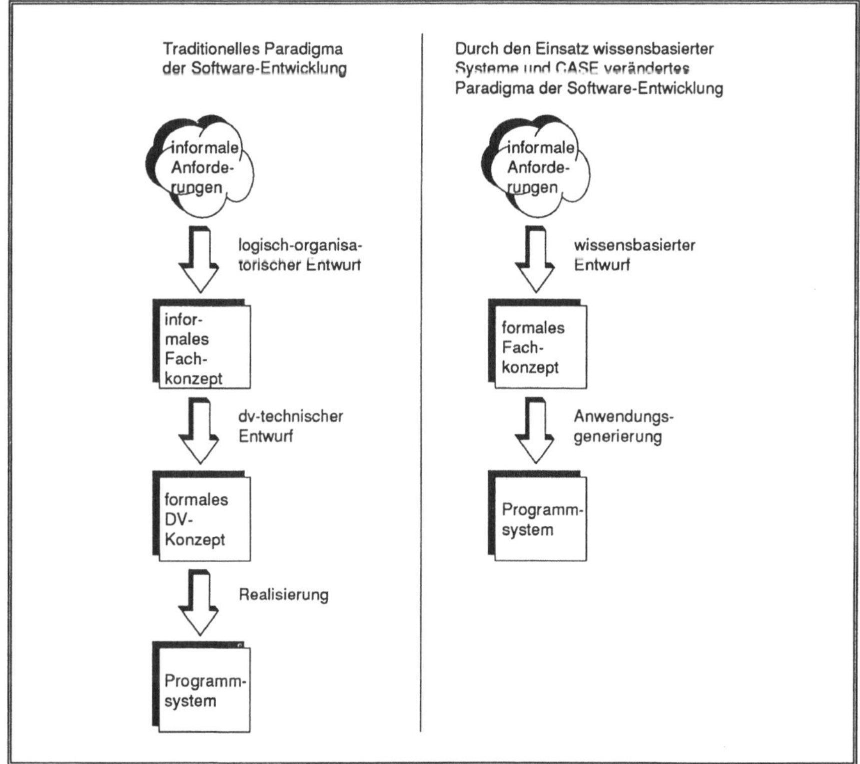

Abb. 3-10: Paradigmen der Software-Entwicklung[148]

Forward Engineering: Formale Spezifizierung und Programmsynthese

Um dem Phänomen des Verlustes von Entwicklungsprozeßwissen zu begegnen, ist es Ziel eines durch den Einsatz wissensbasierter Technologie und moderner CASE-Werkzeuge veränderten Paradigmas der Software-Entwicklung[149] (siehe Abb. 3-10), die Codegenerierung automatisch und unmittelbar aus einer formalen Spezifikation abzuleiten und somit z. B. Wartungsarbeiten direkt an der Spezifikation statt am Source-Code zu ermöglichen.[150]

Die enormen Produktivitätsfortschritte der 50er und 60er Jahre infolge der Entwicklung vom Assembler zu den höheren Programmiersprachen, führten bereits in den 70er Jahren zu ersten euphorischen Ansätzen, mit denen aus einer formalen Spezifikation und einer Liste von Randbedingungen ein ausführbares Programm generiert werden sollte.[151] Obwohl in dieser Disziplin, die unter dem Stichwort Automatische Programmierung[152] bekannt geworden ist, nach einigen Phasen der Ernüchterung in den letzten Jahren wieder interessante Fortschritte erzielt wurden, hat sich die Zielsetzung von einer automatischen Software-Entwicklung zu einer intelligenten Assistenz des Software-Entwicklungsprozesses verlagert.[153] Die Erkenntnis setzt sich durch, daß die unmittelbare Synthese von Programmen aus den i. d. R. unvollständigen, unstrukturierten, widersprüchlichen und redundanten Benutzeranforderungen[154] mit den heutigen Mitteln[155], abgesehen von eng umrissenen Spezialfällen, noch nicht möglich ist.[156] Vielmehr sind einige Zwischenschritte, die nichts anderes als eine Evolution der bisherigen Stufen darstellen, erforderlich wie Abb. 3-11 zeigt:

Schritt	1950	1960	Zukunft		$\longrightarrow$
Anforderungen	informal	informal	informal	informal	formal
Grobentwurf	informal	informal	informal	formal	-
Feinentwurf	informal	informal	formal	-	-
Höhere Programmiersprache	informal	formal	-	-	-
Maschinensprache	formal	-	-	-	-

Abb. 3-11: Schritte der automatischen Programmsynthese aus Benutzeranforderungen[157]

Grundvoraussetzung für eine Programmsynthese ist eine ausreichend formale Darstellung der Entwürfe. Sprachen, mit denen eine Beschreibung der Problemdomäne und des erwarteten Verhaltens eines Software-Systems in formaler Form beschrieben werden, bezeichnet man auch als Spezifikationssprachen oder Specification

Languages.[158] Man unterscheidet drei Grundtypen von Spezifikationssprachen:[159]

- Sprachen der logischen Programmierung

  Die Formulierung einer formalen Spezifikation auf der Basis bestehender Analysemethoden und Beschreibungsmodelle mittels der logischen Programmierung soll an einem kleinen Beispiel demonstriert werden:[160]

  Mit Hilfe der regelbasierten Programmierung können grafische Darstellungen in einer formaleren Notation abgebildet werden.[161] Das in Abb. 3-12 dargestellte Datenflußdiagramm[162] ist äquivalent zu der Regel: "X ist ein potentieller Kunde für Produkt Y, wenn X der Berufsgruppe Z angehört und Y zu Z paßt". Die Konklusion dieser Regel, "X ist ein potentieller Kunde für Produkt Y", beinhaltet exakt die Aussage des Datenflußdiagramms, während die Bedingungen den Inhalt der Prozesse "analysiere Kunden" und "suche Produkt" abbilden.

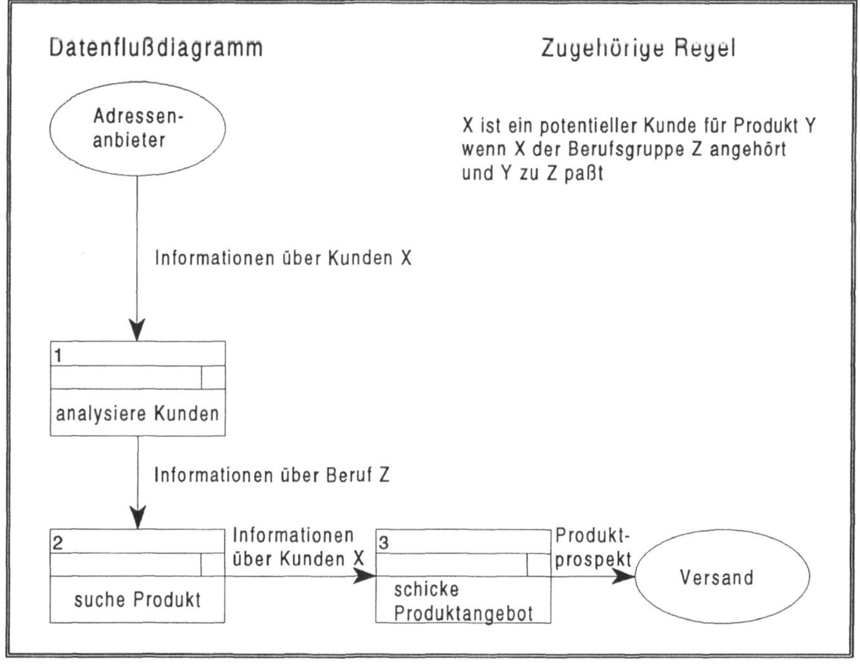

Abb. 3-12: Abbildung eines Datenflußdiagramms in Form einer Regel[163]

Zur Lösung des Problems der Zuordnung eines Produkts zu einem bestimmten

Kunden ist die Generierung einer Abfrage möglich: "Finde einen Tätigkeitstyp der Berufsgruppe Z für den Kunden X, für den das Produkt Y geeignet ist!" Hierbei handelt es sich nicht um eine reine Datenbankabfrage, sondern vielmehr um ein Problem, dessen Lösung mit Hilfe anderer Regeln (hier: über den Zusammenhang zwischen Tätigkeitstypen einer Berufsgruppe einerseits und verschiedenen Produkten andererseits) erarbeitet werden kann.

Der hier angeführte Ansatz geht also von der logischen Beschreibung einer Problemdomäne aus und löst konkrete Probleme mit Hilfe von Inferenzen auf der Basis des Pattern-Matching und anderer anwendungsabhängiger Inferenzmechanismen.[164] Es handelt sich somit um eine Erscheinungsform von Produktionensystemen oder regelbasierter Systeme.[165]

- Sprachen der Objektorientierten Programmierung

  Mittels objektorientierter Sprachen können Objekte der realen Welt mit ihren Eigenschaften, Attributen und Beziehungen dargestellt und klassifiziert werden.[166] Neben den Vorteilen als Wissensrepräsentationsformalismus (z. B. infolge des mächtigen Vererbungsmechanismus)[167] zeichnen sich objektorientierte Sprachen im Rahmen der Entwurfs- und Analysephase vor allem dadurch aus, daß sie ausführbare Spezifikationen und somit die Simulation von Modellentwürfen ermöglichen.[168]

- Spezielle Sprachen der Systemspezifikation[169]

  Außer den ursprünglich für andere Zwecke geschaffenen Sprachen, die die Systemspezifizierung unterstützen, existieren einige Sprachen, die speziell für die Formalisierung von Benutzeranforderungen entwickelt wurden und Konstrukte zur Kennzeichnung und Attributierung von Zuständen sowie für die Darstellung von Beziehungen zwischen Zuständen zur Verfügung stellen.[170]

Neben dem Erfordernis einer ausreichend formalen Beschreibungs- oder Spezifikationssprache sind jedoch noch weitere Voraussetzungen zur wissensbasierten Programmsynthese[171] zu erfüllen:

- Informationssysteme sind spezifisch für einzelne Unternehmen und bestimmte Anwendungsgebiete. Eine Übersetzung von vagen Benutzeranforderungen in formalere Spezifikationen erfordert somit Wissen über die entsprechende Domäne.[172]

- Während des Software-Entwicklungsprozesses werden eine Reihe von Entscheidungen getroffen, die für die spätere Wartung von großer Bedeutung sind.

Diese Entscheidungen müssen dokumentiert und mit kompetenter Assistenz unterstützt werden, was eine entsprechende Wissensbasis über die verwendeten Methoden erfordert.[173]

- In einer Welt mit heterogenen Hardware-Plattformen können Spezifikationen nicht systemunabhängig in Source-Code übersetzt werden. Hierfür ist Wissen über die Zielumgebung, auf der das System implementiert werden soll, unabdingbar.[174]

- Um individuelle Anwendungen und Teillösungen zu einem funktionierenden Gesamtsystem zu integrieren, ist eine neue Generation von Software, die Integrations- oder Transformationssoftware notwendig, die von der verteilten Software-Entwicklung zum komplexen Software-System führt.[175]

Reverse Engineering: Respezifizierung und Wiederverwendung

Unter Reverse Engineering versteht man die Identifizierung der Software-Systemkomponenten und der Beziehungen zwischen diesen sowie die Wiederherstellung von Dokumenten auf höherer Abstraktionsstufe (z. B. Datenflußbeschreibungen) aus dem Quell-Code.[176] Bezogen auf die Entwurfs- und Analysephase bedeutet Reverse Engineering die Wiedererlangung des vollständigen Software-Entwurfs und der Spezifikation aus dem Quell-Code und anderen Dokumentationsmaterialien (Respezifikation).[177] Respezifizierungs-Systeme könnten mit Hilfe von Wissen über das Anwendungsgebiet und die Methoden des Requirements Engineering[178] derartige Prozesse steuern und unterstützen.[179] Hierfür kommen primär drei Arten von wissensbasierten Werkzeugen in Frage:[180]

- Werkzeuge für das Retrieval vorhandener, für das zu entwickelnde System relevanter Software-Entwürfe,[181]

- Werkzeuge für Entscheidungen bezüglich der Frage, welche Teile des Entwurfs direkt wiederverwendet werden können und welche geändert werden müssen,

- Werkzeuge zur High-Level-Modifizierung früherer Entwürfe unter Berücksichtigung der semantischen Veränderungen[182].

3.3.1.2 Realisierung

These 3-10: Mit Hilfe von Wissen über Algorithmen und Daten können wissensbasierte Systeme den Software-Entwickler durch den Prozeß der Programmierung führen und wichtige Teilaufgaben automatisieren.

Codegenerierung

Zwar bieten 31 der untersuchten CASE-Toolkits und CASE-Workbenches Optionen zur Codegenerierung, allerdings sind bei der Interpretation dieser Zahl die bestehenden und zum Teil gravierenden Qualitätsunterschiede zu beachten: So reicht z. B. die Erzeugung von Quell-Code für ein COBOL-Programm von der Bereitstellung primitiver Section- und Paragraphen-Gerüste über die Produktion von Dialogstrukturen bis hin zur Generierung ablauffähiger (Teil-)Programme.[183] In jedem Falle ist jedoch sowohl zum Teil umfangreiche manuelle Vorarbeit auf der Grundlage eines dv-technischen Feinentwurfs zu leisten als auch die Anzahl der Zielsysteme vergleichsweise gering.[184] Die Generierung eines vollständigen Anwendungssystems erfordert allerdings erheblich mehr Wissen als die mit Hilfe konventioneller Methoden und Werkzeuge bereitgestellten Spezifikationen bieten,[185] so daß sich auch hier ein potentielles Einsatzgebiet wissensbasierter Systeme ergibt. Diese Systeme können dann auch bei Fragen der Optimierung von Speicherbelegung und Ausführungszeit (z. B. anhand des Wissens über die Funktionen eines Programms) Hilfestellungen bieten.[186]

Eine weitere Anwendungsmöglichkeit ist z. B. die Generierung von Datenbankabfragen aus natürlicher Sprache, die an einem kleinen Beispiel demonstriert werden soll.[187] Wenn der Benutzer im Rahmen des gewünschten Informationssystems z. B. zu der Fragestellung gelangt

"Wieviele Abnehmer für unsere Produkte haben wir in Nordrhein-Westfalen?",

könnte ein wissensbasiertes System mit entsprechendem Wissen über natürliche Sprache und SQL-Syntax sowie unter Verwendung einer Tabelle von Synonymen eine Abfrage an eine relationale Datenbank generieren.

Ausdruck	Synonym
wieviele	zähle
Abnehmer	Kunden
haben wir	kein Synonym vorhanden
Nordrhein-Westfalen	Aachen, Düsseldorf, Essen, Köln, Wuppertal

In einem ersten Schritt könnte die Abfrage reduziert werden auf:

"Zähle Kunden in Aachen, Düsseldorf, Essen, Köln, Wuppertal!"

Im nächsten Schritt ist die Formulierung einer ablauffähigen SQL-Abfrage möglich:

SELECT COUNT(*) FROM KUNDEN_TABELLE WHERE ORT_CODE = "AC" OR "D" OR "E" OR "K" OR "W"

Natürlich muß das System in vielen Fällen zum Zwecke der Erläuterung unklarer Anforderungen in einen Dialog mit dem Benutzer eintreten (z. B. falls Nordrhein-Westfalen nicht in der Tabelle enthalten ist, müßte folgende Frage generiert werden: "Was verstehen Sie unter Nordrhein-Westfalen?"). Außerdem ist das System bei Kenntnis der Datenbankstruktur in der Lage, den Benutzer auf anfallende Kosten (z. B. CPU-Zeit) einer Abfrage hinzuweisen, bevor diese ausgeführt wird.[188]

Methodenunterstützung im Rahmen der Programmierung

Den Prozeß der Programmierung[189] charakterisieren einige Merkmale, die den Einsatz wissensbasierter Systeme nahelegen:[190]

- Programmierung ist eine klassische Design- bzw. Konstruktionstätigkeit[191] zur Planung und Konfigurierung eines Programmsystems[192] und gehört mithin zu einer Problemklasse, in der bereits viele erfolgreiche wissensbasierte Systeme[193] entwickelt wurden.

- Programmierung ist eine komplexe Problemlösungstätigkeit, die sich in zwei Hauptproblemfelder[194] unterteilen läßt:
  - Transformationsproblem
    Boi der Programmierung wird ein Ausgangszustand (die Idee) unter Verwendung vorgegebener CASE-Werkzeuge[195] sukzessive in einen Endzustand (den Code) überführt.[196] Hierbei ist zu unterscheiden, ob das zu lösende Problem singulärer oder generischer Art ist: Während die Lösung eines singulären Problems einen Pfad vom gegebenen Anfangszustand zu einem Zielzustand darstellt, handelt es sich bei der Lösung eines generischen Problems um ein allgemeines Verfahren.[197] Hinsichtlich der Frage, welches Wissen Menschen beim Entwurf von Algorithmen[198] nutzen, existieren eine Reihe unterschiedlicher Theorien, wobei der sogenannte regelorientierte Ansatz von der These ausgeht, daß deklaratives Wissen durch seinen Gebrauch in prozedurales, durch Produktionsregeln dargestelltes Wissen transformiert wird. Dies bedeutet, daß der Mensch durch induktives Lernen einen Algorithmus entdeckt.[199]
  - Zuordnungsproblem
    Bei Zuordnungsproblemen müssen feststehende Basiselemente korrekt miteinander verknüpft werden.[200] Im Rahmen der Programmierung treten derartige Probleme z. B. dann auf, wenn die Wiederverwendung bereits vor-

handener Programmmoduln für die Erstellung eines neuen Moduls erfolgt.[201] Wissensbasierte Systeme könnten dann z. B. für den Aufbau einer
Bibliothek[202] wiederverwendbarer Programmbausteine[203] genutzt werden,
indem sie diese Bausteine explizit als Objekt darstellen und mit Hilfe von
Produktionsregeln und Pattern-Matching einen Abgleich zwischen den Anforderungen der zu lösenden Aufgabe einerseits und der Beschreibung der
Anwendbarkeit dieser Bausteine andererseits durchführen.[204]

- Programme gehören zu den kompliziertesten von Menschen geschaffenen Arte-
  fakten, für deren Verständnis nicht nur Wissen über den Code und den Problembereich, sondern u. U. auch über die Arbeits- und Denkweise der Menschen, die dieses Programm konstruiert haben, erforderlich ist.[205]

3.3.1.3 Erprobung und Konsolidierung

> These 3-11: Auch wenn vergleichsweise wenige Aktivitäten der Erprobungs- und
> Konsolidierungsphase automatisierbar sind, können wissensbasierte
> Systeme, die Wissen über das einzuführende System sowie über An-
> forderungen und Umgebung der Anwender beinhalten, zur Lösung von
> Einzelproblemen beitragen.

Die von 24 CASE-Toolkits bzw. CASE-Workbenches unterstützte[206] Erprobungs-
und Konsolidierungsphase umfaßt die Übergabe und Einführung eines neuen Systems sowie eine gegebenenfalls notwendige Feinanpassung.[207] Da hierbei primär
organisatorische Aktivitäten, die nur indirekt der Programmerstellung dienen, im
Vordergrund stehen,[208] wird an dieser Stelle lediglich der Hinweis gegeben, daß
wissensbasierte Systeme z. B. zur Kontrolle der Wirksamkeit der Daten- und Ab-
laufsicherungsverfahren oder für die Auswahl möglicher Feinanpassungsmaßnah-
men einsetzbar sind.[209]

3.3.1.4 Pflege und Wartung

> These 3-12: Die automatisierte Analyse eines Programms mit dem Ziel, dessen
> Funktionen zu verstehen, ist eine wichtige Voraussetzung für War-
> tungsaktivitäten und erfordert Wissen über die Programmierung und die
> modellierte Domäne, das von wissensbasierten Systemen in CASE-
> Werkzeuge eingebracht werden kann.

Der Betrieb von RBIS wird ständig von Pflege- und Wartungsphasen[210] unterbrochen, um Fehler zu korrigieren, Anpassungen an veränderte Umgebungen vorzunehmen und Verbesserungsmaßnahmen zu ergreifen.[211] Die Wartungs- bzw. Pflegeaktivitäten, die von der Fehlererkennung/-korrektur über Tuning/Optimierung bis hin zur Spezifikation und Realisierung kleinerer RBIS-Modifikationen reichen,[212] werden von nahezu der Hälfte (25) aller CASE-Toolkits und CASE-Workbenches unterstützt.[213]

Ausgangspunkt jeder Wartungsaktivität ist das Verstehen der Software.[214] Zu diesem Zweck werden, sofern die Dokumentation keine entsprechenden Dokumente enthält, die Programme im Rahmen des Reverse Engineering[215] sukzessive in Objekte eines höheren Abstraktionsgrades überführt.[216] Hierfür ist Wissen auf unterschiedlichen Ebenen nötig:

- Auf der Realisierungsebene ist Wissen über die Syntax der verwendeten Programmiersprache erforderlich, so daß z. B. abstrakte Syntaxbäume generiert werden können.[217] Konventionelle CASE-Werkzeuge unterstützen diese Ebene z. B. im Rahmen der Restrukturierung von COBOL-Programmen.[218]

- Auf der Ebene des DV-Entwurfs benötigt man programmiersprachenunabhängiges Detailwissen, um z. B. Abhängigkeiten zwischen Programmkompononten mit Hilfe von Kontrollflußdiagrammen oder Structure Charts darzustellen.[219]

- Für das Verständnis eines Programms auf der Ebene der Benutzeranforderungen ist weiterhin dv-unabhängiges Domänenwissen, das die Spezifikationen zumeist in nur unzureichendem Maße beinhalten, erforderlich.[220]

Beobachtungen zeigen, daß menschliche Experten bei der Analyse von Programmen i. d. R. nicht nach einer formalen Methode vorgehen, sondern aufgrund von Erfahrungen Wichtiges selektieren, durch Abstraktion von der Syntax sowie anhand von Wissen über die Programmierung (Methoden, Datenstrukturen, Algorithmen etc.) die High-Level-Funktionen eines Programms erkennen und einen Mustervergleich mit in der Vergangenheit gemachten Erfahrungen durchführen, um so auf der Basis von Heuristiken zu einem Modell des Programms zu gelangen, das die Grundlage späterer Wartungsaktivitäten bildet.[221] Wissensbasierte Systeme können bei der Ausübung dieser Funktionen den menschlichen Experten zwar nicht ersetzen,[222] diesen jedoch zumindest mittels Bereitstellung entsprechender Heuristiken erfahrener Programmanalytiker unterstützen.

3.3.2 Einsatz wissensbasierter Systeme während phasenübergreifender Maßnahmen

> **These 3-13:** Die phasenübergreifenden Gestaltungsaktivitäten sind von derart komplexer Natur, daß der Einsatz wissensbasierter Systeme lediglich zur Lösung eng begrenzter Teilaufgaben sinnvoll ist.

Neben den im folgenden behandelten phasenübergreifenden Gestaltungsaktivitäten Projektmanagement, Software-Qualitätssicherung und Dokumentation sind auch andere Aktivitäten z. B. im Rahmen der organisatorischen Implementierung während eines RBIS-Projekts durchzuführen.[223] Die damit verbundenen Tätigkeiten fungieren i. d. R. jedoch nicht als Objekte von CASE-Werkzeugen[224] und werden deshalb im folgenden nicht behandelt.[225] Das gleiche gilt für Einsatzmöglichkeiten wissensbasierter Systeme in Bereichen, die nicht ausschließlich für CASE-Werkzeuge, sondern für alle Software-Produkte relevant sind. Hierzu zählen z. B. wissensbasierte UIMS, die aufgrund der Analyse von Benutzeraktionen (hier: Aktionen des Software-Entwicklers) ein Modell des Benutzers schaffen,[226] oder intelligente Lernprogramme, wie sie vielfach im Rahmen des Computer Based Training (CBT) Verwendung finden.[227]

3.3.2.1 Projektmanagement

> **These 3-14:** Das Management von Software-Projekten erfordert ein hohes Maß an Erfahrungswissen und Problemlösungs- bzw. Suchstrategien, das teilweise von wissensbasierten Systemen bereitgestellt werden kann.

Zu den mittels wissensbasierter Systeme unterstützbaren Aufgaben des Projektmanagements gehören neben dem Management von Ressourcen[228] und der Durchsetzung von Projektstandards[229] insbesondere die Aktivitätengruppen Aufwandsschätzung und Konfigurationsmanagement.[230]

Aufwandsschätzung

Die Schätzung des von einem Software-Projekt verursachten Aufwandes erfolgt in der Praxis häufig ohne Anwendung formaler Methoden im reinen Analogieschluß[231] und wird nur unzureichend durch CASE-Werkzeuge unterstützt.[232] Dennoch existiert ein erhebliches Potential an Wissen, was die hohe Anzahl an Methoden und Verfahren zur Aufwandsschätzung belegt.[233] Dieses Methodenwissen kann neben der

Sammlung von Erfahrungen über Merkmale und Aufwandsfaktoren früherer Projekte in Form einer Erfahrungsdatenbank von einer Wissensbasis bereitgestellt werden.[234] Das Methodenwissen erleichtert dann die Anwendung bestimmter Verfahren (z. B. Hochrechnen von Datenobjekten und Funktionen bei der Function-Point-Methode), während die Erfahrungsdatenbank unter Verwendung entsprechender Regeln zur Auswahl vergleichbarer früherer Projekte herangezogen wird.[235] In beiden Fällen kommt der Erklärungskomponente große Bedeutung zu, weil sie sowohl dem erfahrenen Schätzer eine Erläuterung der angezeigten Ergebnisse liefert als auch dem neuen, auszubildenden Schätzer wichtige Lernerfahrungen über das repräsentierte Wissen zur Aufwandsschätzung vermittelt.[236]

Konfigurationsmanagement

Ein weiterer wichtiger Bestandteil des systemlebenszyklusübergreifenden Projektmanagements ist das (Software-)Konfigurationsmanagement.[237] Zwar unterstützen laut Anbieterangaben 11 CASE-Tools und CASE-Workbenches das Konfigurationsmanagement, bei genauer Untersuchung stellt sich jedoch heraus, daß häufig nur Teilfunktionen wie z. B. einfache Versionsverwaltungen abgedeckt sind.[238] Wissensbasierte Systeme können mittels einer Komponentendarstellung als Objektstruktur die Transparenz bezüglich Konfigurationszustand, -zusammensetzung und -beziehungen etc. schaffen[239] und mit Hilfe des Pattern-Matching relevante Unvollständigkeiten oder Inkonsistenzen offenlegen sowie entsprechende Gegenmaßnahmen vorschlagen.[240]

3.3.2.2 Software-Qualitätssicherung

> These 3-15: Mit Hilfe von Wissen über die Domäne, die Programmierung und die Zielumgebungsarchitektur kann die werkzeugunterstützte Software-Qualitätssicherung wirksam unterstützt werden.

Software-Qualitätssicherung umfaßt alle Tätigkeiten im Systemlebenszyklus, die bewußt auf die Erreichung von Qualität[241] abzielen.[242] Die mit 30 vergleichsweise hohe Zahl an CASE-Toolkits und CASE-Workbenches, die diese Tätigkeiten angeblich unterstützen, läßt sich vermutlich dadurch erklären, daß die Anbieter der Auffassung sind, daß ihre Produkte Maßnahmen der konstruktiven Qualitätssicherung fördern.[243] Im Bereich analytischer Qualitätssicherungsmaßnahmen bieten die konventionellen CASE-Werkzeuge jedoch lediglich eine Reihe von Berichten zur Aufdeckung von Syntaxverstößen, Unvollständigkeiten und Inkonsistenzen, die sich

zumeist nur auf den Entwurf, nicht aber auf das Programm beziehen.[244] So werden
z. B. bei der Überprüfung der Datenflußdiagramme einige syntaktische Verstöße erkannt: unbenannte Objekte, Datenspeicher ohne mindestens einen Ab- oder Zufluß,
Prozesse ohne Datenflüsse, Datenflüsse ohne Richtungsangaben etc.. Andere Verstöße erfordern hingegen eine Interpretation, die von den konventionellen Werkzeugen zur Zeit nicht zur Verfügung gestellt wird: Objekte ohne bedeutungsvolle Namen, Datenspeicher, die keine Objekte oder Ereignisse von Bedeutung darstellen,
Datenspeicher mit nur jeweils einem Ab- und Zufluß, die allerdings temporäre physische Zwischendateien sind, usw..[245] Für diese Interpretation benötigt der Analytiker
Domänen- und Methodenwissen wie es wissensbasierte Systeme bereitstellen können.[246]

Im Rahmen des Soll-Ist-Vergleichs kommen primär generelle oder unternehmensindividuelle Regeln als Testobjekte[247] eines wissensbasierten Tests in Frage. Aber
auch in anderen Bereichen der Software-Qualitätssicherung können z. B. Regeln
genutzt werden, um die Qualität von (Teil-)Produkten zu beurteilen, Korrekturmaß-
nahmen vorzuschlagen, Testfälle zu generieren, Regressionstests zu unterstützen,
die Einhaltung von Konventionen (Funktionsbezeichnungen, Paragraphen, Konstan-
ten oder maximale Verschachtelungstiefe und Größe von Prozeduren) zu kontrollieren etc..[248]

3.3.2.3 Dokumentation

These 3-16: Der Einsatz wissensbasierter Technologie kann die Entwicklungsdatenbank gegenwärtiger CASE-Werkzeuge von einem reinen Informati-
onsverwaltungssystem zu einer aktiven Wissensbank erweitern.

Zwar bieten 35 CASE-Toolkits und CASE-Workbenches explizite Funktionen zur Erzeugung von Dokumentationen an,[249] diese sind jedoch i. d. R. nicht ausreichend,
um z. B. eine Spezifikation angemessen zu beschreiben[250] oder der Komplexität
moderner Software-Produkte gerecht zu werden.[251] Zur Erreichung des Ziels einer
Dokumentation, Wissen über das entwickelte Produkt bereitzustellen, benötigt ein
automatisiertes System zur Dokumentationserstellung sowohl Wissen über das ent-
stehende Produkt als auch über den Entwurfsprozeß.[252] Eine mögliche Darstellungsart von Dokumentationsdaten ist die objektorientierte Repräsentationsform. Der
objektorientierte Darstellungsstil hat den Vorteil, daß er dem internen Dokumentati-
onsmodell des Entwicklers bzw. Benutzers entspricht. Das Methodenkonzept er-
zeugt die Bindung von Methoden an Objekte, was Auswirkungen von Programmän-

derungen leichter darstellbar und nachvollziehbar macht.[253] Mit Hilfe dieser oder ähnlicher Techniken ist es möglich, die heute gängigen Entwicklungsdatenbanken zu Wissensbanken auszubauen, die Projektinformationen nicht nur speichern, sondern darüber hinaus bei der Kontrolle der Korrektheit und Gültigkeit Hilfestellung leisten.[254]

3.4 Einsatzformen wissensbasierter Systeme im Computer Aided Software Engineering

3.4.1 Aufgabenklassen

> These 3-17: Ausgangspunkt jedes Software-Entwicklungsprojekts sind reale Benutzeranforderungen auf der Basis existierender Informationssysteme, so daß Domänen, die der Aufgabenklasse Analyse zuzuordnen sind, im Anwendungsgebiet CASE dominieren.

Die differenzierte Einteilung von Anwendungsgebieten mit domänenübergreifenden Gemeinsamkeiten in generische Kategorien[255]/Beratungsparadigmen[256]/ Problemlösungstypen[257]/Aufgabenklassen[258] etc. spielt eine bedeutsame Rolle bei der theoretischen und praktischen Betrachtung wissensbasierter Systeme.[259]

Eine der ältesten und bekanntesten Klassifikationen dieser Art wurde bereits Anfang der achtziger Jahre veröffentlicht und unterscheidet zwischen Aufgaben der Interpretation, der Überwachung, der Diagnose, der Vorhersage, des Entwurfs, der Planung, des Debugging, der Reparatur, der Instruktion und der Kontrolle.[260] Erste Versuche einer Hierarchisierung differenzieren zwischen Aufgaben der Konstruktion/Synthese sowie der Interpretation/Analyse und ordnen diesen dann weitere Aufgabenklassen zu.[261]

Neuere Ansätze geben verstärkt über eine detaillierte Betrachtung domänenspezifischer Problemlösungsmethoden und deren Operationalisierung in Werkzeugen zur Entwicklung wissensbasierter Systeme konkrete Hilfestellungen bei der Auswahl von Wissensrepräsentationsformalismen und Wissensverarbeitungstechniken.[262] Auf diese Zuordnung wird hier verzichtet, da zu Beginn der Erstellung eines wissensbasierten Systems i. d. R. noch nicht vorherbestimmbar ist, welcher Wissensrepräsentationsformalismus sinnvoll ist, und eine verfrühte Entscheidung für eine nicht problemadäquate Repräsentationsform den weiteren Erstellungsprozeß erschweren und verzögern kann.[263] Außerdem ist die Auswahl der Repräsentationsform und Verarbeitungstechnik eine nachgelagerte Aufgabe, der die Entwicklung eines konzeptionellen Wissensmodells vorausgeht.[264] Die Überprüfung der Eignung bestimmter Werkzeuge zur Erstellung wissensbasierter Systeme im CASE scheitert bereits an der Tatsache, daß sich diese Werkzeuge einem steten Wandel unterziehen, so daß heute getroffene Aussagen eventuell bei einem späteren Release-Wechsel revidiert werden müssen.[265]

Im Rahmen dieser Arbeit werden grundsätzlich zwei weiterhin untergliederte Aufgabenklassen unterschieden: Aufgaben der Analyse und Aufgaben der Synthese (siehe Abb. 3-13).

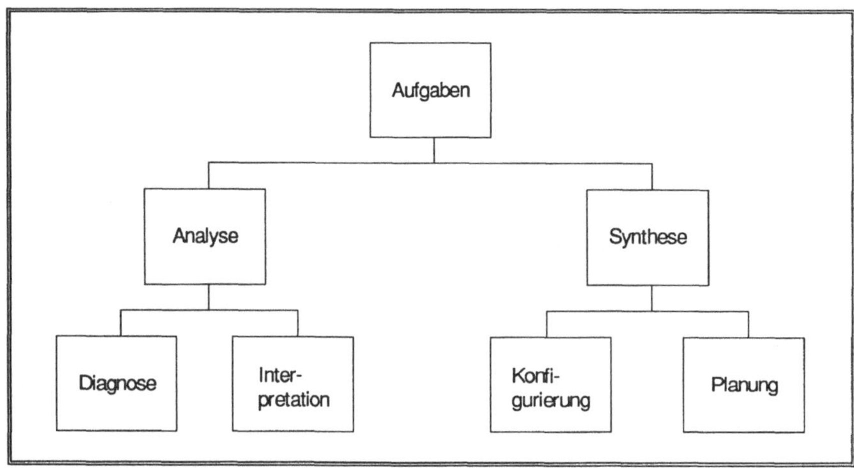

Abb. 3-13: Aufgabenklassen wissensbasierter Systeme[266]

- Aufgaben der Analyse

  - Diagnose
    Wiedererkennung bekannter Muster anhand auftretender Symptome[267]
  - Interpretation
    "Analyse von Anforderungen ... mit dem Ziel, ihre Bedeutung herzuleiten"[268]

- Aufgaben der Synthese

  - Konfigurierung
    Zusammenstellung eines komplexen Produkts aus einer Menge von Einzelteilen unter Berücksichtigung von Nebenbedingungen[269]
  - Planung

Ermittlung einer Vorgehensweise zur Zielerreichung, ohne Ressourcen zu verschwenden oder Nebenbedingungen zu verletzen[270]

Außerdem existieren Mischtypen, die sowohl Elemente der Analyse als auch der Synthese enthalten, wie z. B. die Unterweisung[271] und die Vorhersage[272].

Obwohl eine zweifelsfreie Zuordnung von Software-Entwicklungsaktivitäten aufgrund ihrer Heterogenität schwierig ist, werden in Abb. 3-14 einige exemplarische Zuordnungen von Software-Entwicklungstätigkeiten zu Aufgabenklassen vorgenommen.[273]

| | Analyse | | Synthese | |
	Diagnose	Interpretation	Konfigurierung	Planung
Entwurf und Analyse	Überprüfung des Datenflußdiagramms	Prototyping	Bildschirmmasken-Wiederverwendung	Interviewleitfaden
Realisierung	Programmanalyse	Codegenerierung	Programmierung nach Bausteinmethode	Vorgehenshilfe bei JSP
Erprobung und Konsolidierung	Verfahrenskontrolle	Deutung der Funktionsnutzung seitens des Benutzers	Kombination der Originallaufumgebungskomponenten nach Benutzerrichtlinien	Maßnahmenkatalog zur Gewährleistung des Datenschutzes
Pflege und Wartung	Fehlerentdeckung und -korrektur	Reverse Engineering	Zusammenstellung der RBIS-Komponenten zwecks Ressourcenoptimierung	Planung von Tuningmaßnahmen
Projektmanagement	Kostenabweichungsanalyse	Projekt-Nachkalkulation	Zusammenstellung des Projektteams	Benutzerführung durch Projekt (-standards)
Software-Qualitätssicherung	Bausteintest	Qualitätsbewertung	Generierung von Testfällen und Testdaten	Festlegung des Testens im Zeitablauf
Dokumentation	Abgleich Dokumentation und Programm	Vollständigkeitsprüfung	Zusammenstellung der Dokumente für das Benutzerhandbuch	Anpassung der Dokumentation an Veränderungen

Abb. 3-14: Zuordnung ausgewählter Software-Entwicklungstätigkeiten zu Aufgabenklassen

Da die Software-Entwicklung von gegebenen Benutzeranforderungen ausgeht und vielfach existierende Systeme als Ausgangspunkt der Entwicklungsaktivitäten fungieren, dominieren Aufgaben der Analyse in diesem Bereich.

3.4.2 Wissensformen

These 3-18: Bei dem für die Software-Entwicklung benötigten Wissen handelt es sich überwiegend um öffentliches und somit erhebbares Wissen.

Das zur Software-Entwicklung benötigte Wissen kann anhand verschiedener Kriterien klassifiziert werden.[274] Hier werden der Klassifizierung der unterschiedlichen Wissensformen, die im CASE-Bereich auftreten, die Kriterien Zugänglichkeit, Allgemeingültigkeit und Objekt des Wissens zugrundegelegt.[275]

- Zugänglichkeit des Wissens im CASE

  Die allgemeinste Form des Wissens stellt das globale Theoriewissen dar, das z. B. durch Schulungen oder Literaturstudien erworben werden kann.[276] Man spricht in diesem Zusammenhang auch von öffentlichem Wissen oder vom Public Domain Knowledge.[277] Beispiele für öffentliches CASE-Wissen sind die Prinzipien der normierten Programmierung und DIN-Normen zu Begriffen der Software-Entwicklung. Demgegenüber beinhaltet das sogenannte "Shared Expert Knowledge"[278] das aufgrund von Erfahrungen erworbene und gemeinsam durch Experten genutzte Wissen in Form anerkannter Verhaltensmuster für spezielle Situationen, d. h. problemspezifische Heuristiken und Praktiken.[279] Exemplarisch für diese Art des Wissens im CASE sind Verhaltensregeln bei der Suche nach 1:1-Entsprechungen im Rahmen der Jackson Strukturierten Programmierung oder die Reihenfolge des Zeichnens einzelner Objekte in einem Datenflußdiagramm zu nennen. Während die beiden erstgenannten Wissensarten z. B. mit Hilfe dialogorientierter Interviews zu erlangen sind, erfordert die Erhebung von privatem oder persönlichem Wissen den Einsatz bislang kaum verwendeter Analyseinstrumente.[280] Beispiele für privates Wissen im CASE sind Kenntnisse über Kommunikationspartner im Requirements Engineering oder Wissen bei der Plausibilitätsprüfung von Anforderungen.[281]

- Allgemeingültigkeit des Wissens im CASE

  Das Kriterium der Allgemeingültigkeit des Wissens bedingt im Extremfall eine Zweiteilung des Wissens: Wissen, das generelle Gültigkeit besitzt und Wissen, das nur unter besonderen Gegebenheiten von Relevanz (also situativ) ist.[282]

Das "allgemeingültige, generell zugängliche und für Problemklassen typische Tiefenwissen"[283] wird auch generisches Wissen genannt. Dieses generische Wissen, das weder geheim ist noch auf dem Wissensvorsprung bestimmter Experten beruht, könnte z. B. für alle CASE-Systeme verfügbar gemacht werden und somit verhindern, daß für ähnliche Problemstellungen ähnliche Lösungen von verschiedenen Unternehmen erstellt werden.[284]

- Objekte des Wissens im CASE

  Wie die bisherigen Ausführungen zeigen, sind zur Unterstützung der Software-Entwicklung einige unterschiedliche Wissensarten erforderlich. Diese sind zur Zeit nur partiell oder lediglich statisch, d. h. unabhängig vom aktuellen Projektkontext, in marktgängigen CASE-Werkzeugen vorhanden.[285] Hierzu zählt:

  - Wissen über die Algorithmen und Datenstrukturen[286]
    (z. B. Wissen über generelle Lösungsalgorithmen wie Suchen oder Sortieren, Normalisierungsregeln)
  - Wissen über das Anwendungsgebiet[287]
    (z. B. Wissen über Gesetzesvorschriften, Rabattstaffeln, Lieferbedingungen, Produktpaletten)
  - Wissen über die Entwurfs- und Problemlösungstechniken[288]
    (z. B. Wissen über die Handhabung der Programmzerlegung und andere allgemeine Techniken zur Problemlösung)
  - Wissen über die Kommunikationspartner[289]
    (z. B. aus der Sicht des Software-Entwicklers Wissen über den interviewten Anwender oder aus der Perspektive des CASE-Werkzeugs Wissen über die Absichten des Benutzers sowie dessen Erfahrungen und häufigste Fehler)
  - Wissen über die Kommunikationsprozesse[290]
    (z. B. Wissen über Kommunikationsschemata und deren Änderungsmöglichkeiten durch den Benutzer)
  - Wissen über die phasenspezifischen Aktivitäten[291]
    (z. B. Problemlösungswissen und Heuristiken über die durchzuführenden Tätigkeiten und Maßnahmen sowie deren Zuordnung zu bestimmten Phasen des Entwicklungsprozesses)
  - Wissen über den Projektstand[292]
    (z. B. Wissen über den aktuellen Stand von Daten-, Funktionsmodellen, Dokumentationen, Bildschirmmasken etc.)
  - Wissen über die Software-Entwicklungsmethoden[293]
    (z. B. Wissen über phasenspezifische Tätigkeiten und deren Verbindung zueinander)

- Wissen über den Software-Entwicklungsprozeß[294]

  (z. B. Wissen über alle während des Entwicklungsprozesses getroffenen Entscheidungen mit den Gründen, die zu diesen Entscheidungen geführt haben)

- Wissen über die Software-Entwicklungswerkzeuge[295]

  (z. B. Wissen über die korrekte Anwendung oder die Mängel der Werkzeuge)

- Wissen über die Software-Komponententransformation[296]

  (z. B. Wissen über das Zusammenfügen einzelner Komponenten wie Zwischenprodukte oder standardisierte Programmbausteine zu einem funktionierenden Anwendungssystem)

- Wissen über die Umwelt des Unternehmens[297]

  (z. B. Wissen über Informationssysteme der Konkurrenz oder bevorstehende Gesetzesänderungen, die einen wichtigen Einfluß auf das zu entwickelnde System haben)

- Wissen über das Unternehmen[298]

  (z. B. Wissen über Ziele, Strategien, Organisationstruktur und Branche des Unternehmens)

- Wissen über die Zielumgebungsarchitektur[299]

  (z. B. Wissen über die Prozessoren oder das Betriebssystem des Zielrechners)

Bei dieser Unterteilung ist eine weitere Differenzierung, aber auch die Überschneidung verschiedener Gebiete möglich. So besteht z. B. das Wissen über Software-Entwicklungsmethoden aus Dokumentationswissen über die von der Methode verlangte Dokumentation, Führungswissen bezüglich des kontextabhängigen Gebrauchs bestimmter Methoden und Prozeßwissen für die automatisierte Assistenz bei der Anwendung der Methoden.[300] Dies geschieht teilweise durch Anwendung von Wissen über allgemeine Problemlösungstechniken und ist abhängig vom verwendeten Werkzeug.

Abb. 3-15 zeigt eine Zuordnung des für CASE erforderlichen Wissens zu den Kategorien Zugänglichkeit und Allgemeingültigkeit.[301] Außerdem werden Aussagen über die Existenz der verschiedenen Wissensarten in den marktgängigen CASE-Werkzeugen getroffen. Dabei kann konstatiert werden, daß viele Wissensarten entweder gar nicht oder nur indirekt (implizit) zur Verfügung gestellt werden und daß dieses Wissen i. d. R. statisch, d. h. im Zeitablauf nicht durch den Benutzer änderbar, ist.[302]

Wissensobjekt	Grad der Allgemeingültigkeit	Grad der Zugänglichkeit	Existenz in gegenwärtigen CASE-Werkzeugen
Algorithmen und Datenstrukturen	generell	öffentlich	implizit, statisch
Anwendungsgebiet	situativ	gemischt	implizit, dynamisch
Entwurfs- und Problemlösungstechniken	generell	gemischt	partiell, statisch
Kommunikationspartner	situativ	privat	nein
Kommunikationsprozesse	generell	öffentlich	partiell, statisch
Phasenspezifische Aktivitäten	situativ	öffentlich	partiell, teilweise dynamisch
Projektstand	situativ	gemischt	explizit, dynamisch
Software-Entwicklungsmethoden	generell	öffentlich	partiell, zumeist statisch
Software-Entwicklungsprozeß	situativ	gemischt	nein
Software-Entwicklungswerkzeuge	generell	öffentlich	partiell, statisch
Software-Komponententransformation	gemischt	öffentlich	partiell, statisch
Umwelt des Unternehmens	generell	öffentlich	nein
Unternehmen	situativ	privat	implizit, dynamisch
Zielumgebungsarchitektur	situativ	öffentlich	nein

Abb. 3-15: Wissenskategorien im CASE

3.4.3 Gestaltungskategorien

These 3-19: Wissensbasierte Systeme im CASE müssen vollständig in bestehende CASE-Systeme integriert werden und für den Benutzer bei der Software-Entwicklung als intelligenter Assistent fungieren.

Bei der Gestaltung wissensbasierter Systeme im CASE stellt sich die grundsätzliche

Frage, in welcher Beziehung das wissensbasierte System zu den im Unternehmen vorhandenen CASE-Werkzeugen stehen soll.[303]

- Wissensbasierte Systeme als eigenständige Werkzeuge im CASE

  Grundsätzlich können wissensbasierte Systeme zur Entwicklung konventioneller Software losgelöst von anderen CASE-Werkzeugen entwickelt werden.[304] Extreme Verfechter dieser Position befürworten eine vollständige Substitution des konventionellen Software-Entwicklungsprozesses durch Methoden und Werkzeuge der Künstlichen Intelligenz.[305]

- Wissensbasierte Systeme als integrierte Bestandteile von Werkzeugen im CASE

  Die isolierte Entwicklung wissensbasierter Systeme widerspricht allerdings dem Grundgedanken von CASE, der Integration von Prinzipien, Methoden, Verfahren und Werkzeugen.[306] Da auch konventionelle CASE-Werkzeuge bereits eine Reihe von Aufgaben wirkungsvoll unterstützen und der Einsatz wissensbasierter Systeme nicht in allen Fällen möglich ist, stellt die wissensbasierte Technologie nur einen Teil des notwendigen Instrumentariums für eine wirksame und wirtschaftliche Software-Entwicklung dar, der mit konventionellen Hilfsmitteln wie Projektverwaltungssystemen, Datenbanken etc. zu koppeln ist.[307] Außerdem sollten die Ziele nicht auf eine (in absehbarer Zeit kaum zu realisierende) vollständige Automation der Software-Entwicklung gerichtet sein, sondern sich vielmehr an der Leitidee der Assistenz-Metapher, "Assistieren - nicht automatisieren"[308], orientieren, da nur sie realistisch ist und die erforderliche Akzeptanz der Benutzer erwarten läßt.[309] Der wissensbasierte Assistent zur Software-Entwicklung begleitet den Menschen durch den Entwicklungsprozeß, beobachtet und dokumentiert seine Aktionen, bewertet Zustände und Prozesse, erteilt Ratschläge und koordiniert Aktivitäten.[310] Die uneingeschränkte Kontrolle sollte dabei immer dem Menschen obliegen, das wissensbasierte System hat im wesentlichen nur Unterstützungsfunktion.[311] Intention ist eine Aufgabenteilung zwischen Hardware-/Software-System einerseits (Aufgabe: Erledigung der Routinearbeiten und Bereitstellung von Wissen) und menschlichem Benutzer andererseits (Aufgabe: kreative Software-Entwicklung).[312]

Anmerkungen

1   Vgl. z. B. Andresen /Warum scheitern Software-Entwicklungsumgebungen?/ 248-249 und Bonsiepen, Coy /Dauerkrise des Software Engineering/ 5-6

2   Zu Wirksamkeit und Wirtschaftlichkeit als Ziele der Datenverarbeitung siehe auch Seibt /Auditing/ und Seibt /Leistungs- und Qualitätskriterien/. Eine Zielstruktur des Software Engineering beschreibt Boehm /Wirtschaftliche Software-Produktion/ 651-664

3   Mit der Wahl des Begriffs Potential soll bewußt zum Ausdruck gebracht werden, daß es sich bei den dargestellten Effekten um *mögliche* Nutzresultate handelt. Ob diese im Einzelfall tatsächlich eintreten, ist Gegenstand der nachfolgenden Untersuchungen.

4   Einen ausgezeichneten Überblick über die hier angesprochenen Problemfelder bietet Brooks /Essence and Accidents/ 10 ff.

5   Vgl. z. B. Boehm /Software Engineering Economics/ 4-7 und Martin /Information Engineering - Introduction/ 6-7

6   Vgl. z. B. Lowry, Duran /Knowledge-based Software Engineering/ 243. Konkrete Zahlen zur Wirtschaftlichkeit der Informationsverarbeitung liefert Griese u. a. /Wirtschaftlichkeit der Informationsverarbeitung/

7   Vgl. z. B. Lehman /Software Evolution/ 395. Neuere Schätzungen gehen von einem noch höheren Wartungsanteil aus: So veranschlagte McKinsey in einer Untersuchung aus dem Jahr 1989 den Wartungsanteil mit 80 bis 90%. Vgl. Bohlin, Hoenig /Old Systems/ 57

8   Vgl. z. B. Schmitz /Softwarequalitätssicherung/ 313

9   Vgl. z. B. Budgen, Marashi /Knowledge Use in Software Design/ 165-170

10 Vgl. z. B. Frakes, Myers /Using expert-system components/ 366 und Österle /Von Programmiersprachen zu Softwareentwicklungsumgebungen/ 347-350

11 Vgl. z. B. Hering /Software-Engineering/ 3-5

12 Vgl. Seibt /Informationssystem-Architekturen/ 260-280

13 Vgl. z. B. Andresen /Warum scheitern Software-Entwicklungsumgebungen?/ 248

14 Vgl. z. B. Andresen /Warum scheitern Software-Entwicklungsumgebungen?/ 256

15 Vgl. z. B. Kulling /Problemstellung und Perspektiven/ VI-1-04

16 Vgl. z. B. Schreiter /Erfahrungen mit PREDICT CASE/ 539. Verstärkt werden derartige Erwartungen nicht zuletzt durch die Promotion der CASE-Anbieter: So verspricht Texas Instruments in einem Werbeprospekt zu IEF bis zu 300% Produktivitätssteigerung und Index Technology gibt an, daß mit Hilfe ihres Produkts Excelerator/RTS Kosteneinsparungen von bis zu einem Drittel realisierbar sind.

17 Siehe hierzu z. B. Boehm u. a. /Improving Productivity/ 30-42

18 Vgl. McClure /CASE Experience/ 242. Dies ist insbesondere eine Folge der Lernkurve bezüglich Methode und Werkzeug. Vgl. McMenamin, Palmer /Strukturierte Systemanalyse/ 296

19 Vgl. Hayley, Lyman /The Realities of CASE/ 20

20 Für die Einführung einer ADA-orientierten Software-Entwicklungsumgebung zur Entwicklung von Flugsteuerungssoftware fielen in einem Software-Haus z. B. Kosten in Höhe von 100.000 DM pro Arbeitsplatz an, ohne daß Aussagen über eine eventuelle Amortisation dieser Investition getroffen werden konnten. Vgl. Gräf /Erfahrungen mit einer ADA-orientierten Software-Entwicklungsumgebung/ 531

21 Vgl. Grochow /Cost of CASE/ 13. Bezogen auf einen Entwickler betragen die Kosten nach dieser Rechnung lediglich ca. 86.000 DM, so daß Zweifel bezüglich der Richtigkeit der hier aufgestellten Kalkulation angebracht sind.

22 Vgl. Stobbe /Software-Entwicklungsumgebungen/ 48

23 Vgl. Fisher /Using Software Development Tools/ 21-34

24 Vgl. McClure /CASE Experience/ 242

25 Vgl. Jones /Reusability in Programming/ 488 und Lempp /CASE und Reverse Engineering/ 43

26 Vgl. Gibson /CASE Philosophy/ 214

27 Vgl. Frakes, Myers /Using expert-system components/ 366

28 Hierzu gehören insbesondere folgende Fragen: Kann ich dieses Werkzeug benutzen, um mein Problem zu lösen? Wie kann ich dieses Werkzeug benutzen, um mein Problem zu lösen? Wenn ich mein Problem nicht direkt mit diesem Werkzeug lösen kann, wie kann ich es in anderer Weise benutzen, um einen Einblick in das Problem zu gewinnen? Wenn ich mit dem Werkzeug mein Problem nicht lösen kann, was soll ich tun? Vgl. Frakes, Myers /Using expert-system components/ 366

29 Vgl. Sommerville, Morrson /Software Development with Ada/ 2

30 Vgl. Maag /Methoden/ 28. So rechnet man mit einer Dauer von drei bis fünf Jahren für die Einführung neuer Methoden in ein Software-Haus. Vgl. Hamilton, Staff /CASE veterans/ 22

31 Vgl. Giegler /CASE konsequent umsetzen/ 35

32 Vgl. Frakes, Myers /Using expert-system components/ 366

33 Vgl. Herzwurm, Berkau /Auswahl PC-gestützter Software-Entwicklungsumgebungen/ 46-48. Unzulänglichkeiten konventioneller Hilfesysteme und Verbesserungsmöglichkeiten durch wissensbasierte Komponenten werden in den Kapiteln 2.3 und 6 dieser Arbeit ausführlich behandelt.

34 Vgl. Curth, Wyss /Information Engineering Konzeption/ 219

35 Vgl. Fisher /Using Software Development Tools/ 6

36 Vgl. Hering /Software-Engineering/ 3-5

37 Vgl. Seibt /Informationssystem-Architekturen/ 266

38 Vgl. Seibt /Informationssystem-Architekturen/ 266-267

39 Vgl. Wirtz /Softwareentwurf/ 341

40 Vgl. Fisher /Using Software Development Tools/ 223

41 Vgl. Martin /Information Engineering - Introduction/ 120 und Fisher /Using Software Development Tools/ 22-24

42 Vgl. Fisher /Using Software Development Tools/ 6

43 Vgl. Herzwurm, Berkau /Auswahl PC-gestützter Software-Entwicklungsumgebungen/ 58

44 Vgl. Mertens, Borkowski, Geis /Betriebliche Expertensystem-Anwendungen/ 11, 14

45 Zum Argument des Wettbewerbsvorteils siehe auch Mertens, Borkowski, Geis /Betriebliche Expertensystem-Anwendungen/ 12

46 Zum Argument einer Verbesserung der Wettbewerbsposition siehe auch Mertens, Borkowski, Geis /Betriebliche Expertensystem-Anwendungen/ 16-17 sowie Regier /Expertensysteme für den betriebswirtschaftlichen Einsatz/ 22

47 Vgl. Mertens /Expertensysteme in der Produktion/ 37-86 und Mertens /Einsatzpotential und Anwendungsklassen/ 525-535 ·

48 Zu den Argumenten Berücksichtigung von mehr Komplexität, Rationalisierung, Sicherheit/Vollständigkeit/Fehlerfreiheit siehe auch Mertens, Borkowski, Geis /Betriebliche Expertensystem-Anwendungen/ 10-12

49 Vgl. Harmon, King /Expertensysteme in der Praxis/ 241-243

50 Vgl. Mertens, Borkowski, Geis /Betriebliche Expertensystem-Anwendungen/ 10

51 Zu den Argumenten Akzeptanzverbesserung und Individualisierung siehe auch Mertens, Borkowski, Geis /Betriebliche Expertensystem-Anwendungen/ 10

52 Vgl. Hensel /Wissen bei der Anwendungsentwicklung/ 16

53 Vgl. Hensel /Expertensystemtechnik/ 23-24

54 Vgl. Mertens, Borkowski, Geis /Betriebliche Expertensystem-Anwendungen/ 11

55 Vgl. Schmitz /Expertensysteme/ 614

56 Vgl. Hensel /Expertensystemtechnik/ 23

57 Vgl. Seibt /Informationssystem-Architekturen/ 267

58 Vgl. Schmitz /Expertensysteme/ 614

59 Hensel /Wissen bei der Anwendungsentwicklung/ 16

60 Vgl. Regier /Expertensysteme für den betriebswirtschaftlichen Einsatz/ 22

61 Vgl. Regier /Expertensysteme für den betriebswirtschaftlichen Einsatz/ 22

62 Vgl. Hensel /Expertensystemtechnik/ 24

63 Vgl. Eagling /Structured design methods/ 95

64 Vgl. Schmitz /Expertensysteme/ 614

65 Vgl. Hensel /Expertensystemtechnik/ 26

66 Vgl. Hensel /Expertensystemtechnik/ 27

67 Zu den Argumenten Arbeitsvereinigung, Verkürzung von Durchlauf- und Reaktionszeiten siehe Mertens, Borkowski, Geis /Betriebliche Expertensystem-Anwendungen/ 10-11

68 Vgl. im folgenden Lowry, Duran /Knowledge-based Software Engineering/ 244

69 Siehe hierzu auch Kapitel 3.3.1 dieser Arbeit.

70 Vgl. im folgenden Budgen, Marashi /Knowledge Use in Software Design/ 164-165

71 Entscheidend ist hierbei der Umstand, daß dieses Wissen zwar prinzipiell vorhanden (sonst wäre auch eine wichtige Prämisse für den Einsatz wissensbasierter Systeme nicht erfüllt), jedoch auf wenige Wissensträger konzentriert ist.

72 Filme können im wesentlichen nur in der Reihenfolge empfangen werden, in der sie gesendet werden, und gehen beispielsweise kaum auf unterschiedliche Interessen und Vorkenntnisse der einzelnen Empfänger ein.

73 Vgl. Puppe /Problemlösungsmethoden in Expertensystemen/ 11-15

74 Vgl. Lowry, Duran /Knowledge-based Software Engineering/ 245-246

75 Grundlage für viele der nachfolgend aufgeführten Kriterienkataloge ist Prerau /Appropriate Domain/ 26-30. Aus der Sicht des Managements behandelt die Auswahlproblematik Lu, Guimaraes /Selecting Expert Systems Applications/ 8-15. Die konkrete Gewichtung einzelner Kriterien erfolgt in Mertens /Expertensysteme in der Produktion/ 93-130.

76 Vgl. z. B. Krcmar /Einsatzkriterien für Expertensysteme/ 15-18; Mertens, Borkowski, Geis /Betriebliche Expertensystem-Anwendungen/ 319-322; Slage, Wick /Evaluating Candidate Expert System Applications/ 44-53. Bei anderen Autoren, z. B. Mertens /Expertensysteme in der Produktion/ 113, erfolgt die Gewichtung ohne empirische Fundierung und ist somit von zweifelhafter Aussagekraft.

77 Vgl. Harmon, King /Expertensysteme in der Praxis/ 220-224

78 Vgl. Waterman /Guide to expert systems/ 127-134

79　Vgl. Lebsanft, Gill /Verwendung von Expertensystemen zur Problemlösung/ 140-146

80　Auf die Darstellung der "zusätzlich erwünschten Eigenschaften" wird verzichtet, da diese nicht notwendigerweise für die Adäquatheit wissensbasierter Technologie erforderlich sind.

81　Vgl. Mertens, Borkowski, Geis /Betriebliche Expertensystem-Anwendungen/ 19-21

82　Vgl. Krcmar /Einsatzkriterien für Expertensysteme/ 7-12

83　Zu diesem Ergebnis kommt auch Krcmar /Einsatzkriterien für Expertensysteme/ 18

84　Ähnliches gilt z. B. für die Verfügbarkeit entsprechender Entwickler und Fachabteilungsmitarbeiter.

85　Siehe auch Krcmar /Einsatzkriterien für Expertensysteme/ 18. Die betriebswirtschaftliche Notwendigkeit (u. a. bedingt durch den Mangel an Wissen) wurde bereits in Kapitel 3.1 dargelegt.

86　An dieser Stelle werden nur sehr globale Tendenzaussagen bezüglich der Eignung des Anwendungsgebiets CASE für wissensbasierte Systeme getroffen. Eine detaillierte, kritische Analyse erfolgt in den nachfolgenden Kapiteln.

87　Vgl. Krcmar /Einsatzkriterien für Expertensysteme/ 9

88　Krcmar /Einsatzkriterien für Expertensysteme/ 9

89　Vgl. Schmitz /Methoden, Verfahren und Werkzeuge/ 73

90　Vgl. Martin, McClure /Structured Techniques/ 7-14

91　So existieren z. B. zur Zeit noch keine kommerziell verfügbaren CASE-Tools, die die objektorientierte Analyse - eine Weiterentwicklung von Structured Analysis - vollständig unterstützen. Die ersten Werkzeuge befinden sich teilweise im Versuchsstadium und besitzen noch nicht den Reifegrad marktgängiger CASE-Tools. Vgl. Coad, Yourdon /Object-oriented Analysis/ 162

92　Siehe hierzu auch Kapitel 3.4.2 dieser Arbeit.

93　Vgl. Krcmar /Einsatzkriterien für Expertensysteme/ 10

94　Siehe hierzu auch die Ausführungen in Kapitel 6 dieser Arbeit.

95　Vgl. Krcmar /Einsatzkriterien für Expertensysteme/ 10

96　Vgl. Abb. 3.1 (Auswahlkriterien für Anwendungen wissensbasierter Systeme nach Harmon, King) und 3.3 (Auswahlkriterien für Anwendungen wissensbasierter Systeme nach Mertens, Borkowski, Geis) sowie die dort angeführten Literaturhinweise

97　Selbstverständlich können hier nur ausgewählte Entwicklungsaktivitäten exemplarisch untersucht werden. Eine detaillierte Analyse des Einsatzes wissensbasierter Systeme im CASE wird anhand eines Fallbeispiels in Kapitel 6 dieser Arbeit vorgenommen.

98　Diese Grafik stellt ein Baumdiagramm nach Jackson dar. Das Symbol o kennzeichnet eine Selektion, das Zeichen * eine Iteration. Vgl. zu dieser Notation Jackson /Grundsätze des Programmentwurfs/

99　Alleine das hier zugrundegelegte Phasenmodell enthält bereits nahezu 180 Aktivitäten, die sich wiederum aus einer Reihe von Einzelmaßnahmen zusammensetzen, so daß im Rahmen dieser Arbeit selbstverständlich lediglich ausgewählte Aktivitäten exemplarisch untersucht werden können.

100　Siehe zu den hier angesprochenen Problemfeldern auch Krcmar /Einsatzkriterien für Expertensysteme/ 3-4

101　Ginge man nicht von existierenden CASE-Werkzeugen aus, so müßte in einer Voruntersuchung zunächst der Frage nachgegangen werden, ob eine bestimmte Software-Entwicklungsaktivität automatisierbar ist. Von besonderem Interesse wären hierbei Problembereiche, die am Rande eines Software-Projekts von Bedeutung sind, wie z. B. die Bereitstellung von Hilfe für die Verbindung von kritischen Erfolgsfaktoren, Geschäftszielen, Informationssystemen der Konkurrenz etc. mit den relevanten Objekten des zu entwickelnden Systems. Vgl. Gane /Computer-Aided Software Engineering/ 115-116

102 Die in dieser Arbeit vorgenommene phasenorientierte Einteilung basiert primär auf Beobachtung und Gruppierung der von marktgängigen CASE-Toolkits und CASE-Workbenches unterstützten Entwicklungsaktivitätentypen. Zu alternativen, detaillierteren Klassifizierungsansätzen von Software-Werkzeugen und deren Beurteilung siehe z. B. Hildebrand /Klassifizierung von Software Tools/ 13-25

103 Das im folgenden vorgestellte Zahlenmaterial basiert zu einem Großteil auf nicht verifizierten Herstellerangaben. Neben der telefonischen und schriftlichen Befragung einiger Hersteller werden insbesondere die in Kapitel 2.1.2.1 erwähnten Marktübersichten ausgewertet. Einbezogen sind nur solche Werkzeuge, die den nachstehenden Bedingungen genügen: der Vertrieb erfolgt in Deutschland; unter den unterstützten Phasen befindet sich die Entwurfs- und/oder die Analysephase; es werden mehrere Aktivitäten des Systemlebenszyklus unterstützt; die einzelnen Werkzeuge sind über eine gemeinsame Benutzer- und/oder Datenschnittstelle integriert; eine Diagrammunterstützung wird geboten. Die Zahlen in Klammern geben die Anzahl der Werkzeuge an, die die jeweilige Software-Entwicklungsaktivität unterstützen. Da Mehrfachnennungen möglich und die Angaben der Hersteller nicht immer konsistent sind, sind die genannten Zahlen als Trendaussagen zu interpretieren.

104 Ein Programm ist eine "nach den Regeln der verwendeten Sprache festgelegte syntaktische Einheit aus Anweisungen und Vereinbarungen, welche die zur Lösung einer Aufgabe notwendigen Elemente erfaßt." DIN /DIN 44300 Informationsverarbeitung Teil 4/ 3. Unter Code versteht man normalerweise "eine Vorschrift für die eindeutige Zuordnung (Codierung) der Zeichen eines Zeichenvorrats ... zu denjenigen eines anderen Zeichenvorrats ..." DIN /DIN 44300 Informationsverarbeitung Teil 2/ 6. Im folgenden wird in Anlehnung an die Praxis der Begriff Code im Sinne eines Source- bzw. Quell-Programms benutzt.

105 Vgl. Davis /Analysis and Specification/ 365

106 "Die Spezifikation der Benutzeranforderungen umfaßt alle Anforderungen des zukünftigen Benutzers an das zu gestaltende Software-System sowie an den Prozeß der Gestaltung". Timm /Spezifizierung der Benutzeranforderungen/ 154

107 Vgl. Niskier, Maibaum, Schwabe /Knowledge-based Environment for Software Specification Acquisition/ 128

108 Vgl. Martin, McClure /Structured Techniques/ 407

109 Für Humphrey ist Software im Kern "executable knowledge" Humphrey /Software Development Process/ 28

110 Vgl. Puncello u. a. /Knowledge-Based CASE Environment/ 58

111 Vgl. Davis /Analysis and Specification/ 364-365

112 Vgl. z. B. Sneed /Software-Engineering - Überblick/ 14

113 Vgl. Gane /Computer-Aided Software Engineering/ xi. Bereits 1985 lieferten Martin, McClure einen ausgezeichneten Überblick über die populärsten Diagrammtechniken. Vgl. Martin, McClure /Diagramming techniques/

114 Die bekanntesten Notationen sind von DeMarco sowie von Gane und Sarson. Vgl. DeMarco /Structured Analysis/ 411-424 und Gane, Sarson /Structured Systems Analysis/ 37-69

115 Die bekanntesten Notationen stammen von Bachman und von Chen. Vgl. Bachman /Data structures diagrams/ und Chen /Entity-Relationship Approach/

116 Von den untersuchten 51 Produkten unterstützen 39 Structured Analysis und 35 das Entity-Relationship-Modell.

117 Vgl. zu der Vision einer natürlichsprachlichen Anforderungsanalyse Gane /Computer-Aided Software Engineering/ 109-110

118 Vgl. Seibt /Informationssystem-Architekturen/ 266-267. Eine Vorgehensweise zur Integration von Daten-, Funktions- und (Geschäfts-)Prozeßmodellen in einem Informationssystem beschreibt

z. B. Klein /Informationsmodell/

119 Vgl. Belady /From Software Engineering to Knowledge Engineering/ 7

120 Vgl. Gane /Computer-Aided Software Engineering/ 117

121 Vgl. zur Wirksamkeit des Prototyping z. B. Boehm, Gray, Seewaldt /Prototyping Versus Specifying/ 290-302

122 Vgl. zu Prototyping-Werkzeugen ausgewählter Werkzeuge z. B. Herzwurm, Berkau /Auswahl PC-gestützter Software-Entwicklungsumgebungen/ 56-57

123 Von der hier vorgeschlagenen Integration wissensbasierter Komponenten in CASE-Werkzeuge sind Ansätze zu unterscheiden, die mit Hilfe von Werkzeugen zur Entwicklung wissensbasierter Systeme konventionelle Software im Rahmen des Rapid Prototyping erstellen. Vgl. z. B. Dunning /Expert System Support/

124 Im Zusammenhang mit unabängig von der Anwendung gestalteten, ergonomischen Benutzerschnittstellen wächst auch die Bedeutung wissensbasierter User Interface Management Systems (UIMS). Siehe hierzu Löwgren, Nordquist /Knowledge-Based Tool for User Interface Evaluation/ und Märtin /Knowledge Based Interface Template Generation/

125 Vgl. Gane /Computer-Aided Software Engineering/ 121-123. Gane zeigt an einem Beispiel, wie aus einer Tabelle von Datenelementen mit entsprechender Länge durch die Anwendung von Regeln über die Anordnung und Aufteilung von Feldern auf dem Bildschirm ein Layout generiert wird, das dem Anwender als erster Vorschlag dienen soll.

126 Vgl. Gane /Computer-Aided Software Engineering/ 123

127 So werden seitens der untersuchten Werkzeuge 42 verschiedene Methoden mit länder- und werkzeugspezifischen Varianten unterstützt.

128 Vgl. Lempp /Expertensystem für Objekt-orientiertes Design/ VI-21-03

129 Durch die Fähigkeit, Wissen qualifizierter Personen abzubilden, sind wissensbasierte Systeme auch grundsätzlich zur Entscheidungsunterstützung geeignet. Vgl. Schmitz, Lenz, Nöcker /Dialogbeitrag zum Artikel von Ulrich Frank/ 262

130 Vgl. Hensel /Wissen bei der Anwendungsentwicklung/ 13

131 Existierende Werkzeuge zum Requirements Engineering zielen primär auf die Aufzeichnung und Bearbeitung ("recording and browsing") großer Spezifikationen ab und bieten höchstens kleinere Hilfestellungen in Form von Konsistenz-Checks oder administrativen Unterstützungen. Vgl. Adhami, Pyburn, Champion /Computer Aided Requirements Engineering/ 187-188

132 Eine Reihe von Beispielen zählt z. B. auf Gane /Computer-Aided Software Engineering/ 114-123

133 Die Unterstützung der Prozeßmodellierung (speziell Structured Analysis) ist auch Gegenstand des Kapitels 6 dieser Arbeit.

134 Eine Checkliste für die Qualität des Entwurfs enthält Österle /Spezifikation und Entwurf/ 19

135 Hier ist selbstverständlich auch der umgekehrte Weg denkbar, indem z. B. Regeln angewendet werden, um ein Entity-Relationship-Modell in eine relationale, Codeasyl- oder hierarchische Struktur zu überführen. Vgl. Oestreich /Erfolgsfaktoren/ VI-9-08

136 Vgl. zu diesem Beispiel Gane /Computer-Aided Software Engineering/ 119-120. Das S bezeichnet Schlüsselfelder. Dabei handelt es sich natürlich um ein stark vereinfachtes Szenario. Ein komplexeres Beispiel zur wissensbasierten Wartung eines Datenmodells enthält Jarke /Wissensbanken in der Softwarewartung/ 98-101

137 Der Abgleich von Prozeß- und Datenmodell stellt in der Praxis ein großes Problem dar. Vgl. Ferstl, Sinz /SOM/ 5-8

138 Vgl. Niskier, Maibaum /Pluralistic Knowledge-Based Approach/ 412

139 Vgl. Seibt /Informationssystem-Architekturen/ 266

140 Vgl. Martin, McClure /Structured Techniques/ 415

141 Siehe zu Structured Design, das von 24 CASE-Toolkits und CASE-Workbenches unterstützt
     wird, z. B. Yourdon, Constantine /Structured Design/. Der Übergang von Structured Analysis zu
     Structured Design gestaltet sich in der Praxis allerdings äußerst schwierig. Vgl. Schulz /Software-
     Entwurf/ 86-87

142 Der Zwischenschritt eines formalen DV-Konzeptes ist in dem hier als traditionell bezeichneten
     Paradigma der Software-Entwicklung immer erforderlich. Dies gilt unabhängig davon, ob nach
     dem klassischen Wasserfallmodell oder im Rahmen evolutionärer Software-Entwicklung nach
     dem Spiralmodell vorgegangen wird. Vgl. zu diesen beiden Modellen z. B. Boehm /Spiral Model/
     oder zu alternativen Ansätzen Zvegintzov /What Cycle?/

143 Dies gilt gleichermaßen für die sogenannten objektorientierten Methoden. Vgl. Budgen, Marashi
     /Knowledge Use in Software Design/ 167

144 Vgl. Budgen, Marashi /Knowledge Use in Software Design/ 167 und Martin, McClure /Structured
     Techniques/ 423-439

145 Vgl. Budgen, Marashi /Knowledge Use in Software Design/ 167

146 Siehe zu Ergebnissen bzw. Zwischen- und Endprodukten des Phasenmodells von Schmitz und
     Seibt z. B. Schmitz, Bons, van Megen /Testen im Software-Lebenszyklus/ 8

147 Vgl. Balzer, Cheathan, Green /New Paradigm/ 38

148 Ähnliche Abbildungen befinden sich z. B. in Balzer, Cheathan, Green /New Paradigm/ 39; Belady
     /From Software Engineering to Knowledge Engineering/ 2-3; Brown /Managing Software Deve-
     lopment/ 135; Geske, Friedrich /Beiträge der wissensbasierten Programmierung/ 10; Loucopou-
     los, Champion /Knowledge-based support/ 124; McClure /CASE is software automation/ 185, 191

149 Schachter-Radig unterscheidet noch ein drittes Paradigma, das wissensbasierte Modell, in dem
     ein wissensbasierter Aktivitätenkoordinator den Entwicklungsprozeß kontrolliert. Vgl. Schachter-
     Radig /New ways/ 68. Dieser Auffassung wird nicht gefolgt, da hierbei weniger die Vorgehens-
     weise bei der Software-Entwicklung, als vielmehr deren technische Umsetzung durch eine Wis-
     sensbasis im Vordergrund steht.

150 Als weitere Vorteile dieser Vorgehensweise sind v. a. weniger potentielle Fehlerquellen, weniger
     (Code-)Optimierungsmaßnahmen, eine verbesserte Dokumentation des Entwicklungsprozesses
     sowie die erhöhte Wiederverwendbarkeit zu nennen. Vgl. Balzer, Cheathan, Green /New Para-
     digm/ 38-39, 84-85

151 Vgl. Davis /Analysis and Specification/ 366; Ramamoorthy, Miguel, Shim /Software Engineering
     and Artificial Intelligence/ 12-13 und die dort angeführte Literatur

152 Streng genommen bedeutet Automatische Programmierung das Programmieren auf einem weit
     über den existierenden Sprachen liegenden Niveau. Vgl. Geske, Friedrich /Beiträge der wissens-
     basierten Programmierung/ 12

153 Vgl. Ramamoorthy, Miguel, Shim /Software Engineering and Artificial Intelligence/ 12-13

154 Vgl. Rego, Lima /Automating Facts Analysis/ 57

155 Zur Zeit existieren drei verschiedene Ansätze: Bei der *deduktiven Methode* wird das Input-/ Out-
     putverhalten spezifiziert und mit Hilfe eines Theorembeweises (Resolutionsverfahren) sowie an-
     hand logisch formulierten Wissens (Axiome) ein Programm abgeleitet; bei der *Programmtrans-
     formation* erfolgt die Spezifizierung auf hohem Niveau und wird mit Transformationsregeln suk-
     zessive in ein ausführbares Programm überführt; bei der *induktiven Methode* wird aus einer
     Menge von Input-/ Outputbeispielen und Berechnungen ein Anfangsprogramm konstruiert, das
     induktiv verallgemeinert wird (analog zu den Lernverfahren der Künstlichen Intelligenz). *Vgl.*
     Geske, Friedrich /Beiträge der wissensbasierten Programmierung/ 14

156 Vgl. Luqi, Ketabchi /Computer-Aided Prototyping/ 66

157 In Anlehnung an Davis /Analysis and Specification/ 367. So wurde z. B. durch die Entwicklung

der höheren (formalen) Programmiersprachen die Formulierung von Maschinensprache entbehrlich. Moderne CASE-Tools generieren aus entsprechend formalen Feinentwürfen ablauffähigen Programm-Code und ersetzen somit wiederum die höheren Programmiersprachen.

158 Vgl. Lowry, Duran /Knowledge-based Software Engineering/ 255

159 Vgl. Lowry, Duran /Knowledge-based Software Engineering/ 255-258

160 In Anlehnung an Kowalski /AI and Software Engineering/ 92-111. Kowalski bringt an dieser Stelle mehrere Beispiele, anhand derer er das Potential der logischen Programmierung und des Einsatzes von Wissen in der Software-Entwicklung belegt.

161 In dem dargestellten Beispiel wird dies für ein Datenflußdiagramm gezeigt. Grundsätzlich ist eine derartige Transformation jedoch auch bei einem von Fachabteilungsmitarbeitern gezeichneten High-Level-Diagramm des jeweiligen Anwendungsgebiets möglich.

162 Das Datenflußdiagramm wurde mit Hilfe des CASE-Toolkits Systems Engineer von LBMS erstellt.

163 In Anlehnung an Kowalski /AI and Software Engineering/ 94, 100

164 Vgl. Lowry, Duran /Knowledge-based Software Engineering/ 257

165 Vgl. Lowry, Duran /Knowledge-based Software Engineering/ 257. Die Autoren weisen aber auch auf wichtige Unterschiede zwischen Sprachen der logischen Programmierung, regelbasierten Systemen und Produktionensystemen hin.

166 Dieser Abschnitt behandelt die Sprachen im Kontext der Spezifizierung von Benutzeranforderungen. Für die Verwendung als Programmiersprache im engeren Sinne siehe z. B. Mullin /Object-Oriented Program Design/. Siehe zu Ansätzen objektorientierter Analyse z. B. Coad, Yourdon /Object-Oriented Analysis/ und Shlaer, Mellor /Object-Oriented Systems Analysis/

167 Siehe zur objektorientierten Wissensdarstellung mit Hilfe semantischer Netze, Frames und anderer Formalismen z. B. Lusti /Wissensbasierte Systeme/ 201-255

168 Zur problemnahen Darstellung von Problemlösungen mit Hilfe objektorientierter Sprachen siehe Roggenbruck, Gebhardt, Ameling /Prolog als Methodensprache/ 181-188

169 Hierbei handelt es sich häufig um Mischtypen der oben angeführten Grundformen, die z. B. wie die sogenannten conceptual modelling languages Elemente der logischen und objektorientierten Sprachen in sich vereinigen. Vgl. Loucopoulos, Karakostas /Modelling and validating/ 87

170 Solche Sprachen (z. B. GIST oder REFINE) benutzen zumeist Techniken der KI und berücksichtigen infolgedessen z. B. auch nicht-deterministische Systemspezifikationen. Vgl. Lowry, Duran /Knowledge-based Software Engineering/ 258

171 Einen erfolgreichen Ansatz hierfür beschreibt z. B. Cooke, Gates /Method to Synthesize Programs from Requirements Specifications/

172 Vgl. Belady /From Software Engineering to Knowledge Engineering/ 3. Zur generellen Bedeutung von Dömanenwissen in der Software-Entwicklung siehe Greenspan /Domain Knowledge/

173 Lowry, Duran grenzen die Software-Entwicklung von der Hardware-Entwicklung ab, und zeigen auf, daß die Produktion von Software nicht wie die Produktion von Hardware ein Konstruktionsproblem, sondern ein Entwurfsproblem darstellt. Vgl. Lowry, Duran /Knowledge-based Software Engineering/ 243-244

174 Vgl. Belady /From Software Engineering to Knowledge Engineering/ 3

175 Vgl. Belady /From Software Engineering to Knowledge Engineering/ 4-5. Dies kann z. B. durch die Verwendung einer einheitlichen Sprache in allen Phasen des Systemlebenszyklus erreicht werden. Vgl. Gutzwiller /Integrierte Beschreibung/. Alternativ ist auch die Entwicklung spezieller wissensbasierter Systeme zur Transformation von Dokumenten verschiedener Phasen des Systemlebenszyklus denkbar. Vgl. Studer /Verteilte wissensbasierte Softwareproduktionsumgebung/

176 Unter Reengineering versteht man hingegen die Analyse *und Veränderung* eines Software-Sy-

stems. Vgl. Chikofsky, Cross /Reverse Engineering and Design Recovery/ 15-16 und Seibt /Software-Reverse-Engineering und Software-Reengineering/ 395-397

177 Vgl. Lempp, Göhner /Software Reverse Engineering/ 395

178 Ziel des Requirements Engineering ist ein ingenieurmäßiges Vorgehen bei der Aufstellung und Überprüfung von Benutzeranforderungen. Schmitz /Methoden, Verfahren und Werkzeuge/ 78. Seit 1984 existieren in diesem Bereich bereits die ersten überbetrieblichen Standards. Vgl. ANSI, IEEE /Software Requirements Specifications/

179 Vgl. Lempp, Göhner /Software Reverse Engineering/ 399

180 Vgl. Lowry, Duran /Knowledge-based Software Engineering/ 259-260

181 Dabei kann es sich selbstverständlich immer nur um Teilaspekte des Gesamtsystems handeln: z. B. Bildschirmmasken, Reports, Teile des Prozeß- oder Datenmodells.

182 Denkbar ist z. B. auch die Generierung natürlicher Sprache aus einem Entity-Relationship-Diagramm.

183 Benutzer berichten, daß bis zu 80% des erforderlichen Codes von Generatoren bereitgestellt wurde. Vgl. Grundner /Programm-Generator/ 37

184 Vgl. Gane /Computer-Aided Software Engineering/ 124. Gane fordert deshalb eine "generische" Sprache auf einem höheren Level als COBOL, PL/1 oder C und nennt diese System Development/Maintenance Language (SDML). Zum Stand der Codegenerierung aktueller Werkzeuge siehe auch Cooke, Gates /Method to Synthesize Programs from Requirements Specifications/ 21-24

185 Siehe hierzu die Ausführungen im vorangegangenen Kapitel.

186 Vgl. Gane /Computer-Aided Software Engineering/ 124

187 In Anlehnung an Gane /Computer-Aided Software Engineering/ 125-126

188 Vgl. Goschin /Expertensystemtechnik als value-added-package/ 6-14

189 Unter Programmierung wird im folgenden der Prozeß der Erstellung eines Programms verstanden.

190 In Analogie zu dem vorangegangenen Kapitel sind an dieser Stelle natürlich auch Hilfestellungen wissensbasierter Systeme bei der Auswahl und Anwendung von Methoden im Rahmen der Programmierung (z. B. Jackson Strukturierte Programmierung) möglich.

191 In Anlehnung an Puppe werden die Begriffe Design, Konfigurierung und Konstruktion in diesem Zusammenhang synonym verwendet. Vgl. Puppe /Einführung in Expertensysteme/ 92

192 Vgl. Böcker /Wissensbasierter Kommunikations- und Designprozeß/ 1-2

193 Das bekannteste System in diesem Bereich und eines der bekanntesten wissensbasierten Systeme überhaupt ist XCON von DEC zur Konfigurierung von Computersystemen. Vgl. Bachant, McDermott /R1 Revisited/ 21-32

194 Vgl. Puppe /Einführung in Expertensysteme/ 92-98

195 Für die Programm-Editoren in solchen CASE-Werkzeugen könnte man z. B. auf Erfahrungen mit wissensbasierten Dialogsystemen, die bereits in anderen Bereichen erfolgreich eingesetzt werden, zurückgreifen. Siehe hierzu Gunzenhäuser, Böcker /Prototypen benutzergerechter Computersysteme/

196 Vgl. Böcker /Wissensbasierter Kommunikations- und Designprozeß/ 2

197 Vgl. Hilty /Kognitives Modell des Algorithmenentwurfs/ 330-331

198 An dieser Stelle geht es um das Wissen über den Prozeß des Algorithmenentwurfs und nicht etwa um die Frage, ob wissensbasierte Programmierung konventionelle Programmierung ersetzen kann. Für Probleme, die sich mit Hilfe von Algorithmen lösen lassen, sind wissensbasierte Systeme ungeeignet. Siehe hierzu auch die Ausführungen in Kapitel 3.2.1. In ähnlicher Weise gel-

ten die hier angestellten Überlegungen auch z. B. für den (physischen) Datenbankentwurf. Siehe hierzu Brägger /Wissensbasierte Werkzeuge für den Datenbank-Entwurf/

199 Vgl. Hilty /Kognitives Modell des Algorithmenentwurfs/ 331. Ein Verfahren zur Programmierung durch Suchen unter Verwendung regelbasierter Systeme beschreibt Goos /Software engineering and artificial intelligence/ 16-20

200 Vgl. Puppe /Einführung in Expertensysteme/ 93

201 Vgl. zur Wiederverwendung von Programmen z. B. Biggerstaff, Perlis /Foreword/ und Doberkat /Wiederaufbereitung von Software/

202 McIlroy fordert sogar den Aufbau einer industriellen Software-Komponentenfabrik, die entsprechend standardisierte Bausteine produziert und zum Verkauf anbietet. Vgl. McIlroy /Mass Produced Software Components/

203 Hier kommen grundsätzlich auch andere Software-Komponenten wie z. B. Spezifikationen in Frage. Vgl. Lowry, Duran /Knowledge-based Software Engineering/ 255

204 Vgl. Hensel /Perspektiven/ 20

205 Vgl. Böcker /Wissensbasierter Kommunikations- und Designprozeß/ 23-28. Böcker zeigt an dieser Stelle, daß "Schreiber" und "Leser" unterschiedliche Sichtweisen beim Verstehen eines Programms haben können. Ähnlich äußert sich auch Waddington, Henry /Expert Programmers/ 965-966

206 Hilfestellungen können hier z. B. Reports liefern, die den Auftraggebern bei der Übergabe bzw. Einführung ausgehändigt werden.

207 Vgl. Seibt /Grundlagen und Entwicklungsphasen/-aktivitäten/ 65-70

208 Vgl. Hildebrand /Software Tools/ 261

209 Vgl. zu Aktivitäten während der Erprobungs- und Konsolidierungsphase Seibt /Grundlagen und Entwicklungsphasen/-aktivitäten/ 65-70

210 Im folgenden wird nicht weiter zwischen Pflege und Wartung unterschieden. Vgl. zu dieser Auffassung z. B. Bischoff /Wartung und Pflege/ 5-6

211 Vgl. Seibt /Betrieb und Wartung/Pflege eines RBIS/ 12

212 Vgl. Seibt /Betrieb und Wartung/Pflege eines RBIS/ 12. Diese von vielen anderen Autoren geteilte Begriffsauffassung sowie die Unterscheidung zwischen adaptive maintenance, corrective maintenance und perfectiv maintenance hat sich inzwischen als Standard durchgesetzt. Vgl. ANSI, IEEE /Glossary of Software Engineering Terminology/ 32

213 An dieser Stelle muß konstatiert werden, daß die meisten untersuchten Werkzeuge allerdings primär für die Entwicklung neuer Software konzipiert sind und sich weniger für die Wartung existierender Software eignen. Vgl. Kull /Road to productivity/ 30

214 Vgl. McClure /Managing/ 136-137. Das Problem des Programmverstehens nimmt einen Großteil der Wartungsarbeiten in Anspruch und ist eines der größten Hindernisse auf dem Weg zu einer wirksamen Software-Wiederverwendung. Vgl. Standish /Software Reuse/ 496

215 Das Reverse Engineering und Reengineering unterstützen 10 der untersuchten CASE-Tools und CASE-Workbenches. Die Frage, ob die an das Reverse Engineering und Reengineering geknüpften Erwartungen tatsächlich befriedigt werden können, ist hier nicht Gegenstand der Untersuchung. Siehe hierzu z. B. Sneed, Kaposi /Effect of Reengineering upon Software Maintainability/

216 Vgl. Samuelson /Reverse-Engineering/ 91

217 Vgl. Harandi, Ning /Knowledge-Based Program Analysis/ 75

218 Vgl. Gane /Computer-Aided Software Engineering/ 124. Einen ausgezeichneten Überblick über den Stand verfügbarer Werkzeuge und wichtiger Forschungsprojekte zum Thema Software-Wiederverwendung und Reverse Engineering bietet Horowitz, Munson /Reusable Software/

219 Derartige Systeme gelangen erst langsam zur Produktreife. Vgl. Harandi, Ning /Knowledge-

Based Program Analysis/ 75

220 Vgl. Harandi, Ning /Knowledge-Based Program Analysis/ 75

221 Vgl. Harandi, Ning /Knowledge-Based Program Analysis/ 75

222 Dies ist Gegenstand einer Untersuchung der IBM zur Software-Wiederverwendung. Vgl. Wolf, Schmidt /Wiederverwendbarkeit von Software/ 156

223 Vgl. Seibt /Implementierung, organisatorische/ und Seibt /Betrieb und Wartung/Pflege eines RBIS/ 24, 46-56

224 Die fehlende Unterstützung dieser Tätigkeiten stellt einen gravierenden Mangel gegenwärtiger CASE-Tools dar.

225 Siehe hierzu auch die Vorbemerkungen zu Kapitel 3.3 dieser Arbeit.

226 Vgl. z. B. Foley u. a. /Knowledge-Based User Interface Management System/

227 Vgl. z. B. Kamsteeg, Bierman /Intelligent tutoring systems/

228 Einen wissensbasierten Ansatz hierzu liefert z. B. Stovsky, Weide /Coordinating Teams of Software Engineers/

229 Einen wissensbasierten Ansatz hierzu bietet z. B. Worst, Bernasch /COMMA/

230 Die Verwaltung von Projektinformationen wird in Kapitel 3.3.2.3 dieser Arbeit behandelt.

231 Vgl. Bons, van Megen /DV-Anwendungsentwicklung/ 23

232 Lediglich 2 der untersuchten CASE-Toolkits und CASE-Workbenches enthalten Funktionen zur Aufwandsschätzung. Darüberhinaus existieren allerdings noch isolierte Projektmanagementwerkzeuge wie z. B. SCHATZ-DOS von Siemens, die bestimmte Schätzmethoden unterstützen. Vgl. Nomina /ISIS Personal Computer Report 1991/ 7082

233 Vgl. Seibt /Software-Aufwandsschätzung/ 330

234 Vgl. Noth /Erfahrungsdatenbank/ 171-206

235 Vgl. Frölich, Schütte /Wissensbasiertes Projektmanagement/ 64-68

236 Vgl. Seibt /Software-Aufwandsschätzung/ 332

237 Vgl. Seibt /Projektphasenmodell und Lebenszyklusmodell/ 15. (Software-)Konfigurationsmanagement ist die Beschreibung und Kontrollo von Inhalt und Status der (Software-)Komponenten eines Gesamtsystems. Vgl. ANSI, IEEE /Glossary of Software Engineering Terminology/ 14. Im Rahmen dieser Arbeit kann nicht auf einzelne Facetten des Projekt- bzw. Konfigurationsmanagements oder eine exakte Begriffsabgrenzung eingegangen werden. Siehe hierzu z. B. Sneed /Software Engineering Management/

238 Vgl. Metz /CASE-integriertes Konfigurationsmanagement/ 246

239 Vgl. Metz /CASE-integriertes Konfigurationsmanagement/ 245

240 Vgl. Singleton /Rationale and Realisation/ 203-216

241 Vgl. zum Begriff der Software-Qualität Schmitz /Softwarequalitätssicherung/ und bezüglich der Prüfmerkmale von Software-Qualität DIN /DIN V 66285 Gütebestimmungen/

242 Vgl. Schmitz, Bons, van Megen /Testen im Software-Lebenszyklus/ 36

243 Zur Abgrenzung konstruktiver und analytischer Maßnahmen der Qualitätssicherung siehe Schmitz, Bons, van Megen /Testen im Software-Lebenszyklus/ 36-41

244 Vgl. Herzwurm, Berkau /Auswahl PC-gestützter Software-Entwicklungsumgebungen/ 55-56

245 Vgl. Gane /Computer-Aided Software Engineering/ 3-5

246 Das Thema der wissensbasierten Datenflußdiagrammerstellung und -überprüfung wird ausführlicher in Kapitel 6 dieser Arbeit behandelt.

247 Vgl. Schmitz, Bons, van Megen /Testen im Software-Lebenszyklus/ 54-55

248 Vgl. Hausen /Rule-Based Handling/ 376 ff. und Hildebrand /Klassifizierung von Software Tools/ 24

249 Hierbei kommen primär die Auswertungsmöglichkeiten der Projektdatenbank in Betracht.

250 Vgl. Krasemann /Erstellung von Expertensystemen/ VI-18-10

251 Vgl. Schneider /Software-Dokumentationssysteme/ 177

252 Vgl. Schneider /Software-Dokumentationssysteme/ 177

253 Vgl. Schneider /Software-Dokumentationssysteme/ 189

254 Vgl. Martin /Information Engineering - Introduction/ 14-19

255 Vgl. Hayes-Roth, Waterman, Lenat /Overview/ 14

256 Vgl. Harmon, King /Expertsysteme in der Praxis/ 107-108

257 Vgl. Puppe /Einführung in Expertensysteme/ 9-10

258 Vgl. Schmitz /Expertensysteme/ 612-614. Im folgenden wird dieser Begriff verwendet, da er zum Ausdruck bringt, daß es sich zunächst nur um eine Aufgabenart handelt, die von dem wissensbasierten System wahrgenommen wird.

259 Vgl. Puppe /Problemlösungsmethoden in Expertensystemen/ 18

260 Vgl. Hayes-Roth, Waterman, Lenat /Overview/ 14

261 Vgl. Clancey /Heuristic Classification/ 315-316

262 Siehe hierzu Puppe /Problemlösungsmethoden in Expertensystemen/ mit einem ausgezeichneten Überblick über alternative Klassifikationsansätze

263 Vgl. Schmitz, Lenz, Nöcker /Dialogbeitrag zum Artikel von Ulrich Frank/ 263

264 Vgl. z. B. Lenz /Konstruktion systematischer Domänen/ 109 ff. und Reinecke /Wissensmodell/ 113 ff.

265 Siehe zum Stand von Werkzeugen zur Entwicklung wissensbasierter Systeme Bechtolsheim, Schweichhart, Winand /Expertensystemwerkzeuge/

266 Erstellt nach Angaben aus Schmitz /Expertensysteme/ 612-614

267 Vgl. Schmitz /Expertensysteme/ 613

268 Schmitz /Expertensysteme/ 613

269 Vgl. Schmitz /Expertensysteme/ 613

270 Vgl. Schmitz /Expertensysteme/ 613

271 Unterweisung ist das "Vermitteln und Einüben über Abläufe, Systeme oder Problemlösungsstrategien". Schmitz /Expertensysteme/ 614; Beispiel: aktives Hilfesystem zur Unterstützung der Benutzung eines CASE-Werkzeugs

272 Unter Vorhersage versteht man die Ableitung von Prognosen aus Vergangenheitsdaten in einer gegebenen Situation ohne Verfolgung eines konkreten Ziels. Vgl. Schmitz /Expertensysteme/ 614; Beispiel: Vorherbestimmung des Bedarfs an Hard- und Software-Ressourcen in Abhängigkeit von der wirtschaftlichen Entwicklung eines Beratungsunternehmens

273 Hierbei wird versucht, für bestimmte Aufgabenklassen besonders charakteristische Software-Entwicklungsaktivitäten aufzuzeigen.

274 Einen Überblick über verschiedene Wissensarten sowie die Abgrenzung von Wissen zu verwandten Begriffen wie Daten oder Informationen liefert z. B. Lenz /Konstruktion systematischer Domänen/ 56-69

275 Die Qualifizierung von bestimmtem Problemlösungswissen als allgemeingültig oder/und zugäng-

lich ist ebenso relevant für die Frage, ob das Problemlösungswissen (im CASE-Bereich) erfaßbar und formalisierbar ist. Vgl. Winand /Generisches Wissen/ 381-388

276 In Anlehnung an Harmon, King /Expertensysteme in der Praxis/ 35-39 und Winand /Generisches Wissen/ 382-383

277 Vgl. Hensel /Knowhow als Führungsaufgabe/ 14

278 Hensel /Knowhow als Führungsaufgabe/ 14

279 Vgl. Hensel /Knowhow als Führungsaufgabe/ 14 und Winand /Generisches Wissen/ 383

280 Vgl. Hensel /Knowhow als Führungsaufgabe/ 14. Probleme bei der Wissenserhebung resultieren aus der Tatsache, daß dieses Wissen unreflektiert und unsicher ist; d. h. dem Experten muß dieses Wissen zunächst bewußt gemacht werden, damit er es kommunizieren kann. Vgl. Valder /Hilfsmittel in der Software-Produktion/ 92

281 Hierbei handelt es sich häufig um Wissen, das der Experte in einer ersten Reaktion nur sehr vage beschreiben kann. ("Sieht man doch sofort, daß hier etwas nicht stimmt.")

282 Vgl. Winand /Generisches Wissen/ 382-384

283 Winand /Generisches Wissen/ 383

284 Ähnlich äußert sich Winand /Generisches Wissen/ 383

285 Siehe hierzu Abb. 3-9.

286 Vgl. Ramamoorthy, Miguel, Shim /Software Engineering and Artificial/ 16

287 Vgl. Ramamoorthy, Miguel, Shim /Software Engineering and Artificial/ 16

288 Vgl. Schneider /Software-Dokumentationssysteme/ 182

289 Vgl. Schneider /Software-Dokumentationssysteme/ 182

290 Vgl. Schneider /Software-Dokumentationssysteme/ 182

291 Vgl. Ramamoorthy, Miguel, Shim /Software Engineering and Artificial/ 16

292 Vgl. Gibson, Snyder, Carr /Corporatewide Information Strategy Through CASE/ 11

293 Vgl. Ramamoorthy, Miguel, Shim /Software Engineering and Artificial/ 16

294 Vgl. Ramamoorthy, Miguel, Shim /Software Engineering and Artificial/ 17

295 Vgl. Ramanathan, Venugopal /Tool integration/ 548

296 Vgl. Belady /From Software Engineering to Knowledge Engineering/ 4-5

297 Vgl. Ramanathan, Venugopal /Tool integration/ 548

298 Vgl. Gibson, Snyder /CASE Tools Survey/ 100-103

299 Vgl. Ramamoorthy, Miguel, Shim /Software Engineering and Artificial/ 16

300 Vgl. McClure /CASE is software automation/ 245-247

301 Dabei können selbstverständlich nur sehr grobe Tendenzaussagen gemacht werden.

302 So beinhalten die CASE-Werkzeuge z. B. Wissen über die Syntax von Datenflußdiagrammen. Dieses Wissen wird allerdings häufig nicht explizit dargestellt (die Dokumentation des Systems Engineer enthält z. B. keine Aufstellung der Verstöße, die bei einem Diagrammcheck überprüft werden) und ist selten vom Benutzer veränderbar (etwa durch das Hinzufügen unternehmensspezifischer Anforderungen).

303 Zu verschiedenen Ansätzen des Einsatzes wissensbasierter Systeme im Software Engineering siehe auch Arango, Baxter, Freeman /Incremental Progress/

304 Das dies vielfach auch geschieht, wird in Kapitel 5 dieser Arbeit gezeigt.

305 Vgl. Arango, Baxter, Freeman /Incremental Progress/ 1-2

306 Siehe hierzu die Ausführungen in Kapitel 2 dieser Arbeit.

307 Vgl. Jarke /Wissensbanken in der Softwarewartung/ 93-94. Auch Fähnrich prognostiziert, daß in Zukunft in den meisten Bereichen eine "Kombination konventioneller Datenverarbeitung und Wissensverarbeitung angestrebt" wird. Fähnrich /Einsatzstand von Expertensystemen/ 16.

308 Hoschka /Assistenz-Metapher/ 437

309 Hierauf wird in Kapitel 4 dieser Arbeit noch näher eingegangen.

310 Vgl. Balzer, Cheathan, Green /New Paradigm/ 40-43

311 Vgl. Hoschka /Assistenz-Metapher/ 436

312 Vgl. Hensel /Perspektiven/ 17

4 Grenzen des Einsatzes wissensbasierter Systeme im Computer Aided Software Engineering

These 4-1: Die technischen, personellen, organisatorischen und aufgabenbezogenen Schwachstellen wissensbasierter Systeme einerseits sowie die Eigenarten der Domäne CASE andererseits schränken die Entwicklungsmöglichkeit wissensbasierter Systeme im CASE und somit deren Einsatzfähigkeit zur konventionellen Software-Entwicklung zum Teil erheblich ein.

Der Einsatz wissensbasierter Systeme zur Entwicklung konventioneller Software birgt neben Nutzeffekten auch eine Reihe von Restriktionen in sich, deren Nichtbeachtung die positive Wirkung wissensbasierter Technologie im CASE vermindern oder sogar in eine negative Wirkung umkehren kann. So führt nach Ansicht einiger Autoren die Einführung einer komplexen Technologie wie die der wissensbasierten Systeme ohne notwendige Disziplin von der viel zitierten Software-Krise zu einer "Super-Software-Krise"[1].

Die Grenzen wissensbasierter Systeme im CASE werden im folgenden anhand po-

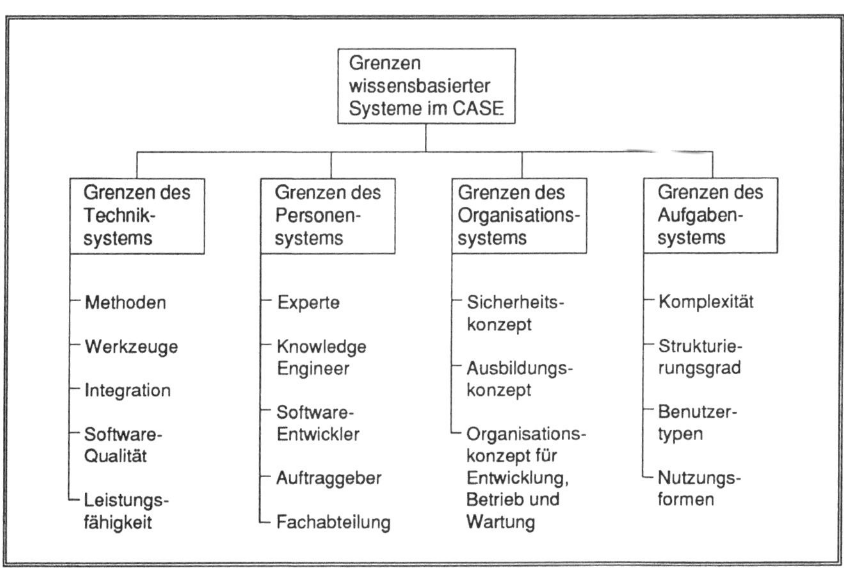

Abb. 4-1:   Grenzen wissensbasierter Systeme im CASE[2]

tentieller Schwachstellen systematisiert und diskutiert (siehe Abb. 4-1),[3] wobei für das Anwendungsgebiet CASE charakteristische Aspekte im Mittelpunkt der Betrachtungen stehen.

4.1 Grenzen des Techniksystems

> These 4-2:   Innerhalb des Subsystems Technik eines wissensbasierten Systems stellen unzureichende Methoden und Werkzeuge, die Notwendigkeit der Integration in konventionelle Software-Entwicklungsumgebungen, fehlerhafte Software-Komponenten und eine nicht erwartungskonforme Leistungsfähigkeit die bedeutendsten Restriktionen für den Einsatz wissensbasierter Systeme im CASE dar.

Methoden zur Entwicklung wissensbasierter Systeme im CASE

Aufgrund der besonderen Komplexität der Anwendungen sowie der Forderung nach einer nahezu beliebigen Erweiterbarkeit dieser Systeme haben sich die klassischen Methoden des Software Engineering als nicht mehr adäquat für die Entwicklung wissensbasierter Systeme erwiesen.[4] Insbesondere die gleichzeitige Unterstützung eines systematischen, konzeptionellen Vorgehens einerseits sowie eines Ausbaus von rudimentären Prototypen zu einem vollständigen Anwendungssystem andererseits ist mit konventionellen Methoden kaum zu bewerkstelligen.[5] Aktuelle Methoden zur Entwicklung wissensbasierter Systeme eignen sich häufig lediglich für Systeme mit experimentellem Charakter und werden der Forderung nach einer implementierungsunabhängigen Spezifikation auf der Basis eines konzeptionellen Wissensmodells nicht gerecht[6], was die Entwicklung wissensbasierter Systeme im CASE ebenfalls erschwert.

Werkzeuge zur Entwicklung wissensbasierter Systeme im CASE

Trotz verstärkter Bemühungen der Hersteller, ihre Werkzeuge zur Entwicklung wissensbasierter Systeme dem Qualitätsstandard konventioneller Software-Tools anzunähern, sind derzeit noch zahlreiche Defizite bezüglich Reifegrad und Leistungsfähigkeit zu konstatieren.[7] Unausgereifte Werkzeuge zählen somit neben mangelnder Kompatibilität und zu langen Antwortzeiten[8] sowohl im CASE als auch in anderen Domänen zu den wichtigsten technischen Gründen für die Erfolglosigkeit von Projekten im Bereich wissensbasierter Systeme.[9]

Integration wissensbasierter Systeme im CASE[10]

Horizontale Integration	Integration in CASE-Tools		Import des CASE-Tools
			Import des wissensbasierten Systems
	Integration in Entwicklungs-datenbanken	Physische Integration	Einzeltransaktionen mit dem Datenbanksystem
			Download der Datenbank
		Logische Integration	Explizites Ansprechen des Datenmodells der Datenbank seitens der Wissensbasis
			Transfer des Datenmodells der Datenbank in Faktenrepräsentation der Wissensbasis
	Integration in Benutzeroberflächen		Benutzeroberfläche des CASE-Werkzeugs
			Benutzeroberfläche des wissensbasierten Systems
Vertikale Integration			Wissensbasis auf Arbeitsplatzrechner
			Wissensbasis auf Server
Laterale Integration	Kombination mehrerer Wissensbasen einer Domäne		Übersetzung in einheitlichen Wissensrepräsentationsformalismus
			Reimplementierung in konventionelle Sprache
	Kombination mehrerer Wissensbasen verschiedener Domänen		Übersetzung in einheitlichen Wissensrepräsentationsformalismus
			Reimplementierung in konventionelle Sprache

Abb. 4-2:   Integration von wissensbasierten Systemen und CASE-Werkzeugen[11]

Unter Integration wird im folgenden die Kombination eines wissensbasierten Systems mit den technischen Elementen einer Software-Entwicklungsumgebung verstanden.[12] Die dabei entstehenden Probleme lassen sich anhand der Kriterien Systemelemente (horizontale Integration), Entwicklungs- und Nutzungsphasen (vertikale Integration) und Wissensquellen (laterale Integration) differenzieren (siehe Abb. 4-2).[13]

Hinsichtlich der Verknüpfung eines wissensbasierten Systems mit einem konventionellen CASE-Tool bieten sich zwei Alternativen: Entweder das CASE-Tool wird zumindest partiell in das wissensbasierte System eingebunden (Import des CASE-Tools) oder das wissensbasierte System wird ein Bestandteil des CASE-Tools (Import des wissensbasierten Systems).[14] In beiden Fällen ergeben sich in Abhängigkeit von den verwendeten Werkzeugen i. d. R. Kommunikations- bzw. Anwortzeitprobleme.

Integrationsprobleme[15] erlangen v. a. dann Bedeutung, wenn nicht die Hersteller von CASE-Werkzeugen unmittelbar während der Herstellungsphase wissensbasierte Komponenten in ihre Produkte einbetten, sondern die Benutzer nachträglich ein wissensbasiertes System in ein existierendes konventionelles CASE-Werkzeug integrieren. Unabhängig davon, ob z. B. bestehende Entwürfe überprüft oder Vorschläge bezüglich des weiteren Vorgehens generiert werden sollen, benötigt ein wissensbasiertes System ständig Informationen über den aktuellen Stand des Projekts (z. B. Daten-, Funktionsmodelle, Datenelementbeschreibungen, Bildschirmmasken).[16] Moderne CASE-Werkzeuge verfügen i. d. R. über eine Entwicklungsdatenbank, aus der diese Informationen direkt extrahiert werden können, so daß sich eine mühsame Eingabe seitens des Benutzers in Form eines Dialogs erübrigt.[17] Allerdings ergeben sich z. B. bei der Verknüpfung von regelbasierten Wissensbasen und relationalen Datenbanken u. a. Probleme bei der Überführung von Regeln in Relationen, der Behandlung rekursiv definierter Sichten, dem Umgang mit unsicherer Information, der Nutzung im Multiuserbetrieb oder hinsichtlich der Datentyperweiterbarkeit des Datenbanksystems.[18] Während sich dem Hersteller von CASE-Werkzeugen während der Herstellungsphase zusätzlich die Alternative eines homogenen (wissensbasiertes System mit Datenbankfähigkeiten) oder integrierten (Datenbanksystem mit deduktiven Fähigkeiten) Kopplungsansatzes bietet, ist der Benutzer, der nachträglich ein wissensbasiertes System in ein CASE-Werkzeug integriert, gezwungen, den heterogenen Ansatz zu verfolgen und somit die Basis für eine Kommunikation zwischen dem wissensbasierten System und der Entwicklungsdatenbank des CASE-Tools zu schaffen.[19] Zu diesem Zweck muß die Inferenzkomponente eine Problemdifferenzierung zwischen der Verarbeitung des Wissens in

Form von Regeln oder anderen Repräsentationsformalismen einerseits und in Form von Fakten, wie sie die Entwicklungsdatenbank[20] des CASE-Werkzeugs bereitstellt, andererseits leisten (siehe Abb. 4-3).

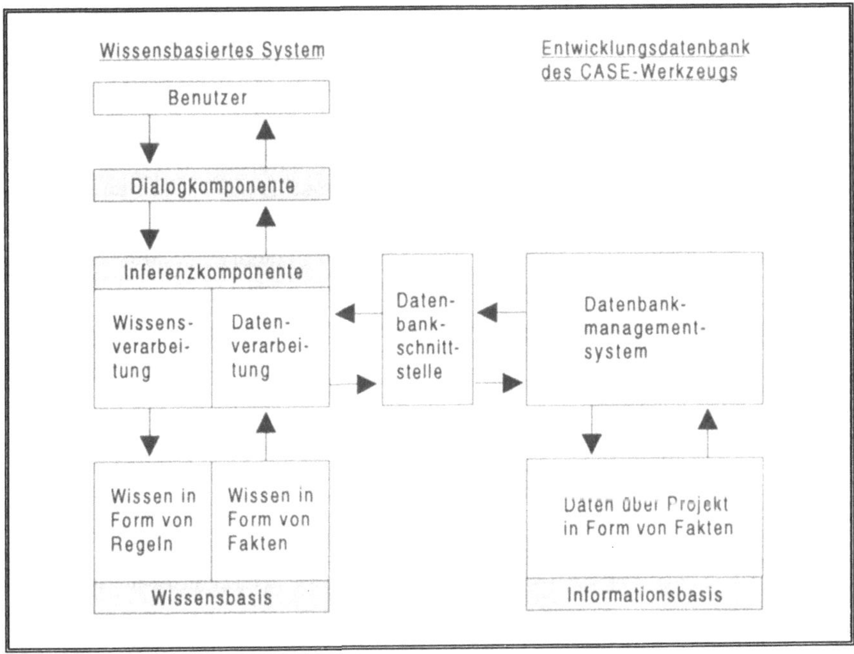

Abb. 4-3:   Heterogene Kopplung von Wissensbasen in wissensbasierten Systemen und Entwicklungsdatenbanken in CASE-Werkzeugen

Die Kommunikation zwischen wissensbasiertem System und Entwicklungsdatenbank kann entweder durch einen Import/Export der Entwicklungsdatenbank (Datenbank-Download) oder durch einzelne Transaktionen des wissensbasierten Systems mit der Entwicklungsdatenbank realisiert werden.[21] Da das Fällen von Entwurfsentscheidungen bei der Software-Entwicklung jedoch die Kenntnis des aktuellen Projektstands voraussetzt, kommt ein Datenbank-Download nicht in Betracht. Stattdessen muß das wissensbasierte System bei Bedarf Anfragen an die Entwicklungsdatenbank generieren, was zum einen entweder ein Multitasking-Betriebssystem oder eine Client-Server-Netzwerk-Anbindung erfordert und zum anderen erhebliche negative Auswirkungen auf das Antwortzeitverhalten zur Folge hat.[22]

Das Kriterium der Integrationsfähigkeit wissensbasierter Systeme bedingt eine Differenzierung folgender Entwicklungsdatenbanktypen in CASE-Werkzeugen:

- abgeschlossene Entwicklungsdatenbanken

  Bei dieser Form von Entwicklungsdatenbank, die zumeist aus einer Eigenentwicklung des Herstellers resultiert, können die Informationen nur innerhalb des CASE-Werkzeugs abgerufen werden. Andere Anwendungen erhalten lediglich über eine Import-/Export-Funktion auf der Basis von ASCII-Files Zugang zur Datenbank. Die Kommunikation zwischen einem wissensbasierten System und einem CASE-Werkzeug ist auf diese Weise jedoch unpraktikabel, da vor jeder Konsultation des wissensbasierten Systems zunächst ein Export der Daten aus dem CASE-Werkzeug erforderlich ist, was zu unzumutbaren Antwortzeiten führt. Als Beispiel für diesen Entwicklungsdatenbanktyp ist das "Repository" der Pro-Kit*WORKBENCH von McDonnell Douglas zu nennen.[23]

- offene Entwicklungsdatenbanken

  Bei grundsätzlich offen konzipierten Entwicklungsdatenbanken ist zu unterscheiden, ob die Informationen permanent aktuell und konsistent gehalten werden oder nicht.

  - nicht ständig aktuelle Entwicklungsdatenbanken
    Bei dieser Entwicklungsdatenbankvariante ist es zwar prinzipiell möglich, mit anderen Anwendungsprogrammen und somit auch mit wissensbasierten Systemen während der Laufzeit auf die Datenbank zuzugreifen, allerdings erfolgt eine Aktualisierung der Informationen erst dann, wenn z. B. der Benutzer seinen Entwurf speichert. Dies hat jedoch zur Folge, daß der Entwickler vor jeder Konsultation des wissensbasierten Systems zunächst von der Speicherungsfunktion des CASE-Werkzeugs Gebrauch machen muß und somit gezwungen ist, experimentelle Modelle abzuspeichern, die dem vorangegangenen Entwurf eventuell unterlegen sind. Exemplarisch für diesen Typ von Entwicklungsdatenbank ist das "XLDictionary" des Excelerator von Index Technology.[24]
  - ständig aktuelle Entwicklungsdatenbanken
    Schließlich verfügen einige CASE-Werkzeuge über Entwicklungsdatenbanken, die nicht nur den Zugriff eines Anwendungsprogramms während der Laufzeit zulassen, sondern auch ständig aktuell und konsistent gehalten werden, weil sie z. B. für eine Multiuser-Umgebung konzipiert sind.[25] Lediglich diese Form einer Entwicklungsdatenbank gewährleistet, daß ein wissensbasiertes System zu jedem Zeitpunkt die erforderlichen Fakten aus der

Entwicklungsdatenbank abrufen und somit auf der Basis des aktuellen Projektstands Empfehlungen aussprechen kann. Ein Beispiel für diesen Entwicklungsdatenbanktyp stellt die "SQLBase" des Systems Engineer von LBMS dar.[26]

Weitere Integrationsprobleme ergeben sich beispielsweise bei der Kombination mehrerer Wissensbasen oder bei der zentralen bzw. lokalen Implementierung von Wissensbasen auf Servern bzw. Arbeitsplatzrechnern (siehe Abb. 4-2).[27]

Software-Qualität wissensbasierter Systeme im CASE

Aus der teilweise undiszipliniert durchgeführten, inkrementellen Entwicklung wissensbasierter Systeme resultieren oft Programme, die nicht die notwendigen Software-Eigenschaften wie Robustheit, Wartbarkeit, Zuverlässigkeit etc. aufweisen.[28] Da wissensbasierte Systeme speziell für Bereiche konzipiert werden, in denen kein bestimmter Lösungsalgorithmus existiert, können Expertiseergebnisse nicht als korrekt oder unkorrekt, sondern lediglich als adäquat oder nicht adäquat eingestuft werden.[29] Dies gilt im besonderen Maße für die wissensbasierte Unterstützung von Software-Entwicklungsmethoden, die mehr als eine "korrekte" Lösung zulassen.[30] Hinzu kommt eine in der Praxis häufig unzureichende Dokumentation wissensbasierter Systeme, die beispielsweise Rückschlüsse auf zugrundeliegende Begriffssystematiken oder eine Trennung von unumstößlichen Fakten einerseits und veränderlichen Heuristiken andererseits nicht ermöglicht und somit sowohl Qualitätssicherungsmaßnahmen als auch spätere Wartungsaktivitäten erschwert.[31]

Weiterhin ergibt sich eine potentielle Schwachstelle wissensbasierter Systeme aus der Tatsache, daß diese Systeme häufigen Wartungsaktivitäten unterliegen, da neu gewonnene Expertenerfahrungen eine permanente Veränderung der Wissensbasis bewirken können.[32] Hierbei besteht zum einen die Gefahr, daß unbewußte Fehler auftreten oder die infolge der Separation von Wissensbasis und Inferenzkomponente gegebene Änderungsfreundlichkeit für bewußte Manipulationen zum Zwecke der Einflußnahme auf Inferenzprozesse etc. genutzt wird.[33] Zum anderen weisen in CASE-Werkzeuge integrierte wissensbasierte Systeme ein erhöhtes Risiko bezüglich der Inkompatibilität neuer Software-Releases zur bestehenden Wissensbasis auf.[34] Schließlich führt bereits der nicht modulare Aufbau von Wissensbasen in zahlreichen Fällen dazu, daß der Wartungsaufwand für wissensbasierte Systeme als zu hoch angesehen und infolgedessen auf eine Weiterentwicklung verzichtet wird.[35]

Weitere potentielle Mängel der Software-Komponenten wissensbasierter Systeme

und deren mögliche Konsequenzen für den Einsatz dieser Systeme im CASE zeigt
Abb. 4-4.

Software-Komponente	Potentielle Mängel der Software-Komponente	Mögliche Konsequenzen für den Einsatz im CASE
Wissensbasis	fehlerhaftes erhobenes Wissen (Inkonsistenz, Unrichtigkeit, Unvollständigkeit etc.)	unkorrekte oder unvollständige Anwendung von Methoden (geringe Wahrscheinlichkeit der Fehlerentdeckung)
	fehlerhaftes repräsentiertes Wissen (Isolation von Wissensbereichen, Typinkompatibilitäten etc.)	nicht erkannte Methodenverstöße (z. B. infolge nicht feuernder Regeln), Programmabbrüche
	Divergenzen zwischen erhobenem und repräsentiertem Wissen	unkorrekte oder unvollständige Anwendung von Methoden (hohe Wahrscheinlichkeit der Fehlerentdeckung)
Systemschnittstelle	Inkompatibilität mit vorhandener Systemumgebung oder nur partielle Verwendbarkeit	demotivierender Zwang zur Eingabe von bereits in der Entwicklungsdatenbank gespeicherten Fakten
	unzureichende Kontrollfunktionen	Manipulation des Systems
Inferenzkomponente	fehlerhafte Mikroentscheidungen (z. B. aufgrund zweifelhafter Aggregation von Sicherheitsfaktoren)	Entwurfsentscheidungen wider besseren Wissens
	Annahme widerlegter Allgemeingültigkeitsbehauptung bei mißlungener Beweisführung	Annahme potentiell unkorrekter Methodenvorschläge ohne eigenverantwortliche Überprüfung
Interview- und Wissensakquisitionskomponente	nicht valides Benutzermodell	unbeabsichtigte Informationsfilterung (z. B. Expertenmodus steht bei Methodenanwendung nicht zur Verfügung)
	fehlende Erwartungskonformität	sinkende Akzeptanz (z. B. Entwickler unterläßt notwendige kleinere Veränderungen der Wissensbasis bzw. Benutzer unterläßt Anfragen)
Erklärungskomponente	unzureichende Aussagefähigkeit	mangelnde Akzeptanz der vorgeschlagenen Methodenschritte
	fehlerhafte Erklärungen	falsche Schlußfolgerungen über Methodenkonzept

Abb. 4-4:   Potentielle Mängel von Software-Komponenten wissensbasierter Systeme und deren Konsequenzen für den Einsatz im CASE[36]

Leistungsfähigkeit wissensbasierter Systeme im CASE

In anderen betrieblichen Bereichen wurden in der Vergangenheit häufig übertriebene Erwartungen an wissensbasierte Systeme formuliert, die mit dem tatsächlichen Leistungspotential dieser Technologie nicht zu vereinbaren waren.[37] Analoges gilt für die Einführung von CASE, von der sich zahlreiche Unternehmen die Lösung ihrer Software-Entwicklungsprobleme versprechen. Diese Hoffnung erfüllt sich allerdings nur selten.[38] Vor einer "Addition" dieser Erwartungen in Verbindung mit der Entwicklung wissensbasierter Systeme im CASE ist deshalb eindringlich zu warnen.

Die Leistungsfähigkeit eines wissensbasierten Systems ist durch die Qualität des Wissens limitiert.[39] Selbst wenn das Systemwissen innerhalb einer bestimmten Domäne sehr gehaltvoll ist, kann es außerhalb dieses Problembereichs kaum oder gar nicht vorhanden sein[40]. Ein ausgeprägtes Wissensgefälle (knowledge cliff) innerhalb eines wissensbasierten Systems, d. h. die rapide Abnahme der Leistungsfähkeit bereits beim geringfügigen Verlassen des starken Wissensgebiets, stellt i. d. R. eine bedeutsame Grenze derartiger Systeme dar.[41] Bezüglich ihres Leistungspotentials können wissensbasierte Systeme sowohl mit konventionellen ADV-Systemen als auch mit menschlichen Experten verglichen werden:

- Vergleich mit konventionellen ADV-Systemen

  Es ist theoretisch möglich, mit Hilfe wissensbasierter Systeme unterstützte Aufgaben im CASE auch mit konventionellen Mitteln zu lösen. Infolgedessen stellt sich die Frage, welche Vor- und Nachteile der Einsatz wissensbasierter Technologie gegenüber der Nutzung konventioneller Technologie bietet.[42] Untersuchungen, bei denen wissensbasierte Systeme mit alternativen Ansätzen zur Entscheidungsunterstützung[43], wie Entscheidungstabellen[44], Information Retrieval Systemen und anderen konventionellen Programmen, verglichen werden, zeigen die Abhängigkeit der Leistungsfähigkeit einer bestimmten Technologie vom Anwendungsgebiet.[45] Tendenziell ist allerdings festzuhalten, daß wissensbasierte Systeme einerseits quantitativ sowie qualitativ bessere Expertisen zur Verfügung stellen und eine höhere Änderungsfreundlichkeit aufweisen, andererseits jedoch von einer längeren Einarbeitungszeit in die Entwicklungswerkzeuge und einem erheblich schlechteren Antwortzeitverhalten[46] gekennzeichnet sind.[47] Diese Ergebnisse belegen die bereits in Kapitel 3.1.3 formulierte These, daß eine sinnvolle Kombination beider Technologien den größten Erfolg verspricht.[48] Der Einsatz wissensbasierter Systeme in CASE-Gebieten, für die konventionelle Technologie besser geeignet ist[49], kann hingegen dazu führen, daß die Unterstützung einzelner Software-Entwicklungsaufgaben nicht an der Lösung des eigentlichen Problems, sondern vielmehr an der Inadäquatheit der verwendeten Technologie scheitert.

- Vergleich mit menschlichen Experten

  Die Bereitstellung des Wissens und der Problemlösungsfähigkeit eines Software-Entwicklungsexperten in einem wissensbasierten System setzt zum einen voraus, daß der Experte bei der Software-Entwicklung tatsächlich formalen Regeln folgt, und bedingt zum anderen die Abbildbarkeit dieses Verhaltens in einer von einer digitalen Rechenanlage verarbeitungsfähigen Form.[50] Alle Formen intelligenten Verhaltens enthalten jedoch nicht programmierbare menschliche Fähigkeiten[51], die somit die Grenze wissensbasierter Systeme im CASE determinieren. Klassifiziert man vier Grundformen intelligenten Verhaltens (siehe Abb. 4-5), so ist festzustellen, daß die beiden ersten Varianten (assoziatives Verhalten und einfach-formale Systeme) der Simulation mittels einer digitalen Rechenanlage zugänglich sind, während die dritte Form (komplex-formale Systeme) zwar partiell formalisierbar und somit programmierbar ist, dies jedoch oft an technischen Restriktionen scheitert. Die vierte Variante (nicht-formales Verhalten) hingegen entzieht sich nahezu vollständig einer Automatisierung.[52]

		Assoziatives Verhalten	Einfach-formale Systeme	Komplex-formale Systeme	Nicht-formales Verhalten
Merkmale der Aktivität	Bedeutung	irrelevant	relevant, explizit	relevant, explizit	relevant, nicht explizit
	Situation	irrelevant	irrelevant	abhängig von innerer Situation, unabhängig von äußerer Situation	relevant, nicht explizit
	Lernen	angeboren bzw. durch Wiederholung	nach Regeln	nach Regeln bzw. durch Praxis	durch verständliche Beispiele
Beispiel für typische CASE-Aktivität		Übersetzung von Pseudo-Code in COBOL-Anweisungen	Konsolidierung einer Entscheidungstabelle	Fehlersuche in einem Datenflußdiagramm	Bewertung von Prozeßnamen
Art von Programmen		Entscheidungsbaum, Listensuchen, Schablone	Algorithmus	die Suche verkürzende Heuristik	keine

Abb. 4-5:   Klassifikation intelligenter CASE-Aktivitäten[53]

Unterteilt man die Träger menschlicher Fähigkeiten in die fünf Stufen Anfänger (kontextfreie Merkmale und Regeln des Verhaltens), fortgeschrittener Anfänger (zusätzliche Bezugnahme auf situationsabhängige Merkmale aufgrund von Erfahrungen), Kompetenter (strukturiertes und analytisches Vorgehen), Meister (bewußt planendes Vorgehen auf der Basis eines ganzheitlichen Verständnisses) und Experte (intuitives Vorgehen auf der Basis eines ganzheitlichen Verständnisses), so wird deutlich, daß wissensbasierte Systeme das Niveau eines Kompetenten nicht überschreiten können, da sie aufgrund ihrer problemspezifischen Ausrichtung und des fehlenden Allgemeinwissens weder eine ganzheitliche Sichtweise auf Probleme zulassen noch intuitiv handeln.[54]

Wissensbasierte Systeme weisen gemessen an menschlichen Experten weitere Schwächen auf:[55] Das wissensbasierte System verfügt nicht wie ein Mensch über die Fähigkeit, seine eigene Kompetenz einzuschätzen oder aus Erfahrungen zu lernen.[56] Somit bedarf die Entscheidung über den Sinn eines vom wissensbasierten System generierten Vorschlags häufig einer weiterführenden Beurteilung durch den Software-Entwickler, z. B. mittels Konsultation der Erklärungskomponente, so daß weiterhin subjektive Entwurfsentscheidungen möglich sind.[57]

Trotz der dargestellten Schwierigkeiten bleibt abzuwarten, ob sich die aufgezeigten Restriktionen nicht durch eine Abkehr von einer zeichenhaften Darstellung der menschlichen Intelligenz in von Neumann'schen Rechnerarchitekturen und eine Orientierung an neuronalnetzartigen Modellen des menschlichen Gehirns auf der Basis leistungsstarker Parallelrechner abbauen lassen.[58]

4.2 Grenzen des Personensystems

These 4-3: Die Grenzen des Personensystems sind in der Domäne CASE in einigen Bereichen weniger stark ausgeprägt als bei zahlreichen anderen betrieblichen Anwendungen wissensbasierter Systeme.

Das Mensch-Maschine-System zur Lösung von Software-Entwicklungsproblemen ist i. d. R. weitgehend mensch-gesteuert, so daß die Gefahr eines unbeabsichtigten oder vorsätzlichen Fehlgebrauchs besteht.[59] Personenbezogene Restriktionen wissensbasierter Systeme im CASE können während der Entwicklungs-, der Betriebs- oder der Wartungsphase auftreten und betreffen sowohl den Experten, den Knowledge Engineer sowie den Software-Entwickler in der DV-Abteilung als auch den Auftraggeber und den Anwender in der Fachabteilung (siehe Abb. 4-6).

Grenzen des Experten

Die Wissensakquisition bildet vielfach den Engpaß bei der Entwicklung wissensbasierter Systeme.[60] Zum einen fürchten viele Experten infolge der Preisgabe ihres
Wissens um ihre Stellung im Unternehmen oder gar um ihren Arbeitsplatz.[61] Zum
anderen sind Experten oft nicht fähig, ihr Problemlösungswissen zu kommunizieren,
da viele Entscheidungsprozesse unbewußt und intuitiv erfolgen.[62] Da einerseits die
Experten für wissensbasierte Systeme im CASE als professionelle Software-Entwickler zu qualifizieren sind, die der Formalisierung komplexer, unstrukturierter Zusammenhänge zwecks Abbildung in Form von Software mächtig sind, und andererseits
das erforderliche Wissen überwiegend öffentlich und somit zugänglich ist[63], spielen
derartige Grenzen in der Domäne CASE eine untergeordnete Rolle.

Betriebs- und Wartungshemmnisse beim Einsatz wissensbasierter Systeme im
CASE, wie die im Zeitablauf abnehmende Zufriedenheit mit den Expertiseergebnis-
sen und das Fehlen von Experten für Wartungsarbeiten aufgrund von Unabkömm-
lichkeit oder Kündigung, sind jedoch ähnlich gravierend einzuschätzen wie bei alternativen Verwendungsformen wissensbasierter Systeme.[64]

Grenzen des Knowledge Engineer

Dem Knowledge Engineer obliegt zwar die Verantwortung für eine richtige Überführung des vom Experten gelieferten Wissens in die Wissensbasis und den fehlerfreien
Ablauf des Codes, für die Kontrolle der inhaltlichen Korrektheit sowie der Praktikabilität des Systemverhaltens ist er jedoch auf die Kooperation des Experten ebenso an-
gewiesen wie für die spätere Fortführung, Pflege und Wartung.[65]

Während der Entwicklungsphase stehen dem Knowledge Engineer häufig lediglich
unzureichende Methoden und Werkzeuge beispielsweise zur Prüfung der Anwendbarkeit bekannter Problemlösungsmethoden auf das zu lösende Software-Entwick-
lungsproblem oder zur Bewertung der Qualität der Expertenaussagen zur Verfügung.[66]

Grenzen des Software-Entwicklers

Bereits die Einführung konventioneller Software-Entwicklungsumgebungen stellt für
den Software-Entwickler einen massiven Eingriff in sein Arbeitsgebiet unter Verlust
persönlicher Freiheiten und Kompetenzen dar und führt häufig zu Akzeptanzproble-
men.[67] Außerdem bedeutet die Bereitstellung von Expertenwissen in einer Wissensbasis eine Entwertung von langjährigem Erfahrungswissen des Software-Ent-

wicklers, die die Aneignung neuer Technologien behindern kann.[68] Es besteht die Gefahr, daß insbesondere gut funktionierende wissensbasierte Systeme das intellektuelle Verantwortungsbewußtsein des Software-Entwicklers reduzieren und dieser sich ohne kritische Hinterfragung auf die Empfehlungen des Systems verläßt.[69] Nimmt der Software-Entwickler jedoch losgelöst vom jeweiligen Kontext den Rat des wissensbasierten Systems, z. B. einen zum Zeitpunkt der Konsultation temporären und somit nicht zwingend erforderlichen Datenspeicher zu entfernen, an, so können Mißverständnisse auftreten, wenn dieser Datenspeicher zu einem späteren (vom Software-Entwickler, allerdings nicht vom wissensbasierten System vorhersehbaren) Zeitpunkt benötigt wird und sein Fehlen zu Irritationen anderer Software-Entwickler des Projektteams führt.

Ferner existiert für den Software-Entwickler die Gefahr zunehmender Unübersichtlichkeit:[70] Zwar ermöglicht beispielsweise die Überführung von Methodenwissen aus Büchern in eine interaktive Wissensbasis das automatische Zugreifen auf Fakten bzw. Regeln und stellt Rechenleistung für die Problemlösung zur Verfügung, jedoch birgt die im Vergleich zum Buch vereinfachte Modifizierbarkeit die Gefahr eines unkoordinierten Wachstums der Wissensbasis, wodurch die unveränderlichen, stabilen Vorgehensempfehlungen eines Buches gegen eine variable, instabile Vorgehensweise des wissensbasierten Systems ausgetauscht werden, die den Software-Entwickler im Einzelfall verwirren kann.

Auch die Unkenntnis des Geltungsbereichs der vom System zur Verfügung gestellten Expertise ist als potentielle Grenze wissensbasierter CASE-Werkzeuge zu nennen. Dieses Phänomen tritt auf, wenn Software-Entwickler fälschlicherweise glauben, daß ein Problem mit Hilfe des wissensbasierten Systems zu lösen ist, das implementierte Wissen oder der zugrundeliegende Inferenzmechanismus in Wirklichkeit jedoch für diese Aufgabe prinzipiell ungeeignet ist.[71] So kann der Software-Entwickler falsche Schlußfolgerungen ziehen, wenn er z. B. irrtümlicherweise glaubt mit einem wissensbasierten System zu arbeiten, daß Structured Analysis nach Gane und Sarson unterstützt, in Wahrheit allerdings mit einer Wissensbasis nach DeMarco konfrontiert ist.[72]

Grenzen des Auftraggebers

Falsche bzw. unrealistische Erwartungen der Auftraggeber an wissensbasierte Systeme oder die Abwanderung von Fach- und Machtpromotoren in andere Unternehmensbereiche respektive Unternehmen führten bereits zum Scheitern zahlreicher Projekte in anderen Einsatzgebieten wissensbasierter Technologie.[73]

Grenzen der Fachabteilung

Außerdem besteht die Gefahr, daß die Anwender in der Fachabteilung übertriebene Anforderungen an die zu entwickelnden Systeme formulieren, wenn diese mit Hilfe wissensbasierter Systeme produziert werden.

Als Fazit ist festzuhalten, daß die personenbezogenen Grenzen wissensbasierter Systeme im CASE verglichen mit den meisten anderen Domänen wissensbasierter Systeme gering einzuschätzen sind, da es sich bei den beteiligten Experten und Benutzern i. d. R. nicht um absolute Laien, sondern um berufsmäßig mit der Software-Entwicklung befaßte Personen handelt.

	Entwicklung	**Betrieb**	**Wartung**
Experte	Kommunikation unvollständigen Wissens aus Angst vor Arbeitsplatz- bzw. Prestigeverlust unbewußte Fehler	Unzufriedenheit mit der Qualität der Expertise	analog Entwicklung Unabkömmlichkeit Verlassen des Unternehmensbereichs oder des Unternehmens
Knowledge Engineer	Fehlinterpretationen während der Wissensakquisition unbewußte Fehler		analog Experte analog Entwicklung Bereitstellung unzureichender Dokumentation
Software-Entwickler	unrealistische Anforderungen fehlende Grundkenntnisse	Nichterkennen von Fehlern aufgrund mangelnder Erfahrung lediglich kurzfristige Überlegenheit des wissensbasierten Systems	analog Experte mangelnde Kooperationsbereitschaft
Auftraggeber bzw. Fachabteilung	übertriebene Erwartungen	Mißtrauen gegenüber entwickelten Systemen	Verlassen des Unternehmensbereichs oder des Unternehmens

Abb. 4-6:   Wichtige personenbezogene Schwachstellen wissensbasierter Systeme im CASE[74]

4.3 Grenzen des Organisationssystems

> **These 4-4:**   Analog zur Einführung konventioneller CASE-Werkzeuge oder wissensbasierter Systeme in anderen betrieblichen Bereichen erfordern wissensbasierte Systeme im CASE eine Assimilierung organisatorischer Rahmenbedingungen.

Die organisatorischen Auswirkungen des Einsatzes wissensbasierter Systeme im CASE betreffen primär den Arbeitsplatz des Software-Entwicklers, können sich im Ausnahmefall jedoch auch auf unternehmensweite aufbau- bzw. ablauforganisatorische Gebiete ausdehnen.[75]

Sicherheitskonzept für wissensbasierte Systeme im CASE

Die Akzeptanz wissensbasierter Systeme im Unternehmen hängt in entscheidendem Maße von der Sicherheit dieser Systeme ab.[76] Aufgrund der großen strategischen Bedeutung von CASE für das Unternehmen einerseits[77] sowie infolge der spezifischen Merkmale wissensbasierter Systeme andererseits erfordern wissensbasierte Systeme im CASE ein ausgearbeitetes sicherheitsstrategisches Konzept, das neben der Analyse potentieller Sicherheitsbeeinträchtigungen auch Sicherheitsziele, -anforderungen und -maßnahmenkataloge umfaßt[78].

Ausbildungskonzept für wissensbasierte Systeme im CASE

Obwohl in zahlreichen Unternehmen die Notwendigkeit einer ausreichenden Schulung erkannt wird, werden die ohnehin meist mehr als ausgelasteten Mitarbeiter der Software-Entwicklungsabteilungen in der Praxis nur sehr zögerlich und in viel zu geringem Umfang für Schulungen freigestellt.[79] Somit wird die Möglichkeit, mittels Schulungen nicht nur den Umgang mit wissensbasierten Systemen zu erleichtern, sondern auch Bedenken gegen diese neue Technologie zu nehmen und Schwellenängste abzubauen, nicht hinreichend genutzt.[80]

Organisationskonzept für Entwicklung, Betrieb und Wartung wissensbasierter Systeme im CASE

Organisatorische Schwachstellen bei der Entwicklung, dem Betrieb und der Wartung wissensbasierter Systeme resultieren beispielsweise aus der Auswahl von ungeeignetem Entwicklungspersonal oder einer fehlerhaften Zuordnung von Wartungsaufgaben.[81]

Das Erfordernis einer unternehmensweiten Aktualität und Konsistenz der CASE-
Wissensbasis bedingt neben der Schaffung von Kompetenzstellen zur Wissenserhebung, Wissenanalyse und Wissensmodellierung v. a. ein ausgearbeitetes organisa-
torisches Konzept zur Wissensbankverwaltung, das in zahlreichen Unternehmen
fehlt.[82]

In der Betriebsphase stellt sich beispielsweise die Frage nach der Verbindlichkeit der
vom wissensbasierten System vorgeschlagenen Entwurfsentscheidungen oder Kor-
rekturmaßnahmen für den einzelnen Software-Entwickler oder nach dem Verantwor-
tungsträger im Falle gravierender Fehlentscheidungen. Prognostiziert ein wissensbasiertes System zur Aufwandsschätzung z. B. zu Beginn eines Projekts aufgrund
einer fehlerhaften Wissensbasis einen zu geringen Ressourcenverbrauch, so können verschiedene Personenkreise für derartige Entscheidungen verantwortlich sein:
der Experte, der unzutreffende Zusammenhänge über Funktionen und deren Imple-
mentierungsaufwand kommuniziert; der Knowledge Engineer, der vom Experten ar-
tikulierte Heuristiken falsch in der Wissensbasis repräsentiert; der Hersteller des zur
Entwicklung des wissensbasierten Systems verwendeten Werkzeugs, der einen of-
fensichtlichen Fehler in der Inferenzkomponente nicht entdeckt; der Mitarbeiter, der
zweifelhafte Annahmen des Systems nicht kritisch hinterfragt oder der Projektleiter,
der sich ohne weitere Prüfung auf das Ergebnis der Schätzung verläßt.[83]

4.4 Grenzen des Aufgabensystems

<table>
<tr><td>These 4-5:</td><td>Die Domäne CASE enthält eine Reihe systemimmanenter Grenzen, die zum einen aus den zu lösenden Aufgaben und zum anderen aus den beteiligten Aufgabenträgern resultieren.</td></tr>
</table>

Komplexität von CASE

Sowohl das zur Software-Entwicklung benötigte Wissen als auch die mit Hilfe wissensbasierter CASE-Werkzeuge zu entwickelnden Systeme sind meist komplexer
Natur.[84] Eine Gliederung in Teilsysteme durch Modularisierung der Wissensbasis
führt zwar zu verständlicheren und wartungsfreundlicheren Strukturen[85], eliminiert
allerdings nicht die systemimmanente Komplexität, "da Systeme stets Eigenschaften
und Verhaltensformen aufweisen, die aus denjenigen ihrer Teile nicht ableitbar
sind"[86]. Das Abweichen von einem mittleren Komplexitätsgrad ist jedoch eine der
häufigsten Ursachen für das Scheitern von Projekten in anderen Anwendungsgebieten wissensbasierter Systeme.[87]

Diese Aussagen gelten nicht nur für komplexe Methoden wie das Information Engineering, sondern v. a. auch im Rahmen eines Methodenverbundes, der Methoden für unterschiedliche Phasen des Systemlebenszyklus kombiniert.[88] Die Integration dieser Methoden "ist aus heutiger Sicht nicht in allen Fällen optimal gewährleistet"[89] und somit nicht in wissensbasierten Systemen abbildbar. Dies gilt insbesondere für die Wechselwirkungen zwischen Prozeß- und Datenmodellierung sowie für die Übertragung des konzeptionellen Entwurfs auf einen dv-technischen Entwurf.[90]

Strukturierungsgrad von CASE

Auch in der Domäne CASE existieren einige Bereiche, in denen Wissen entweder in unstrukturierter Form oder in unzureichendem Maße vorliegt: So lassen sich z. B. Konventionen zur Vergabe von Prozeßnamen vergleichsweise einfach formulieren (ein Prozeßname besteht z. B. aus einem Verb gefolgt von einem Substantiv), während die Frage nach der Bedeutung eines Prozeßnamens Interpretationen bedingt, die teilweise auch menschliche Experten überfordern.[91] Die Bildung von Katalogen zulässiger Namen oder Synonyme erreicht ihre Grenze in einer zu großen Wissensbasis, die weder überprüft noch innerhalb einer angemessenen Antwortzeit abgearbeitet werden kann.[92] Außerdem erfordert eine korrekte Interpretation von über die Tastatur eingegebenen Namen das Erkennen von Schreib- bzw. Tippfehlern, was einer Aufgabe mit Echtzeitanforderung entspricht, da dem Entwickler eine unvorhersehbar lange Wartezeit kaum zugemutet werden kann.[93] Weiterhin bereitet die Semantik bei der Interpretation natürlicher Sprache Probleme, wenn z. B. Begriffen in Abhängigkeit vom Kontext eine unterschiedliche Bedeutung zukommt: Stellt ein Benutzer bei der im Beispiel des Kapitels 3.3.1.2 dargestellten Konstellation beispielsweise die Frage

"Wieviele unserer Kunden in Nordrhein-Westfalen haben Kunden in Bayern?",

ist ohne zusätzliche Informationen entweder keine Antwort möglich oder es kommt zu Fehlinterpretationen wie z. B.

"Zähle Kunden in Aachen, Düsseldorf, Essen, Köln, Wuppertal, Bayern!"[94]

Ähnliche Probleme wie bei der Verarbeitung natürlicher Sprache[95] ergeben sich auch bei der Beurteilung der Qualität eines Bildschirmlayouts, die neben der Anwendung einfacher Grundsätze (z. B. vertikale Anordnung von Datenreihen, Gruppierung zusammengehörender Daten) zusätzlich die Beobachtung menschlicher Reaktionen, die je nach Benutzertyp variieren können, erfordert.[96]

Schließlich wird die Entwicklung wissensbasierter Systeme im CASE v. a. durch das Fehlen von Standards und Normen in zahlreichen Bereichen der Software-Entwicklung, die einen Konsens über Begriffsdefinitionen, Prinzipien, Methoden und Verfahren herbeiführen oder technische (Schnittstellen-)Probleme bei Werkzeugen lösen, behindert.[97]

Benutzertypen wissensbasierter Systeme im CASE

In Abhängigkeit vom Typ des Benutzers eines wissensbasierten Systems im CASE ergeben sich verschiedene Grenzen derartiger Systeme.

- erfahrene Software-Entwicklungsexperten

  Für erfahrene Software-Entwicklungsexperten bewirken wissensbasierte Systeme im CASE eine Entlastung von Routinearbeiten.[98] Das Niveau der vom System zur Verfügung gestellten Expertise liegt jedoch nach absehbarer Zeit nicht mehr über dem des menschlichen Experten, so daß auf die Konsultation des wissensbasierten Systems verzichtet wird.[99] Außerdem besteht die Gefahr, daß Fachleute fremdem Expertenwissen mißtrauisch oder gar ablehnend gegenüberstehen.[100]

- unerfahrene Software-Entwickler

  Für unerfahrene Software-Entwickler ist die Einführung eines wissensbasierten Systems im CASE häufig mit der Erweiterung des Aufgabenspektrums am Arbeitsplatz verbunden.[101] Infolgedessen fühlen sich diese Menschen im Einzelfall überfordert oder befolgen aus Angst vor einem Irrtum auch relativ offensichtliche Fehlentscheidungen des wissensbasierten Systems.[102]

Nutzungsformen wissensbasierter Systeme im CASE

Da es sich bei der Software-Entwicklung i. d. R. um Teamarbeit handelt, werden wissensbasierte CASE-Systeme zumeist gleichzeitig von mehreren Personen genutzt, was zu Koordinationsproblemen führen kann und ein erhöhtes Risiko bezüglich bewußter oder unbewußter Manipulationen darstellt[103].

Diese Ausführungen zeigen, daß in Analogie zur Einführung einer konventionellen Software-Entwicklungsumgebung zur Schaffung der erforderlichen Rahmenbedingungen für eine erfolgreiche Entwicklung respektive Nutzung wissensbasierte CASE-Werkzeuge sowie für die Überwindung technischer, personeller, organisatorischer und aufgabenbezogener Grenzen die Unterstützung seitens des Managements unerläßlich ist.[104]

Anmerkungen

1 Partridge /KI und das Software Engineering/ 256

2 In Anlehnung an die Schwachstellenanalyse bei Schmitz, Nöcker, Stelzer /Sicherheit von Expertensystemen/ 407

3 Vgl. zur Ableitung und Diskussion potentieller Schwachstellen wissensbasierter Systeme Schmitz, Nöcker, Stelzer /Sicherheit von Expertensystemen/ 406-414. Bei dieser im folgenden übernommenen Betrachtung werden wissensbasierte Systeme im Sinne der Systemtheorie in die Subsysteme Technik-, Personen-, Organisations- und Aufgabensystem untergliedert.

4 Vgl. Tanimoto /KI: Die Grundlagen/ 540

5 Vgl. Tanimoto /KI: Die Grundlagen/ 540

6 Vgl. Lenz /Konstruktion systematischer Domänen/ 29-31

7 Vgl. Schmitz, Nöcker, Stelzer /Sicherheit von Expertensystemen/ 407. Zum Leistungsspektrum aktueller Werkzeuge zur Entwicklung wissensbasierter Systeme siehe auch Bechtolsheim, Schweichhart, Winand /Expertensystemwerkzeuge/

8 Entscheidend für das Antwortzeitverhalten ist auch die verwendete Hardware, die ebenfalls den Einsatz wissensbasierter Systeme im CASE limitiert. Siehe hierzu Kapitel 2.2.2.3 dieser Arbeit.

9 Vgl. Mertens, Borkowski, Geis /Betriebliche Expertensystem-Anwendungen/ 322. Außerdem weisen Werkzeuge zur Entwicklung wissensbasierter Systeme ähnlich wie Werkzeuge zur Entwicklung konventioneller Software häufig einen hohen Komplexitätsgrad auf. Vgl. Schaaf /Angewandte Experten/ 81-89

10 Neben der hier behandelten technischen Integration wissensbasierter Systeme in die konventionelle DV ist auch eine soziale und organisatorische Integration erforderlich, die Gegenstand der Kapitel 4.2 und 4.3 ist. Die Diskussion derartiger Probleme anhand eines konkreten Beispiels erfolgt in Kapitel 6.2 dieser Arbeit.

11 Erstellt und modifiziert nach Angaben aus Bechtolsheim /KI-Knoten/ 25-29

12 In Anlehnung an Bechtolsheim /KI-Knoten/ 24

13 Vgl. Bechtolsheim /KI-Knoten/ 25-26. Aufgrund der systemtheoretischen Betrachtungsweise dieses Kapitels wird im folgenden verbal lediglich auf die horizontale Integration eingegangen. Vertikale und laterale Integrationsprobleme zeigt die Gesamtübersicht in Abb. 4-2.

14 In ähnlicher Weise stellt sich diese Frage bezüglich der Gestaltung der Benutzeroberfläche. Vgl. Bechtolsheim /KI-Knoten/ 27-28. Siehe hierzu Abb. 4-2 und Kapitel 6 dieser Arbeit.

15 Bei den ersten wissensbasierten Systemen ergaben sich zusätzliche Integrationsprobleme dadurch, daß sie lediglich auf speziellen Sprachen der KI wie LISP oder PROLOG basierten und spezielle Hardware benötigten, um effizient abzulaufen. Vgl. Mossack /Integration von Expertensystemen/ VI-19-04

16 Vgl. Martin /Information Engineering - Introduction/ 14-18

17 Eine Alternative zur Konsultation der Entwicklungsdatenbank ist z. B. das Aufzeichnen der Benutzeraktionen mit Hilfe von Software-Recordern wie Automentor von der Software Recording Corporation. Vgl. LaPlante /Automentor/. Bei einem sehr komplexen Prozeß wie der Entwicklung von Software stellt die Interpretation dieser Aufzeichnung jedoch einen wirtschaftlich nicht vertretbaren Aufwand hinsichtlich Speicherplatz- und Antwortzeitbedarf dar.

18 Vgl. Reuter /Kopplung von Datenbank- und Expertensystemen/ 166-172

19 Vgl. Reuter /Kopplung von Datenbank- und Expertensystemen/ 172-173. In Abhängigkeit vom Grad der Kopplung kann z. B. zwischen einer einfachen und permanenten Kopplung unterschieden werden.

20 In Anlehnung an Kapitel 2.1.2 wird in Abb. 4-3 der Begriff Informationsbasis verwendet. Dabei ist

zu beachten, daß hier nur solche CASE-Werkzeuge angesprochen werden, deren Informations-basis Software-Komponenten beinhaltet, die die Funktion einer (Entwicklungs-)Datenbank mit Datenbankmanagementsystem (DBMS) bereitstellen, ohne daß im Einzelfall alle Kriterien einer strengen Definition von Datenbank bzw. DBMS erfüllt sind.

21   Vgl. Bechtolsheim /KI-Knoten/ 27

22   Vgl. Bechtolsheim /KI-Knoten/ 27

23   Vgl. Herzwurm, Berkau /Auswahl PC-gestützter Software-Entwicklungsumgebungen/ 40-67

24   Vgl. Herzwurm, Berkau /Auswahl PC-gestützter Software-Entwicklungsumgebungen/ 40-67

25   Derartige Systeme basieren i. d. R. auf Standard-Datenbanken wie dBASE von Ashton Tate bei Systems Architect oder DBWindows von Gupta bei Systems Engineer.

26   Vgl. Herzwurm, Berkau /Auswahl PC-gestützter Software-Entwicklungsumgebungen/ 40-67

27   Vgl. Bechtolsheim /KI-Knoten/ 28-29

28   Vgl. Partridge /KI und das Software Engineering/ 3

29   Vgl. Partridge /KI und das Software Engineering/ 3. Die Verarbeitung von unsicherem Wissen mittels quantitativer Konfidenzmaße ist ebenfalls mit kaum lösbaren Evaluierungsproblemen ver-bunden. Vgl. Frank /Konzepte, Probleme und Potentiale/ 26

30   Siehe hierzu die Ausführungen in Kapitel 3 dieser Arbeit.

31   Vgl. Bölscher /WBS-Dokumentation/ 12-14

32   Vgl. Schmitz, Nöcker, Stelzer /Sicherheit von Expertensystemen/ 412

33   Vgl. Schmitz, Nöcker, Stelzer /Sicherheit von Expertensystemen/ 408

34   Vgl. Schmitz, Nöcker, Stelzer /Sicherheit von Expertensystemen/ 407

35   Vgl. Mertens /Teuer ist vor allem die Pflege/ 16

36   Vgl. zu potentiellen Mängeln der Software-Komponenten wissensbasierter Systeme Schmitz, Nöcker, Stelzer /Sicherheit von Expertensystemen/ 408-414; Wedel, Allgeyer, Schumann /Fehlererkennung in Wissensbasen/ 76-79; Zelewski /Umgang mit Künstlicher Intelligenz/ 6-15

37   Vgl. Weller /Plädoyer für eine realistische Einschätzung/ 18

38   Vgl. Skubch /Grenzen von CASE/ 3 und Wesseler /Was bringt uns CASE?/ 33

39   Vgl. Tanimoto /KI: Die Grundlagen/ 534

40   Vgl. Tanimoto /KI: Die Grundlagen/ 534

41   Andererseits ist in diesen Fällen die Unzulänglichkeit der Empfehlungen bzw. Analysen offen sichtbar, so daß eine nicht sinnvolle Verwendung durch entsprechende organisatorische Maß-nahmen verhindert werden kann. Vgl. Tanimoto /KI: Die Grundlagen/ 534

42   Siehe hierzu auch Kapitel 3.2 und 3.3 dieser Arbeit.

43   Vgl. zu Aufgabenklassen wissensbasierter Systeme Kapitel 3.4.1 dieser Arbeit.

44   Einen ausführlichen Vergleich von Entscheidungstabellen und wissensbasierten Systemen bein-haltet Jüttner, Feller /Entscheidungstabellen und wissensbasierte Systeme/ 75-93

45   Vgl. Geis, Straßer, Mertens /Ausgewählte Vergleiche/ 68-72

46   Aus diesem Grund sollte bei der Entwicklung wissensbasierter Systeme ein Kompromiß zwi-schen der mit Erweiterung des Kontextes rasant abnehmenden Inferenzgeschwindigkeit einer-seits und der Allgemeingültigkeit der Expertise andererseits gefunden werden. Vgl. Tanimoto /KI: Die Grundlagen/ 534-535

47   Vgl. Geis, Straßer, Mertens /Ausgewählte Vergleiche/ 68-72

48 Zu einem ähnlichen Ergebnis kommt auch Geis, Straßer, Mertens /Ausgewählte Vergleiche/ 71-72

49 Siehe hierzu die in Kapitel 3.2 vorgestellten Auswahlkriterien für Anwendungen wissensbasierter Systeme im CASE.

50 Vgl. Dreyfus /Grenzen künstlicher Intelligenz/ 239

51 Vgl. Dreyfus /Grenzen künstlicher Intelligenz/ 239

52 Das assoziative Verhalten schließt alle Verhaltensformen, bei denen Bedeutung und Kontext für die betrachtete Aktivität irrelevant sind, ein. Einfach-formale Systeme beinhalten die Welt der Begriffe und nicht der sinnlichen Wahrnehmung, so daß sich die Probleme formalisieren und berechnen lassen. Komplex-formale Systeme unterscheiden sich von den vorhergenannten Formen v. a. durch ihre Komplexität, die in der Praxis z. B. eine Behandlung mittels Listenalgorithmen ausschließt. Nicht-formales Verhalten umfaßt menschliches Verhalten, das zwar regelmäßig, aber nicht regelgeleitet ist und somit einer gewissen Uneindeutigkeit und Kontextabhängigkeit unterliegt. Vgl. Dreyfus /Grenzen künstlicher Intelligenz/ 246-249

53 In Anlehnung an Dreyfus /Grenzen künstlicher Intelligenz/ 246

54 Vgl. Dreyfus, Dreyfus /Mind over machine/ 16-51

55 Siehe zu einer Gegenüberstellung menschlicher und künstlicher Expertise, die auch die Vorteile wissensbasierter Systeme gegenüber menschlichen Experten enthält, z. B. Lebsanft, Gill /Verwendung von Expertensystemen zur Problemlösung/ 137-140

56 Vgl. Buchanan, Smith /Fundamentals of Expert Systems/ 186-187

57 Vgl. Brinkmann /Schnelle Entscheidungen/ 26-27

58 Vgl. Dreyfus /Grenzen künstlicher Intelligenz/ 246 und Ritter, Martinetz, Schulten /Neuronale Netze/ 2. Einen Überblick über Forschungsstand und erste Anwendungen im Bereich neuronaler Netze bietet Gelenbe /Neural Networks/

59 Vgl. Tanimoto /KI: Die Grundlagen/ 535

60 Vgl. Krcmar /Einsatzkriterien für Expertensysteme/ 10

61 Vgl. Mertens, Borkowski, Geis /Betriebliche Expertensystem-Anwendungen/ 320

62 Vgl. Regier /Expertensysteme für den betriebswirtschaftlichen Einsatz/ 20

63 Siehe hierzu Kapitel 3.4.2 dieser Arbeit.

64 Vgl. Mertens, Borkowski, Geis /Betriebliche Expertensystem-Anwendungen/ 320

65 Vgl. Twiehaus, Landwehr /Ersetzen Expertensysteme künftig den Experten?/ 32

66 Vgl. Buchanan, Smith /Fundamentals of Expert Systems/ 173-174

67 Vgl. Schmitt /Menschen entscheiden/ 45

68 Vgl. Schmitt /Menschen entscheiden/ 45

69 Vgl. Tanimoto /KI: Die Grundlagen/ 543

70 Vgl. Tanimoto /KI: Die Grundlagen/ 542-543

71 Vgl. Buchanan, Smith /Fundamentals of Expert Systems/ 185

72 Zum Vergleich der beiden Structured Analysis Ansätze siehe Martin, McClure /Structured Techniques/ 412-414

73 Vgl. Mertens, Borkowski, Geis /Betriebliche Expertensystem-Anwendungen/ 320

74 Teilweise erstellt nach Angaben aus Mertens, Borkowski, Geis /Betriebliche Expertensystem-Anwendungen/ 319-322 und Schmitz, Nöcker, Stelzer /Sicherheit von Expertensystemen/ 406-414

75 Vgl. in anderem Zusammenhang Curth, Bölscher, Raschke /Entwicklung von Expertensystemen/ 184-185

76 Vgl. Schmitz, Nöcker, Stelzer /Sicherheit von Expertensystemen/ 402

77 Vgl. z. B. Balzert /Anforderungen an CASE-Umgebungen/ 112

78 Zum Begriff der Sicherheit und zur Entwicklung eines Sicherheitsmodells siehe Schmitz, Nöcker, Stelzer /Sicherheit von Expertensystemen/

79 Vgl. Forrer /Implementierungsstrategien für Expertensysteme/ 43

80 Vgl. Forrer /Implementierungsstrategien für Expertensysteme/ 43-44

81 Vgl. Schmitz, Nöcker, Stelzer /Sicherheit von Expertensystemen/ 413

82 Vgl. Hensel /Knowhow als Führungsaufgabe/ 12

83 Eine mögliche Lösung dieses Problems ist z. B. die Haftbarmachung sämtlicher beteiligter Parteien. Vgl. Tanimoto /KI: Die Grundlagen/ 543

84 Vgl. Skubch /Grenzen von CASE/ 3

85 Vgl. Behrendt /Wartung und Pflege von Expertensystemen/ 105

86 Andresen /Warum scheitern Software-Entwicklungsumgebungen?/ 254

87 Vgl. Mertens /Teuer ist vor allem die Pflege/ 16

88 Vgl. Löffler, Warner /Integration von Software-Entwicklungswerkzeugen/ 34

89 Löffler, Warner /Integration von Software-Entwicklungswerkzeugen/ 34

90 Vgl. Skubch /Grenzen von CASE/ 5

91 Vgl. Gane /Computer-Aided Software Engineering/ 112

92 Vgl. Gane /Computer-Aided Software Engineering/ 113

93 Vgl. Gane /Computer-Aided Software Engineering/ 113

94 Vgl. Gane /Computer-Aided Software Engineering/ 126

95 Vgl. zu den Vor- und Nachteilen von Systemen zur Verarbeitung natürlicher Sprache z. B. Zoeppritz /Endbenutzersysteme/

96 Vgl. Gane /Computer-Aided Software Engineering/ 112

97 Erste v. a. in den U.S.A. entwickelte Ansätze betreffen nur Teilaspekte und sind somit als nicht ausreichend anzusehen. Siehe zu solchen Vorhaben o. V. /CASE-Normen in den USA/ 355

98 Vgl. Curth, Bölscher, Raschke /Entwicklung von Expertensystemen/ 185

99 Vgl. Mertens, Borkowski, Geis /Betriebliche Expertensystem-Anwendungen/ 321

100 Vgl. Regier /Expertensysteme für den betriebswirtschaftlichen Einsatz/ 22

101 Vgl. Curth, Bölscher, Raschke /Entwicklung von Expertensystemen/ 185

102 Somit besteht aus Sicht der Qualitätssicherung die Gefahr, daß unerfahrene Benutzer wissensbasierter Systeme vergleichsweise deutliche Fehler in der Wissensbasis oder in der Inferenzkomponente nicht erkennen. Vgl. Schmitz, Nöcker, Stelzer /Sicherheit von Expertensystemen/ 413

103 Dies gilt insbesondere für das Arbeiten mit einer zentralen Wissensbasis, auf die mehrere Benutzer simultan zugreifen können. Vgl. Schmitz, Nöcker, Stelzer /Sicherheit von Expertensystemen/ 414

104 Vgl. Andresen /Warum scheitern Software-Entwicklungsumgebungen?/ 256

5 Existierende wissensbasierte Systeme im Computer Aided Software Engineering

5.1 Überblick über existierende wissensbasierte Systeme im Computer Aided Software Engineering

5.1.1 Zielsetzung der Untersuchung

Infolge der bestehenden Interdependenzen zwischen der Zielsetzung einer Forschungsarbeit und der Wahl einer adäquaten Forschungsmethodik erfordert die Untersuchung existierender wissensbasierter Systeme im CASE einige wissenschaftstheoretische Vorüberlegungen.[1]

Wissenschaftstheoretische Vorüberlegungen

Aufgrund des heuristischen Forschungsdesigns handelt es sich aus Sicht der Sozialwissenschaften bei der nachfolgenden Materialsammlung[2] um eine empirische[3], allerdings nicht prüfende, sondern beschreibende Untersuchung.[4] Primäre Zielsetzung beschreibender Untersuchungen ist die Anregung neuer Hypothesen (Hypothesenerkundung) oder die Erforschung der Ausprägungen verschiedener Merkmale[5] in einer Grundgesamtheit (Populationsbeschreibung).[6]

Als Instrumente einer hypothesenerkundenden Untersuchung fungieren Einzelbeobachtungen (z. B. detaillierte Analyse eines existierenden wissensbasierten Systems im CASE), Konstruktionen deskriptiver Systeme (z. B. Kategorisierung von Software-Entwicklungsaktivitäten im Hinblick auf eine bestimmte Aufgabenklasse wissensbasierter Systeme) oder qualitative Zusammenhangsanalysen (z. B. Aufdeckung von Interdependenzen zwischen Merkmalen von Software-Entwicklungsaktivitäten und Eignungsgraden von wissensbasierten Systemen).[7] "Für diese Art beschreibender Untersuchungen spielen Kriterien für die Auswahl und Anzahl der zu untersuchenden ... Untersuchungseinheiten nur eine nachgelagerte Rolle".[8]

Der Ansicht, daß beschreibende Untersuchungen bestenfalls für den Erkundungszusammenhang eines theoretischen Systems von Bedeutung sind[9], wird hier nicht gefolgt: Die Bildung von Theorien mit dem Ziel der Erklärung der Realität setzt die Beobachtung und gedankliche Verarbeitung der Realität voraus.[10] "Theorieentwicklung darf nicht losgelöst von der Realität geschehen, sondern basiert auf einem ständigen Wechsel zwischen induktiver Verarbeitung einzelner Beobachtungen und Erfahrungen zu allgemeinen Vermutungen oder Erkenntnissen und deduktiver Überprüfung der gewonnenen Einsichten an der konkreten Realität. Nach dieser Auffassung sind beschreibende bzw. hypothesenerkundende Untersuchungen und Untersuchungen, die Hypothesen überprüfen, einander ergänzende Forschungsansätze"[11].

Primäre Untersuchungsziele

Die nachfolgende Analyse von relevanten Merkmalen und deren Zusammenhängen soll einen ersten Überblick über die Charakteristika existierender wissensbasierter Systeme im CASE vermitteln. Aufgrund der Konfrontation der in diesem Kontext relevanten Thesen[12] mit den Ergebnissen der Materialsammlung beinhaltet die Untersuchung ebenfalls analytische Elemente, die eventuell eine Überarbeitung der entwickelten Konzeption bedingen.[13] Die Ergebnisse dienen somit in Verbindung mit den Thesen zugleich als Basis für die Generierung von Hypothesen, deren Eignung bzw. Allgemeingültigkeit in weiteren Untersuchungen nachweisbar ist.

Berücksichtigt man neben der wissenschaftlichen Intention auch die "Ideensammlungs"-Funktion dieser Arbeit für einen mit der Software- bzw. Werkzeug-Entwicklung beauftragten Praktiker, so können die wichtigsten Ziele der nachfolgenden Untersuchung wie folgt formuliert werden:[14]

- Bestandsaufnahme des "State of the Art" wissensbasierter Systeme im CASE

- Herleitung von Vermutungen über charakteristische Eigenschaften wissensbasierter Systeme im CASE

- Empirische Fundierung der in den vorangegangenen Kapiteln gewonnenen theoretischen Erkenntnisse als Basis zur Formulierung neuer, überprüfbarer Hypothesen

- Aufzeigen der wissenschaftlichen und praktischen Relevanz des Themas wissensbasiertes CASE

- Überzeugung des DV-Managements vom Potential wissensbasierter Systeme im allgemeinen und deren Einsatz im CASE im besonderen mittels Darstellung erfolgreich eingesetzter wissensbasierter Systeme

- Vorstellen erfolgreich eingesetzter wissensbasierter Systeme im CASE zwecks Anregung neuer Projekte in diesem Forschungsbereich

5.1.2 Vorgehensweise der Untersuchung

Die Vorgehensweise bei einem empirischen Forschungsvorhaben gliedert sich in einige typische Arbeitsschritte, die die nachfolgende Abb. 5-1 wiedergibt.[15]

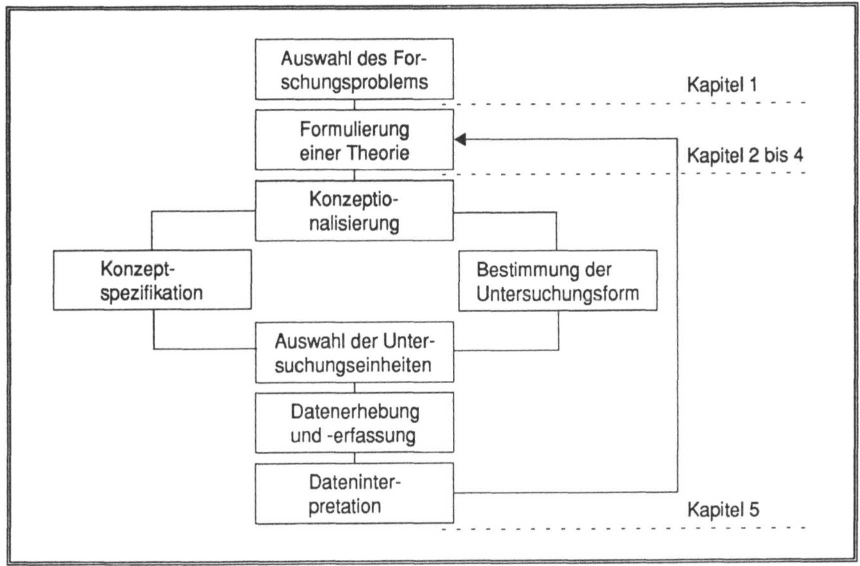

Abb. 5-1:   Arbeitsschritte einer empirischen Untersuchung[16]

5.1.2.1 Konzeptionalisierung

In der Konzeptionalisierungsphase eines Forschungsvorhabens erfolgt die Entwicklung eines geeigneten Untersuchungskonzeptes, das neben der bereits behandelten Präzisierung der Zielsetzung auch die Formulierung eines vorläufigon gedanklichen Bezugsrahmens beinhaltet.[17] Die Gesamtheit der Annahmen, Fragen und Interpretationsmuster, die der Strukturierung des subjektiven Vorverständnisses des Forschungsprojekts dienen, wird als heuristischer Bezugsrahmen bezeichnet.[18] Den in den vorangegangenen Kapiteln dieser Arbeit bereits erläuterten heuristischen Bezugsrahmen illustriert Abb. 5-2.

5.1.2.2 Konzeptspezifikation

Der heuristische Bezugsrahmen bildet bei der Konzeptspezifikation die Basis zur Benennung relevanter Größen sowie zur Darstellung eventueller Beziehungen und Verbundenheitsmechanismen zwischen diesen Größen.[19] Zu diesem Zweck werden den theoretischen Begriffen und Konstrukten beobachtbare Sachverhalte (Indikatoren bzw. Merkmale) zugeordnet, die Messungen ermöglichen.[20]

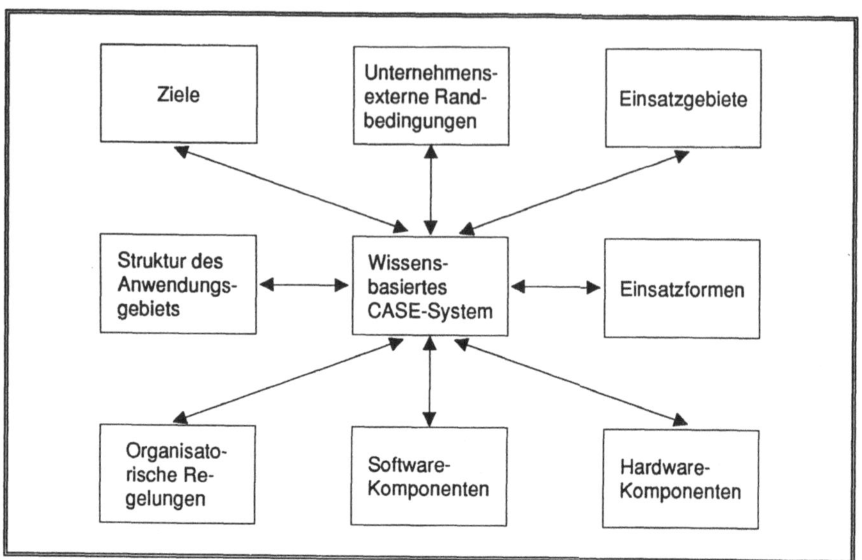

Abb. 5-2:   Heuristischer Bezugsrahmen dieser Arbeit

5.1.2.2.1 Festlegung von Merkmalen wissensbasierter Systeme im Computer Aided Software Engineering

Die Bestandsaufnahme existierender wissensbasierter Systeme im CASE als Hauptziel der nachfolgenden Erhebung erfordert die Entdeckung und Analyse möglichst zahlreicher Untersuchungsobjekte. Somit ist die gleichzeitige Erhebung aller relevanten Merkmale, die bei der Datenerhebung zu schwerwiegenden methodischen Problemen führen würde, auch unter Wirtschaftlichkeitsaspekten nicht vertretbar. Daher erfolgt eine Beschränkung auf die wesentlichsten, den höchsten Erkenntnisgewinn versprechenden Merkmale.[21]

Aus diesem Grund wird auf die Erhebung von Merkmalen, die für die Entwicklung von wissensbasierten Systemen im CASE keine signifikant höhere Bedeutung aufweisen als für andere Domänen wissensbasierter Technologie (z. B. verwendete Hardware), ebenso verzichtet wie auf Merkmale, deren Operationalisierung sich als schwierig oder unmöglich erweist (z. B. Akzeptanz[22], Nutzen). Infolgedessen werden im einzelnen die in Abb. 5-3 dargestellten, in Abhängigkeit vom Bezugsobjekt klassifizierten entwickler-, aufgaben- und systembezogenen Merkmale betrachtet.

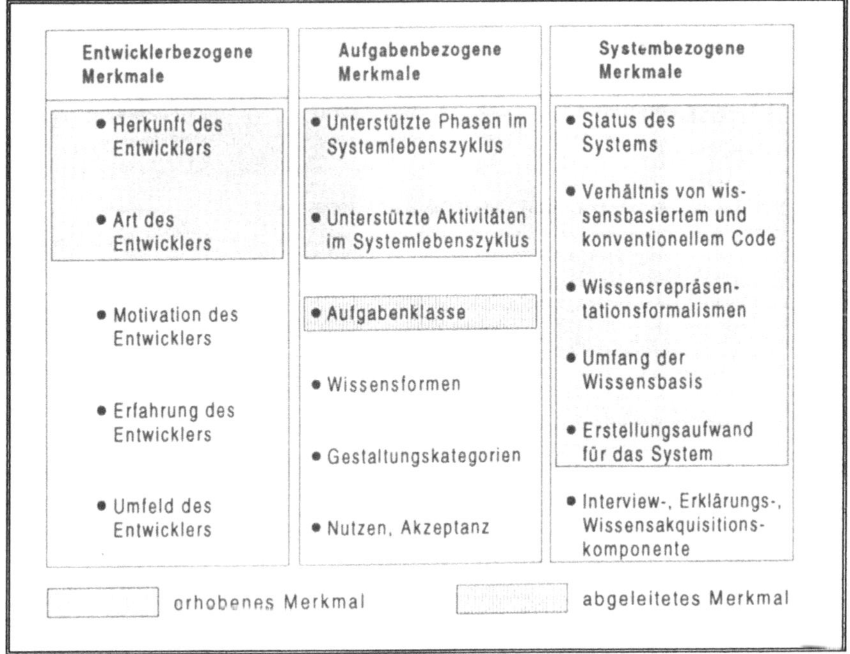

Abb. 5-3:   Wesentliche Merkmale existierender wissensbasierter Systeme im CASE

Entsprechend der heuristischen Forschungsstrategie fungieren nicht zu prüfende Hypothesen, sondern vielmehr theoretisch geleitete Fragen zu den betrachteten Merkmalen als Gegenstand der Untersuchung:

- Fragen zu entwicklerbezogenen Merkmalen

  - Wo werden wissensbasierte Systeme im CASE entwickelt?
    (Herkunft des Entwicklers)[23]
  - Welche Organisationen beschäftigen sich mit der Entwicklung wissensbasierter Systeme im CASE?
    (Art des Entwicklers)[24]

- Fragen zu aufgabenbezogenen Merkmalen

  - Welche Abschnitte des Systemlebenszyklus werden derzeit von wissensbasierten Systemen im CASE unterstützt?
    (Unterstützte Phasen im Systemlebenszyklus)[25]
  - Welche Aktivitätentypen werden besonders häufig von wissensbasierten Sy-

stemen im CASE unterstützt?

(Unterstützte Aktivitäten im Systemlebenszyklus)[26]

- Welche Aufgabenklassen werden von wissensbasierten Systemen im CASE
  unterstützt?

(Aufgabenklasse)[27]

• Fragen zu systembezogenen Merkmalen

- Welchen Reifegrad besitzen wissensbasierte Systeme im CASE?
  (Status des Systems)[28]

- Wie hoch ist der Anteil des wissensbasiert implementierten Codes am Gesamtvolumen des CASE-Systems?
  (Verhältnis von wissensbasiertem und konventionellem Code)[29]

- Welche Wissensrepräsentationsformalismen werden für die Darstellung des
  Wissens über die Software-Entwicklung genutzt?
  (Wissensrepräsentationsformalismen)[30]

- Wieviele Regeln bzw. Lines of Code (LOC) werden für die Entwicklung wissensbasierter CASE-Systeme benötigt?
  (Umfang der Wissensbasis)[31]

- Wie hoch ist der Aufwand für die Erstellung eines wissensbasierten Systems
  im CASE?
  (Erstellungsaufwand für das System)[32]

• Fragen zum Zusammenhang zwischen Merkmalen

- Entwickeln die einzelnen Organisationen in Abhängigkeit von ihrer Art wis-
  sensbasierte Systeme zur Unterstützung unterschiedlicher Abschnitte des
  Systemlebenszyklus?
  (Zusammenhang zwischen Art des Entwicklers und unterstützten Phasen im
  Systemlebenszyklus)

- Besitzen die existierenden wissensbasierten Systeme im CASE in den von
  ihnen unterstützten Systemlebenszyklusabschnitten unterschiedliche Reife-
  grade?
  (Zusammenhang zwischen unterstützten Phasen im Systemlebenszyklus
  und Status des Systems)

- Dominieren in den von wissensbasierten Systemen unterstützten Systemlebenszyklusabschnitten bestimmte Aufgabenklassen?
  (Zusammenhang zwischen unterstützten Phasen im Systemlebenszyklus
  und Aufgabenklasse)

- Werden Systeme bestimmter Aufgabenklassen häufiger in den praktischen

Einsatz überführt als andere Systeme?

(Zusammenhang zwischen Aufgabenklasse und Status des Systems)

- Werden bestimmte Wissensrepräsentationsformalismen in Abhängigkeit von der Aufgabenklasse als besonders geeignet angesehen?

(Zusammenhang zwischen Aufgabenklasse und Wissensrepräsentationsformalismen)

- Werden unter Verwendung bestimmter Wissensrepräsentationsformalismen entwickelte Systeme zahlreicher in der Praxis eingesetzt als andere Systeme?

(Zusammenhang zwischen Wissensrepräsentationsformalismen und Status des Systems)

5.1.2.2.2 Festlegung von Merkmalsausprägungen wissensbasierter Systeme im Computer Aided Software Engineering

- Herkunft des Entwicklers

Die Ausprägungen dieses Merkmals ergeben sich aus den jeweiligen Staaten[33], in denen die Entwicklung des wissensbasierten Systems erfolgt. Bei internationalen Projekten wird lediglich der Name des federführenden Landes erfaßt.

- Art des Entwicklers

Bezüglich der Art des Entwicklers wird zwischen vier Merkmalsausprägungen differenziert:

- Anbieter bzw. Hersteller[34]

  Bei diesem Entwicklertypus handelt es sich um Unternehmen[35], deren Sachziel in der Produktion oder dem Vertrieb von Werkzeugen zur Software-Entwicklung besteht.[36]

- Anwender

  Unter Anwender werden Unternehmen subsumiert, die Software-Entwicklungswerkzeuge einsetzen, deren Sachziel allerdings nicht die Produktion oder den Vertrieb dieser Werkzeuge beinhaltet.[37]

- Forschungseinrichtung

  Bei Forschungseinrichtungen im Sinne dieser Erhebung (Universitäten, Institute etc.) steht nicht die Gewinnerzielung, sondern die wissenschaftliche Erkenntnisgewinnung ohne erwerbswirtschaftlichen Charakter im Vordergrund. Dies gilt auch dann, wenn Projekte von privatwirtschaftlichen Unternehmen finanziert werden.

- Gemeinschaftsarbeit

  Existiert eine direkte Kooperation zwischen Anbietern bzw. Herstellern oder Anwendern einerseits und Forschungseinrichtungen andererseits, d. h. sind Personen unterschiedlicher Einheiten an der Entwicklung des Systems beteiligt, liegt eine Gemeinschaftsarbeit vor.

• Unterstützte Phasen im Systemlebenszyklus

  Die Einteilung erfolgt im Sinne des in Kapitel 2.1.2.1 vorgestellten Phasenkonzeptes.[38] Da ein wissensbasiertes System eventuell mehrere Phasen unterstützt, kann dieses Merkmal gleichzeitig mehrere der folgenden Ausprägungen annehmen:
  - Analyse
  - Entwurf
  - Realisierung
  - Erprobung und Konsolidierung
  - Pflege und Wartung
  - Projektmanagement
  - Software-Qualitätssicherung (SQS)
  - Dokumentation

• Unterstützte Aktivitäten im Systemlebenszyklus

  Wie bereits in Kapitel 3.3 erläutert, beinhaltet das zugrundegelegte Phasenmodell nahezu 180 Aktivitäten. Somit kann sich die vorliegende Untersuchung aus Gründen der Praktikabilität lediglich auf einige ausgewählte Aktivitäten beschränken. Unabhängig vom Auswahlkriterium wird eine derartige Selektion stets von subjektiven Elementen beeinflußt, so daß auf eine Berücksichtigung dieses Merkmals im Rahmen der statistischen Kontingenzanalyse verzichtet wird. Zur Charakterisierung der von wissensbasierten Systemen unterstützten Software-Entwicklungstätigkeiten erfolgt die Bildung nachstehender Aktivitätentypen, die sich nach Meinung des Verfassers aufgrund der in Kapitel 3.3 durchgeführten Möglichkeitsanalyse als besonders wichtige Anwendungsgebiete wissensbasierter Systeme erwiesen haben:[39]
  - Anforderungsanalyse[40]
  - Aufwandsschätzung[41]
  - Benutzerführung[42]
  - Codegenerierung[43]
  - Informationsverwaltung[44]
  - Methodenunterstützung[45]

- Testen[46]
- Wiederverwendung[47]

• Aufgabenklasse

Auf der Basis der in Kapitel 3.4.1 vorgestellten Kriterien werden die Aufgaben folgendermaßen klassifiziert:
- Aufgaben der Analyse
  -- Diagnose
  -- Interpretation
- Aufgaben der Synthese
  -- Konfigurierung
  -- Planung
- Mischformen
  -- Unterweisung
  -- Vorhersage

• Status des Systems

Der Reifegrad des entwickelten Systems bedingt eine Differenzierung von vier Kategorien:
- Geplantes Projekt
  Ein Projekt im Sinne dieser Untersuchung ist dadurch gekennzeichnet, daß zwar einerseits konkrete Pläne und ausgearbeitete Konzepte zur Entwicklung eines wissensbasierten Systems im CASE vorliegen, aber andererseits noch keine Ergebnisse in Form von lauffähigen Prototypen verfügbar sind. Dennoch werden derartige Projekte in die Datenbasis der Materialsammlung aufgenommen, sofern erste Demonstrationsprototypen existieren und davon auszugehen ist, daß während der relativ großen Zeitspanne zwischen Beginn der Untersuchung und Veröffentlichung dieser Arbeit zumindest Forschungsprototypen entstanden sein werden.[48]
- Realisierter Prototyp
  Im Rahmen dieser Erhebung sind als Prototypen frühe Versionen des zu entwickelnden Systems zu verstehen, die einige oder alle Leistungsmerkmale der Endversion enthalten.[49]
- Eingesetztes System (Running System)
  Running Systems erfüllen sowohl die Anforderungen der Entwickler als auch die Anforderungen der Anwender bzw. Auftraggeber und sind von der Entwicklungs- in die Betriebsphase übergegangen; d. h. sie werden zur Lösung von normalen Daueraufgaben der Organisation eingesetzt.[50]

- Erwerbliches Produkt

  Dieser Kategorie sind gegen Bezahlung am freien Markt erhältliche Systeme zuzuordnen.

• Verhältnis von wissensbasiertem und konventionellem Code

  Bei diesem Merkmal wird der Anteil des wissensbasierten Codes am Gesamtvolumen des Systems gemessen. Aufgrund bestehender Abgrenzungsprobleme[51] handelt es sich hierbei allerdings lediglich um grobe Schätzungen.

• Wissensrepräsentationsformalismen

  Bezüglich der formalen Sprache, in der das Expertenwissen dargestellt ist (= Wissensrepräsentationsformalismus), lassen sich fünf Basiskonzepte unterscheiden:

  - Frames

    Als Frames bezeichnet man Schemata der Wissensrepräsentation, bei denen die Elemente Objekt, Attribut und Wert differenziert werden.[52]

  - Objektorientierte Programmierung (OOP)

    Im Rahmen der Objektorientierten Programmierung wird jedes Objekt als Instanz einer Klasse aufgefaßt, welche als abstrakter Datentyp zu interpretieren ist, der von Variablen (Attributen) und Methoden (Operatoren) determiniert wird.[53]

  - Prädikatenlogik

    Die Prädikatenlogik stellt eine Erweiterung der klassischen Aussagenlogik dar und besteht aus Konstanten, Variablen, Funktionen und Prädikaten, die mit Hilfe logischer Operatoren und Quantoren zu Formeln zusammenfaßt werden.[54]

  - Regeln

    Regelbasierte Systeme, auch Produktionensysteme genannt, basieren auf Regeln, die sich aus einem Prämissen- und einem Konklusionsteil zusammensetzen.[55]

  - Semantische Netze

    Semantische Netze sind grafische Netzwerke von Knoten, die i. d. R. Fakten repräsentieren und durch benannte Kanten, die binäre Relationen zwischen zwei Knoten beschreiben, miteinander verbunden sind.[56]

Außerdem existieren sogenannte hybride Systeme, die die Kombination verschiedener Wissensrepräsentationsformalismen charakterisiert.[57]

- Umfang der Wissensbasis

  Die Dimension des Umfangs der Wissensbasis ist abhängig vom verwendeten Wissensrepräsentationsformalismus: So kann bei regelbasierten Systemen die Anzahl der Regeln gezählt werden, während bei anderen Wissensrepräsentationsformalismen eventuell die LOC als Hilfsgröße fungieren.

- Erstellungsaufwand für das System

  Der Aufwand für die Erstellung eines wissensbasierten Systems wird in Personenmonaten bzw. Personenjahren gemessen.[58]

5.1.2.3 Bestimmung der Untersuchungsform

Dem hyothesenerkundenden Charakter der Untersuchung entsprechend erfolgt die Erhebung v. a. in Form von Materialstudien und Beobachtungen existierender wissensbasierter Systeme zu einem bestimmten Zeitpunkt.[59]

5.1.2.4 Auswahl der Untersuchungseinheiten

Zur exakten Durchführung einer Untersuchung ist die Festlegung der Grundgesamtheit, d. h. der Menge aller Objekte, für die die Untersuchungsaussagen gelten, unerläßlich.[60] Im Sinne des Hauptziels der Untersuchung stellt die Gesamtheit aller existierenden wissensbasierten Systeme im CASE die theoretisch umfassendste Anzahl von Untersuchungsobjekten dar. Eine mögliche Definition der Grundgesamtheit lautet somit:

Alle zum Zeitpunkt der Untersuchung existierenden Informationssysteme, die Wissen über die Software-Entwicklung in einer Wissensbasis speichern und über eine getrennte Inferenzkomponente verfügen, um aus dieser Wissensbasis problemspezifisches, neues Wissen abzuleiten.[61]

Eine Vollerhebung[62] erfordert demzufolge die Befragung sämtlicher potentieller Entwickler wissensbasierter Systeme im CASE, was allerdings in der Praxis weder technisch möglich noch wirtschaftlich vertretbar ist.[63] Eine vollständige Enumeration aller zur Population zählenden Untersuchungseinheiten, die aber zugleich Voraussetzung für die Ermittlung einer repräsentativen Stichprobe bei einer Teilerhebung ist, erweist sich im vorliegenden Fall als unmöglich.[64]

Auch eine im Rahmen einer vom Verfasser durchgeführten Befragung vorgenommene regionale Reduzierung der Grundgesamtheit auf nur in Deutschland, Österreich und der Schweiz von Anbietern bzw. Herstellern von Software-Werkzeugen,

Anwendern, Beratern und/oder Forschungseinrichtungen entwickelte Systeme[65], schließt nicht aus, daß existierende wissensbasierte Systeme unentdeckt bleiben. Zum einen können neben den befragten Organisationen weitere Einheiten existieren, deren Entwicklungsaktivitäten im Bereich wissensbasierter CASE-Systeme unbekannt sind. Zum anderen besteht die Möglichkeit, daß gerade jene Probanden, die sich nicht an der Umfrage beteiligen, besonders zahlreiche oder wichtige wissensbasierte Systeme im CASE entwickelt haben.[66] Außerdem resultiert aus einer derartigen Limitierung der Untersuchungsobjekte eine Vernachlässigung von auf diesem Forschungsgebiet bedeutenden Ländern wie z. B. U.S.A. oder Großbritannien.[67] Deshalb werden neben dem Ergebnis der Befragung auch Resultate systematischer Recherchen der folgenden Datenquellen vorgestellt:[68]

- Ausstellungen, Kongresse, Messen, Seminare

- Datenbanken über Anwendungen wissensbasierter Systeme[69] der Universität Erlangen-Nürnberg[70] und der Firma Albit[71]

- Gespräche mit Fachleuten[72]

- Literatur

5.1.2.5 Erhebung und Erfassung der Daten

Aufgrund der großen Anzahl der zu untersuchenden Objekte wurde als Erhebungstechnik eine schriftliche, postalische Befragung mittels standardisierter Fragebögen[73] gewählt.[74] Zu diesem Zweck wurden insgesamt 298 Organisationen in Deutschland, Österreich und der Schweiz angeschrieben mit dem Ziel, möglichst alle Anbieter bzw. Hersteller von CASE-Produkten bzw. von Werkzeugen zur Entwicklung wissensbasierter Systeme im Untersuchungsraum zu befragen.[75] Außerdem wurden Beratungsunternehmen, deren Tätigkeitsbeschreibung[76] den Bereich CASE und/oder wissensbasierte Systeme explizit als einen Schwerpunkt nennt, in die Erhebung einbezogen. Schließlich erfolgte die Auswertung von Studien- und Forschungsführern[77], um möglichst alle Forschungseinrichtungen und Hochschulen, die sich mit wissensbasierter Technologie und/oder CASE beschäftigen, zu involvieren.

Im Anschluß an eine Pretestphase[78], in der jeweils ein Proband aus jeder Organisationskategorie die grundsätzliche Verständlichkeit und Plausibilität des Fragebogens geprüft hat, wurden im August 1991 die Fragebögen verschickt. Nach Ablauf einer festgesetzten Abgabefrist erfolgte im Oktober 1991 eine Erinnerungsaktion.

Die vergleichsweise hohe Rücklaufquote von ca. 60% ist sowohl auf das in zahlreichen Schreiben bestätigte große Interesse an der behandelten Thematik als auch auf die Kürze des Fragebogens zurückzuführen, dessen Volumen sich bewußt auf eine DIN A4 Seite beschränkt.[79] Die Verteilung der versandten Fragebögen auf die einzelnen Organisationskategorien und deren Rücklauf zeigt Abb. 5-4:[80]

Organisation	Versand		Rücklauf		Rücklauf-quote
	absolut	relativ	absolut	relativ	
Beratungsunternehmen	22	7,38%	14	7,82%	63,64%
Forschungseinrichtung	124	41,61%	78	43,58%	62,90%
Anbieter/Hersteller CASE-Branche	82	27,52%	57	31,84%	69,51%
Anbieter/Hersteller WBS-Branche	53	17,79%	20	11,17%	37,74%
Sonstige Organisation	17	5,70%	10	5,59%	58,82%
Summe	298	100,00%	179	100,00%	60,07%

Abb. 5-4:   Quantitatives Antwortverhalten[81]

Aber nicht nur unter quantitativen, sondern auch unter qualitativen Aspekten ist das Antwortverhalten zufriedenstellend zu beurteilen, wie die nachfolgende Abb. 5-5 demonstriert.

Qualität der Antwort	Organisation	
	absolut	relativ
Mindestens ein System beschreibender Fragebogen	76	42,46%
Kein System beschreibender Fragebogen	92	51,40%
Unbrauchbarer Fragebogen	11	6,14%
Summe	179	100,00%

Abb. 5-5:   Qualitatives Antwortverhalten

Lediglich 11 der insgesamt 179 zurückgeschickten Fragebögen waren unbrauchbar. 92 befragte Organisationen gaben an, kein wissensbasiertes System im CASE entwickelt zu haben,[82] während 76 Probanden mindestens einen Fragebogen mit der Beschreibung eines wissensbasierten Systems zur Entwicklung konventioneller Software ausfüllten.[83]

Trotz dieses positiven Umfrageverlaufs werden im folgenden aus den in Kapitel 5.1.2.4 dieser Arbeit angeführten Gründen ergänzend aus der Untersuchung anderer Quellen gewonnene Ergebnisse dargestellt.[84]

5.1.2.6   Analyse und Interpretation der Daten

Häufig werden in Verbindung mit der Statistik die drei Formen der Lüge zitiert: "die Notlüge, die gemeine Lüge und die Statistik"[85]. Die Ursachen für derartige Vorurteile sind in der vielfach - bewußt oder unbewußt - falschen Anwendung von statistischen Methoden zu suchen.[86] Größen wie das statistische Signifikanzniveau[87], die oft als Auswahlkriterium und Gütezeichen im Rahmen einer Hypothesenüberprüfung fungieren, können z. B. durch die Auswahl der Stichprobengröße manipuliert werden.[88] Ferner erfolgt häufig eine Titulierung von Untersuchungen als Vollerhebungen, obwohl es sich bei näherer Betrachtung lediglich um Teilerhebungen handelt, bei denen die Stichproben mittels willkürlicher oder bewußter Auswahlverfahren bestimmt wurden.[89]

Auch die in Kapitel 5.1.3 folgenden Ausführungen verdeutlichen, daß trotz des Versuchs, möglichst viele potentielle Entwickler wissensbasierter CASE-Systeme zu befragen, eine zusätzliche Recherche noch weitere, durch die Fragebogenaktion nicht entdeckte Systeme aufzeigt. Die getroffenen Aussagen beziehen sich demzufolge ausschließlich auf die untersuchten Systeme und sind nicht ohne weiteres auf alle existierenden wissensbasierten (CASE-)Systeme übertragbar.[90]

5.1.3 Ergebnis der Untersuchung

Bei der Zusammenstellung des nachfolgenden Zahlenmaterials[91] ergaben sich primär zwei Probleme: Einerseits ist eine Evaluierung der in Kapitel 2.2.1.2 dargestellten Unterscheidungskriterien zwischen wissensbasierten und konventionellen Systemen in der Praxis nicht immer möglich, da sie u. U. eine Analyse des Quellcodes des zu beurteilenden Systems erfordert. Andererseits bereitet die Abgrenzung der Domäne CASE häufig Schwierigkeiten.[92] In beiden Fällen entschied sich der Verfasser im Zweifel für eine Aufnahme des Systems in die Datenbasis.[93] Eine vollständige Liste der entdeckten wissensbasierten Systeme zur Software-Entwicklung befindet sich im Anhang II dieser Arbeit.[94] Die Darstellung einiger ausgewählter Systeme erfolgt in Kapitel 5.2 im Anschluß an die statistische Auswertung.

5.1.3.1   Merkmalswerte wissensbasierter Systeme im Computer Aided Software Engineering

In einem ersten Schritt werden im Rahmen einer univariaten Datenanalyse Randauszählungen auf der Basis der Häufigkeitsverteilungen der einzelnen Merkmalswerte vorgenommen.[95] Bei unbekannten Merkmalswerten[96] erfolgt die Prozentuierung auf der Grundlage der Gesamtsumme aller absoluten Zahlen.[97]

5.1.3.1.1 Entwicklerbezogene Merkmalswerte wissensbasierter Systeme im Computer Aided Software Engineering

Herkunft des Entwicklers

> Ergebnis 1: Sowohl in Deutschland als auch in anderen Ländern beschäftigen sich zahlreiche Organisationen mit der Entwicklung wissensbasierter Systeme im CASE.

Die nachfolgende Abb. 5-6 zeigt, daß nicht nur im Ausland, sondern auch in Deutschland eine Vielzahl wissensbasierter Systeme im CASE existiert, die nicht durch die Umfrage erfaßt wurde.

Land	Gesamt		Umfrage		Rest	
	absolut	relativ	absolut	relativ	absolut	relativ
Deutschland	95	31,88%	40	54,05%	55	24,55%
Frankreich	4	1,34%	0	0,00%	4	1,79%
Großbritannien	18	6,04%	2	2,70%	16	7,14%
Italien	3	1,01%	0	0,00%	3	1,34%
Japan	4	1,34%	0	0,00%	4	1,79%
Österreich	3	1,01%	2	2,70%	1	0,45%
Schweiz	4	1,34%	1	1,35%	3	1,34%
U.S.A.	132	44,30%	24	32,43%	108	48,21%
Sonstige	12	4,03%	4	5,41%	8	3,57%
Unbekannt	23	7,72%	1	1,35%	22	9,82%
Summe	298	100,00%	74	100,00%	224	100,00%

Abb. 5-6: Häufigkeitsverteilung des Merkmals Herkunft des Entwicklers wissensbasierter Systeme im CASE

Die hohe Zahl der in den U.S.A. entwickelten Systeme resultiert wahrscheinlich aus der Tatsache, daß einerseits die meisten CASE-Hersteller dort ansässig sind und andererseits in der Vergangenheit die wichtigsten Impulse im Bereich der KI von dort ausgingen.[98]

Art des Entwicklers

> Ergebnis 2: Nicht nur Forschungseinrichtungen, sondern auch erwerbswirtschaftlich orientierte Unternehmen entwickeln wissensbasierte Systeme im CASE.

Forschungseinrichtungen dominieren die Entwicklung wissensbasierter Systeme im CASE, was ein Indiz dafür ist, daß sich diese Domäne derzeit noch im Forschungsstadium befindet.

Aber auch die Anbieter von Software-Entwicklungswerkzeugen entfalten vielfältige Aktivitäten in diesem Bereich. Dies kann als Indikator für die gleichermaßen theoretische wie praktische Relevanz wissensbasierter CASE-Systeme interpretiert werden. Bei den aus anderen Quellen extrahierten Daten beträgt der Anteil der Anbieter, die wissensbasierte CASE-Systeme entwickelt haben, 25%. Dagegen erreichen im Rahmen der Umfrage die von Anbietern entwickelten wissensbasierten Systeme mit fast 60% eine wesentlich höhere Bedeutung.

Entwickler	Gesamt		Umfrage		Rest	
	absolut	relativ	absolut	relativ	absolut	relativ
Anbieter	100	33,56%	44	59,46%	56	25,00%
Anwender	10	3,36%	2	2,70%	8	3,57%
Forschungseinrichtung	113	37,92%	20	27,03%	93	41,52%
Gemeinschaftsarbeit	28	9,40%	8	10,81%	20	8,93%
Unbekannt	47	15,77%	0	0,00%	47	20,98%
Summe	298	100,00%	74	100,00%	224	100,00%

Abb. 5-7:   Häufigkeitsverteilung des Merkmals Art des Entwicklers wissensbasierter Systeme im CASE

Eine potentielle Erklärung für diese Diskrepanz ist die Tatsache, daß die Existenz wissensbasierter Komponenten als zusätzliches, ein innovatives Image verleihendes Qualitätsmerkmal gewertet wird.[99]

5.1.3.1.2 Aufgabenbezogene Merkmalswerte wissensbasierter Systeme im Computer Aided Software Engineering

Unterstützte Phasen im Systemlebenszyklus

> Ergebnis 3:   Für alle Phasen des Systemlebenszyklus existieren unterstützende wissensbasierte Systeme, wobei das quantitative Ausmaß der Unterstützung in objektbezogenen Phasen höher ist als während phasenübergreifender Maßnahmen.

Abb. 5-8 zeigt in tabellarischer Form die Merkmalswerte der von wissensbasierten

Systemen unterstützten Phasen im Systemlebenszyklus und differenziert u. a. zwischen der die Problemdefinition beinhaltenden Analyse- und der die Konzeption enthaltenden Entwurfsphase.[100]

Phase	Gesamt		Umfrage		Rest	
	absolut	relativ	absolut	relativ	absolut	relativ
Analyse	93	14,37%	34	13,71%	59	14,79%
Entwurf	117	18,08%	45	18,15%	72	18,05%
Realisierung	137	21,17%	44	17,74%	93	23,31%
Erprobung und Konsolidierung	42	6,49%	24	9,68%	18	4,51%
Pflege und Wartung	77	11,90%	34	13,71%	43	10,78%
Projektmanagement	48	7,42%	17	6,85%	31	7,77%
SQS	60	9,27%	21	8,47%	39	9,77%
Dokumentation	42	6,49%	28	11,29%	14	3,51%
Unbekannt	31	4,79%	1	0,40%	30	7,52%
Summe	647	100,00%	248	100,00%	399	100,00%

Abb. 5-8: Häufigkeitsverteilung des Merkmals von wissensbasierten Systemen im CASE unterstützte Phasen im Systemlebenszyklus

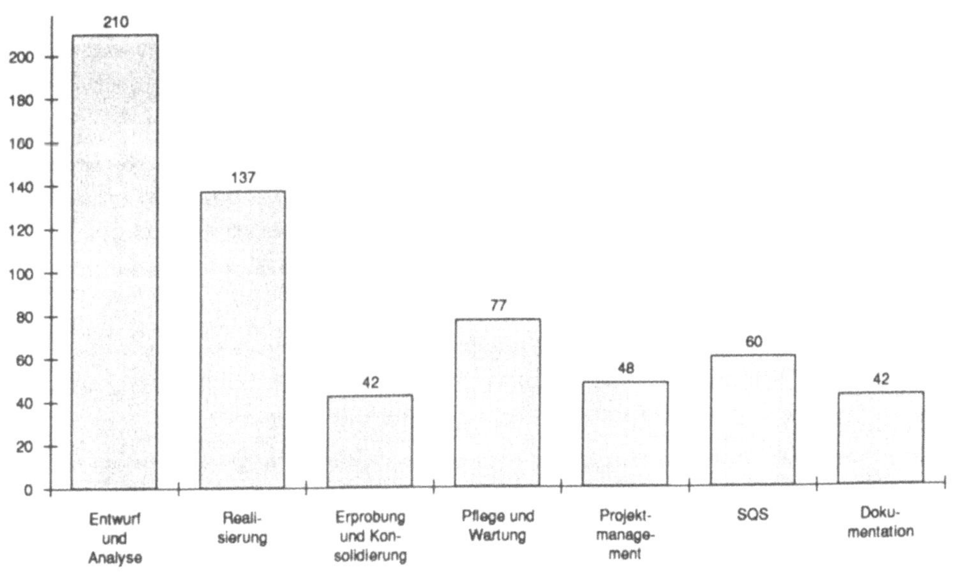

Abb. 5-9: Säulendiagramm zur absoluten Häufigkeitsverteilung des Merkmals von wissensbasierten Systemen im CASE unterstützte Phasen im Systemlebenszyklus[101]

In der These 7 des Kapitels 3.3.1 dieser Arbeit wird behauptet, daß tendenziell wissensbasierte Systeme zum Einsatz in den frühen Phasen und konventionelle Werkzeuge zum Einsatz in den späten Phasen des Systemlebenszyklus geeignet sind. Dies wird anhand der untersuchten Systeme empirisch fundiert (siehe Abb. 5-9).[102]

Während 210 Beobachtungswerte für die Phase Entwurf und Analyse vorliegen[103], wird die Erprobungs- und Konsolidierungsphase lediglich 42 mal von den betrachteten wissensbasierten Systemen unterstützt.[104] Ein quantitativ höheres Maß an Unterstützung ist dagegen für die Pflege- und Wartungsphase zu verzeichnen, in der sich zahlreiche Aktivitäten der Entwicklungsphase wiederholen und infolgedessen die o. a. Effekte ebenfalls auftreten.

Die Thesen 8 bis 16 des Kapitels 3.3 dieser Arbeit beinhalten Aussagen bezüglich der Verwendbarkeit wissensbasierter Systeme in objektbezogenen Phasen und während phasenübergreifender Maßnahmen. Die Untersuchungsergebnisse zeigen, daß einige dieser Anwendungen zumindest ansatzweise bereits realisiert sind:[105]

- Wissensbasierte Systeme in objektbezogenen Phasen

  Innerhalb der Entwurfs- und Analysephase stellt die Unterstützung des Requirements Engineer bei der Erhebung und Spezifikation von Benutzeranforderungen[106] sowie die Bereitstellung von Expertise für den logischen und physischen Datenbankentwurf [107] eine verbreitete Anwendung wissensbasierter Systeme dar.

  Die Realisierungsphase ist durch den Einsatz wissensbasierter Systeme gekennzeichnet, die den Programmierer bei der Eingabe des Quellcodes in einen Editor unterstützen[108], als Debugger fungieren oder die Qualität des erzeugten Codes hinsichtlich bestimmter Kriterien, wie z. B. Performance, prüfen[109].

  Die Unterstützung der Konsolidierungs- und Erprobungsphase erfolgt zumeist nur seitens größerer wissensbasierter Systeme, die wie DIKOS oder ESKO auch Hilfestellung während phasenübergreifender Aktivitäten leisten.

  Bei der Pflege und Wartung von Informationssystemen bildet die Analyse mit dem Ziel des Programmverstehens einen Einsatzschwerpunkt für wissensbasierte Systeme.[110]

- Wissensbasierte Systeme während phasenübergreifender Maßnahmen

  Die Unterstützung des Projektmanagements durch wissensbasierte Systeme umfaßt sowohl die Planung, Kontrolle und Steuerung von Ressourcen[111] als auch die Beratung des Projektmanagers beim Auftreten bestimmter Probleme während eines Projekts[112]. Das in Kapitel 3.3.3.2.1 behandelte Konfigurationsmanagement stellt jedoch keinen bedeutenden Anwendungsbereich existierender wissensbasierter Systeme dar.[113] Die bereits kritisierte mangelnde Unterstützung dieser Tätigkeiten seitens konventioneller CASE-Werkzeuge ist somit vermutlich nicht primär technisch bedingt, sondern resultiert vielmehr ebenfalls aus dem Fehlen theoretischer Konzepte, die als Basis für konventionelle oder wissensbasierte Systeme fungieren könnten.[114]

Als verbreitete Einsatzgebiete wissensbasierter Systeme im Rahmen der Software-Qualitätssicherung sind die Validierung von Software[115] und die Beratung hinsichtlich der Anwendung von Testmethoden[116] zu nennen.

Spezielle wissensbasierte Dokumentationssysteme bilden die Ausnahme innerhalb der Materialsammlung.[117] Ähnlich wie bei Systemen der Erprobungs- und Konsolidierungsphase wird die Dokumentation vielfach nur von großen wissensbasierten Systemen zumeist indirekt, z. B. bei der Erstellung von Grafiken oder im Rahmen der Informationsverwaltung, unterstützt.[118]

Unterstützte Aktivitäten im Systemlebenszyklus

Ergebnis 4:	Sowohl die Generierung von Code als auch die Führung des Benutzers bei der Verrichtung von Software-Entwicklungstätigkeiten sind als häufig von wissensbasierten Systemen im CASE unterstützte Aktivitätentypen zu verzeichnen.

Aktivität	Gesamt		Umfrage		Rest	
	absolut	relativ	absolut	relativ	absolut	relativ
Anforderungsanalyse	50	10,71%	26	12,87%	24	9,06%
Aufwandsschätzung	15	3,21%	5	2,48%	10	3,77%
Benutzerführung	68	14,56%	31	15,35%	37	13,96%
Codegenerierung	79	16,92%	38	18,81%	41	15,47%
Informationsverwaltung	48	10,28%	27	13,37%	21	7,92%
Methodenunterstützung	35	7,49%	25	12,38%	10	3,77%
Testen	52	11,13%	19	9,41%	33	12,45%
Wiederverwendung	50	10,71%	27	13,37%	23	8,68%
Unbekannt	70	14,99%	4	1,98%	66	24,91%
Summe	467	100,00%	202	100,00%	265	100,00%

Abb. 5-10: Häufigkeitsverteilung des Merkmals von wissensbasierten Systemen im CASE unterstützte Aktivitäten im Systemlebenszyklus

Die Häufigkeitsverteilung der von den entwickelten wissensbasierten Systemen unterstützten Aktivitätentypen stellt Abb. 5-10 dar.

Codegenerierung und Benutzerführung bei der Nutzung von Werkzeugen zur Durchführung bestimmter Software-Entwicklungstätigkeiten erweisen sich als die am häufigsten von wissensbasierten Systemen unterstützten Aktivitätentypen (siehe Abb. 5-11).

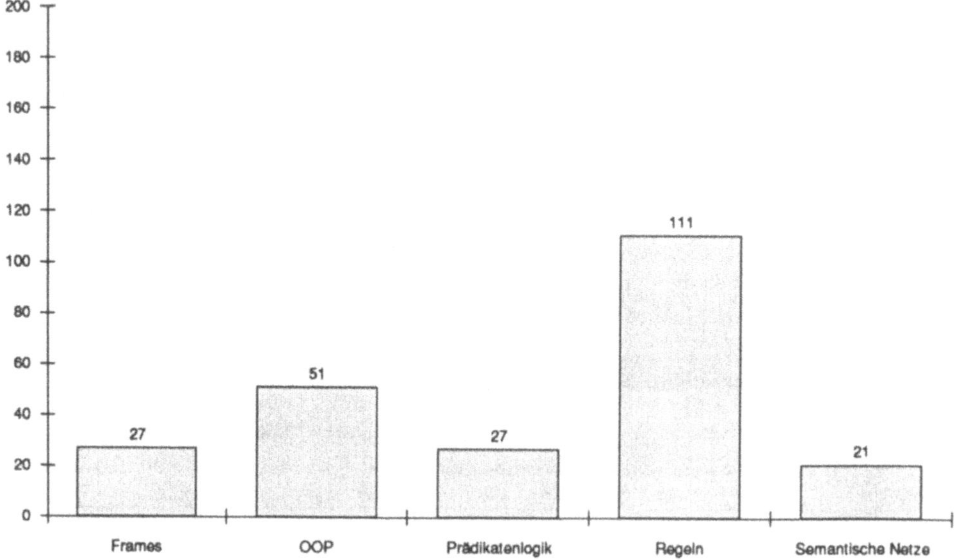

Abb. 5-11: Säulendiagramm zur absoluten Häufigkeitsverteilung des Merkmals von wissensbasierten Systemen im CASE unterstützte Aktivitäten im Systemlebenszyklus[119]

Innerhalb des Aktivitätentyps Anforderungsanalyse dominieren dialogorientierte wissensbasierte Systeme zur Unterstützung der Entwicklung ausführbarer Spezifikationen.[120]

Auch für den Aktivitätentyp Aufwandsschätzung existieren bereits unterstützende wissensbasierte Systeme, die häufig auf einer Daten früherer Projekte beinhaltenden Erfahrungsdatenbank basieren und Heuristiken über den Zusammenhang zwischen bestimmten Projektmerkmalen sowie über den damit verbundenen Aufwand enthalten.[121]

Einen weiteren Einsatzschwerpunkt wissensbasierter Systeme bildet die Führung des Benutzers durch den Software-Entwicklungsprozeß. Die Hilfestellungen reichen dabei von Anleitungen bei bestimmten Software-Entwicklungsaktivitäten[122] bis zu Leistungen, die die Software-Entwicklung ohne Kenntnis einer Programmiersprache ermöglichen sollen[123].

Die Vielzahl codegenerierender wissensbasierter Systeme resultiert vermutlich z. T. noch aus den Bemühungen der automatischen Programmierung.[124] Dies belegen zahlreiche Systeme, die auf der Basis sehr formaler (zumeist algebraischer) Spezifikationen ADA- oder PROLOG-Programme produzieren.[125] Demgegenüber ist ebenfalls eine zunehmende Tendenz zur Programm-Codeerzeugung in konventionellen Sprachen, wie C oder COBOL, auf der Grundlage grafischer Spezifikationen zu erkennen.[126]

Den prominentesten Vertreter eines wissensbasierten Systems, das im Rahmen der Informationsverwaltung die Vollständigkeit und Konsistenz der gespeicherten Objekte gewährleisten soll, stellt die regelbasierte Enzyklopädie des CASE-Toolkit ADW/IEW dar.[127] Außerdem sind die Verwaltung von Objekten wie beispielsweise Spezifikationen[128] sowie die Transformation der in verschiedenen Systemlebenszyklusphasen gewonnenen Ergebnisse[129] als weitere von existierenden wissensbasierten Systemen wahrgenommene Informationsverwaltungsaufgaben zu nennen.

Die Bereitstellung von Expertise bei der Anwendung bestimmter Software-Entwicklungsmethoden ist ebenfalls ein charakteristisches Einsatzgebiet existierender wissensbasierter CASE-Systeme. Besonders häufig unterstützte Methoden sind neben JSP/JSD[130] v. a. das Entity-Relationship-Modell[131] sowie zunehmend objektorientierte Ansätze[132,133]

Wissensbasierte Systeme zur Testunterstützung besitzen als Testobjekte zumeist Programme[134], vielfach aber auch Spezifikationen[135].

Ein weiteres typisches Einsatzfeld wissensbasierter Systeme ist die Unterstützung der Auswahl wiederverwendbarer Programmkomponenten.[136] Ferner existieren zahlreiche Systeme, die Entwurfswissen mittels Rückübersetzung von Programmcode in (grafische) Spezifikationen wiederverwenden.[137]

Aufgabenklasse

Ergebnis 5:   Software-Entwicklungsaktivitäten der Aufgabenklasse Analyse (insbesondere Interpretation) werden als besonders geeignet für eine wissensbasierte Assistenz angesehen.

Abb. 5-12 illustriert, daß die der Aufgabenklasse Interpretation zuzuordnenden wissensbasierten CASE-Systeme überwiegen. Aber auch zur Lösung von Diagnose- und Planungsaufgaben erfolgt häufig der Einsatz wissensbasierter Systeme.

Aufgabenklasse	Gesamt		Umfrage		Rest	
	absolut	relativ	absolut	relativ	absolut	relativ
Diagnose	60	20,13%	12	16,22%	48	21,43%
Interpretation	74	24,83%	21	28,38%	53	23,66%
Konfigurierung	37	12,42%	13	17,57%	24	10,71%
Planung	53	17,79%	8	10,81%	45	20,09%
Unterweisung	5	1,68%	0	0,00%	5	2,23%
Vorhersage	7	2,35%	2	2,70%	5	2,23%
Unbekannt	62	20,81%	18	24,32%	44	19,64%
Summe	298	100,00%	74	100,00%	224	100,00%

Abb. 5-12: Häufigkeitsverteilung des Merkmals von wissensbasierten Systemen im CASE unterstützte Aufgabenklasse

Aggregiert man die Merkmalsausprägungen und -werte der einzelnen Aufgabenklassen zu den Oberklassen Analyse (Diagnose und Interpretation), Synthese (Konfigurierung und Planung) und Mischformen (Unterweisung und Vorhersage), so bestätigt sich die in Kapitel 3.4.1 dieser Arbeit formulierte These 17:

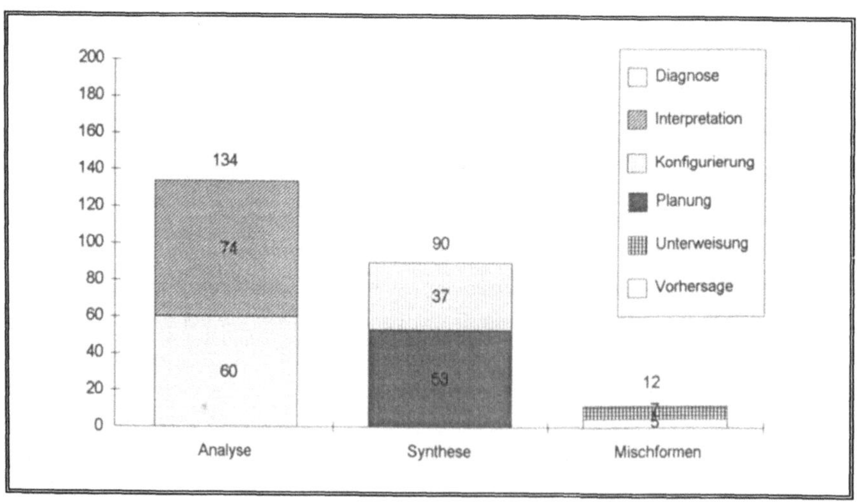

Abb. 5-13: Säulendiagramm zur absoluten Häufigkeitsverteilung des Merkmals von wissensbasierten Systemen im CASE unterstützte Aufgabenklasse[138]

Domänen, die der Aufgabenklasse Analyse zuzuordnen sind, dominieren das Anwendungsgebiet wissensbasierter CASE-Systeme. Dies belegt auch die grafische Darstellung der Untersuchungsergebnisse in Abb. 5-13.

5.1.3.1.3 Systembezogene Merkmalswerte wissensbasierter Systeme im Computer Aided Software Engineering

Status des Systems

Ergebnis 6:	Bei den existierenden Systemen handelt es sich überwiegend um Prototypen, was als Indiz dafür zu werten ist, daß sich wissensbasierte Systeme im CASE derzeit noch primär im Forschungsstadium befinden.

Die Analyse des Merkmals Status des Systems, das als Indikator für den Reifegrad wissensbasierter Systeme im CASE fungiert, wird v. a. durch die fehlende Evaluierung der Anbieter- bzw. Herstellerangaben im Rahmen der Befragung erschwert.[139] Während bei der Umfrage das Verhältnis von Produkten zu Prototypen ungefähr 1:1 entspricht, beträgt die Relation bei den aus anderen Quellen erhobenen Systemen 1:9. Dieses deutliche Übergewicht von Prototypen repräsentiert allerdings auch eher die Situation wissensbasierter Systeme in anderen betrieblichen Funktionsbereichen.[140] Außerdem bilden wissensbasierte Systeme in Produkten häufig lediglich ein auf fest umgrenzte Aufgaben beschränktes Subsystem innerhalb eines komplexen CASE-Werkzeugs.[141] Demgegenüber handelt es sich bei den Projekten und Prototypen meist um Systeme, bei denen die wissensbasierte Technologie im Vordergrund steht.[142] Diese Fakten sind bei der Interpretation der nachfolgenden Abb. 5-14 zu berücksichtigen.

Status	Gesamt		Umfrage		Rest	
	absolut	relativ	absolut	relativ	absolut	relativ
Projekt	25	8,39%	3	4,05%	22	9,82%
Prototyp	174	58,39%	27	36,49%	147	65,63%
Running System	31	10,40%	11	14,86%	20	8,93%
Produkt	50	16,78%	33	44,59%	17	7,59%
Unbekannt	18	6,04%	0	0,00%	18	8,04%
Summe	298	100,00%	74	100,00%	224	100,00%

Abb. 5-14: Häufigkeitsverteilung des Merkmals Status wissensbasierter Systeme im CASE

Die Diskrepanz zwischen den Ergebnissen der Umfrage und den Ergebnissen anderer Recherchen stellt Abb. 5-15 grafisch dar.

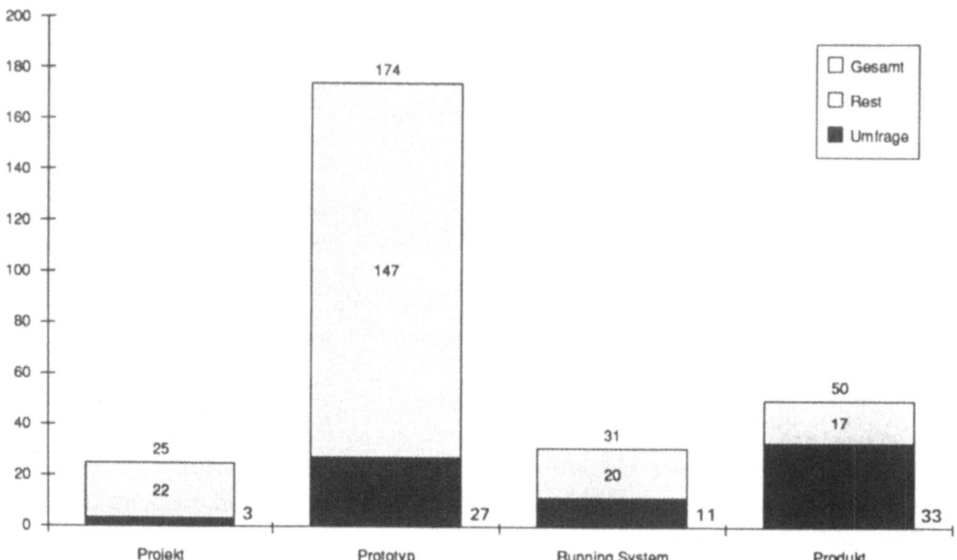

Abb. 5-15: Säulendiagramm zur absoluten Häufigkeitsverteilung des Merkmals Status wissensbasierter Systeme im CASE[143]

Aber auch unter Berücksichtigung der Umfrage zeigen die Gesamtzahlen deutlich, daß der bei weitem größte Teil wissensbasierter Systeme im CASE derzeit noch nicht das Forschungsstadium verlassen hat.[144]

Verhältnis von wissensbasiertem und konventionellem Code

> Ergebnis 7:   Die meisten untersuchten Systeme bestehen sowohl aus wissensbasiertem als auch aus konventionellem Code, wobei der Einsatz der wissensbasierten Technologie dominiert.

Sofern wissensbasierte Komponenten in vorhandene CASE-Werkzeuge integriert werden oder bei der Entwicklung selbständiger wissensbasierter Systeme auch konventionelle Technologie Verwendung findet, stellt sich die Frage nach der Bedeutung der wissensbasierten Bestandteile. These 19 des Kapitels 3.4.3 dieser Arbeit fordert die vollständige Integration wissensbasierter Komponenten in bestehende CASE-

Systeme, und Mertens, Borkowski, Geis prognostizieren sogar, daß langfristig wissensbasierte Systeme "ihre Selbständigkeit weitgehend einbüßen und als unselbständige Moduln in teilautomatisierte Entscheidungsunterstützungs-Systeme eingehen, wahrscheinlich mit einem Anteil von weit unter 50%"[145]. In diesem Zusammenhang ist der wissensbasierte Anteil des Programmcodes eines CASE-Werkzeugs als interessante Meßgröße zu nennen, deren Ermittlung sich jedoch in der Praxis äußerst schwierig gestaltet, so daß meist nur grobe Schätzungen möglich sind. Da derartige Angaben in der Literatur nur selten veröffentlicht werden, beschränkt sich das nachfolgend dargestellte Zahlenmaterial auf die Ergebnisse der Umfrage, bei der 30 Entwickler eine Schätzung abgaben (siehe Abb. 5-16).[146]

Anteil wissens- basierter Code	absolute Häufigkeit	relative Häufigkeit	absolute Sum- menhäufigkeit	relative Sum- menhäufigkeit
5%	0	0,00%	0	0,00%
10%	2	6,67%	2	6,67%
15%	0	0,00%	2	6,67%
20%	1	3,33%	3	10,00%
25%	1	3,33%	4	13,33%
30%	2	6,67%	6	20,00%
35%	0	0,00%	6	20,00%
40%	2	6,67%	8	26,67%
45%	0	0,00%	8	26,67%
50%	6	20,00%	14	46,67%
55%	0	0,00%	14	46,67%
60%	1	3,33%	15	50,00%
65%	0	0,00%	15	50,00%
70%	0	0,00%	15	50,00%
75%	0	0,00%	15	50,00%
80%	1	3,33%	16	53,33%
85%	0	0,00%	16	53,33%
90%	3	10,00%	19	63,33%
95%	2	6,67%	21	70,00%
100%	9	30,00%	30	100,00%

Abb. 5-16: Häufigkeits- und Summenhäufigkeitsverteilung des Merkmals Anteil des wissensbasierten Codes bei wissensbasierten Systemen im CASE

Wie die Spalte der relativen Summenhäufigkeit in Abb. 5-16 zeigt, beträgt bei 50% der untersuchten Systeme der Anteil des wissensbasierten Codes über 75%. Systeme, die zu 100% aus wissensbasiertem Code bestehen, machen lediglich einen Anteil von 30% an der Gesamtheit aus. Die Aggregation benachbarter Anteilsgrößen zu 5 Klassen mit einer einheitlichen Breite von jeweils 20% demonstriert ebenfalls, daß 15 der 30 untersuchten Systeme einen Anteil an wissensbasiertem Code von mindestens 80% aufweisen (siehe Abb. 5-17).

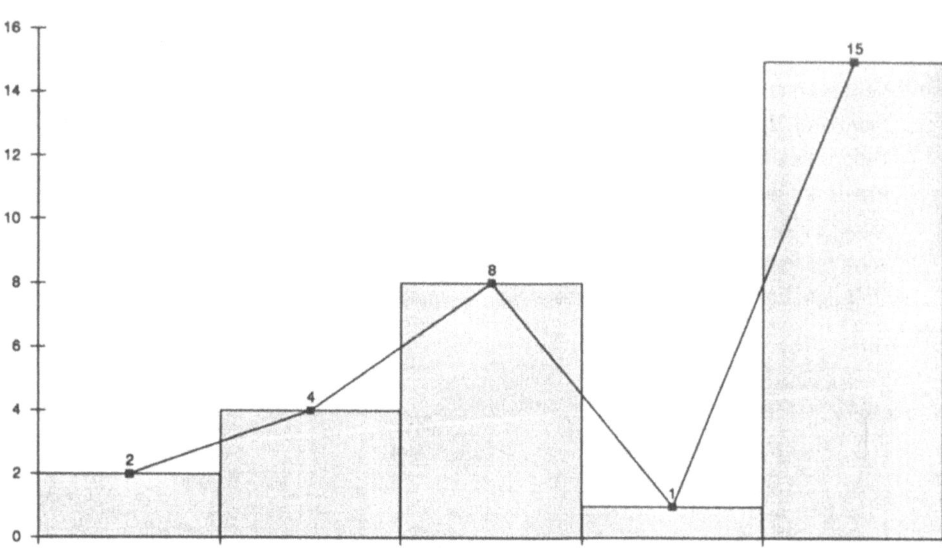

Abb. 5-17: Histogramm und Polygonzug zur Verteilung des Merkmals Verhältnis
von wissensbasiertem und konventionellem Code bei wissensbasierten
Systemen im CASE

Als Fazit ist festzuhalten, daß die Entwicklung der meisten untersuchten Systeme
zwar unter Zuhilfenahme konventioneller Technologie erfolgt, der Anteil des wissensbasierten Codes allerdings überwiegt.[147]

Wissensrepräsentationsformalismen

> Ergebnis 8: Prozedurale Darstellungstechniken, speziell Regeln, sind als die am
> häufigsten verwendeten Wissensrepräsentationsformalismen wis-
> sensbasierter Systeme im CASE zu nennen, aber auch die Objektori-
> entierte Programmierung stellt eine bedeutende Darstellungstechnik
> für Wissen zur Software-Entwicklung dar.

Der adäquaten Darstellung des Expertenwissens in der Wissensbasis kommt bei der
Entwicklung wissensbasierter Systeme eine herausragende Bedeutung zu.[148] Aus
diesem Grund unterliegen die bei den existierenden wissensbasierten Systemen im

CASE verwendeten Wissensrepräsentationsformalismen einer detaillierten Betrachtung.

Verglichen mit den Umfrageergebnissen weist die Analyse der Restquellen eine unverhältnismäßig hohe Anzahl unbekannter Merkmalswerte auf. Infolgedessen stellt Abb. 5-18 die relativen Häufigkeiten sowohl unter Berücksichtigung (Spalte relativ I) als auch unter Vernachlässigung (Spalte relativ II) der unbekannten Wissensrepräsentationsformalismen dar.

Forma-lismus	Gesamt			Umfrage			Rest		
	absolut	relativ I	relativ II	absolut	relativ I	relativ II	absolut	relativ I	relativ II
Frames	27	6,87%	11,39%	21	15,33%	16,28%	6	2,34%	5,56%
OOP	51	12,98%	21,52%	26	18,98%	20,16%	25	9,77%	23,15%
Prädikatenlogik	27	6,87%	11,39%	13	9,49%	10,08%	14	5,47%	12,96%
Regeln	111	28,24%	46,84%	55	40,15%	42,64%	56	21,88%	51,85%
Semant. Netze	21	5,34%	8,86%	14	10,22%	10,85%	7	2,73%	6,48%
Unbekannt	156	39,69%	-	8	5,84%	-	148	57,81%	-
Summe	393	100,00%	100,00%	137	100,00%	100,00%	256	100,00%	100,00%

Abb. 5-18: Häufigkeitsverteilung des Merkmals Wissensrepräsentationsformalismen wissensbasierter Systeme im CASE

Die Häufigkeitsverteilung des Merkmals Wissensrepräsentationsformalismen wissensbasierter Systeme im CASE (siehe Abb. 5-18) weist eine Disproportion zwischen den verschiedenen Erhebungsquellen auf. Die Überrepräsentanz von Frames und Semantischen Netzen bei den Umfrageergebnissen gemessen an den verwendeten Wissensrepräsentationsformalismen der aus anderen Datenquellen ermittelten Systeme kann einerseits in einer größeren Beliebtheit dieser Darstellungsformen in Deutschland begründet sein;[149] andererseits resultiert diese Diskrepanz möglicherweise lediglich aus der Heterogenität der Datenquellenqualität, so daß derartige Thesen anhand des vorliegenden Zahlenmaterials weder zu bestätigen noch zu dementieren sind.

Unabhängig von der Datenquelle ist als Ergebnis festzustellen, daß Regeln den verbreitetsten Wissensrepräsentationsformalismus darstellen.[150] Mit deutlichem Abstand folgt die Objektorientierte Programmierung als die am zweithäufigsten genutzte Darstellungsform, während Frames, Prädikatenlogik und Semantische Netze mit annähernd gleichen Häufigkeiten am Ende der Beliebtheitsskala rangieren (siehe Abb. 5-19).

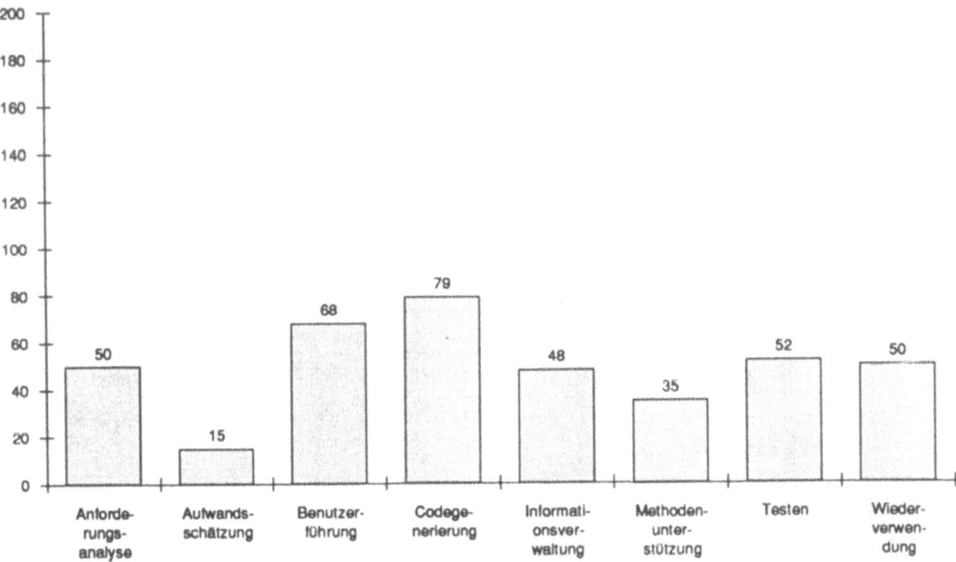

Abb. 5-19: Säulendiagramm zur absoluten Häufigkeitsverteilung des Merkmals Wissensrepräsentationsformalismen wissensbasierter Systeme im CASE[151]

Eine Klassifikation der betrachteten Wissensrepräsentationsformalismen ist auf der Basis unterschiedlicher Kriterien möglich: In Abhängigkeit von der Darstellungsart bezeichnet man Prädikatenlogik und Semantische Netze als deklarative, Regeln und Objektorientierte Programmierung als prozedurale Wissensrepräsentationen.[152] Frames enthalten sowohl deklarative als auch prozedurale Elemente. Die untersuchten wissensbasierten Systeme im CASE bedienen sich überwiegend (absolut 162, relativ II 68,35%) prozeduraler Darstellungstechniken, während deklarative Elemente vergleichsweise selten Verwendung finden (absolut 48, relativ II 20,25%).[153]

Der beschriebene Gegenstand bedingt eine Differenzierung von relationsbezogenen (Prädikatenlogik, Regeln) und objektorientierten (Semantische Netze, Frames, Objektorientierte Programmierung) Darstellungsmethoden.[154] In den untersuchten Systemen sind beide Wissensrepräsentationsformen realisiert, wobei die relations-bezogene (absolut 138, relativ II 58,23%) gegenüber der objektorientierten (absolut 99, relativ II 41,77%) Darstellungsform leicht präferiert wird.[155] In diesem Zusammenhang kann eine Längsschnittanalyse über einen größeren Zeitraum Aufschluß darüber geben, ob der Trend zur Objektorientierung bei wissensbasierten Systemen ähnlich verläuft wie bei konventionellen Systemen im CASE.[156]

Auf der Basis dieses Zahlenmaterials ist die Schlußfolgerung von der Häufigkeit auf den Eignungsgrad verwendeter Wissensrepräsentationsformalismen kritisch zu werten. Zu diesem Zweck müßte beispielsweise geprüft werden, ob regelbasierte Systeme einen geringeren Erstellungsaufwand verursachen oder/und von höherer Qualität sind als objektorientierte Systeme.[157]

Kombination verschiedener Wissensrepräsentationsformalismen

Ergebnis 9: Verschiedene Wissensrepräsentationsformalismen werden in wissensbasierten CASE-Systemen vielfach zu einer hybriden Wissensdarstellung kombiniert, wobei die Verknüpfung von Objektorientierter Programmierung mit Regeln die häufigste Verbindungsform darstellt.

Die zunehmende Komplexität der mit Hilfe wissensbasierter Systeme entwickelten Anwendungen hat in zahlreichen Domänen zu einer hybriden Darstellung des Wissens in der Wissensbasis geführt. Die Abb. 5-20 demonstriert, inwieweit die Kombination diverser Wissensrepräsentationsformalismen auch in wissensbasierten CASE-Systemen erfolgt.[158]

		Frames	OOP	Prädi-katen-logik	Regeln	Seman-tische Netze	Zeilen-summe
Frames	absolut	-	14	6	23	7	50
	relativ	-	5,19%	2,22%	8,52%	2,59%	18,52%
OOP	abcolut	14	-	7	29	6	56
	relativ	5,19%	-	2,59%	10,74%	2,22%	20,74%
Prädikatenlogik	absolut	6	7	-	23	4	40
	relativ	2,22%	2,59%	-	8,52%	1,48%	14,81%
Regeln	absolut	23	29	23	-	16	91
	relativ	8,52%	10,74%	8,52%	-	5,93%	33,70%
Semantische Netze	absolut	7	6	4	16	-	33
	relativ	2,59%	2,22%	1,48%	5,93%	-	12,22%
Spalten-	absolut	50	56	40	91	33	270
summe	relativ	18,52%	20,74%	14,81%	33,70%	12,22%	100,00%

Abb. 5-20: Häufigkeitsverteilung der Kombination verschiedener Wissensrepräsentationsformalismen wissensbasierter Systeme im CASE[159]

Die Daten belegen, daß Regeln nicht nur als absolut verbreitetste Darstellungsform zu nennen sind, sondern auch am häufigsten mit anderen Wissensrepräsentationsformalismen kombiniert werden: In mehr als einem Drittel aller untersuchten Fälle, in denen hybride Wissensdarstellungen vorliegen, finden Regeln Verwendung.

Die häufigste Erscheinungsform stellt mit 10,74% die Verknüpfung von Regeln und
Objektorientierter Programmierung dar. Während Frames und Prädikatenlogik
ebenfalls noch vielfach mit Regeln kombiniert werden, scheinen Semantische Netze
bei der Verbindung mit anderen Wissensrepräsentationen lediglich eine untergeordnete Rolle zu spielen.[160]

Umfang der Wissensbasis

> Ergebnis 10: Der Umfang der Wissensbasis unterliegt bei den untersuchten CASE-
> Systemen starken Schwankungen, tendenziell dominieren jedoch klei-
> ne wissensbasierte Systeme im CASE.

Der Umfang der Wissensbasis ist bei den untersuchten Systemen sehr unterschiedlich:[161] In regelbasierten Systemen reicht er beispielsweise von minimal 42 Regeln
bei dem in Kapitel 6 behandelten ExpertAssistant-System bis maximal 200.000 Regeln bei der wissensbasierten Programmierumgebung für IBM MVS-Rechner,
Transform[162]. Ähnliche Spannweiten finden sich ebenfalls bei Systemen, deren
Wissensbasisumfang in LOC gemessen wird: Hier erstreckt sich das Spektrum von
500 LOC bei TREX bis zu 124.000 LOC bei SOFTORG. Als Median ergibt sich ein
Merkmalswert von 175 Regeln bzw. 14.628 LOC.[163]

Folgt man der Klassifikation von Harmon, Maus, Morrissey und bezeichnet regelbasierte Systeme mit weniger als 500 Regeln als klein, Systeme mit 500 bis 1.500 Regeln als mittel und Systeme mit mehr als 1.500 Regeln als groß[164], so kommt man
im Rahmen der Untersuchung zu dem Ergebnis, daß bei den 20 regelbasierten Systemen im CASE, deren Regelanzahl bekannt ist, die kleineren Systeme dominieren
(siehe Abb. 5-21):

Systemgröße	Gesamt		Umfrage		Rest	
	absolut	relativ	absolut	relativ	absolut	relativ
Kleines System	14	70,00%	12	75,00%	2	50,00%
Mittleres System	2	10,00%	1	6,25%	1	25,00%
Großes System	4	20,00%	3	18,75%	1	25,00%
Summe	20	100,00%	16	100,00%	4	100,00%

Abb. 5-21: Klassierte Häufigkeitsverteilung des Merkmals Umfang der Wissensbasis
regelbasierter Systeme im CASE

Obwohl grundsätzlich eine positive Korrelation zwischen dem Umfang der Wissensbasis und dem Leistungsumfang eines Systems zu unterstellen ist, hängt die Anzahl der Regeln bzw. LOC außerdem von zahlreichen anderen, nicht erhobenen Faktoren, wie verwendete Methoden und Werkzeuge, Effizienz der Programmierung etc., ab, so daß von einer großen Wissensbasis nicht unbedingt auf einen hohen Qualitätsstandard des Systems geschlossen werden kann.

Erstellungsaufwand für das System

> Ergebnis 11: Obwohl zahlreiche Systeme mit einem Erstellungsaufwand von unter 20 Personenmonaten existieren, verursacht die Entwicklung wissensbasierter Systeme im CASE i. d. R. einen Aufwand von mehreren Personenjahren.

In der Vergangenheit waren wissensbasierte Systeme u. a. durch einen überdurchschnittlich hohen Entwicklungsaufwand charakterisiert: Systeme wie Hearsay oder Dendral verursachten Aufwendungen von mehr als 30 Personenjahren.[165] Aber trotz verbesserter Werkzeuge und erfahrenerer Entwicklungsteams kalkuliert man vielfach auch heute noch einen Aufwand von mehreren Personenjahren für die Entwicklung eines anspruchsvollen wissensbasierten Systems.[166]

Die Ergebnisse der Materialsammlung bestätigen diese These auch für wissensbasierte Systeme im CASE.[167] So verursachten 7 der untersuchten Systeme einen Aufwand von mehr als 200 Personenmonaten. Neben den 34 Systemen, zu denen konkrete Daten vorliegen (siehe Abb. 5-22), beinhaltet die Datenbasis weitere 16 Systeme, deren Entwicklungsdauer mehrere Jahre beträgt, ohne daß die genaue Anzahl der Personenmonate (bereits) bekannt ist.[168]

Personenmonate	absolute Häufigkeit	relative Häufigkeit	absolute Summenhäufigkeit	relative Summenhäufigkeit
bis 200	27	79,41%	27	79,41%
201 - 400	1	2,94%	28	82,35%
401 - 600	2	5,88%	30	88,24%
601 - 800	0	0,00%	30	88,24%
801 - 1000	2	5,88%	32	94,12%
über 1000	2	5,88%	34	100,00%

Abb. 5-22: Klassierte Häufigkeits- und Summenhäufigkeitsverteilung des Merkmals Erstellungsaufwand wissensbasierter Systeme im CASE[169]

Im Rahmen eines Esprit-Projekts wurden beispielsweise bislang bereits annähernd 2.000 Personenmonate in die Entwicklung des Systems REX investiert.[170]

Der Median der Häufigkeitsverteilung des Merkmals Erstellungsaufwand wissensbasierter Systeme im CASE beträgt 25 Personenmonate.[171]

Abb. 5-22 zeigt allerdings, daß bei 79,41% aller untersuchten wissensbasierten Systeme im CASE lediglich bis zu 200 Personenmonate für die Entwicklung aufgewendet wurden, so daß eine detailliertere Analyse dieser Klasse in Abb. 5-23 erfolgt.

Personenmonate	absolute Häufigkeit	relative Häufigkeit	absolute Summenhäufigkeit	relative Summenhäufigkeit
bis 10	8	29,63%	8	29,63%
11 - 20	7	25,93%	15	55,56%
21 - 30	5	18,52%	20	74,07%
31 - 40	3	11,11%	23	85,19%
41 - 50	0	0,00%	23	85,19%
51 - 60	2	7,41%	25	92,59%
61 - 200	2	7,41%	27	100,00%

Abb. 5-23: Klassierte Häufigkeits- und Summenhäufigkeitsverteilung des Merkmals Erstellungsaufwand wissensbasierter Systeme im CASE in der Klasse bis 200 Personenmonate[172]

Das dargestellte Zahlenmaterial belegt die Existenz zahlreicher Systeme mit relativ geringem Entwicklungsaufwand: Mehr als die Hälfte, d. h. absolut 15, von 27 untersuchten Systemen dieser Klasse verursachten eine Entwicklungsinvestition von maximal 20 Personenmonaten.

5.1.3.2 Zusammenhang relevanter Merkmale wissensbasierter Systeme im Computer Aided Software Engineering

Während die univariaten Darstellungen des vorangegangenen Abschnittes einen rein deskriptiven Charakter aufweisen, wird im folgenden mit Hilfe einer Subgruppenanalyse der mögliche Zusammenhang zwischen zwei Merkmalen[173] wissensbasierter Systeme im CASE untersucht.[174] Bei den 10 untersuchten Merkmalen ergeben sich 45 verschiedene Kombinationsmöglichkeiten, die als Objekte einer Subgruppenanalyse fungieren könnten, wovon allerdings eine Auswahl von 5 Merkmalskombinationen getroffen wird, die in bezug auf die Zielsetzung den höchsten Erkenntnisgewinn versprechen.

Als statistisches Maß für den Zusammenhang wird infolge der lediglich nominalen

Meßbarkeit der untersuchten Merkmale der korrigierte Kontingenzkoeffizient C von Pearson auf der Basis der Hilfsgröße χ^2 (Chi-Quadrat) berechnet, der für vollkommen unabhängige Merkmale den Wert 0 und für eindeutig abhängige Merkmale den Wert 1 annimmt; d. h. je näher sich der Kontingenzkoeffizient dem Wert 1 nähert, desto stärker ist der Zusammenhang.[175] Obwohl weiterführende Interpretationen statistisch nicht begründbar sind[176], wird der Betrag des Kontingenzkoeffizienten zwecks Vereinheitlichung der Sprachregelung in dieser Arbeit gemäß nachfolgender, auf Erfahrungswerten aus sozialwissenschaftlichen Untersuchungen im Rahmen der Überprüfung von Zusammenhanghypothesen basierender Klassifikation (siehe Abb. 5-24) interpretiert.

Art des Zusammenhangs	Wert des Kontingenzkoeffizienten C
Kein Zusammenhang	$C = 0$
Schwacher Zusammenhang	$0 < C < 0{,}3$
Mittlerer Zusammenhang	$0{,}3 \leq C < 0{,}5$
Starker Zusammenhang	$0{,}5 \leq C < 1$
Vollständiger Zusammenhang	$C = 1$

Abb. 5-24: Interpretation des Kontingenzkoeffizienten[177]

Der Analyse des Zusammenhangs relevanter Merkmale wissensbasierter Systeme im CASE[178] liegen die Beobachtungswerte der Gesamtdatenbasis unter Vernachlässigung der unbokannten Werte zugrunde.[179]

5.1.3.2.1 Entwicklerbezogene Zusammenhänge relevanter Merkmale wissensbasierter Systeme im Computer Aided Software Engineering

Erkenntnisziel entwicklerbezogener Zusammenhänge

Zusammenhangsanalysen, bei denen entwicklerbezogene Merkmale als unabhängige Variable fungieren, behandeln vorrangig die Frage, ob sich verschiedenartige Entwickler bei der Suche nach Aufgabenfeldern oder nach der technischen Gestaltung von wissensbasierten Systemen im CASE unterschiedlich verhalten. Die nachfolgende Untersuchung dient vornehmlich einer Kongruenzbeurteilung der Entwicklungsrichtungen in Theorie und Praxis und beschränkt sich infolgedessen auf den Zusammenhang zwischen der Art des Entwicklers und den unterstützten Phasen wissensbasierter Systeme im CASE.

Art des Entwicklers und unterstützte Phasen im Systemlebenszyklus

> Ergebnis 12: Zwischen der Art des Entwicklers und den unterstützten Phasen besteht ein mittlerer Zusammenhang: Die Entwicklungsaktivitäten der Anbieter bzw. Hersteller von Software-Werkzeugen sind vergleichsweise breiter über den Systemlebenszyklus gestreut als die der Forschungseinrichtungen, deren Entwicklung sich auf wissensbasierte CASE-Systeme zur Unterstützung der Phasen Analyse, Entwurf und Realisierung konzentriert.

Betrachtet man die beiden fundamentalen Entwicklerkategorien Anbieter bzw. Hersteller von Software-Werkzeugen und Forschungseinrichtungen, so gelangt man bei der Analyse des Zusammenhangs zwischen der Art des Entwicklers und den unterstützten Systemlebenszyklusabschnitten überwiegend zu Gemeinsamkeiten, aber auch zu einigen Unterschieden (siehe Abb. 5-25).

C = 0,30		Anbieter	Anwender	For-schungs-einrich-tung	Gemein-schafts-arbeit	Zeilen-summe
Analyse	absolut	34	3	34	16	87
	relativ	12,06%	18,75%	17,99%	22,86%	15,62%
Entwurf	absolut	46	6	41	15	108
	relativ	16,31%	37,50%	21,69%	21,43%	19,39%
Realisierung	absolut	55	2	52	11	120
	relativ	19,50%	12,50%	27,51%	15,71%	21,54%
Erprobung und Konsolidierung	absolut	27	0	6	5	38
	relativ	9,57%	0,00%	3,17%	7,14%	6,82%
Pflege und Wartung	absolut	45	2	15	7	69
	relativ	15,96%	12,50%	7,94%	10,00%	12,39%
Projektma-nagement	absolut	19	0	15	9	43
	relativ	6,74%	0,00%	7,94%	12,86%	7,72%
SQS	absolut	29	2	17	3	51
	relativ	10,28%	12,50%	8,99%	4,29%	9,16%
Dokumentation	absolut	27	1	9	4	41
	relativ	9,57%	6,25%	4,76%	5,71%	7,36%
Spalten-summe	absolut	282	16	189	70	557
	relativ	50,63%	2,87%	33,93%	12,57%	100,00%

Abb. 5-25: Kontingenztabelle der Merkmale Art des Entwicklers und unterstützte Phasen im Systemlebenszyklus

Beide Organisationsformen entwickeln vornehmlich Systeme für die Entwurfs- und Analysephase, wobei dies bei Forschungseinrichtungen mit einer höheren Intensität (39,68%) zu verzeichnen ist als bei erwerbswirtschaftlich orientierten Entwicklern (28,37%).

Ähnliche Divergenzen ergeben sich hinsichtlich der Unterstützung der Realisierungsphase, deren Anteil an der Gesamtheit der unterstützten Phasen bei Anbietern 19,50% und bei Forschungseinrichtungen 27,51% beträgt. Demgegenüber besitzen die Anbieter in der wissensbasierten Assistenz der Pflege- und Wartungsphase einen weiteren Schwerpunkt ihrer Entwicklungsaktivitäten.

Insgesamt verteilen sich die Entwicklungsaktivitäten der Anbieter gleichmäßiger auf den Systemlebenszyklus als bei Forschungseinrichtungen, die ihre Ressourcen primär in Systeme zur Unterstützung der frühen Phasen investieren. Als potentieller Grund für diese Divergenz ist die Orientierung der erwerbswirtschaftlich agierenden Anbieter an den Anforderungen des Marktes, der Systeme zur Unterstützung sämtlicher Phasen des Systemlebenszyklus fordert, zu nennen, während die Wissenschaftler ein Forschungsdefizit in der Unterstützung der frühen Phasen der Software-Entwicklung sehen und entsprechende Projekte initiieren.

Einen mittelstarken Zusammenhang zwischen Entwicklertypus und unterstützter Phase belegt auch der Kontingenzkoeffizient von 0,30.

5.1.3.2.2 Aufgabenbezogene Zusammenhänge relevanter Merkmale wissensbasierter Systeme im Computer Aided Software Engineering

Erkenntnisziel aufgabenbezogener Zusammenhänge

Die Analyse des Zusammenhangs aufgabenbezogener Merkmale erfolgt mit verschiedenen Intentionen: Kontingenzen zwischen den unterstützten Phasen bzw. der Aufgabenklasse und dem Status des Systems sollen Auskunft darüber erteilen, inwieweit die Lösungsansätze für bestimmte Aufgaben bereits Einsatzreife erlangt haben. Relationen zwischen den unterstützten Phasen und der Aufgabenklasse können in Verbindung mit einem potentiellen Zusammenhang zwischen Aufgabenklasse und Wissensrepräsentationsformalismen erste Anregungen für eine wirksame technische Gestaltung wissensbasierter Systeme im CASE liefern.

Unterstützte Phasen im Systemlebenszyklus und Status des Systems

> Ergebnis 13: Zwischen den unterstützten Phasen und dem Status des Systems
> besteht ein schwacher Zusammenhang: Die Dominanz der wissens-
> basierten CASE-Systeme zur Unterstützung der frühen Phasen des
> Systemlebenszyklus spiegelt sich lediglich unterproportional in der
> Anzahl der tatsächlich im Unternehmen einsatzfähigen Systeme wi-
> der.

Eine differenzierte Beurteilung des Stands wissensbasierter CASE-Systeme in
Theorie und Praxis bedingt eine detailliertere Analyse des Status der existierenden
Systeme.

Der Kontingenzkoeffizient von 0,28 impliziert einen schwachen bis mittleren Zusammenhang zwischen den unterstützten Phasen im Systemlebenszyklus und dem
Reifegrad wissensbasierter CASE-Systeme.

Abb. 5-26 demonstriert das deutliche Übergewicht der Entwicklungsaktivitäten in den
frühen Phasen des Systemlebenszyklus, das sich offensichtlich nicht in einsatzfähigen Systemen bzw. marktgängigen Produkten niederschlägt.

C = 0,28		Projekt	Prototyp	Running System	Produkt	Zeilen-summe
Analyse	absolut	12	45	9	24	90
	relativ	21,43%	15,73%	12,50%	13,19%	15,10%
Entwurf	absolut	12	57	12	33	114
	relativ	21,43%	19,93%	16,67%	18,13%	19,13%
Realisierung	absolut	12	73	12	35	132
	relativ	21,43%	25,52%	16,67%	19,23%	22,15%
Erprobung und Konsolidierung	absolut	3	12	6	20	41
	relativ	5,36%	4,20%	8,33%	10,99%	6,88%
Pflege und Wartung	absolut	5	29	9	30	73
	relativ	8,93%	10,14%	12,50%	16,48%	12,25%
Projektma-nagement	absolut	4	31	4	8	47
	relativ	7,14%	10,84%	5,56%	4,40%	7,89%
SQS	absolut	5	27	11	14	57
	relativ	8,93%	9,44%	15,28%	7,69%	9,56%
Dokumentation	absolut	3	12	9	18	42
	relativ	5,36%	4,20%	12,50%	9,89%	7,05%
Spalten-summe	absolut	56	286	72	182	596
	relativ	9,40%	47,99%	12,08%	30,54%	100,00%

Abb. 5-26: Kontingenztabelle der Merkmale unterstützte Phasen im Systemlebenszyklus und Status des Systems[180]

Die grafische Darstellung (siehe Abb. 5-27) der einsatzfähigen Systeme sowie der nicht einsatzfähigen Systeme, differenziert nach den Phasen des Systemlebenszyklus, führt zu folgenden Ergebnissen: Aggregiert man Projekte und Prototypen zur Kategorie nicht einsatzfähige sowie Running Systems und Produkte zur Kategorie einsatzfähige Systeme, so zeigt sich, daß die Systeme zur Unterstützung der Analyse-, Entwurfs- und Realisierungsphase sowie für das Projektmanagement die Schwelle zur betrieblichen Einsatzreife derzeit überwiegend noch nicht überschritten haben. Demgegenüber dominieren sowohl in den Phasen der Erprobung und Konsolidierung, Pflege und Wartung als auch für die Dokumentation einsatzfähige Systeme. Dies könnte für die Hersteller von Software-Werkzeugen einen Anreiz zur Entwicklung wissensbasierter Systeme zum Einsatz in diesen, von konventionellen CASE-Werkzeugen häufig qualitativ unzureichend unterstützten Phasen darstellen.

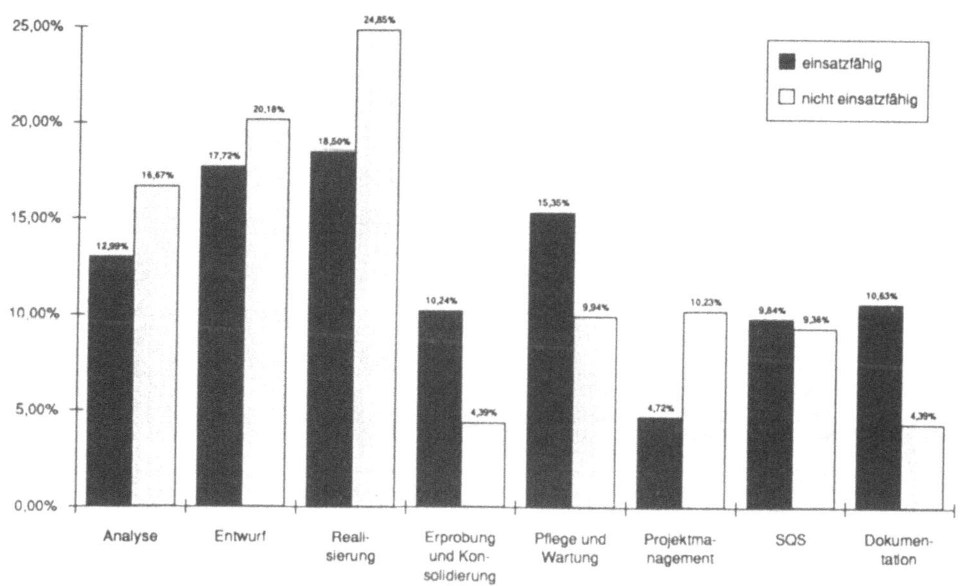

Abb. 5-27: Säulendiagramm zur Kontingenztabelle der Merkmale unterstützte Phasen im Systemlebenszyklus und Status des Systems

Unterstützte Phasen im Systemlebenszyklus und Aufgabenklasse

> Ergebnis 14: Zwischen den unterstützten Phasen und der Aufgabenklasse
> wissensbasierter Systeme im CASE ist ein starker Zusammenhang zu
> verzeichnen: In den einzelnen Phasen des Systemlebenszyklus re-
> spektive während phasenübergreifender Maßnahmen herrscht jeweils
> ein bestimmter Aufgabentyp vor.

Ein bemerkenswertes Ergebnis dieser Untersuchung ist der starke Zusammenhang
zwischen den unterstützten Phasen im Systemlebenszyklus und dem zugeordneten
Aufgabentyp (siehe Abb. 5-28), den auch ein Kontingenzkoeffizient von 0,54 bestätigt.

C = 0,54		Diagnose	Interpretation	Konfigurierung	Planung	Unterweisung	Vorhersage	Zeilensumme
Analyse	absolut	16	18	11	24	0	0	69
	relativ	14,29%	11,84%	14,86%	19,67%	0,00%	0,00%	14,65%
Entwurf	absolut	18	24	11	28	0	0	81
	relativ	16,07%	15,79%	14,86%	22,95%	0,00%	0,00%	17,20%
Realisierung	absolut	17	54	21	18	4	0	114
	relativ	15,18%	35,53%	28,38%	14,75%	100,00%	0,00%	24,20%
Erprobung und Konsolidierung	absolut	6	11	3	7	0	0	27
	relativ	5,36%	7,24%	4,05%	5,74%	0,00%	0,00%	5,73%
Pflege und Wartung	absolut	16	23	9	11	0	0	59
	relativ	14,29%	15,13%	12,16%	9,02%	0,00%	0,00%	12,53%
Projektmanagement	absolut	7	6	3	18	0	7	41
	relativ	6,25%	3,95%	4,05%	14,75%	0,00%	100,00%	8,70%
SQS	absolut	26	8	7	9	0	0	50
	relativ	23,21%	5,26%	9,46%	7,38%	0,00%	0,00%	10,62%
Dokumentation	absolut	6	8	9	7	0	0	30
	relativ	5,36%	5,26%	12,16%	5,74%	0,00%	0,00%	6,37%
Spaltensumme	absolut	112	152	74	122	4	7	471
	relativ	23,78%	32,27%	15,71%	25,90%	0,85%	1,49%	100,00%

Abb. 5-28: Kontingenztabelle der Merkmale unterstützte Phasen im Systemlebenszyklus und Aufgabenklasse[181]

Bei den untersuchten Systemen dominieren Aufgaben der Diagnose während der
Software-Qualitätssicherung, Aufgaben der Interpretation in der Realisierungsphase,
Aufgaben der Konfigurierung im Rahmen der Dokumentation und Aufgaben der Planung im Projektmanagement. Alle Systeme der Unterweisung unterstützen die Realisierungsphase, während alle Systeme der Vorhersage dem Projektmanagement

dienen.[182]

Offensichtlich sind die Software-Entwicklungstätigkeiten der einzelnen Systemlebenszyklusphasen typisch für eine bestimmte Aufgabenklasse. Diese Tatsache könnte in Verbindung mit einem potentiellen Zusammenhang zwischen Aufgabenklasse und Wissensrepräsentationsformalismus erste technische Anhaltspunkte für die Initiierung von Projekten im Bereich wissensbasierter CASE-Systeme bieten.

Aufgabenklasse und Status des Systems

Ergebnis 15: Zwischen dem Status des Systems und der zugeordneten Aufgabenklasse existiert ein schwacher Zusammenhang: Aufgaben der Planung, Unterweisung und Vorhersage werden seltener von marktgängigen wissensbasierten CASE-Produkten unterstützt als andere Aufgaben.

Die nachfolgende Abb. 5-29 gibt u. a. darüber Aufschluß, ob wissensbasierte CASE-Systeme bestimmter Aufgabenklassen besonders häufig in die betriebliche Praxis überführt werden.

C = 0,25		Diagnose	Interpretation	Konfigurierung	Planung	Unterweisung	Vorhersage	Zeilensumme
Projekt	absolut	3	6	4	6	0	0	19
	relativ	5,36%	8,45%	11,76%	11,76%	0,00%	0,00%	8,56%
Prototyp	absolut	34	42	20	36	2	6	140
	relativ	60,71%	59,15%	58,82%	70,59%	66,67%	85,71%	63,06%
Running System	absolut	7	10	3	5	1	1	27
	relativ	12,50%	14,08%	8,82%	9,80%	33,33%	14,29%	12,16%
Produkt	absolut	12	13	7	4	0	0	36
	relativ	21,43%	18,31%	20,59%	7,84%	0,00%	0,00%	16,22%
Spaltensumme	absolut	56	71	34	51	3	7	222
	relativ	25,23%	31,98%	15,32%	22,97%	1,35%	3,15%	100,00%

Abb. 5-29: Kontingenztabelle der Merkmale Aufgabenklasse und Status des Systems

Die dargestellten Merkmalswerte zeigen keine eindeutigen Tendenzen. Produkte unterstützen ebenso häufig Aufgaben der Diagnose und Interpretation wie Aufgaben der Konfigurierung, was als Indiz für die praktische Relevanz oder für die besondere Eignung dieser Aufgaben für eine Lösung mittels praxisfähiger Systeme zu werten ist. Außerdem ist für den Einsatz in der Aufgabenklasse Planung ein überdurchschnittlich hoher Anteil wissensbasierter CASE-Systeme zu verzeichnen, die sich derzeit noch im Forschungsstadium befinden.

Aufgabenklasse und Wissensrepräsentationsformalismen

> Ergebnis 16: Zwischen der Aufgabenklasse und den verwendeten Wissensrepräsentationsformalismen wissensbasierter Systeme im CASE besteht ein mittlerer Zusammenhang: In Abhängigkeit von der Aufgabenklasse werden unterschiedliche Wissensrepräsentationsformalismen präferiert.

Die Bedeutung der Aufgabenklasse für die Wahl von Wissensrepräsentationsformalismen und Wissensverarbeitungstechniken wurde bereits in Kapitel 3.4.1 dieser Arbeit dargelegt. Den Zusammenhang zwischen der Aufgabenklasse und der verwendeten Form zur Darstellung des Software-Entwicklungswissens dokumentiert Abb. 5-30.

C = 0,30		Diagnose	Interpre-tation	Konfigu-rierung	Pla-nung	Vorher-sage	Zeilen-summe
Frames	absolut	2	6	7	3	1	19
	relativ	5,26%	9,84%	20,00%	6,12%	16,67%	10,05%
OOP	absolut	11	13	5	9	1	39
	relativ	28,95%	21,31%	14,29%	18,37%	16,67%	20,63%
Prädikaten-logik	absolut	4	9	3	7	0	23
	relativ	10,53%	14,75%	8,57%	14,29%	0,00%	12,17%
Regeln	absolut	18	25	18	28	4	93
	relativ	47,37%	40,98%	51,43%	57,14%	66,67%	49,21%
Semantische Netze	absolut	3	8	2	2	0	15
	relativ	7,89%	13,11%	5,71%	4,08%	0,00%	7,94%
Spalten-summe	absolut	38	61	35	49	6	189
	relativ	20,11%	32,28%	18,52%	25,93%	3,17%	100,00%

Abb. 5-30: Kontingenztabelle der Merkmale Aufgabenklasse und Wissensrepräsentationsformalismen[183]

Die Beobachtungswerte und der Kontingenzkoeffizient von 0,30 implizieren einen mittelstarken Zusammenhang zwischen den beiden betrachteten Merkmalen. Offensichtlich werden in Abhängigkeit von der Aufgabenklasse unterschiedliche Wissensrepräsentationsformalismen präferiert. Aufgrund der divergierenden absoluten Merkmalswerte sind für die Analyse v. a. die relativen Häufigkeiten relevant, die

Abb. 5-31 grafisch darstellt.

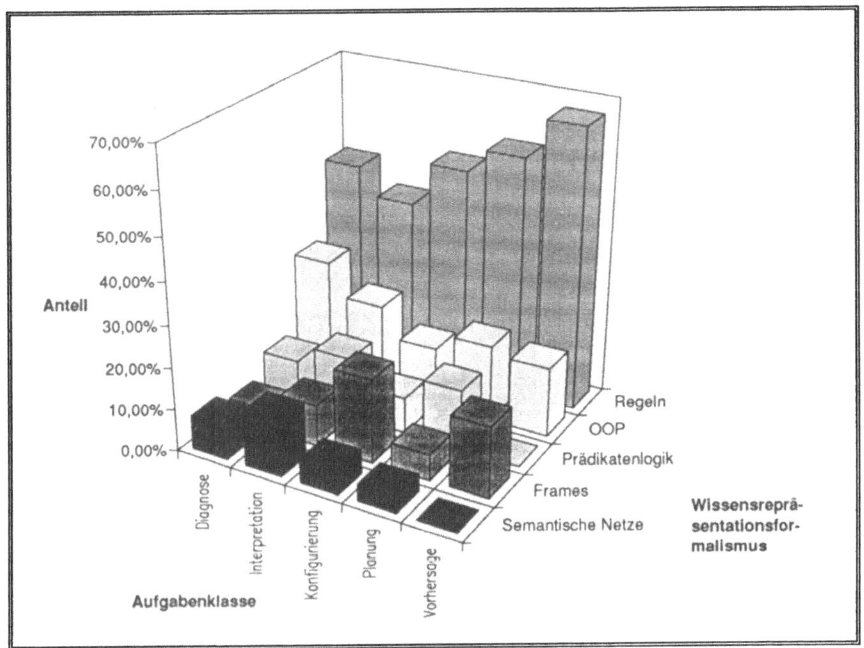

Abb. 5-31: Stereogramm zur Kontingenztabelle der Merkmale Aufgabenklasse und Wissensrepräsentationsformalismen[184]

Die Grafik verdeutlicht, daß Regeln als besonders geeignet für die Darstellung von Vorhersage- und Planungsproblemen, allerdings als weniger geeignet zur Repräsentation von Interpretationsaufgaben angesehen werden.[185] Die Objektorientierte Programmierung besitzt nach Ansicht der Entwickler wissensbasierter CASE-Systeme besondere Vorteile im Bereich der Diagnoseaufgaben, jedoch nicht für Konfigurierungsprobleme. Hingegen finden Frames insbesondere in dieser Aufgabenklasse häufig Verwendung, während ihnen bei der Darstellung des Wissens zur Lösung von Diagnoseaufgaben lediglich eine unterdurchschnittliche Bedeutung zukommt. Ähnliche Vermutungen lassen sich auf der Basis der Abb. 5-30 und Abb. 5-31 bezüglich der Wissensrepräsentationsformalismen Semantische Netze und Prädikatenlogik formulieren. Vorbehaltlich der Prämisse, daß aus der Beliebtheit eines Wissensrepräsentationsformalismus auf dessen Eignungsgrad geschlossen werden kann, bieten diese Untersuchungsergebnisse potentiellen Entwicklern wissensbasierter Systeme im CASE erste Orientierungshilfen bei der Wahl eines geeigneten Wissensrepräsentationsformalismus.

5.1.3.2.3 Systembezogene Zusammenhänge relevanter Merkmale wissensbasierter Systeme im Computer Aided Software Engineering

Erkenntnisziel systembezogener Zusammenhänge

Zweck der folgenden Subgruppenanalyse ist die Bereitstellung von Entscheidungshilfen für die Wahl geeigneter Wissensrepräsentationsformalismen.[186]

Wissensrepräsentationsformalismen und Status des Systems

> Ergebnis 17: Zwischen verwendeten Wissensrepräsentationsformalismen und dem Reifegrad des Systems ist ein mittlerer Zusammenhang festzustellen: In marktgängigen wissensbasierten CASE-Produkten erweisen sich Objektorientierte Programmierung und Frames als die am häufigsten eingesetzten Wissensrepräsentationsformalismen.

Wie bereits mehrfach erwähnt, kann aus der Beliebtheit eines Wissensrepräsentationsformalismus nicht zwangsläufig auf dessen Eignungsgrad geschlossen werden. Ein Indikator für den offensichtlich erfolgreichen Einsatz von Wissensrepräsentationsformalismen stellt jedoch der Reifegrad des Systems dar. Die Kontingenztabelle führt hierbei zu einigen beachtlichen Ergebnissen (siehe Abb. 5-32).

C = 0,37		Frames	OOP	Prädikatenlogik	Regeln	Semantische Netze	Zeilensumme
Projekt	absolut	3	8	1	0	1	13
	relativ	11,11%	15,69%	3,85%	0,00%	5,00%	5,75%
Prototyp	absolut	9	21	15	60	10	115
	relativ	33,33%	41,18%	57,69%	58,82%	50,00%	50,88%
Running System	absolut	5	3	3	13	4	28
	relativ	18,52%	5,88%	11,54%	12,75%	20,00%	12,39%
Produkt	absolut	10	19	7	29	5	70
	relativ	37,04%	37,25%	26,92%	28,43%	25,00%	30,97%
Spaltensumme	absolut	27	51	26	102	20	226
	relativ	11,95%	22,57%	11,50%	45,13%	8,85%	100,00%

Abb. 5-32: Kontingenztabelle der Merkmale Wissensrepräsentationsformalismen und Status des Systems

Die Beobachtungswerte und der daraus errechnete Kontingenzkoeffizient von 0,37 belegen einen mittleren Zusammenhang zwischen dem Systemstatus und den verwendeten Wissensrepräsentationsformalismen, was eventuell aus der Tatsache resultiert, daß die Einsatzfähigkeit des Systems mit der Effektivität des Wissensrepräsentationsformalismus steigt.

Allerdings sind nicht Regeln, sondern Objektorientierte Programmierung und Frames die in den untersuchten marktgängigen wissensbasierten CASE-Systemen am häufigsten eingesetzten Wissensrepräsentationsformalismen.[187]

Eine mittels dieser Erkenntnisse fundierte These lautet somit:[188] Regeln werden vielfach verwendet, weil zahlreiche Experten ihr Wissen in Form von Wenn-Dann-Aussagen kommunizieren und infolgedessen eine unmittelbare Übersetzung des Wissens in Programmcode möglich ist. Als wirksamere Wissensrepräsentationsformalismen sind allerdings Frames und Techniken der Objektorientierten Programmierung zu nennen.[189]

5.1.4 Kritische Reflexion der Untersuchungsergebnisse

Bevor die Essenz der Untersuchung unter Konfrontation mit der in Kapitel 5.1.1 erläuterten Zielsetzung kritisch reflektiert wird, sei an dieser Stelle nochmals auf die Probleme der Datenerhebung hingewiesen, die die Aussagefähigkeit der Ergebnisse teilweise einschränken:

- Es sind keine Aussagen über die Repräsentativität der untersuchten Systeme für die Gesamtmenge aller existierenden Systeme im CASE möglich.[190]

- Die Berücksichtigung von Systemen, bei denen eine Qualifizierung als wissensbasiert oder die Zuordnung zur Domäne CASE nicht mit Sicherheit konstatiert werden kann, führt u. U. zu einer zu umfangreichen Datenbasis.[191]

- Die Angaben der Entwickler sind unabhängig von der Datenquelle i. d. R. nicht verifizierbar.[192]

- Die durchgeführte Untersuchung unterliegt allen für derartige Untersuchungen typischen Schwächen und Problemen der empirischen Forschung.[193]

Die vorliegende Analyse ist trotz der genannten Mängel nicht grundsätzlich schlechter zu beurteilen als andere Untersuchungen, sie ist lediglich selbstkritischer. Dies ermöglicht dem Leser eine objektive Beurteilung der Ergebnisse sowie eine kontextabhängige Relativierung der Aussagen.

In bezug auf die Zielsetzung sind die Untersuchungsergebnisse wie folgt zu resümieren:

- "State of the Art" wissensbasierter Systeme im CASE

  Wissensbasierte Systeme im CASE befinden sich derzeit überwiegend noch im Forschungsstadium, zeigen aber in einzelnen Bereichen bereits Tendenzen zur Einsatzreife.

- Charakteristische Merkmale wissensbasierter Systeme im CASE

  Das "typische" wissensbasierte System im CASE stammt aus den U.S.A., wurde von einer Forschungseinrichtung als Prototyp für die Phase Entwurf und Analyse zur Führung des Software-Entwicklers bei der Anwendung einer Methode zur Erhebung und Spezifikation von Benutzeranforderungen unter Einsatz von Regeln entwickelt, generiert Code aus der Spezifikation und ist der Aufgabenklasse Analyse zuzuordnen. Außerdem bestehen tendenzielle Zusammenhänge zwischen den unterstützten Phasen im Systemlebenszyklus, der zugeordneten Aufgabenklasse, den verwendeten Wissensrepräsentationsformalismen und dem Reifegrad wissensbasierter CASE-Systeme.

- Beurteilung des heuristischen Bezugsrahmens

  Der heuristische Bezugsrahmen ist grundsätzlich als geeignet zu beurteilen. Neben einer Fundierung der übergeordneten Thesen 3-1 bis 3-6 und der merkmalsbezogenen Thesen 3-7 bis 3-19[194] wirft die Analyse existierender wissensbasierter Systeme im CASE allerdings auch weitere, bislang nicht formulierte Fragen auf, die Gegenstand weiterführender, detaillierterer Untersuchungen sein müssen. Die wichtigsten dieser Fragestellungen lauten:

  - Sind wissensbasierte CASE-Systeme, die am Markt angeboten werden, erfolgreicher als konventionelle Systeme?
  - Warum existieren zur Unterstützung von Software-Entwicklungsaktivitäten, für die wissensbasierte Systeme grundsätzlich geeignet sind, derzeit noch keine Prototypen?
  - Warum ist trotz der zahlreichen Prototypen zur Unterstützung des Software-Entwicklers derzeit die Anzahl der Running Systems sowie der marktgängigen Produkte noch so gering?
  - Sind die in bestimmten Aufgabenklassen eingesetzten Wissensrepräsentationsformalismen besonders geeignet?
  - Stellen die am häufigsten realisierten Kombinationen von Wissensrepräsentationsformalismen auch die wirksamsten dar?
  - Wie werden bei kombinierten konventionellen und wissensbasierten CASE-

Systemen bestehende Integrationsprobleme gelöst?

-   Verursachen wissensbasierte CASE-Systeme einen höheren Erstellungsaufwand als konventionelle CASE-Systeme?

● Wissenschaftliche und praktische Relevanz des Themas wissensbasiertes CASE

Die Untersuchung existierender wissensbasierter Systeme zur Entwicklung konventioneller Software dokumentiert zahlreiche Entwicklungsaktivitäten von Anwendern, Software-Häusern sowie Forschungseinrichtungen und damit das breite Interesse von Wissenschaft und Praxis am Themenkomplex wissensbasiertes CASE.

● Anregungen für Theorie und Praxis

Das Aufzeigen der grundsätzlichen Machbarkeit einer wissensbasierten Unterstützung der Software-Entwicklung kann zum Abbau von Schwellenängsten bei der Erprobung der wissensbasierten Technologie beitragen. Die existierenden Anwendungen bieten potentielle Anregungen für weitere Anstrengungen im Rahmen dieser Domäne. Die Erkenntnis eines Zusammenhangs zwischen unterstützten Phasen im Systemlebenszyklus und Aufgabenklasse einerseits sowie zwischen Aufgabenklasse und verwendeten Wissensrepräsentationsformalismen andererseits fungiert als Orientierungshilfe für den potentiellen Entwickler wissensbasierter Systeme im CASE bei der Projektplanung. Außerdem stellen die genannten Daten zur Systemgröße und zum Erstellungsaufwand erste, grobe Eckdaten zur Schätzung des Ressourcenbedarfs derartiger Projekte dar.

5.2   Darstellung ausgewählter wissensbasierter Systeme im Computer Aided Software Engineering

Die Materialsammlung hat gezeigt, daß sowohl experimentelle als auch produktiv einsetzbare wissensbasierte Systeme im CASE existieren. In den nachfolgenden Kapiteln wird jeweils ein charakteristischer Vertreter der einzelnen Kategorien exemplarisch vorgestellt.

Als Repräsentant der primär wissenschaftlich ausgerichteten Forschungsprototypen dient das seit 1986 im Rahmen des Alvey-Forschungsprogramms in Großbritannien entwickelte System Analyst Assist, das zu den Pionieren moderner wissensbasierter Systeme im CASE zählt und wahrscheinlich eines der bekanntesten Systeme in diesem Bereich ist.[195]

Das Werkzeug Sapiens fungiert als Vertreter der Kategorie einsatzfähige wissensbasierte CASE-Systeme, da es zum einen als Produkt frei am Markt erhältlich ist und

zum anderen laut Herstellerangaben "die Software-Entwicklung durch den Endbenutzer ohne Programmierkenntnisse ermöglicht"[196] und somit die umfassendste
denkbare Unterstützung im Rahmen des CASE bietet.

Schließlich erfolgt zum Abschluß der Untersuchung ausgewählter wissensbasierter
CASE-Systeme eine kurze Präsentation von ARROWSMITH-P, einem wissensbasierten System für das Projektmanagement, weil zu diesem System eine der weni-
gen methodisch durchgeführten Untersuchungen bezüglich der Wirksamkeit von
Entwicklungsmethoden und Wissensrepräsentationsformalismen sowie hinsichtlich
des Leistungspotentials wissensbasierter Systeme im CASE existiert.

5.2.1 Analyst Assist

Entwicklerbezogene Merkmalswerte

Das Analyst Assist Projekt ist ein Teil des britischen Alvey-Forschungsprogramms,
das neben dem Esprit-Programm der EG zu den größten Forschungsprogrammen in
Europa gehört, die u. a. die Entwicklung wissensbasierter Systeme fördern.[197]

An der Entwicklung sind neben der federführenden University of Manchester
(UMIST, Department of Computation) auch die Firmen Data Logic, Scicon, MJSL,
MOD-(ARE) und Istel beteiligt, so daß es sich um eine Gemeinschaftsarbeit han-
delt.[198]

Aufgabenbezogene Merkmalswerte

Als Gesamtziel des Analyst Assist Projekts ist die experimentelle Entwicklung von
wissensbasierten Werkzeugen für das Requirements Engineering, die eine Unterstützung auf einem höheren Niveau als die bestehende Werkzeuggeneration bieten,
zu nennen.[199]

Die selbstgesteckten Ziele lauten im einzelnen:[200]

- Bereitstellung aktiver Unterstützung für den Prozeß des Requirements Engineering mit dem Schwerpunkt Erhebung und Überprüfung von Benutzeranforderungen,

- Entwicklung von Werkzeugen zur Assistenz des Requirements Engineer bei der
  Formalisierung erhobener Benutzeranforderungen in eine JSD Spezifikation,

- Entwicklung von Werkzeugen zur Validierung und Verifizierung von JSD Spezifikationen mittels Prototyping und Spezifikationsanimation.

Ein besonderes Charakteristikum des Analyst Assist ist der Versuch, neben dem Wissen des Analytikers (Methodenwissen) auch Wissen über das Unternehmen, die relevanten Funktionsbereiche und die zu entwickelnde Anwendung bereitzustellen (Domänenwissen).[201] Derartiges Wissen ist zwar implizit auch in konventionellen Software-Entwürfen enthalten, die Nutzung für Schlußfolgerungen oder eine spätere Wiederverwendung bedingt jedoch eine explizite Darstellung und Verwaltung dieses Wissens.[202]

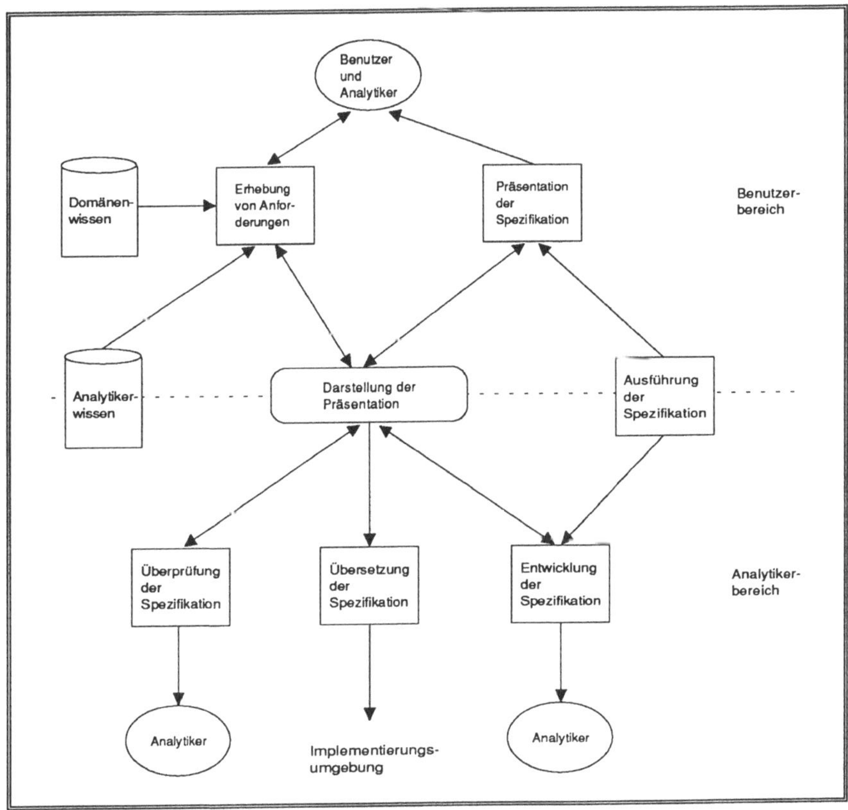

Abb. 5-33: Struktur des Analyst Assist[203]

Als Konsequenz des Leitgedankens, daß die Spezifikation einer Problemlösung neben der Verwendung geeigneter Methoden auch die Berücksichtigung des Zusammenhangs zwischen Lösung und Anwendungsgebiet erfordert, besteht Analyst Assist sowohl aus einer Wissensbank mit dem (Methoden-)Wissen des Analytikers über das Requirements Engineering als auch aus einer Domänenwissensbasis (siehe Abb. 5-33).

Im Benutzerbereich wird neben dem Analytikerwissen v. a. das Domänenwissen für die Generierung von Fragen an den Benutzer sowie für die Zusammenfassung, Strukturierung und Überprüfung der Benutzerantworten benötigt. Die anschließende Überführung dieser Anforderungen in eine formale Spezifikation sowie deren Überprüfung sind von Methodenwissen gesteuerte Prozesse im Analytikerbereich.[204]

Gemäß der in Kapitel 5.1.2.2.2 dargestellten Klassifikation handelt es sich somit um ein System zu Unterstützung der Analysephase, das den Aktivitätentypen Anforderungsanalyse, Benutzerführung und Methodenunterstützung (JSD) zuzuordnen ist. Die primär auf der Analyse von Benutzerangaben basierende Expertise zielt vorrangig auf die Ermittlung von Verstößen gegen die JSD Methode oder die Feststellung von Inkonsistenzen der Benutzerantworten ab, so daß sie der Aufgabenklasse Diagnose zuzuordnen ist.

Systembezogene Merkmalswerte

Im Rahmen des Analyst Assist Projekts werden einige wissensbasierte Werkzeuge zur Erfüllung der im vorangegangenen Abschnitt beschriebenen Aufgaben entwikkelt. Das Zusammenwirken dieser Werkzeuge zum Zwecke der Erhebung und Spezifikation von Benutzeranforderungen stellt Abb. 5-34 grafisch dar.

Die mittels eines Diagrammwerkzeugs (Fakten Input Tool) vom Benutzer akquirierten Fakten werden in einer Datenbank (Benutzerfaktenbasis) abgelegt und anschließend unter Berücksichtigung der vom Anwendungsgebiet abhängigen Konzepte in eine JSD Notation übersetzt.[205] Der JSD Methodenratgeber fungiert als Assistent für die Methodenschritte und bietet Konsistenzprüfungen für die entwickelte JSD Spezifikation.[206] Die Rückverfolgungseinrichtung stellt eine Verbindung zwischen der JSD Spezifikation und den Konzepten der Benutzerfaktenbasis her, um die Entwurfsentscheidungen nachzuvollziehen.[207] Der Erhebungsdialogformulierer analysiert unter Nutzung der Domänenwissensbasis die Benutzerfaktenbasis im Hinblick auf Unvollständigkeiten oder Widersprüche in den Anforderungen.[208]

Zwecks Vereinheitlichung der Systemarchitektur verwenden die Wissensbasen und die Benutzerfaktenbasis denselben Wissensrepräsentationsformalismus, sogenannte "conceptual graphs"[209]. Als Conceptual graphs bezeichnet man endliche, zweiseitige Grafen, deren Knoten entweder Konzepte (concepts) oder Verbindungen zwischen Konzepten (conceptual relations) darstellen.[210] Alle conceptual graphs werden zu einem Semantischen Netz (semantic net) zusammengefaßt. Neben der grafischen Darstellungsform existiert parallel eine textliche Notation, die eine unmittelbare Implementierung ermöglicht.[211]

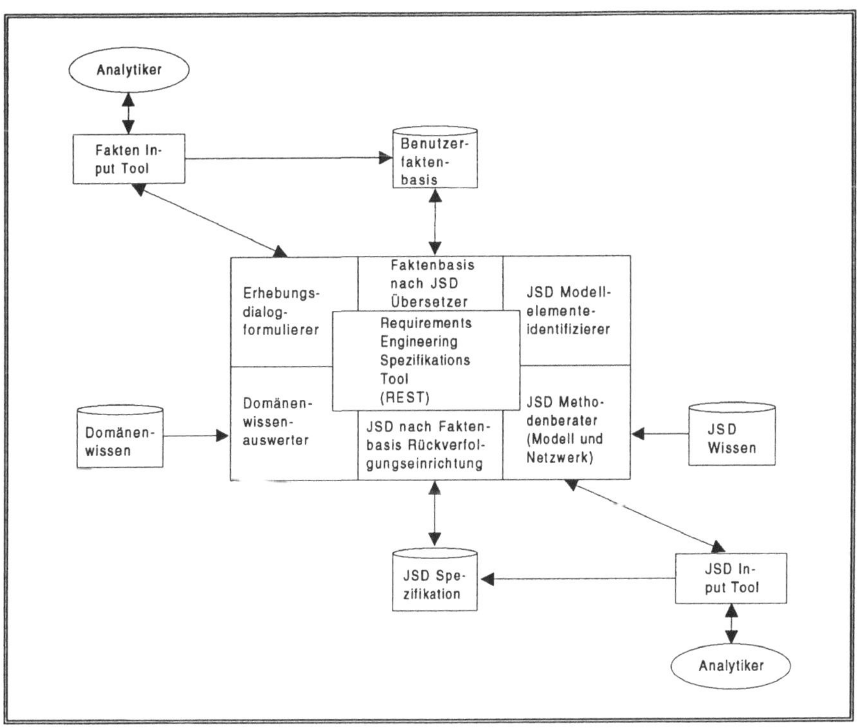

Abb. 5-34: Werkzeuge des Analyst Assist[212]

Das System wird mit dem Texas Instrument Explorers unter Verwendung von ART und COMMON LISP entwickelt. Der Prototyp ist außerdem auf eine Sun Workstation, ebenfalls unter ART und COMMON LISP, portiert worden.[213] Der von diesem System verursachte Entwicklungsaufwand beträgt mehr als 38 Personenjahre.[214]

Kritische Würdigung

Das Analyst Assist Projekt berücksichtigt einige zentrale Anforderungen, die im Rahmen dieser Arbeit ebenfalls erhoben werden: Zum einen die explizite Einbeziehung von Domänenwissen und zum anderen den Beseitigungsversuch bestehender

Kommunikationsprobleme zwischen Analytiker und Benutzer.[215] So kann die Spezifikationsüberprüfung unter Verwendung derselben Datenbasis sowohl seitens des Analytikers in der für ihn gewohnten JSD Notation als auch gleichzeitig seitens des Benutzers in Form des Testens des von Analyst Assist generierten, ausführbaren Spezifikationsprototypen erfolgen.[216]

Anderseits beseitigt Analyst Assist nicht die Mängel der zugrundeliegenden Methode JSD, die beispielsweise nicht zur direkten Kommunikation mit dem Benutzer oder zur ganzheitlichen Modellierung von Funktions- und Datenstrukturen geeignet ist.[217] Die Konzipierung von Analyst Assist als Insellösung, d. h. ohne Anbindung an im Unternehmen existierende Werkzeuge oder Datenbanken, ist als weiterer Kritikpunkt zu nennen. Die ausgewählte LISP-Umgebung erschwert die für den produktiven Einsatz erforderliche Integration von Analyst Assist in konventionelle CASE-Systeme.

5.2.2 Sapiens

Entwicklerbezogene Merkmalswerte

Sapiens ist das Ergebnis einer Kooperation zwischen Hochschulen und Unternehmen in Israel und wird seit 1987 als "Anwendungsgenerator und Datenbank-Management-System der 5. Generation mit einem wissensbasierten Comprehensive Data Dictionary, das die Softwareentwicklung durch den Endbenutzer ohne Programmierkenntnisse ermöglicht"[218], vertrieben. Weltweit hat Sapiens 150 Software-Pakete installiert.[219]

Aufgabenbezogene Merkmalswerte

Der Einsatz von Sapiens, d. h. das menügesteuerte Definieren von Datenstrukturen und Datenverarbeitungsregeln, soll den traditionellen Prozeß des Programmierens ablösen.[220] Obwohl sich infolgedessen eine eindeutige Zuordnung im Rahmen der in Kapitel 5.1.2.2.2 beschriebenen Phasenklassifikation als problematisch erweist, ist Sapiens als ein System zur Unterstützung der Phasen Entwurf und Realisierung zu charakterisieren.[221] Da die Entwicklung und Ausführung der Anwendungen mittels eines zu einer aktiven Wissensbasis erweiterten Data Dictionary[222] erfolgt, zählt neben der Benutzerführung und Codegenerierung auch die Informationsverwaltung zu den wichtigsten von Sapiens unterstützten Aktivitätentypen.[223] Demzufolge wird dieses System der Aufgabenklasse Interpretation zugeordnet.

Systembezogene Merkmalswerte

Anstelle prozeduraler Programme repräsentiert Sapiens Anwendungslogik mit Hilfe von Regeln, die jeweils den Anwendungsdaten, auf die sie sich beziehen, zugewiesen werden.[224] Hierbei erfolgt eine Unterstützung des Entwicklers durch die ebenfalls regelbasierte Wissensbasis[225] von Sapiens. Im Sinne der "Positiv Thinking" Strategie soll in diesen Regeln lediglich der positive Fall definiert werden, da das System die negativen Konsequenzen automatisch behandelt.

Eine Gruppe von Daten und zugehörigen Regeln bildet ein in beliebiger Reihenfolge definierbares und somit wiederverwendbares Objekt. Durch die Konstellation und das Zusammenwirken der Objekte ist eine Anwendung definiert. Aufgabe der zentralen Wissensbasis ist es, diese Anwendungsdefiniton permanent in Bildschirmmasken und Anwendungsabläufe umzusetzen und somit für die kontinuierliche Produktion von Prototypen zu sorgen, ohne Programmcode zu erzeugen.[226]

Kritische Würdigung

Sapiens ist einerseits als Beispiel für die erfolgreiche Integration wissensbasierter Technologie in ein marktgängiges CASE-Produkt zu nennen.[227] Die frühzeitige Verfügbarkeit von Prototypen fördert die Kommunikation zwischen Anwendern und Entwicklern und führt vielfach zu positiven Reaktionen der Fachabteilungen des betreffenden Unternehmens.[228]

Andererseits resultiert aus der speziellen Werkzeugarchitektur sowie aus der außergewöhnlichen Vorgehensweise die Gefahr der Herstellerabhängigkeit.[229] Sowohl die Konzipierung von Sapiens als eigenständiges wissensbasiertes Werkzeug als auch die spezielle, werkzeugabhängige Entwicklungsstrategie erfüllen außerdem weder die Anforderungen moderner CASE-Technologie[230] noch die Gestaltungsempfehlungen für wissensbasierte CASE-Systeme[231].

5.2.3 ARROWSMITH-P

Entwicklerbezogene Merkmalswerte

Das ARROWSMITH-P Projekt basiert auf einer Kooperation zwischen der University of Maryland (Department of Computation Science) und der National Aeronautics and Space Administration (NASA), so daß die in den U.S.A. ansässigen Entwickler der Kategorie Forschungseinrichtung zuzuordnen sind.[232]

Aufgabenbezogene Merkmalswerte

Die Domäne der ARROWSMITH-P Systeme ist das Software Engineering Management.[233] Die wissensbasierten Systeme fungieren als automatisierte Unterstützung des Projektmanagers bei der Entdeckung bzw. Einschätzung von Problemen während der Realisierungs- und Testphase eines Projekts.[234] Zu diesem Zweck beurteilen diese Systeme anhand von Kriterien wie LOC je Programmiererstunde, ob das Projekt einen ähnlichen Verlauf nimmt wie frühere Projekte, und versuchen bei eventuellen Abweichungen, die Ursachen, wie z. B. hohe Komplexität oder geringe Produktivität, zu ermitteln.[235] Drei zentrale Erkenntnisbereiche stehen hierbei im Mittelpunkt:[236]

- Machbarkeit der Entwicklung wissensbasierter Systeme für das Software Engineering Management,

- Wirksamkeit der Wissensakquisitionsmethoden und der Wissensrepräsentationsformalismen,

- Akzeptanz seitens der menschlichen Experten.

Systembezogene Merkmalswerte

Die Entwicklung der wissensbasierten Systeme erfolgte nach zwei verschiedenen Methoden:[237] In einem Bottom-Up Ansatz dienten die Symptome für einen abnormen Projektverlauf (Kennziffern abgeschlossener Projekte wie Programmiererstunden je LOC etc.) als Ausgangspunkt der Wissensakquisition. Die beiden menschlichen Experten entwickelten dann anhand dieser Kennziffern bestimmte Interpretationen und Diagnosen (z. B. geringe Produktivität). Beim Top-Down Ansatz wurden zunächst unterschiedliche Interpretationen und Diagnosen festgelegt und anschließend Kennziffern bestimmt, die auf einen abnormen Projektverlauf hinweisen. Außerdem fanden innerhalb der beiden Vorgehensweisen zwei verschiedene Wissensrepräsentationsformalismen Verwendung: Regeln und Frames. Somit entstanden vier voneinander unabhängige wissensbasierte Systeme, die auf der Basis diverser Kriterien untersucht wurden.[238]

Beim Test der Korrektheit von ARROWSMITH-P wurden die von den wissensbasierten Systemen erzielten Ergebnisse mit dem Inhalt einer Datenbank zum tatsächlichen Verlauf von zehn verschiedenen Projekten aus der Vergangenheit verglichen.[239] Den prozentualen Anteil der jeweils übereinstimmenden Resultate demonstriert Abb. 5-35.

	Wissensrepräsentation Regeln		Wissensrepräsentation Frames	
	Wissensakquisition		Wissensakquisition	
	Bottom-Up	Top-Down	Bottom-Up	Top-Down
Frühe Codierungsphase	43%	28%	13%	16%
Mittlere Codierungsphase	44%	33%	11%	16%
Späte Codierungsphase	29%	29%	15%	10%
Systemtestphase	33%	25%	20%	16%
Akzeptanzphase	29%	20%	20%	15%
Durchschnitt	36%	27%	16%	15%

Abb. 5-35: Grad der Übereinstimmung zwischen den Expertisen der wissensbasierten Systeme und den Informationen der Projekthistorie-Datenbank[240]

Die Essenz dieser Untersuchung kann vereinfacht in zwei Sätzen zusammengefaßt
werden:[241] Bei der Wissensakquisition führt der Bottom-Up Ansatz verglichen mit
dem Top-Down Ansatz zu besseren Ergebnissen. Die mit Regeln implementierten
Systeme bieten insgesamt vollständigere und bessere Problemlösungen als die mit
Frames realisierten Systeme.

Obwohl die Ergebnisse dieses Experiments nicht zwangsläufig repräsentativ für alle
wissensbasierten CASE-Systeme sind, entspricht die schlechte Beurteilung der
Frames den Resultaten der in Kapitel 5.1 dargestellten empirischen Untersuchung,
wonach Frames aus der Sicht der Entwickler existierender wissensbasierter Systeme im CASE zur Lösung von Diagnoseaufgaben lediglich unterdurchschnittlich
geeignet sind.[242]

Kritische Würdigung

ARROWSMITH-P zeichnet sich dadurch aus, daß insbesondere in den frühen Pro-
jektphasen relativ schnell Störungen erkannt werden und somit der Projektmanager
rechtzeitig vor einer Fehlentwicklung des Projekts gewarnt wird. Infolgedessen können Entscheidungen in derartigen Fällen ohne den Einfluß menschlicher Störfakto-
ren wie Streß oder subjektive Empfindung des Projektmanagers getroffen werden.

Andererseits belegen die Daten eine hohe Fehlerquote, die im praktischen Einsatz
wahrscheinlich einen Akzeptanzmangel des Systems verursachen würde. Somit
zeigt sich wiederum eine Grenze der Einsatzfähigkeit wissensbasierter Systeme im
CASE: Die zur Verfügung gestellte Expertise kann niemals besser sein als das zugrundeliegende Wissen in der Wissensbasis. Bei ARROWSMITH-P haben sich die
von den Experten genannten Kennziffern und Interpretations- respektive Diagnose-

muster als unzureichend für eine korrekte Einschätzung des Projektverlaufs erwiesen[243] und bieten demzufolge keinen Ersatz für menschliche Intuition.

Anmerkungen

1 Siehe hierzu auch Kapitel 1.2 dieser Arbeit.

2 Primäre Intention dieser Studie ist die Bestandsaufnahme existierender wissensbasierter Systeme im CASE und das Aufzeigen von deren gemeinsamen Merkmalen. In Anlehnung an Mertens, Borkowski, Geis /Expertensystem-Anwendungen/ wird deshalb im folgenden nicht von einer empirischen Untersuchung, sondern von einer Materialsammlung gesprochen, da dieser Terminus den Charakter der Untersuchung am treffendsten zum Ausdruck bringt.

3 "Empirie wird hierbei als die methodengerechte Vorgehensweise bei der Konfrontation mit der Realität bzw. bei der Gestaltung der Realität verstanden." Müller-Böling /Organisationsforschung/ 1493

4 Prüfende Untersuchungen gehen von vor Untersuchungsbeginn formulierten, eindeutigen und prinzipiell widerlegbaren Hypothesen mit oder ohne Effektgrößen als Maß für den Grad des Unterschieds bzw. der Veränderung aus. Voraussetzung hierfür sind gut strukturierte und definierte Theoriegebilde, aus denen sich derartige Hypothesen ableiten lassen. Vgl. Bortz /Lehrbuch der empirischen Forschung/ 2. Existierende Abhandlungen über wissensbasierte Systeme im CASE behandeln nur Teilgebiete sowie spezielle Problemfelder der Thematik und bieten keine geschlossene Theorie, auf deren Basis operationale bzw. überprüfbare Hypothesensysteme formuliert werden können. Vgl. z. B. Lowry, Duran /Knowledge-based Software Engineering/ 251-252 und die dort angeführte Literatur

5 Als Merkmal ist die Eigenschaft einer statistischen Einheit, die untersucht wird, zu verstehen; Merkmalsausprägungen bezeichnen mögliche Werte, die ein Merkmal annehmen kann; Merkmalswerte, auch Beobachtungswerte genannt, sind die an einer bestimmten statistischen Einheit festgestellten Merkmalsausprägungen. Vgl. Schwarze /Statistik/ 25-26

6 Vgl. Bortz /Lehrbuch der empirischen Forschung/ 217

7 Vgl. Bortz /Lehrbuch der empirischen Forschung/ 4

8 Bortz /Lehrbuch der empirischen Forschung/ 4. Hingegen erfordern populationsbeschreibende Untersuchungen, bei denen auf der Basis von Stichproben Populationsparameter geschätzt werden sollen, eine sorgfältige Auswahl von Art und Umfang der Stichprobe. Vgl. Bortz /Lehrbuch der empirischen Forschung/ 4

9 Vgl. z. B. Popper /Logik der Forschung/

10 Infolgedessen steht die durchgeführte Untersuchung auch nicht in Kontradiktion zum heuristischen Forschungsansatz. Siehe hierzu Kapitel 1.2 dieser Arbeit.

11 Bortz /Lehrbuch der empirischen Forschung/ 218. Zur Diskussion des Gehalts beschreibender und prüfender bzw. analytischer Untersuchungen siehe z. B. Alemann /Forschungsprozeß/ 157 ff.

12 Es handelt sich hierbei im wesentlichen um die Thesen aus Kapitel 3 dieser Arbeit. Die kritische Reflexion der Thesen aus Kapitel 4 erfolgt in Kapitel 7 auf der Basis der im Zusammenhang mit dem selbstentwickelten wissensbasierten System zur Methodenunterstützung im CASE gewonnenen Erfahrungen.

13 Hypothesentestende Untersuchungen, deren Ergebnisse zwar unter bestimmten Bedingungen auf andere Situationen übertragbar sind, aber keinen induktiven Schluß auf allgemeingültige Gesetzmäßigkeiten zulassen, werden auch als analytische Untersuchungen in Abgrenzung zu theorietestenden Untersuchungen bezeichnet. Vgl. Alemann /Forschungsprozeß/ 158-172. Allerdings wird bei der Exploration in der vorliegenden Untersuchung nicht der Anspruch einer statistischen Nachweisbarkeit der getroffenen Aussagen erhoben, da die Grundgesamtheit, d. h. die Menge aller existierender wissensbasierter Systeme im CASE, unbekannt ist und somit keine Aussagen über die Güte der Stichprobe gemacht werden können. Auf diese Problematik wird im nachfolgenden Kapitel 5.1.2 näher eingegangen.

14   Die Reihenfolge repräsentiert zugleich die Gewichtung der angestrebten Ziele, beginnend mit der wichtigsten Intention.

15   Die beiden ersten Arbeitsschritte waren bereits Gegenstand der vorangegangenen Kapitel.

16   In Anlehnung an Schnell, Hill, Esser /Methoden der empirischen Sozialforschung/ 110

17   Vgl. Kemper /Information-Resources-Management-Konzeptionen/ 60-61

18   Vgl. Kubicek /Heuristischer Bezugsrahmen/ 15. Im Rahmen einer streng empirischen, hypothesentestenden Untersuchung wird die Strukturierung und Gliederung des Vorwissens über das Forschungsprojekt auch theoretischer Bezugsrahmen genannt. Vgl. Kemper /Information-Resources-Management-Konzeptionen/ 63

19   Vgl. Kubicek /Heuristischer Bezugsrahmen/ 18-19

20   Vgl. Schnell, Hill, Esser /Methoden der empirischen Sozialforschung/ 113

21   Dieses Problem ergibt sich bei nahezu allen empirischen Forschungsvorhaben. Vgl. Schnell, Hill, Esser /Methoden der empirischen Sozialforschung/ 109-118

22   So erfordert beispielsweise eine empirische Akzeptanzuntersuchung die intensive Kooperation mit den Endbenutzern im Rahmen eines methodischen Vorgehens. Dies setzt wiederum das Vorhandensein funktionierender und produktiv eingesetzter wissensbasierter CASE-Systeme voraus, deren Existenz im folgenden nachzuweisen ist. Zur methodischen Vorgehensweise im Rahmen einer empirischen Akzeptanzuntersuchung siehe Anstötz /Akzeptanzorientierte Systemgestaltung/ 148-169

23   Dieses Merkmal dient primär zur Abgrenzung der Grundgesamtheit, da aus Praktikabilitätsgründen nicht alle weltweit existierenden wissensbasierten Systeme im CASE untersucht werden können.

24   Dieses Merkmal fungiert als Hilfsgröße zur Bestimmung der Motivation des Entwicklers. Bei Herstellern von CASE-Werkzeugen beispielsweise dominieren i. d. R. kommerzielle Interessen, während bei Forschungseinrichtungen wissenschaftliche Zielsetzungen überwiegen. Dabei ist zu beachten, daß z. B. auch Anwender oder CASE-Hersteller experimentelle wissensbasierte Systeme ohne unmittelbar monetäre Zweckverfolgung entwickeln, um erste Erfahrungen mit dieser Technologie zu sammeln. Vgl. Mertens, Borkowski, Geis /Betriebliche Expertensystem-Anwendungen/ 319

25   Dieses Merkmal ermöglicht Tendenzaussagen über die Eignung bestimmter Phasen für eine Unterstützung durch wissensbasierte Systeme.

26   Neben einer kurzen, verbalen Beschreibung der Funktionen des wissensbasierten CASE-Systems erfolgt die Bildung von Aktivitätentypen, denen die wissensbasierten Systeme zugeordnet werden. Da die Typisierung der Aktivitäten auf subjektiven, von Erfahrungswissen getragenen Entscheidungen des Verfassers basiert, werden keine statistischen Verfahren auf diese Daten angewendet.

27   Mit Hilfe der Kurzbeschreibungen wissensbasierter CASE-Systeme ist eine Zuordnung dieser Systeme zu bestimmten Aufgabenklassen möglich. Dieses Merkmal wird somit nicht direkt erhoben, sondern aus anderen Merkmalen abgeleitet.

28   Von entscheidender Bedeutung für die Beurteilung des Reifegrades wissensbasierter Systeme im CASE ist der Status bereits existierender Systeme, d. h. es ist zu prüfen, ob z. B. lediglich experimentelle Prototypen oder bereits lauffähige und eingesetzte Systeme entwickelt wurden.

29   Das Erfordernis einer sinnvollen Kombination wissensbasierter und konventioneller Technologie wurde bereits in Kapitel 3.4.3 und 4.1 dieser Arbeit dargestellt. Anhand des oben beschriebenen Merkmals läßt sich feststellen, inwieweit sich diese Erkenntnis in existierenden wissensbasierten CASE-Systemen widerspiegelt.

30   Die verwendeten Wissensrepräsentationsformalismen stellen erste Entscheidungshilfen für den potentiellen Entwickler wissensbasierter Systeme im CASE bei der Projektplanung bereit.

31 Auch wenn die Anzahl von Regeln oder LOC nicht unbedingt Rückschlüsse auf die Qualität des Systems oder das Ausmaß der Expertise zulassen, vermitteln sie dennoch einen Eindruck über den Umfang der Wissensbasis und somit über die Systemgröße und den Erstellungsaufwand (siehe auch nachfolgendes Merkmal).

32 Die Entscheidung über die Initiierung eines Projekts im Bereich wissensbasiertes CASE hängt u. a. von den zu investierenden Ressourcen ab. Insofern dient die Kenntnis des Aufwands, den die Entwicklung wissensbasierter CASE-Systeme bei ähnlichen Vorhaben in der Vergangenheit verursacht hat, als wichtige Entscheidungshilfe.

33 Im folgenden werden die Begriffe Staat und Land synonym verwendet.

34 Im folgenden teilweise in abgekürzter Form als Anbieter bezeichnet.

35 An dieser Stelle soll auf eine Unterscheidung zwischen Betrieb, Unternehmen und Unternehmung verzichtet werden. Als Unternehmen im Sinne dieser Materialsammlung werden Einheiten bezeichnet, die Systeme zur Unterstützung ihrer Aufgaben im Rahmen der Produktion und/oder des Absatzes von Sachgütern und/oder Dienstleistungen entwickeln. Dies gilt auch dann, wenn eine praktische Nutzung der entstandenen Systeme nicht beabsichtigt ist, sondern lediglich die Gewinnung neuer Erfahrungen angestrebt wird, die letztendlich wiederum der Erreichung des Unternehmensziels dient. Siehe zur Abgrenzung von Betrieb, Unternehmen und Unternehmung z. B. Grochla /Betrieb, Betriebswirtschaft und Unternehmung/ 541-557

36 Bei diesem Merkmal entstehen Abgrenzungsprobleme, wenn z. B. ein Hersteller von CASE-Produkten zwar wissensbasierte Systeme zur Software-Entwicklung erstellt, diese allerdings lediglich für unternehmensinterne Zwecke nutzt. Da unterstellt werden kann, daß das somit erworbene Knowhow in die spätere Entwicklung derartiger Produkte einfließt, erfolgt eine Zuordnung solcher Systeme zur Kategorie Anbieter bzw. Hersteller.

37 Zur Abgrenzung von Anwender und Benutzer siehe DIN /DIN V 66285 Gütebestimmungen/ 2

38 Innerhalb der Entwurfs- und Analysephase wird zwischen Problemdefiniton und Konzeption differenziert (siehe Kapitel 2.1.2.1 dieser Arbeit und die dort angeführte Literatur). In Anlehnung an die zahlreichen CASE-Werkzeugen zugrundeliegende Terminologie werden in der noch vorzustellenden Umfrage und somit auch bei der Darstellung der Untersuchungsergebnisse die Begriffe Analyse und Entwurf (Analysis and Design) verwendet, die allerdings die gleichen Aktivitäten beinhalten. Vgl. z. B. McClure /CASE is software automation/ 164

39 Falls ein wissensbasiertes System mehrere Aktivitäten unterstützt, sind auch hier mehrere Merkmalsausprägungen möglich.

40 Diese Tätigkeiten im Rahmen der Ermittlung von Benutzeranforderungen umfassen u. a. auch das Prototyping. Siehe hierzu Kapitel 3.3.1.1.1 dieser Arbeit.

41 Siehe Kapitel 3.3.2.1 dieser Arbeit.

42 Zu diesem Aktivitätentyp zählen alle Unterstützungsfunktionen wissensbasierter Systeme, die den Benutzer bei der Durchführung von Software-Entwicklungstätigkeiten anweisen und steuern.

43 Siehe hierzu Kapitel 3.3.1.1.2 und 3.3.1.2 dieser Arbeit.

44 Siehe hierzu Kapitel 3.3.2.3 dieser Arbeit.

45 Siehe hierzu Kapitel 3.3.1.1.1 und 3.3.1.2 dieser Arbeit.

46 Siehe hierzu Kapitel 3.3.2.2 dieser Arbeit.

47 Siehe hierzu Kapitel 3.3.1.1.2 dieser Arbeit.

48 Zur Abgrenzung von Forschungs- und Demonstrationsprototypen siehe Waterman /Guide to expert systems/ 139-140

49 Vgl. Spitta /Software Engineering und Prototyping/ 4. Unter dieser Kategorie werden auch Prototypen subsumiert, deren praktische Nutzung nie beabsichtigt war. Siehe hierzu auch Mertens, Borkowski, Geis /Expertensystem-Anwendungen/ 319-320

50 In der Praxis gestaltet sich die Abgrenzung zwischen Prototyp und Running System aufgrund fehlender eindeutiger Kriterien einerseits und infolge des raschen Übergangs vom Prototypen zum Running System andererseits als äußerst schwierig. Vgl. Mertens, Borkowski, Geis /Betriebliche Expertensystem-Anwendungen/ 2

51 Siehe hierzu Kapitel 2.2.1.2 dieser Arbeit.

52 Vgl. Minsky /Framework/ 211-213

53 Vgl. Ferstl, Sinz /Objektmodell/ 568

54 Vielfach werden derartige Systeme in der Sprache PROLOG implementiert. Vgl. Curth, Bölscher, Raschke /Entwicklung von Expertensystemen/ 14

55 Vgl. Lenz /Konstruktion systematischer Domänen/ 74

56 Vgl. Curth, Bölscher, Raschke /Entwicklung von Expertensystemen/ 10

57 Vgl. Curth, Bölscher, Raschke /Entwicklung von Expertensystemen/ 9. Bei hybriden Systemen nimmt das Merkmal Wissensrepräsentationsformalismen somit mindestens zwei Ausprägungen an.

58 Siehe zu alternativen Aufwandsgrößen auch Boehm /Software Engineering Economics/ 7-20

59 Als Vorbild fungiert die Materialsammlung von Mertens, Borkowski, Geis, die Anwendungen wissensbasierter Systeme, "sofern sie in der betrieblichen Praxis verwertbar sind", beinhaltet. Mertens, Borkowski, Geis /Betriebliche Expertensystem-Anwendungen/ 1

60 Vgl. Schnell, Hill, Esser /Methoden der empirischen Sozialforschung/ 247

61 In Anlehnung an die Definition wissensbasierter Systeme bei Schmitz /Expertensysteme/ 612. Zur Grundgesamtheit zählen auch wissensbasierte Systeme, die z. B. lediglich als Teilkomponente innerhalb eines konventionellen Programms eingesetzt werden.

62 Bei der Vollerhebung werden alle Elemente einer Grundgesamtheit erhoben, während sich die Teilerhebung auf die Betrachtung einer Untermenge der Grundgesamtheit beschränkt. Vgl. Schnell, Hill, Esser /Methoden der empirischen Sozialforschung/ 249

63 Dies verdeutlicht bereits der Versuch einer Bestimmung aller potentiellen Entwickler.

64 Dies ist bei vielen anderen Untersuchungen ebenfalls der Fall, allerdings werden solche Fakten häufig nicht aufgedeckt, was zu "Pseudostichproben" bzw. zu Ergebnissen mit lediglich vorgetäuschter Repräsentativität führt. Vgl. Bortz /Lehrbuch der empirischen Forschung/ 358

65 Eine derartige Erhebung wird anschließend vorgestellt.

66 Eine Eingrenzung der befragten Organisationen mit Hilfe von Größenkriterien wie Umsatz oder Mitarbeiterzahl würde zu vergleichbaren Problemen führen.

67 Auf eine Vollerhebung in diesen oder anderen Ländern wurde aus Wirtschaftlichkeitsgründen verzichtet.

68 Diese Materialsammlung wurde im Herbst 1990 begonnen und gibt den im Januar 1992 erreichten Stand wieder.

69 Diese Datenbanken enthalten Anwendungen wissensbasierter Systeme in den verschiedensten betrieblichen Funktionsbereichen und somit auch im Bereich der Software-Erstellung.

70 Sofern nicht in Mertens, Borkowski, Geis /Betriebliche Expertensystem-Anwendungen/ veröffentlicht, im folgenden als Mertens, Borkowski, Geis /Materialsammlung/ zitiert.

71 Im folgenden als Albit /X-INFO/ zitiert.

72 Wissensbasierte Systeme, von denen der Verfasser lediglich aufgrund derartiger nicht veröffentlichter Quellen (einschließlich der durchgeführten Befragung) Kenntnis erlangte, werden im folgenden als Herzwurm /CASEWBS/ zitiert.

73 Vgl. zu verschiedenen Erhebungstechniken sowie zu deren Vor- und Nachteilen Schnell, Hill, Es-

ser /Methoden der empirischen Sozialforschung/ 291-385

74 Die Ausführungen in diesem Abschnitt beziehen sich lediglich auf die vorgenommene Umfrage.

75 Als Quellen hierfür dienten insbesondere Balzert /TOOLs-Datenbank/; Nomina /ISIS Firmen Report 1991/; Nomina /ISIS Software Report 1991/. Weiterhin erfolgte eine Auswertung folgender in Zeitschriften veröffentlichter Marktübersichten: o. V. /Marktübersicht: CASE/; o. V. /KI-Führer/; Parthier /Marktbild CASE/. Schließlich wurden von Unternehmensberatungen entwickelte Studien, wie z. B. Ploenzke /CASE-Studie/, untersucht.

76 Als Grundlage fungierte v. a. Nomina /ISIS Firmen Report 1991/

77 Z. B. Heinrich, Kurbel /Studien- und Forschungsführer/

78 Vgl. zum Pretest z. B. Alemann /Forschungsprozeß/ 97

79 Der Fragebogen ist in Anhang I dieser Arbeit abgebildet.

80 Bei den sonstigen Organisationen handelt es sich um Einheiten, die nicht eindeutig einer Kategorie zuzuordnen sind, wie z. B. die Vereinigung der EDV-Berater e.V. (VDEB).

81 Die in Abb. 5-4 vorgenommene Unterteilung der Organisationen in verschiedene Kategorien repräsentiert lediglich die Zusammensetzung der *befragten potentiellen Informationsträger* zu wissensbasierten CASE-Systemen. Diese Klassifikation unterscheidet sich infolgedessen von den in Kapitel 5.1.2.2.2 vorgestellten Ausprägungen des Merkmals *Art des Entwicklers* wissensbasierter Systeme im CASE.

82 Da befragte Organisationen (insbesondere Forschungseinrichtungen) möglicherweise einen Imageverlust angesichts der Tatsache, noch kein wissensbasiertes System im CASE entwickelt zu haben, befürchten, konnten die Fragebögen auch anonym zurückgesandt werden. Dies ist wahrscheinlich eine Erklärung für den relativ hohen Rücklauf an Fragebögen, in denen lediglich eine "Fehlanzeige" gemeldet wurde.

83 Die Diskrepanz zwischen diesem Wert und der nachfolgend vorgestellten Anzahl der durch die Umfrage entdeckten wissensbasierten Systeme im CASE (74 Stück) ist auf zwei Ursachen zurückzuführen: Zum einen wurden von mehreren Organisationen dieselben Systeme benannt (z. B. wenn ein CASE-Tool mit wissensbasierten Komponenten gleichzeitig von mehreren angeschriebenen Software-Häusern vertrieben wird), zum anderen haben bestimmte Organisationen mehr als ein wissensbasiertes System entwickelt (z. B. in diesem Forschungsbereich engagierte Universitäten).

84 Im folgenden werden Ergebnisse, die aus der Fragebogenaktion stammen, unter die Rubrik "Umfrage" und Resultate aus der Untersuchung anderer Quellen unter die Rubrik "Rest" subsumiert. Die vollständige Datenbasis wird mit "Gesamt" bezeichnet.

85 Schwarze /Statistik/ 17

86 So läßt sich statistisch für einen bestimmten Zeitraum sowohl eine Zunahme des Frauenanteils in den DV-Abteilungen der Unternehmen als auch ein gleichzeitiger Anstieg der DV-Kosten nachweisen und ein entsprechend hoher Korrelationskoeffizient berechnen. Die Konstruktion eines kausalen Zusammenhangs zwischen den beiden Merkmalen aufgrund dieser Zahlen erscheint jedoch fragwürdig.

87 Siehe zu Signifikanztests und deren Problematik auch Bortz /Lehrbuch der empirischen Forschung/ 368-378

88 Vgl. zu diesen und anderen Problemen hypothesenprüfender Untersuchungen Kubicek /Heuristischer Bezugsrahmen/ 5-7

89 Vgl. Schnell, Hill, Esser /Methoden der empirischen Sozialforschung/ 271-276. So bezeichnet z. B. Fähnrich seine Untersuchung zu wissensbasierten Systemen im Produktionsbereich als "Vollerhebung der in der Literatur dokumentierten Expertensysteme der Bundesrepublik Deutschland, der USA und Großbritanien." Fähnrich /Einsatzstand von Expertensystemen/ 2 (Rechtschreibfehler in der Originalquelle)

90 Dies gilt prinzipiell für alle statistischen Untersuchungen: "Aussagen über Untersuchungen gelten

(selbst bestenfalls) nur für Objekte der Grundgesamtheit: gehören bestimmte Elemente nicht zur Grundgesamtheit, kann über diese Objekte nichts gesagt werden." Schnell, Hill, Esser /Methoden der empirischen Sozialforschung/ 249-250. In diesem Zusammenhang sei nochmals der explorative, hypothesengenerierende Charakter dieser Untersuchung betont, der den Forscher jedoch nicht von der Pflicht zu einer methodischen, nachprüfbaren Vorgehensweise befreit.

91   Die Systeme wurden auf einem PC unter der Betriebssystemerweiterung Microsoft Windows mit Hilfe des relationalen Datenbanksystems Superbase von Precision Software verwaltet. Die Auswertung erfolgte teilweise ebenfalls mit Superbase, teilweise mit Hilfe des Tabellenkalkulationsprogramms Excel von Microsoft, das auch für die Erstellung der Grafiken genutzt wurde.

92   So sind beispielsweise die Übergänge von einem wissensbasierten Lernprogramm, das den Benutzer lediglich in die Bedienung des Werkzeugs einführen soll, zu einem wissensbasierten Hilfesystem, das auch während des Software-Entwicklungsprozesses Ratschläge gibt und somit für den produktiven Einsatz konzipiert ist, oft fließend. Nicht aufgenommen wurden z. B. Werkzeuge zur Entwicklung wissensbasierter Systeme, auch wenn sie laut Herstellerangabe die Entwicklung konventioneller Software ermöglichen, sofern diese Werkzeuge nicht selbst wissensbasiert implementiert sind.

93   Somit wurde dem Beispiel von Mertens, Borkowski, Geis /Betriebliche Expertensystem-Anwendungen/ 4 gefolgt.

94   Zwecks Vermeidung einer Ergebnisverfälschung lehnt sich die Kurzbeschreibung im Anhang eng an die (ebenfalls angegebene) Originalquelle bzw. an den Text der ausgefüllten Fragebögen an, so daß eine einheitliche Terminologie und deren Orientierung an dem in dieser Arbeit aufgebauten Begriffsgerüst nicht immer gewährleistet ist. Bei den angegebenen Namen ist zu beachten, daß diese oft Gesamtsysteme bzw. Projekte bezeichnen, die konventioneller Art sind (z. B. MAESTRO II), deren wissensbasierte Komponenten (hier: Generatoren) lediglich ein Subsystem darstellen.

95   Vgl. zu dieser Vorgehensweise Schnell, Hill, Esser /Methoden der empirischen Sozialforschung/ 401-402. Eventuelle geringfügige Abweichungen der prozentualen Gesamtsumme als Ergebnis der Summation der Einzelprozentzahlen von dem Wert 100,00% resultieren aus Rundungsoperationen.

96   Als "unbekannt" wird eine Merkmalsausprägung im folgenden immer dann qualifiziert, wenn sie aufgrund ihrer spezifischen Charakteristika oder infolge unzureichender Informationen nicht eindeutig einer bestimmten Kategorie zugeordnet werden kann. Die fehlende Ausrichtung der anderen analysierten Datenquellen auf die speziellen Belange dieser Untersuchung bedingt, daß die Kategorie "unbekannt" in der Rubrik "Rest" im Vergleich zur Fragebogenaktion i. d. R. stärker repräsentiert ist.

97   Alternativ ist auch eine Prozentuierung auf der Basis der gültigen, d. h. nicht unbekannten, Werte möglich. Vgl. Schnell, Hill, Esser /Methoden der empirischen Sozialforschung/ 402. Bei der weiteren Analyse finden fehlende Angaben keine Berücksichtigung. Diese Vorgehensweise erscheint unbedenklich, da nicht von einem systematischen Fehlen von Daten, z. B. aufgrund einer Antwortverweigerung, auszugehen ist. Dies gilt insbesondere für die nicht im Rahmen der Fragebogenaktion erhobenen Daten. Siehe zu statistischen Tests, die den Grad der Zufälligkeit fehlender Daten überprüfen, z. B. Möntmann, Bollinger, Herrmann /Missing Data/ 87-101

98   Die U.S.A. gelten als "das wichtigste Entwicklerland von Expertensystemen". Fähnrich /Einsatzstand von Expertensystemen/ 3. Diese These berücksichtigt allerdings lediglich quantitative und nicht qualitative Aspekte. Außerdem erübrigt z. B. die gemessen an den U.S.A. i. d. R. höhere Qualifikation der deutschen Mitarbeiter vielfach den Einsatz von wissensbasierten Systemen. Vgl. Mertens, Borkowski, Geis /Betriebliche Expertensystem-Anwendungen/ 324. Aufgrund der Heterogenität der Quellen sowie der ausschließlichen Verwendung deutsch- und englischsprachiger Literatur sind die länderspezifischen Aussagen besonders kritisch zu bewerten.

99   Der Verfasser vermutet, daß dies einige Anbieter bzw. Hersteller dazu verleitet, auch in unberechtigten Fällen eine "Wissensbasierung" ihrer Produkte anzugeben. Andererseits könnten Hersteller aus Angst vor einer Imageschädigung durch den Einsatz einer unausgereiften Technologie oder zwecks Wahrung eines Wettbewerbsvorsprungs gegenüber Anbietern von rein

konventionellen Werkzeugen versuchen, wissensbasierte Elemente geheimzuhalten. Schließlich ist es möglich, daß falsche Aussagen aus der Unkenntnis bezüglich der Abgrenzung wissensbasierter und konventioneller Systeme resultieren. Vgl. Mertens, Borkowski, Geis /Betriebliche Expertensystem-Anwendungen/ 2-4

100 Bei der Interpretation des Zahlenmaterials ist zu beachten, daß ein wissensbasiertes System gleichzeitig mehrere Phasen unterstützen kann; d. h. der Wert 100% respektive 647 Stück repräsentiert sämtliche von allen 298 entdeckten wissensbasierten Systemen unterstützte Phasen. Dies gilt analog auch für die nachfolgenden Merkmale unterstützte Aktivitäten und Wissensrepräsentationsformalismen, die ebenfalls mehr als eine Ausprägung annehmen können.

101 Diese Grafik basiert auf der Gesamtheit aller in der Datenbasis enthaltenen wissensbasierten Systeme ohne unbekannte Merkmalswerte. Sofern es die Beobachtungswerte zulassen, erfolgt die Skalierung auf der Ordinate zwecks Vermeidung optischer Verzerrungen in den dargestellten Grafiken stets gleich.

102 Die Zusammenfassung der in den beiden Phasen Analyse und Entwurf realisierten Merkmalswerte (93+117) zu einem der Kategorie Entwurf und Analyse entsprechenden Wert bedeutet *nicht*, daß 210 Systeme gleichzeitig die Phasen Entwurf und Analyse unterstützen.

103 Es existieren 82 wissensbasierte Systeme in der Gesamtdatenbasis, die die Entwurfs- und Analysephase gleichzeitig unterstützen.

104 Ähnliche, wenngleich nicht so deutliche Tendenzen, sind auch bei konventionellen Werkzeugen festzustellen. Siehe hierzu Abb. 3-7 in Kapitel 3.3 dieser Arbeit.

105 Auf einige Einsatzgebiete wird im nächsten Abschnitt nochmals eingegangen. Falls keine signifikanten Unterschiede bei der Auswertung der unterschiedlichen, der Erhebung zugrundeliegenden Quellen bestehen, werden im folgenden stets die Zahlen der Gesamtdatenbasis interpretiert. Eine Kurzbeschreibung der erwähnten Systeme sowie die entsprechenden Literaturquellen befinden sich in Anhang II dieser Arbeit.

106 Z. B. ALECSI, ANALYST, Analyst Assist, ASPIS, CAPO, MDSE

107 Z. B. CARS, CODES, CONSTRUCTOR, Modeller, Prometheus

108 Z. B. AUTHOR ENVIRONMENT, HypADAPTer

109 Z. B. OPTIMIST, Performance Estimation Assista, SIMPLIFY

110 Z. B. PAMIN, PAT

111 Z. B. COMMA, EPROM, ICE

112 Z. B. ARROWSMITH-P, PROJCON. Eine weitere interessante Anwendung ist die Unterstützung bei der Beurteilung, ob ein bestimmtes Werkzeug für die Lösung einer gegebenen Problemstellung geeignet ist. Siehe hierzu z. B. Super.

113 Z. B. ISCL

114 Vgl. z. B. Narayanaswamy, Scacchi /Maintaining Configurations/ 324-333

115 Z. B. ICT

116 Z. B. STE

117 Z. B. DOXY

118 Z. B. Expert Assistance, Graph-Ed

119 Erstellt auf der Grundlage der Gesamtdatenbasis unter Vernachlässigung unbekannter Merkmalswerte.

120 Z. B. ARIES, Express, ProSpec, RAP-System

121 Z. B. AUFFALLER, SIVA, SPQR-2

122 Z. B. Expert Assistance, Exsys, Grapple

123 Z. B. KDS, Ozym, Sapiens

124 Siehe hierzu Kapitel 3.3.1.1.2 und die dort angeführte Literatur.

125 Z. B. ADTCOMP, APE, SYNSYS

126 Z. B. ELF, Layout, ProgFox 1

127 ADW/IEW ist zugleich ein Beispiel für eine wissensbasierte Komponente in Form eines Subsystems innerhalb eines komplexen, konventionellen Software-Produkts.

128 Z. B. Express, IEF, Repository

129 Z. B. DIKOS, TREX

130 Z. B. Analyst Assist, Dialog-Manager, JET

131 Z. B. Modeller, SERM

132 Z. B. Methoden-Advisor, Object-Maker

133 Dies entspricht nicht der in Kapitel 2.1.2.1 dargestellten Bedeutung, die den einzelnen Methoden in konventionellen CASE-Werkzeugen zukommt. Eine mögliche Ursache hierfür ist die Tatsache, daß der Grad der Formalität und Strenge bei den für wissensbasierte Systeme ausgewählten Methoden größer ist als beispielsweise bei strukturierten Techniken. Vgl. z. B. Budgen, Marashi /Knowledge Use in Software Design/ 167

134 Z. B. CICS PLAYBACK, MICROSCOPE, SNIFFER, VISIONS

135 Z. B. COMPOSE, Designer's Verifier's Assistant, MDSE

136 Z. B. AMPEE, Bauhaus, Christal, ECLIPSE, SESMOD

137 Z. B. CPU, DESIRE, DOXY, DRACO, KBEmacs

138 Erstellt auf der Grundlage der Gesamtdatenbasis unter Vernachlässigung unbekannter Merkmalswerte.

139 Dies stellt sicherlich einen Schwachpunkt der Untersuchung dar. Der durch eine Überprüfung der Korrektheit der Anbieter- bzw. Herstellerangaben (und konsequenterweise auch der Angaben anderer Organisationen) erzielbare zusätzliche Erkenntnisgewinn steht jedoch nach Meinung des Verfassers in keinem sinnvollen Verhältnis zum dafür erforderlichen Aufwand.

140 So enthält die Materialsammlung von Mertens, Borkowski, Geis ca. 2.000 wissensbasierte Systeme, von denen allerdings lediglich 141 in der Praxis nachweislich eingesetzt werden. Dies entspricht sogar einem Verhältnis von 1:14 zugunsten der Prototypen. Vgl. Mertens, Borkowski, Geis /Betriebliche Expertensystem-Anwendungen/ 8-9. In den U.S.A. wurden 1986 ca. 500-1.000 wissensbasierte Systeme praktisch genutzt. Vgl. Harmon, Maus, Morrissey /Werkzeuge und Anwendungen/ 33

141 Z. B. die Enzyklopädie in ADW/IEW oder die Codegenerierungskomponente in CASE:PM bzw. CASE:W

142 Z. B. das in Kapitel 5.2 vorgestellte System Analyst Assist

143 Erstellt auf der Grundlage der Gesamtdatenbasis unter Vernachlässigung unbekannter Merkmalswerte.

144 Dies entspricht der Marktsituation in den U.S.A., wo 1986 ca. 85% aller Werkzeuge zur Entwicklung wissensbasierter Systeme von Universitäten, Militär sowie Forschungs- und Entwicklungsabteilungen der größten amerikanischen Unternehmen gekauft wurden. Vgl. Harmon, Maus, Morrissey /Werkzeuge und Anwendungen/ 33

145 Mertens, Borkowski, Geis /Betriebliche Expertensystem-Anwendungen/ 326

146 Aufgrund der relativ kleinen Stichprobe sind Extrapolationen auf die Gesamtheit der wissensbasierten Systeme im CASE jedoch nur bedingt möglich.

147 Das arithmetische Mittel beträgt 66,83%, als Median ergibt sich ein Anteilswert von 70%.

148 Vgl. Kurbel /Entwicklung und Einsatz von Expertensystemen/ 36

149 Die Beobachtungswerte des Merkmals Herkunft des Entwicklers zeigen, daß bei der Umfrage deutsche Systeme dominieren, während in der Restmenge vorwiegend Systeme, die in den U.S.A. entwickelt wurden, erfaßt sind.

150 Derartige Behauptungen werden häufig in Lehrbüchern formuliert, aber kaum empirisch fundiert. Vgl. z. B. Curth, Bölscher, Raschke /Entwicklung von Expertensystemen/ 13

151 Erstellt auf der Grundlage der Gesamtdatenbasis ohne unbekannte Merkmalswerte.

152 Deklarative Wissensrepräsentation beschränkt sich auf die Darstellung von Sachverhalten ohne Berücksichtigung von Ursprung und Verwendung des Wissens, prozedurale Wissensrepräsentation stellt den aktiven Gebrauch des Wissens in den Vordergrund und bezieht die Verwendung und Verarbeitung des Wissens explizit in die Darstellung ein. Vgl. Kurbel /Entwicklung und Einsatz von Expertensystemen/ 36-37

153 Die Zahlen beziehen sich jeweils auf die Gesamtdatenbasis unter Vernachlässigung unbekannter Merkmalswerte.

154 Betrachtet man Objekte und deren Beziehungen als Gegenstände von Wissen, stehen bei relationsbezogenen Wissensrepräsentationen primär Beziehungen und bei objektbezogenen Wissensrepräsentationen vornehmlich komplexe Objekte im Mittelpunkt der Darstellung. Vgl. Lusti /Wissensbasierte Systeme/ 5-7

155 Die Zahlen beziehen sich jeweils auf die Gesamtdatenbasis unter Vernachlässigung der unbekannten Merkmalswerte.

156 Siehe zum Trend zur Objektorientierung in der Anwendungsentwicklung z. B. Sinz /Trend zu objektorientierten Ansätzen/

157 Vgl. zu verschiedenen Wissensrepräsentationsformalismen sowie zur Diskussion von deren Vor- und Nachteilen z. B. Puppe /Einführung in Expertensysteme/ 14-42

158 Die Darstellung beschränkt sich hierbei auf die Kombination von zwei Wissensrepräsentationsformalismen.

159 Erstellt auf der Grundlage der Gesamtdatenbasis ohne unbekannte Merkmalswerte.

160 Bei der Analyse muß auch das Angebot an Werkzeugen zur Entwicklung wissensbasierter Systeme ins Kalkül gezogen werden, da die von diesen Werkzeugen angebotenen Darstellungsformen selbstverständlich ebenfalls die Wahl des Wissensrepräsentationsformalismus beeinflussen. Vgl. hierzu Bechtolsheim, Schweichhart, Winand /Expertensystemwerkzeuge/ 25-61

161 Da sich zwischen den verschiedenen Erhebungsformen keine signifikanten Unterschiede ergeben, resultieren die Zahlen aus der Auswertung von 32 Systemen der Gesamtdatenbasis, über die konkrete Angaben vorliegen.

162 Vgl. Hensel /Perspektiven/ 5

163 Das arithmetische Mittel, das jedoch aufgrund der großen Spannweiten von geringer Aussagekraft ist, beträgt 10.600 Regeln unter Berücksichtigung und 631 Regeln unter Vernachlässigung des "Ausreißers" 200.000 Regeln bzw. 27.218 LOC. Die Berechnung der Mittelwerte erfolgt auf der Basis der absoluten, nicht der klassierten Merkmalswerte.

164 Vgl. Harmon, Maus, Morrissey /Werkzeuge und Anwendungen/ 33-34

165 Vgl. Davis /Amplifying Expertise/ 26

166 Vgl. Davis /Amplifying Expertise/ 26

167 Das vorgestellte Zahlenmaterial basiert auf der Umfrage und berücksichtigt zusätzlich den Erstellungsaufwand von insgesamt 3, nicht durch die Umfrage entdeckten Systemen. Die große Zahl unbekannter Werte ist allerdings bei der Interpretation der Ergebnisse zu berücksichtigen.

168 Bei zahlreichen Systemen liegen laut Entwickler derartige Daten nicht vor, da die entsprechenden Systeme noch nicht fertiggestellt sind und der Aufwand infolgedessen noch nicht ermittelt wurde

oder weil, insbesondere bei Forschungsarbeiten, keine Aufwandsmessung erfolgt.

169 Erstellt auf der Gesamtdatenbasis ohne Berücksichtigung der unbekannten Merkmalswerte. Für die Interpretation der Summenhäufigkeiten sind jeweils nur die Klassenobergrenzen relevant: Die relative Summenhäufigkeit der zweiten Zeile sagt beispielsweise aus, daß 82,35% aller untersuchten Systeme einen Entwicklungsaufwand von maximal 400 Personenmonaten verursachten.

170 REX ist ein wissensbasiertes System zur Unterstützung der Entwicklung und des Managements paralleler und verteilter Systeme. Vgl. European Communities /Esprit Programme/ 12-13

171 Die Berechnung der Mittelwerte erfolgt auf der Basis der absoluten, nicht klassierten Merkmalswerte. Auch hier ist das arithmetische Mittel mit 519 Personenmonaten aufgrund der "Ausreißer" von sehr begrenzter Aussagefähigkeit.

172 Siehe hierzu die Anmerkungen unter Abb. 5-22.

173 Im Rahmen hypothesentestender Untersuchungen werden i. d. R. auch multivariate Datenanalysen durchgeführt, bei denen eine große Anzahl von Variablen simultan betrachtet wird. Diese mathematisch aufwendigen Verfahren sind infolge des hypothesengenerierenden Charakters der vorliegenden Untersuchung nicht anwendbar, da sie von überprüfbaren Hypothesen ausgehen. Vgl. Schnell, Hill, Esser /Methoden der empirischen Sozialforschung/ 407-410

174 Infolge dieser zweidimensionalen Betrachtung beinhalten die nachfolgenden Tabellen Spaltenprozente, d. h. die Häufigkeit einer Zelle wird zur jeweiligen Spaltensumme in Relation gesetzt. Siehe hierzu und zu anderen Prozentuierungsmöglichkeiten Schnell, Hill, Esser /Methoden der empirischen Sozialforschung/ 404-406

175 Während der einfache Kontingenzkoeffizient den Wert 1 nur approximativ erreichen kann, bewirkt die Korrektur, daß bei eindeutigen Zusammenhängen C = 1 ist. Vgl. Schwarze /Statistik/ 180. Bei empirischen Untersuchungen werden vielfach weitere Maße, wie beispielsweise die Irrtumswahrscheinlichkeit im Rahmen des Signifikanztests, berechnet, die infolge des hypothesenerkundenden Charakters dieser Materialsammlung allerdings lediglich von sekundärem Interesse und deshalb verzichtbar sind. Vgl. z. B. Bortz /Lehrbuch der empirischen Forschung/ 368-378. Zur Anwendung derartiger Tests im Bereich der Wirtschaftsinformatik siehe z. B. Anstötz /Akzeptanzorientierte Systemgestaltung/ und Kemper /Information-Resources-Management-Konzeptionen/

176 Vgl. z. B. Schwarze /Statistik/ 185. So sind in der Literatur auch andere Klassifikationen zu finden. Vgl. z. B. Anstötz /Akzeptanzorientierte Systemgestaltung/ 169 und Kemper /Information-Resources-Management-Konzeptionen/ 74 (hier: Korrelationskoeffizient)

177 Vgl. Bortz /Lehrbuch der empirischen Forschung/ 494

178 Obwohl es statistisch irrelevant ist, wird im folgenden der Konvention gefolgt, daß die unabhängige Variable am Kopf und die abhängige Variable am Rand der Kontingenztabelle steht. Vgl. Schnell, Hill, Esser /Methoden der empirischen Sozialforschung/ 405

179 Infolgedessen stimmen z. B. die Zeilensummen der folgenden Kontingenztabellen nicht mit den Beobachtungswerten der univariaten Datenanalyse überein.

180 Aus darstellungstechnischen Gründen steht die unabhängige Variable ausnahmsweise am Rand der Tabelle.

181 Aus darstellungstechnischen Gründen steht die unabhängige Variable ausnahmsweise am Rand der Tabelle.

182 Dabei ist allerdings die geringe Anzahl der Systeme, die diesen Aufgabenklassen zuzuordnen sind, zu beachten.

183 Die Aufgabenklasse Unterweisung fehlt, da bei keinem untersuchten System dieser Aufgabenklasse der verwendete Wissensrepräsentationsformalismus bekannt ist.

184 Aus darstellungstechnischen Gründen sind die Ausprägungen des Merkmals Wissensrepräsentationsformalismen in der Reihenfolge ihrer absoluten Häufigkeiten sortiert.

185 Während Regeln durchschnittlich in 49,21% aller untersuchten Fälle als Wissensrepräsentationsformalismus gewählt wurden, stellen sie in der Aufgabenklasse Interpretation lediglich einen An-

teil von 40,98% (in der Planung 57,14%) dar.

186 Als weiteres interessantes Objekt einer Kontingenzanalyse ist der Zusammenhang zwischen Wissensrepräsentationsformalismen und dem Systemerstellungsaufwand zu nennen. Dies erfordert jedoch eine multivariate Datenanalyse, da der Entwicklungsaufwand nicht nur vom Wissensrepräsentationsformalismus, sondern auch vom Leistungsspektrum, von den eingesetzten Methoden, den verwendeten Werkzeugen und anderen nicht erhobenen Merkmalen abhängt.

187 Die Kritik, diese Ergebnisse resultierten lediglich aus der unbegründeten Überrepräsentanz von Produkten aufgrund unkorrekter Herstellerangaben im Rahmen der Umfrage, ist in diesem Fall nicht berechtigt. Die Befragten, die ihre Produkte als wissensbasiert qualifizierten, obwohl dies zweifelhaft erscheint, waren i. d. R. nicht in der Lage, die Frage nach dem verwendeten Wissensrepräsentationsformalismus zu beantworten. Infolge der Vernachlässigung der unbekannten Merkmalswerte sind diese Produkte somit nicht in dem hier interpretierten Zahlenmaterial enthalten. Außerdem bestätigt eine separat für jede Datenquelle durchgeführte Subgruppenanalyse die dargestellten Ergebnisse.

188 Die vorliegende Untersuchung liefert ein zusätzliches Argument, allerdings keinen Beweis für diese Behauptung. So ist beispielsweise zu beachten, daß zahlreiche Forschungseinrichtungen bei der Entwicklung wissensbasierter Systeme im CASE gar keine praktische Nutzung anstreben.

189 Hierbei ist zu berücksichtigen, daß die Aufgabenklasse ebenfalls die Wahl eines geeigneten Wissensrepräsentationsformalismus beeinflußt. Siehe hierzu die Ergebnisse des vorherigen Kapitels sowie die Ausführungen in Kapitel 5.2.3 dieser Arbeit.

190 Aufgrund der durchgeführten Recherchen und des Vergleichs dieser Daten mit Materialsammlungen wissensbasierter Systeme in anderen betrieblichen Funktionsbereichen ist zu unterstellen, daß die durchgeführte Untersuchung die meisten - zumindest die bedeutendsten - existierenden Systeme erfaßt.

191 Allerdings erscheint diese Vorgehensweise weniger willkürlich als ein auf der subjektiven Einschätzung des Forschers basierender Ausschluß bestimmter Systeme.

192 Dies ist ein generelles Problem empirischer Untersuchungen, das jedoch i. d. R. bei der Auswertung keine Berücksichtigung findet.

193 Hierzu zählen beispielsweise die Mängel der Erhebungstechniken oder der Aussagekraft statistischer Kennziffern. Die Heterogenität der Datenquellen und die fehlende Protokollierung wichtiger Daten (z. B. Umfang der Wissensbasis, Anteil des wissensbasierten Codes, Erstellungsaufwand) bei den Entwicklern wissensbasierter Systeme im CASE bedingen außerdem eine große Zahl unbekannter Merkmalswerte, was die Interpretation der Ergebnisse ebenfalls erschwert. Deshalb wurden die unbekannten Merkmalswerte (im Gegensatz zu zahlreichen anderen Untersuchungen) explizit dargestellt.

194 Die Ergebnisse der Erhebung können in Verbindung mit den zuvor formulierten Thesen als Hypothesen prüfender Untersuchungen fungieren.

195 Aufgrund dieser Bedeutung wird dieses System ausführlicher beschrieben als die beiden anderen vorgestellten Systeme.

196 Zitat aus einem Werbeprospekt

197 Vgl. Harmon, King /Expertensysteme in der Praxis/ 245-246

198 Vgl. Loucopoulos, Champion /Concept acquisition and analysis/ 124

199 Vgl. Adhami, Pyburn, Champion /Computer Aided Requirements Engineering/ 188

200 Vgl. Adhami, Pyburn, Champion /Computer Aided Requirements Engineering/ 189

201 Vgl. Loucopoulos, Champion /Using method and domain knowledge/ 182

202 Vgl. Adhami, Pyburn, Champion /Computer Aided Requirements Engineering/ 191

203 Vgl. Adhami, Pyburn, Champion /Computer Aided Requirements Engineering/ 189 und Loucopoulos, Champion /Knowledge-based support/ 126

204 Vgl. Loucopoulos, Champion /Knowledge-based support/ 125

205 Vgl. Adhami, Pyburn, Champion /Computer Aided Requirements Engineering/ 194

206 Vgl. Loucopoulos, Champion /Knowledge-based support/ 126

207 Vgl. Loucopoulos, Champion /Knowledge-based support/ 126

208 Vgl. Adhami, Pyburn, Champion /Computer Aided Requirements Engineering/ 194

209 Loucopoulos, Champion /Concept acquisition and analysis/ 118

210 Vgl. Loucopoulos, Champion /Concept acquisition and analysis/ 118-121. Eine ausführliche Be-
     schreibung der conceptual graphs bietet Sowa /Conceptual structures/

211 Vgl. Loucopoulos, Champion /Concept acquisition and analysis/ 118 und Loucopoulos, Champion
     /Using method and domain knowledge/ 185. Die Gründe für die Wahl dieses Wissensrepräsenta-
     tionsformalismus (z. B. explizite Modellierungsmöglichkeiten von Constraints und unsicherer In-
     formation im Rahmen der Fuzzy Logik) erläutert Adhami, Pyburn, Champion /Computer Aided
     Requirements Engineering/ 194-195

212 Vgl. Adhami, Pyburn, Champion /Computer Aided Requirements Engineering/ 193

213 Vgl. Loucopoulos, Champion /Knowledge-based support/ 133

214 Vgl. Adhami, Pyburn, Champion /Computer Aided Requirements Engineering/ 185

215 Siehe hierzu Kapitel 3.3.1.1 dieser Arbeit.

216 Vgl. Adhami, Pyburn, Champion /Computer Aided Requirements Engineering/ 197-199

217 Vgl. Sinz /Objektorientierte Analyse/ 457. Siehe zur ganzheitlichen konzeptionellen Modellierung
     betrieblicher Informationsmodelle Ferstl, Sinz /Objektmodell/ und Ferstl, Sinz /SOM/. Auf der Ba-
     sis eines wissensbasierten Entwicklungswerkzeugs für die betriebliche Datenmodellierung (siehe
     SERM in Anhang II dieser Arbeit) erfolgen derzeit Bemühungen, dieses objektorientierte Modell
     mit Hilfe von Werkzeugen zu unterstützen. Vgl. Ferstl, Sinz /SOM/ 580

218 Zitat aus einer Werbebroschüre aus dem Jahr 1989, als Sapiens noch von der Firma Systor ver-
     trieben wurde. Mittlerweile existieren mehrere eigene Vertriebsgesellschaften, u. a. Sapiens
     Deutschland GmbH, die das Produkt etwas bescheidener als "Umgebung zur schnellen Entwick-
     lung und einfachen Wartung sicherer und flexibler Anwendungen für IBM-Systeme" (Zitat aus
     einer Werbebroschüre) zu Preisen zwischen 79.000 DM und 760.000 DM offerieren.

219 Vgl. Müller /Online info/ 2

220 Vgl. Sanchi /Erfahrungen mit SAPIENS/ 3

221 Obwohl sich Sapiens als vollständiges Entwicklungssystem versteht, erfolgt hier beispielsweise
     keine Zuordnung zur Phase Analyse, da wichtige Konzeptionselemente (z. B. die Datenmodellie-
     rung) noch nicht (vollständig) abgedeckt werden oder eine Unterstützung durch andere, nicht
     wissensbasiert implementierte Sapienskomponenten erfolgt. Vgl. Sanchi /Erfahrungen mit
     SAPIENS/ 2. Diese Einschätzung entspricht der Ansicht einer Unternehmensberatung, die im
     Rahmen der Erhebung einen Fragebogen zu Sapiens ausgefüllt hat.

222 Es handelt sich hierbei um ein VSAM-basiertes Datenbanksystem, das um eine regelbasierte
     Wissensbasis erweitert ist. Vgl. Lüneborg /Anwendungserfahrungen mit SAPIENS/ 3

223 Im Mittelpunkt dieser Betrachtung steht das Datenbanksystem von Sapiens mit seiner integrier-
     ten Wissensbasis. Darüber hinaus bietet Sapiens weitere CASE-Werkzeuge (z. B. für die Analy-
     sephase) im Rahmen einer objektorientierten Vorgehensweise (objectoriented systems enginee-
     ring), auf die hier nicht eingegangen wird. Vgl. Sapiens /Object Planner/

224 Siehe zu den systembezogenen Merkmalswerten von Sapiens Sapiens /Concepts and Facilities/

225 Diese Wissensbasis - nicht die regelorientierte Vorgehensweise bei der Anwendungserstellung,
     die der Entwicklung wissensbasierter Systeme gleicht - ist der Grund für die Aufnahme von Sa-
     piens in die Datenbasis der existierenden wissensbasierten Systeme im CASE.

226 Vgl. Sanchi /Erfahrungen mit SAPIENS/ 3

227 Die hier vorgenommene Bewertung bezieht sich lediglich auf die Frage, ob Sapiens ein geeignetes Beispiel für die Integration wissensbasierter Technologie in ein Werkzeug zur Entwicklung konventioneller Software darstellt. Eine Beurteilung von Sapiens als CASE-Tool ist nicht Gegenstand dieser Arbeit.

228 Vgl. Lüneborg /Anwendungserfahrungen mit SAPIENS/ und Sanchi /Erfahrungen mit SAPIENS/

229 Siehe zu diesen Überlegungen auch Lüneborg /Anwendungserfahrungen mit SAPIENS/ 3-4

230 Siehe hierzu Kapitel 2.1 dieser Arbeit.

231 Siehe hierzu Kapitel 3.4.3 dieser Arbeit.

232 Vgl. Ramsey, Basili /An Evaluation/ 747

233 Frühere Versionen von ARROWSMITH-P Prototypen sind in Basili, Ramsey /ARROWSMITH-P/ beschrieben.

234 Vgl. Ramsey, Basili /An Evaluation/ 747

235 Im Sinne der Klassifikation aus Kapitel 5.1.2.2.2 handelt es sich somit um ein System für das Projektmanagement, das der Aufgabenklasse Diagnose zuzuordnen ist.

236 Vgl. Ramsey, Basili /An Evaluation/ 747

237 Vgl. Ramsey, Basili /An Evaluation/ 748-752

238 Vgl. Ramsey, Basili /An Evaluation/ 747

239 Diese kurze Zusammenfassung beschränkt sich auf die Analyse der Qualität der Expertise. Eine ausführliche Beschreibung der vorgestellten Untersuchung sowie detaillierte technische Informationen zu den Systemen enthält Ramsey, Basili /Expert systems for software engineering management/

240 Erstellt nach Angaben aus Ramsey, Basili /An Evaluation/ 753-754

241 Vgl. Ramsey, Basili /An Evaluation/ 747

242 Von größerem Interesse wäre in diesem Zusammenhang der Vergleich von Regeln und Objektorientierter Programmierung, da neben Regeln die Objektorientierte Programmierung zur Lösung von Diagnoseaufgaben im CASE besonders häufig Verwendung findet.

243 Vgl. Ramsey, Basili /An Evaluation/ 756

6 Fallbeispiel ExpertAssistant: Ein wissensbasiertes System zur Methodenunterstützung im Computer Aided Software Engineering

Die in diesem Kapitel dargestellte Entwicklung eines wissensbasierten Systems im CASE (ExpertAssistant) verfolgt v. a. zwei Ziele:[1]

- Demonstration der Machbarkeit der in dieser Arbeit vorgestellten Konzeption durch die Konstruktion eines lauffähigen Prototypen

- Illustration einiger theoretisch aufgezeigter Möglichkeiten und Grenzen wissensbasierter Systeme im CASE anhand eines praktischen Fallbeispiels

Zur Erreichung dieser Ziele ist eine sorgfältige Wahl des Einsatzgebiets und der Einsatzform des zu entwickelnden wissensbasierten CASE-Systems erforderlich:[2]

- Die Entwurfs- und Analysephase dient aufgrund ihrer herausragenden Bedeutung für den gesamten Software-Entwicklungsprozeß als Einsatzgebiet.

- Die Wahl der Planung als primär zu unterstützende Aufgabenklasse resultiert aus der Dominanz von Planungsaufgaben in der Entwurfs- und Analysephase.[3]

- Das Methodenwissen fungiert als unterstützte Wissensform, weil konventionelle CASE-Werkzeuge in diesem Bereich große Defizite aufweisen.

- Die Bedeutung der Synergieeffekte zwischen konventioneller und wissensbasierter Technologie führt zu der Wahl des Integrationsansatzes (d. h. Einbindung des wissensbasierten Systems in ein existierendes konventionelles CASE-Werkzeug) als Gestaltungskategorie. Dem Leitgedanken der Assistenz-Metapher entsprechend nimmt das wissensbasierte System hierbei grundlegende Unterstützungsfunktionen wahr.

Existierende wissensbasierte Systeme zur Methodenunterstützung weisen zum Teil erhebliche Verbesserungen gegenüber konventionellen CASE-Werkzeugen auf. Allerdings liegt der Schwerpunkt bei der Konzipierung dieser Systeme zumeist auf der Erprobung der wissensbasierten Technologie, so daß für die spätere Einsetzbarkeit bedeutsame Faktoren bei der Entwicklung unberücksichtigt bleiben.

Aus diesem Grund unterscheidet sich ExpertAssistant v. a. in drei Punkten von den existierenden wissensbasierten Systemen zur Methodenunterstützung im CASE:

- Bei der Wahl der zu unterstützenden Methode beruht das Auswahlkriterium nicht auf dem Eignungsgrad der Methode für die Formalisierung in einer Wissensbasis, sondern basiert auf der Relevanz der Methode in der betrieblichen Praxis.[4]

- Wissensbasierte Systeme im CASE bringen zusätzliche Funktionalität an den Arbeitsplatz des Software-Entwicklers. Diese wird allerdings häufig nicht genutzt, da mit einer steigenden Funktionalität i. d. R. auch eine zunehmende Komplexität korreliert.[5] Dies gilt insbesondere für den bei existierenden wissensbasierten CASE-Systemen vorherrschenden Fall, daß wichtige Aspekte für die Benutzer-Akzeptanz, wie beispielsweise die Dialoggestaltung, vernachlässigt werden.[6] Infolgedessen wird auf eine ergonomische Gestaltung der Benutzerschnittstelle in ExpertAssistant besonderer Wert gelegt.

- Existierende wissensbasierte CASE-Systeme werden häufig ohne Anbindung an die im Unternehmen vorhandene Software-Entwicklungsumgebung als eigenständige Systeme konzipiert. Daraus resultieren Integrationsdefizite, die sowohl im Unternehmen vorhandene Werkzeuge, die mit den entwickelten wissensbasierten Systemen i. d. R. nicht kompatibel sind[7], als auch existierende Methoden, die beim Einsatz der wissensbasierten Systeme nicht mehr in der gewohnten Form angewendet werden können[8], betreffen. Als Konsequenz dieser Überlegungen ist ExpertAssistant methodisch und technisch in ein existierendes konventionelles CASE-Werkzeug integriert.[9]

6.1 Entwicklung eines wissensbasierten Systems zur Unterstützung der Structured Analysis Methode

6.1.1 Abgrenzung des Anwendungsgebiets

Wie bereits dargelegt, versteht sich das ExpertAssistant-Projekt primär als Machbarkeitsstudie in bezug auf die in dieser Arbeit dargestellte Konzeption anhand eines praktischen Fallbeispiels. Zur Erreichung des so definierten Projektziels ist die Entwicklung eines vollständigen wissensbasierten Methodenunterstützungssystems nicht erforderlich, zumal sich in vielen vergleichbaren Projekten herausgestellt hat, daß solche umfassenden Systeme aufgrund begrenzt zur Verfügung stehender Ressourcen zwar eine breite, allerdings wenig in die Tiefe gehende Unterstützung bieten.[10]

Das nachfolgend beschriebene ExpertAssistant-System wurde unter der Leitung des Verfassers von drei studentischen Mitarbeitern im Rahmen von Diplomarbeiten an der Universität zu Köln in Kooperation mit den Firmen ExperTeam GmbH Köln und LBMS Plc. London entwickelt. Infolge dieser vergleichsweise geringen Entwicklerkapazität kam der genauen Abgrenzung des Anwendungsgebiets eine bedeutende Rolle bei der Projektdefinition zu.

Wahl der zu unterstützenden Methode

Das Kriterium der praktischen Relevanz führt zur Auswahl von Structured Analysis als zu unterstützende Methode:

- Verschiedene Statistiken über die Verwendung strukturierter Techniken belegen die Dominanz von Structured Analysis.[11]

- Mehr als 75% aller CASE-Werkzeuge enthalten Komponenten zur Entwicklung von Datenflußdiagrammen.[12]

- Einige Länder streben an, Structured Analysis in öffentlichen Projekten als Analysemethode verbindlich vorzuschreiben.[13]

Structured Analysis ist eine top-down orientierte Analysemethode, die eine Systemspezifikation als partielles Modell des zu entwickelnden Systems interpretiert und die Komplexität durch Zerlegung des Systems in kleine, überschaubare Komponenten zu bewältigen versucht, ohne dabei zunächst implementierungsabhängige Aspekte zu berücksichtigen.[14] Eine nach Structured Analysis entwickelte Systemspezifikation besteht im wesentlichen aus drei Elementen:[15]

- Datenflußdiagramm (DFD)

  Das Datenflußdiagramm dient als zentrales Kommunikationsmedium zwischen Entwickler und Anwender.[16] Es handelt sich hierbei um eine Netzwerkdarstellung von Prozessen eines Systems und Daten, die diese Prozesse miteinander verbinden.[17]

- Data Dictionary

  Im Data Dictionary werden die Details aller Daten, die als Datenfluß, Datenspeicher oder Prozeß im DFD erscheinen, in einer formalen Sprache beschrieben.[18]

- Prozeßspezifikation

  Eine Prozeßspezifikation (auch Minispec genannt) stellt die Verarbeitungslogik der Transaktionen eines Prozesses in Form von Pseudocode dar.[19]

Das DFD ist das wichtigste Instrument der Structured Analysis Methode.[20] Aus diesem Grund ist die wissensbasierte Unterstützung des Software-Entwicklers bei der Erstellung eines vollständigen und korrekten DFD ein in ExpertAssistant angestrebtes Projektziel.[21]

Wahl der zu modellierenden Wissensformen

Die Modellierung des Wissens über Aktionsfolgen bzw. einzelne Methodenschritte ist für eine Unterstützung des Software-Entwicklers bei der Anwendung einer Methode unverzichtbar und deshalb zentraler Bestandteil der Wissensbasis von ExpertAssistant. Dabei erfolgt primär eine Anlehnung an die von Gane/Sarson vorgeschlagene Vorgehensweise, aber auch eine Berücksichtigung des Erfahrungswissens von Experten.

Eine Überprüfung des entworfenen DFD erfordert die Bereitstellung von Wissen über die Syntax der Methode, das infolgedessen ebenfalls in ExpertAssistant repräsentiert ist. Um eine prinzipielle Portabilität der Wissensbasis zu erreichen, wird das Methodensyntaxwissen unabhängig von dem später zu koppelnden CASE-Werkzeug modelliert.[22]

Ein kontextsensitives Methodenunterstützungssystem benötigt Wissen über den aktuellen Projektstand. Dies betrifft sowohl Wissen über die im DFD abgebildeten Objekte, das aus der Entwicklungsdatenbank des CASE-Werkzeugs extrahiert werden kann, als auch Wissen über die bisher durchgeführten Methodenschritte.

Wissen über das verwendete CASE-Werkzeug dient innerhalb eines Methodenunterstützungssystems beispielsweise dazu, dem Benutzer adäquate Hilfsmittel für die Befolgung eines Methodenratschlags zu empfehlen oder die Bedienung des CASE-Werkzeugs zu optimieren. Derartiges Wissen divergiert jedoch in Abhängigkeit vom jeweiligen Produkt und dem aktuellen Release, so daß seine Modellierung zur Wahrung einer Werkzeugunabhängigkeit lediglich in unverzichtbaren Fällen erfolgt.[23]

Eine aktive, benutzerindividuelle Methodenunterstützung erfordert Wissen über den Software-Entwickler in Form eines Benutzermodells. Auf die explizite Modellierung dieses Wissens wird jedoch v. a. aus zwei Gründen verzichtet: Zum einen führen die Eigenschaften der Domäne CASE zu Schwierigkeiten bei der Bildung eines zutreffenden Benutzermodells.[24] Zum anderen besitzen benutzerindividuelle Hilfesysteme zur Zeit noch Forschungscharakter[25] und sollten deshalb nicht "nebenbei" innerhalb eines Systems, das primär andere Zielsetzungen verfolgt[26], implementiert werden.[27] Um in Abhängigkeit vom Vorwissen des jeweiligen Benutzers dennoch eine individuelle Methodenunterstützung zu bieten, ist ExpertAssistant als Hypertextsystem[28] konzipiert, in dem jeder Benutzer über den Detaillierungsgrad der angezeigten Methodenhinweise selbst entscheiden kann.[29]

Wahl der zu realisierenden Methodenunterstützungsform

Infolge der Modellierung der o. a. Wissensformen ist ExpertAssistant aus funktionaler Sicht:[30]

- ein ex ante Methodenunterstützungssystem, das sowohl ein Online-Glossar mit einer Erläuterung der wichtigsten Begriffe und Methodenschritte von Structured Analysis als auch eine konstruktive Vorgehenshilfe bietet,

- ein ex post Methodenunterstützungssystem, das Syntaxüberprüfungen auf einer relativ hohen Ebene durchführt,

- ein überwiegend passives, auf Benutzeranfragen reagierendes Methodenunterstützungssystem[31], das einige aktive Elemente (z. B. kontext-sensitive Menüs, Fragenüberbeantwortung) enthält,

- ein kontextsensitives Methodenunterstützungssystem, das in Abhängigkeit vom System- und Projektzustand sowie von den abgearbeiteten Methodenschritten reagiert,

- ein uniformes Methodenunterstützungssystem, das individuelle Bedürfnisse des Benutzers durch hypertextgestütztes, wissensbasiertes Blättern[32] berücksichtigt.

6.1.2 Modellierung des Methodenwissens

Zur Entwicklung eines prinzipiell portierbaren wissensbasierten Methodenunterstützungssystems ist eine implementierungsunabhängige Problemspezifikation erforderlich, wie sie beispielsweise durch die Anwendung der KADS-Methode (Knowledge Acquisition and Documentation System) erreicht werden soll.[33] Hierbei bildet ein konzeptuelles Modell[34] die Expertise auf epistemologischer Ebene in vier, jeweils eine andere Sicht auf die Domäne repräsentierende Schichten ab:[35]

- Domänenschicht (Domain Layer)[36]

  In dieser Schicht sind die Konzepte (z. B. Fachbegriffe wie essentielle Aktivität, Prozeßverfeinerung, Kontextdiagramm) und Relationen zwischen den Konzepten (z. B. jedes DFD besteht aus External Entities, Datenflüssen, Datenspeichern und Prozessen) aufgabenneutral abgelegt.[37] So stellt sich beispielsweise die Symbolik und Definition der Elemente eines DFD in ExpertAssistant gemäß Abb. 6-1 dar.

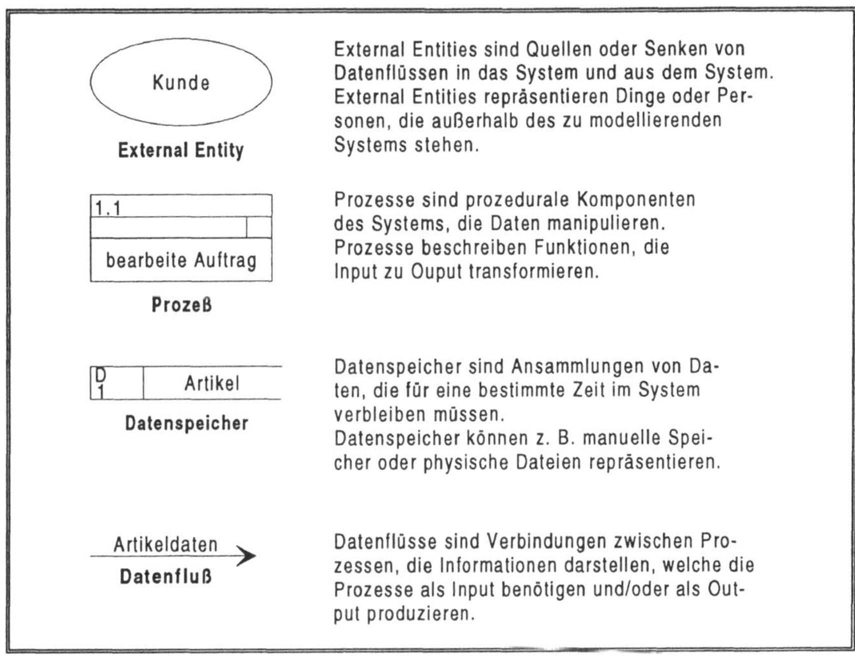

Abb. 6-1:   Elemente eines Datenflußdiagramms[38]

- Inferenzschicht (Inference Layer)

  Die Inferenzschicht differenziert in Abhängigkeit von don jeweiligen Problemlö-
  sungsfunktionen Konzepte und Relationen in Metaklassen (Metaclasses) und
  Wissensquellen (Knowledge Sources).[39] Während Metaklassen Konzepte
  strukturieren, setzen Wissensquellen diese Metaklassen zueinander in Beziehung und klassifizieren das Inferenzwissen.[40]

  - Metaklassen in ExpertAssistant
    -- Objekte
       Prozeß, External Entity, Datenfluß, Datenspeicher und DFD-Picture
       sowie deren Attribute
    -- Objektrelationen
       Dekompositionsrelationen (Objekt ist Verfeinerung eines anderen Ob-
       jekts) und Interaktionsrelationen (Objekt ist mit anderen Objekten auf
       gleicher Verfeinerungsebene verbunden)[41]
    -- Objektkonstellationen

vorhandene Objekte im DFD und deren Relationen

-- Objekt-, Dekompositions- und Interaktionszustand

Ergebnis der Anwendung entsprechender Regeln[42] auf die o. a. Metaklassen

-- Ziel-Objektkonstellation oder Methodenverstöße

nächste angestrebte Objektkonstellation (Vorgehenshilfe) oder diagnostizierte Methodenverstöße (Analysehilfe)

-- Aktions- oder Aktionsfolgeempfehlung

eine Aktion oder eine Folge von Aktionen, die der Software-Entwickler durchführen sollte, um zu einem vollständigen und methodenkonformen DFD zu gelangen

- Wissensquellen in ExpertAssistant

-- Regeln zur Identifikation von Objekten

prüfen die Existenz von Objekten und inferieren daraus Zwischenergebnisse

-- Regeln zur Identifikation von Dekompositionsrelationen

untersuchen die Anzahl und Verbindung der Verfeinerungsebenen

-- Regeln zur Identifikation von Interaktionsrelationen

analysieren die Beziehungen zwischen Objekten auf gleicher Verfeinerungsebene

-- Regeln zur Identifikation von Objektkonstellationen

definieren den Ist-Zustand des DFD

-- Regeln zur Identifikation unzulässiger Objektkonstellationen (Analysehilfe) und zur Determinierung des weiteren Vorgehens (Vorgehenshilfe)

-- Regeln zur Generierung einer Empfehlung

sprechen Handlungsratschläge zur Transformation des ermittelten Ist-Zustands des DFD in ein fehlerfreies DFD (Analysehilfe) oder zur Erreichung des nächsten Methodenmeilensteins (Vorgehenshilfe) aus

• Aufgabenschicht (Task Layer)[43]

In der Aufgabenschicht erfolgt die Spezifizierung der Problemlösungsstrategie unter Verwendung der zuvor definierten Metaklassen und Wissensquellen.

• Strategieschicht (Strategy Layer)

Die Modellierung der Steuerung des Problemlösungsprozesses erfolgt in der Strategieschicht.[44] ExpertAssistant ist entsprechend der von Structured Analysis vorgesehenen Abfolge der Methodenschritte durch ein top-down orientiertes

Vorgehen charakterisiert.

Das konzeptuelle Wissensmodell von ExpertAssistant zeigt Abb. 6-2:

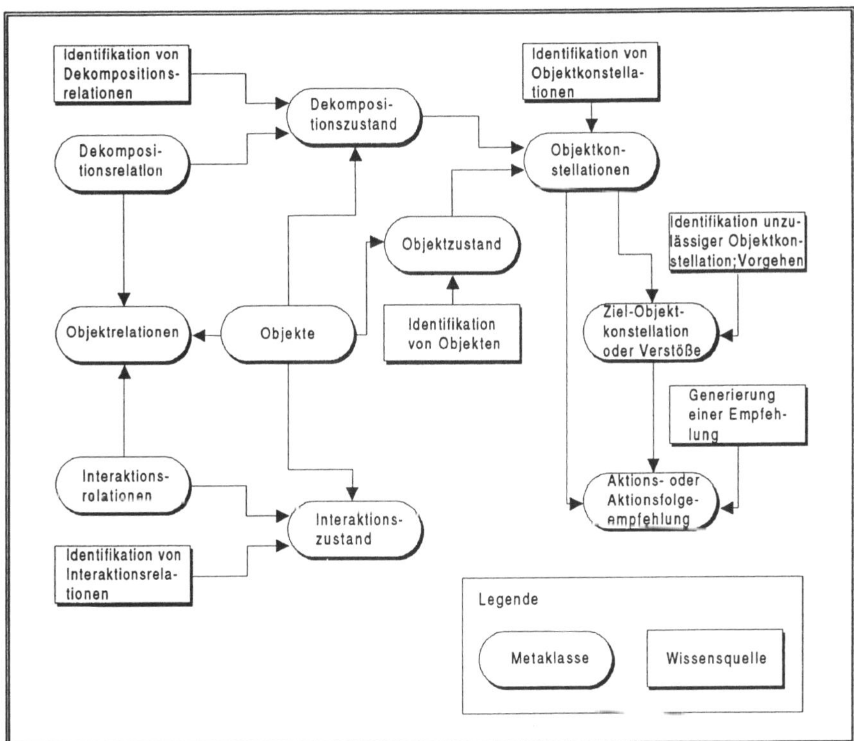

Abb. 6-2:   Wissensmodell von ExpertAssistant[45]

6.1.3 Implementierung des Methodenwissens

Für die Implementierung des im vorangegangenen Abschnitt dargestellten Wissensmodells wurde zunächst die Shell[46] Aion Development System (ADS) von Aion[47] als das geeignetste Werkzeug ausgewählt. Die Erstellung eines ersten Demonstrationsprototypen erfolgte ohne Anbindung eines CASE-Werkzeugs unter Einsatz der Wissensrepräsentationsformalismen Objektorientierte Programmierung und Regeln.

Die Notwendigkeit der Kopplung von ExpertAssistant an ein existierendes konventionelles CASE-Werkzeug bildete jedoch neben der Umsetzbarkeit des Wissensmodells ein weiteres ausschlaggebendes Kriterium bei der Auswahl des Entwicklungswerkzeugs. Infolge dieser Interdependenzen war der Auswahlprozeß bezüglich des Entwicklungswerkzeugs für ExpertAssistant einerseits und hinsichtlich des anzubindenden CASE-Werkzeugs andererseits durch ein iteratives Vorgehen charakterisiert. Dabei erwies sich nicht die mangelnde Anpassungsfähigkeit von ADS oder anderen Werkzeugen zur Entwicklung wissensbasierter Systeme, sondern die bereits in Kapitel 4.1 dieser Arbeit erläuterte technische Konzeption der Entwicklungsdatenbanken gängiger CASE-Werkzeuge als restriktiver Faktor.

Da als zu koppelndes CASE-Werkzeug schließlich das PC-gestützte Toolkit Systems Engineer von LBMS[48] ausgewählt wurde, weil es sowohl den gesetzten Qualitätsanforderungen entspricht[49] als auch über die erforderliche offene und stets aktuelle Entwicklungsdatenbank verfügt, determinierte diese Entscheidung zugleich die Wahl des Entwicklungswerkzeugs für ExpertAssistant. Aufgrund der mangelnden Kompatibilität von ADS und der Entwicklungsdatenbank des CASE-Toolkit (SQLBase von Gupta Technologies) mußte zur Erstellung des endgültigen Forschungsprototypen von ExpertAssistant auf ein anderes Entwicklungswerkzeug zurückgegriffen werden: KnowledgePro von KnowledgeGarden.

KnowledgePro ist ein grafisch orientiertes Werkzeug zur Erstellung wissensbasierter Systeme unter der Betriebssystemerweiterung Microsoft Windows. Bezüglich der angestrebten Ziele von ExpertAssistant zeichnet sich KnowledgePro v. a. dadurch aus, daß es zum einen über Dynamic Data Exchange (DDE) eine Kommunikation mit der Entwicklungsdatenbank von Systems Engineer ermöglicht[50] und zum anderen über leistungsstarke Eigenschaften zur Gestaltung grafischer Benutzeroberflächen (u. a. Hypertextunterstützung) verfügt.[51] Hierfür mußten jedoch im Vergleich zu ADS Nachteile in bezug auf Wissensrepräsentation und Inferenzmechanismen in Kauf genommen werden: KnowledgePro enthält zwar einige Elemente der Objektorientierten Programmierung[52], ist jedoch primär für die Entwicklung regelbasierter Systeme mit Rückwärtsverkettung[53] als Ablaufsteuerungsstrategie konzipiert.[54]

ExpertAssistant besteht aus ca. 1.250 Hypertextzeilen und mehr als 1.400 LOC, wobei ungefähr ein Drittel des Quell-Codes wissensbasiert, der Rest prozedural programmiert ist.[55] Die Methodenbasis des in ca. 12 Personenmonaten[56] entwickelten Systems besteht im wesentlichen aus 42 Regeln.[57]

6.2 Integration des wissensbasierten Systems zur Unterstützung der Structured Analysis Methode in das Computer Aided Software Engineering Werkzeug Systems Engineer von LBMS

Die Integration wissensbasierter Systeme zur Software-Entwicklung in konventionelle CASE-Umgebungen umfaßt eine Reihe von Aspekten,[58] wobei die Integration der Benutzer- und Datenschnittstelle in ExpertAssistant eine zentrale Bedeutung besitzt und deshalb im folgenden analysiert wird.

6.2.1 Integration der Benutzerschnittstelle

Für die Benutzer-Akzeptanz eines, in ein konventionelles CASE-Werkzeug integrierten, wissensbasierten Methodenunterstützungsystems ist neben einer ergonomischen Benutzerschnittstellengestaltung die Bedienungskonformität aller Komponenten des Gesamtsystems erforderlich. So erwartet beispielsweise ein gewöhnlich mit grafisch orientierten CASE-Werkzeugen arbeitender Software-Entwickler von einem angebundenen wissensbasierten Element eine kongruente Benutzeroberfläche.

Infolgedessen orientiert sich die Benutzeroberfläche von ExpertAssistant an dem SAA/CUA Standard der IBM[59] und bietet daher eine mit Systems Engineer bzw. Windows weitgehend übereinstimmende Mensch-Computer-Schnittstelle. Außerdem ist aufgrund der Fähigkeit von Windows, mehrere Anwendungsprogramme gleichzeitig im Hauptspeicher zu halten, über einen Tastendruck oder eine einfache Mausaktion der unmittelbare Wechsel zwischen ExpertAssistant und Systems Engineer möglich, ohne eine der Applikationen vorher beenden zu müssen.[60]

Der Anteil des Entwicklungsaufwands für Benutzerschnittstellen beträgt i. d. R. zwischen 30% und 70% des Gesamtprojektaufwands.[61] Hierbei wird die Obergrenze zumeist bei komplexen, grafischen Benutzerschnittstellen, die keine sequentiellen, vordefinierten Abläufe besitzen, sondern unmittelbar vom Benutzer manipulierbar sind, erreicht. Obwohl ExpertAssistant über diese Form der Benutzerschnittstelle verfügt, konnte deren Erstellungsaufwandsanteil durch die Verwendung der von KnowledgePro bereitgestellten Moduln[62] mit ca. 25% des Gesamtaufwands vergleichsweise gering gehalten werden.

6.2.2 Integration der Datenschnittstelle

Wie in Kapitel 4.1 dieser Arbeit dargelegt, stellt die permanente Kopplung der Wissensbasis mit einer ständig aktuellen Entwicklungsdatenbank des CASE-Werkzeugs für die nachträgliche Anbindung eines wissensbasierten Systems an ein konventionelles CASE-Werkzeug den zur Zeit praktikabelsten und deshalb im Rahmen des ExpertAssistant-Projekts verfolgten Integrationsansatz dar.

Um dem wissensbasierten System die von den verschiedenen Moduln des Systems Engineer in die Entwicklungsdatenbank abgelegten Projektdaten in Form von Fakten verfügbar zu machen, sind verschiedene Maßnahmen erforderlich:

Zunächst muß die Inferenzkomponente des wissensbasierten Systems die für die jeweilige Problemstellung relevanten Daten determinieren. Die anschließende Extrahierung der erforderlichen DFD-Informationen aus der Entwicklungsdatenbank erfolgt in ExpertAssistant mit Hilfe von SQL-Anweisungen[63].

Weiterhin ist die Übermittlung der Ergebnisse dieser Abfragen zum wissensbasierten System notwendig. Für diesen Datentransfer zwischen Wissensbasis und Entwicklungsdatenbank, der dynamisch und für den Benutzer unsichtbar erfolgen sollte, wird das in Windows enthaltene DDE verwendet. Bei DDE handelt es sich um ein standardisiertes Protokoll[64], über das verschiedene Windows-Anwendungen kommunizieren können, ohne Kenntnisse über das technische Format der transferierten Daten zu besitzen.[65]

Der Datenaustausch zwischen ExpertAssistant und der Entwicklungsdatenbank von Systems Engineer erfolgt im Rahmen einer Client-Server-Architektur: Benötigt ExpertAssistant (der Client) für seine Expertise bestimmte Informationen aus der Entwicklungsdatenbank (dem Server), so öffnet DDE einen Kommunikationskanal, übermittelt über das interne Nachrichtensystem von Windows Anfragen von ExpertAssistant zur SQLBase des Systems Engineer und liefert die Ergebnisse unmittelbar an ExpertAssistant zurück.[66] Das durch DDE vorgenommene Öffnen und Abfragen der Entwicklungsdatenbank erfordert ein Zusatzprodukt, den DDE-Server SE/Link von LBMS.[67]

Diese zum Teil sehr komplizierten und unter Einsatz verschiedener Systemkomponenten abgewickelten Prozesse laufen für den Benutzer verborgen im Hintergrund ab. Der Software-Entwickler erstellt die DFD in gewohnter Weise mit Systems Engineer und richtet im Bedarfsfall Anfragen an ExpertAssistant, ohne für den hierzu erforderlichen Datentransfer verantwortlich zu sein.

Die Architektur des aus ExpertAssistant, Windows und Systems Engineer bestehenden Gesamtsystems zeigt Abb. 6-3 auf der nachfolgenden Seite.

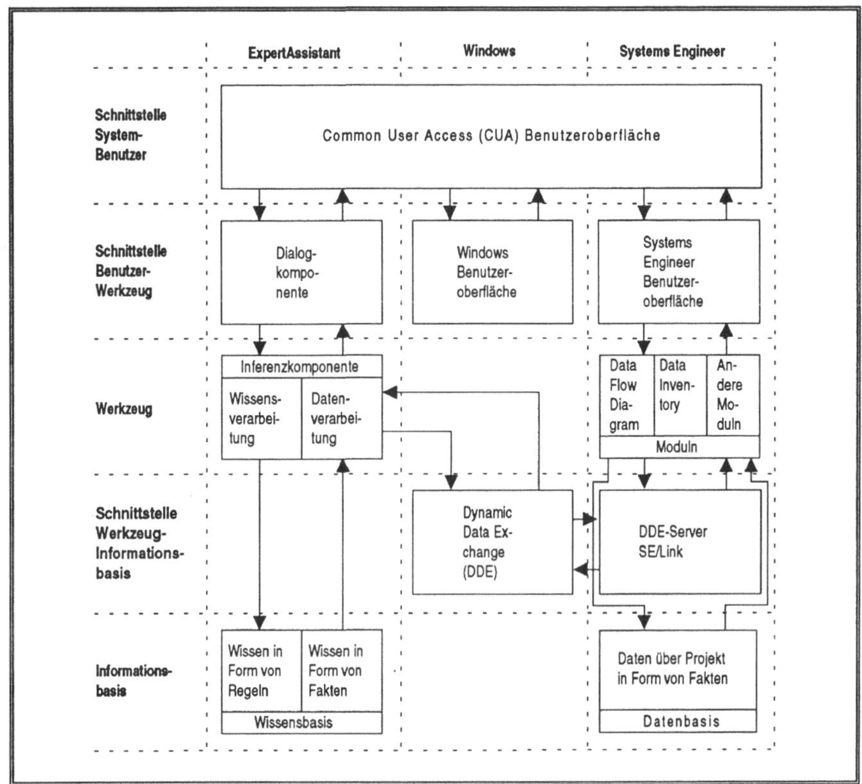

Abb. 6-3:   Architektur des Gesamtsystems

6.3 Beispielkonsultation des wissensbasierten Systems zur Unterstützung der Structured Analysis Methode

Die Erläuterung der wichtigsten Funktionen von ExpertAssistant erfolgt anhand von zwei typischen Anwendungssituationen der Methodenunterstützung bei der Entwicklung eines DFD (hier für ein Bestellverwaltungssystem).

Vorgehenshilfe

Ausgangspunkt der Vorgehenshilfe in dieser Beispielkonsultation ist ein Diagramm, in dem der Benutzer bereits einen zentralen Prozeß (bearbeite Bestellung) und vier External Entities (Großhändler, Kunde, Lagerverwaltung, Rechnungswesen) angelegt hat (siehe Abb. 6-4)[68].

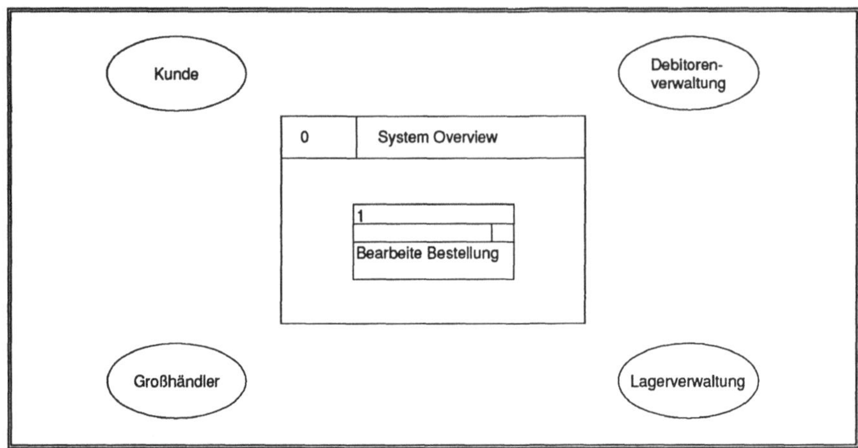

Abb. 6-4:   Beispielkonsultation I: Ausgangs-DFD bei der Anforderung der Vorgehenshilfe von ExpertAssistant

Benötigt der Software-Entwickler einen Hinweis für weitere Schritte bei der Erstel-

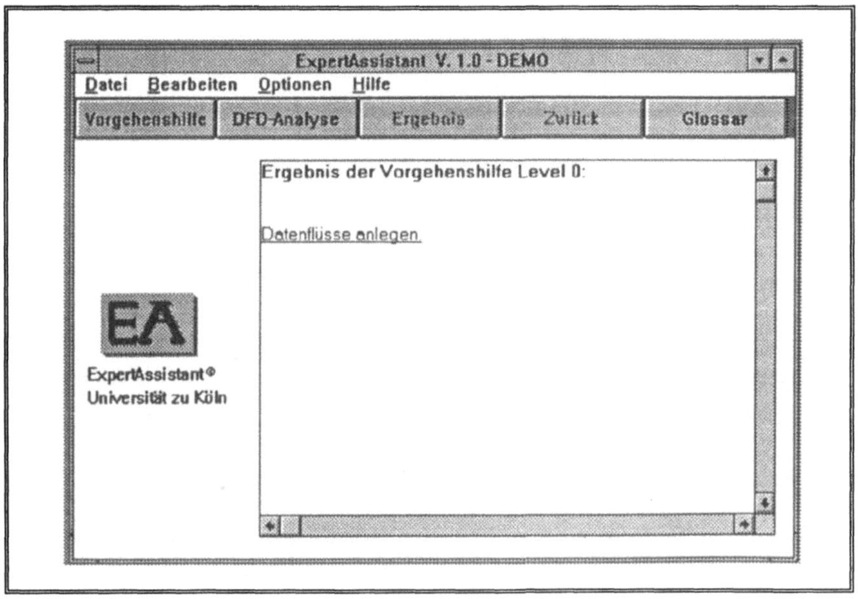

Abb. 6-5:   Beispielkonsultation II: Vorgehenshilfe von ExpertAssistant

lung des DFD, inferiert die benutzerinitiierte Vorgehenshilfe von ExpertAssistant den Ratschlag: Datenflüsse anlegen (siehe Abb. 6-5).

Während ein sachkundiger Benutzer mit diesem Hinweis seine Arbeit fortsetzen kann, benötigt ein Anfänger eventuell weitere Informationen und läßt sich deshalb durch Klicken mit der Maus auf die entsprechende Textstelle den Vorgehensratschlag erläutern (siehe Abb. 6-6).[69]

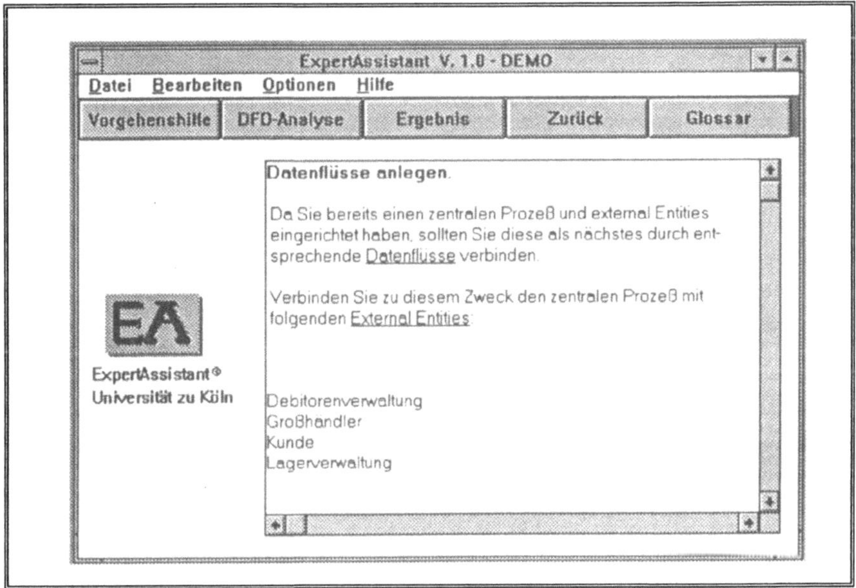

Abb. 6-6:   Beispielkonsultation III: Erläuterung der Vorgehenshilfe von ExpertAssistant

An dieser Stelle wird die Projektsensitivität von ExpertAssistant deutlich, das nicht nur den nächsten Schritt (Datenflüsse anlegen) anzeigt, sondern zusätzlich erklärt, welche konkreten Entities im gerade bearbeiteten DFD noch mit dem zentralen Prozeß verbunden werden müssen (Großhändler, Kunde, Lagerverwaltung, Debitorenverwaltung).[70]

ExpertAssistant unterstützt den Software-Entwickler nicht nur in den frühen Phasen der DFD-Entwicklung, sondern stellt auch für fortgeschrittene, komplexe DFD eine entsprechende Expertise bereit, was anhand der nachfolgenden DFD-Analyse gezeigt wird.

Analysehilfe

Als Ausgangspunkt der Analysehilfe in dieser Beispielkonsultation dient das folgende Diagramm, in dem der zentrale Prozeß (bearbeite Bestellung) verfeinert ist (siehe Abb. 6-7):

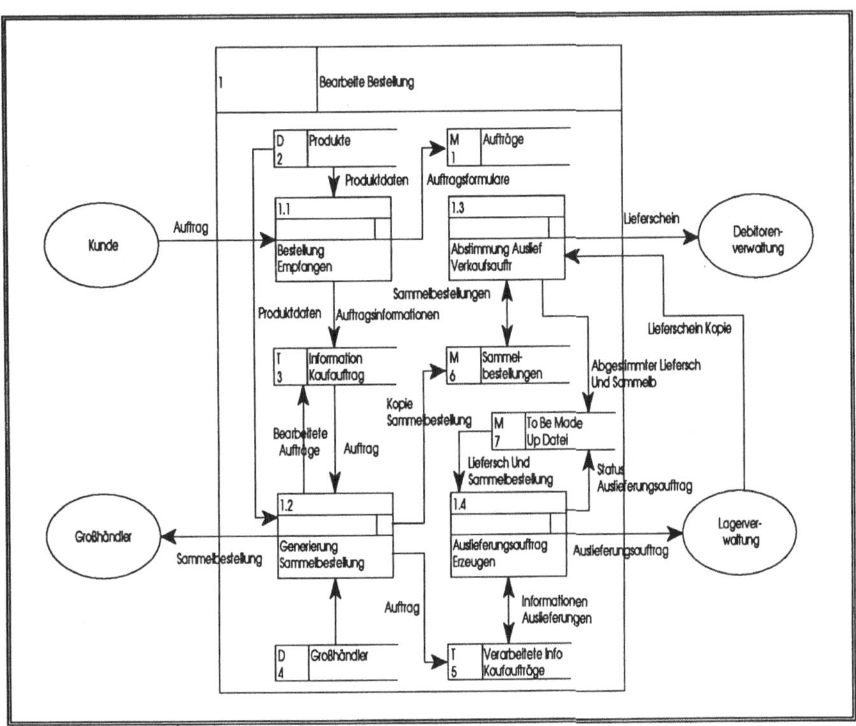

Abb. 6-7:   Beispielkonsultation IV: Ausgangs-DFD bei der Anforderung der Analysehilfe von ExpertAssistant

Der Software-Entwickler kann die DFD-Analyse entweder auf bestimmte Symbolarten beschränken oder das gesamte DFD überprüfen lassen. Ferner wird ihm die Option eingeräumt, einen Trace einzuschalten, der einen Hypertext-Report generiert, in dem die von ExpertAssistant angezeigten Vorschläge begründet werden.[71] Die DFD-Analyse in der Beispielkonsultation deckt eine Reihe von Verstößen gegen die in der Wissensbasis enthaltenen Regeln zur Korrektheit von DFD auf (siehe Abb. 6-8).

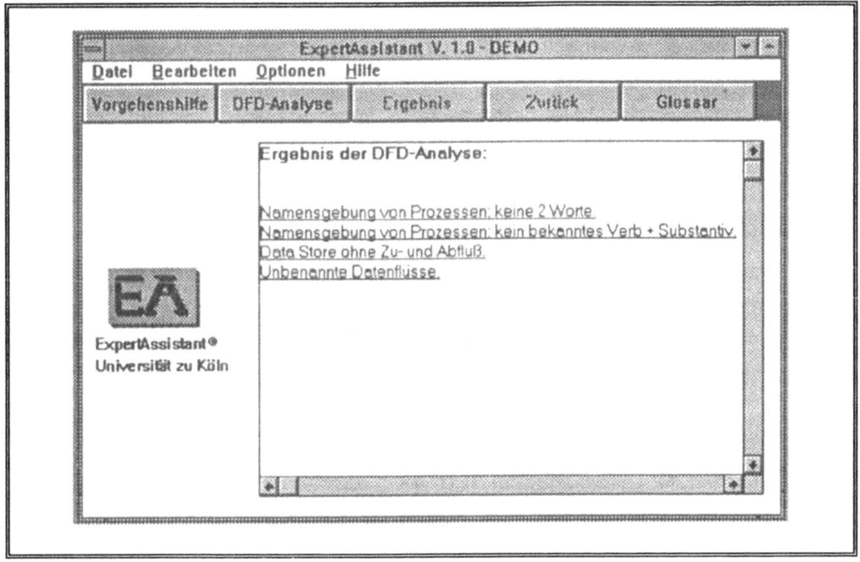

Abb. 6-8:   Beispielkonsultation V: Ergebnis der DFD-Analyse von ExpertAssistant

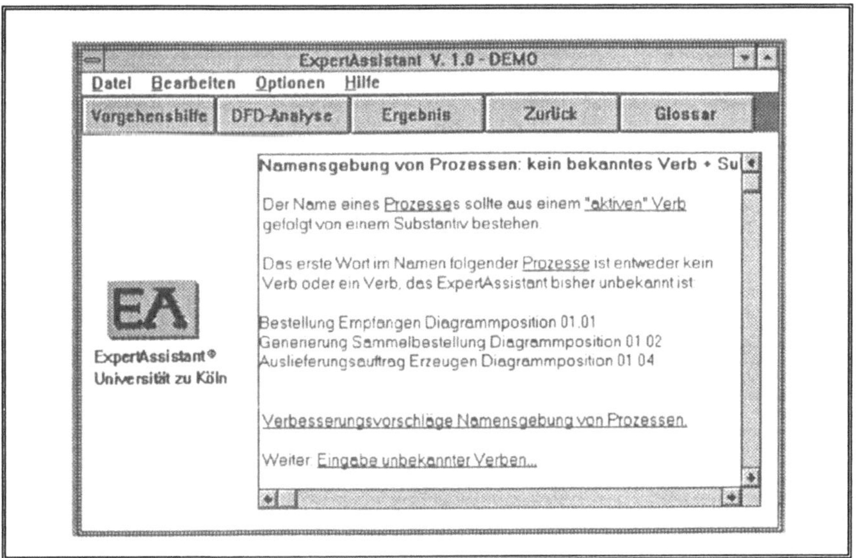

Abb. 6-9:   Beispielkonsultation VI: Erläuterung eines DFD-Analyse Hinweises von ExpertAssistant

Während einige der von ExpertAssistant aufgezeigten Fehler auch in marktgängigen CASE-Werkzeugen entdeckt werden, beziehen sich beispielsweise Regeln zur Überprüfung der Namensgebung von Prozessen auf Methodenprinzipien, die nicht Gegenstand konventioneller Analysehilfen sind.[72] Die Erläuterung eines Hinweises zur Namensgebung von Prozessen (kein bekanntes Verb + Substantiv) demonstriert Abb. 6-9.

Bei der Gestaltung der Hilfetexte wird besonderer Wert darauf gelegt, daß die Hinweise bereits erste Begründungen für den von ExpertAssistant generierten Ratschlag enthalten und der Benutzer die Möglichkeit besitzt, sich unbekannte Begriffe (hier z. B. "aktives" Verb) ohne Konsultation eines spezifischen Hilfesystems erläutern zu lassen.

Im vorliegenden Fall generiert ExpertAssistant über den bloßen Hinweis auf einen Verstoß gegen die Namenskonvention hinaus Verbesserungsvorschläge (siehe Abb. 6-10) und unterschiedet sich somit auch in diesem Punkt von den marktgängigen konventionellen CASE-Werkzeugen.

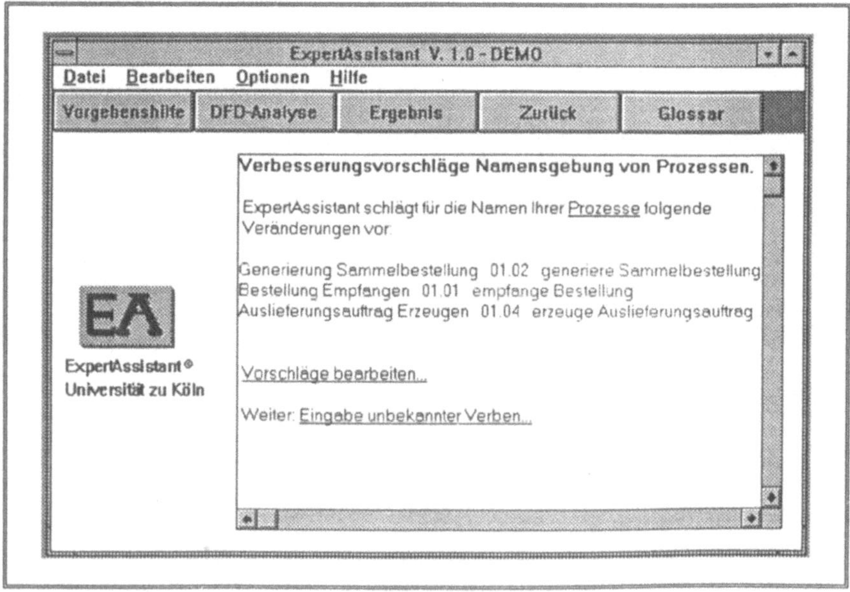

Abb. 6-10: Beispielkonsultation VII: Verbesserungsvorschläge von ExpertAssistant

Die Vorschläge basieren auf einem Katalog zulässiger Verben, den der Benutzer selbständig modifizieren kann, um beispielsweise projektspezifische Standards zu berücksichtigen.[73]

Anmerkungen

1   Siehe hierzu auch Kapitel 1.2 dieser Arbeit.

2   Siehe zu den einzelnen Punkten die entsprechenden Ausführungen und Literaturhinweise in Kapitel 3.3 und 3.4 dieser Arbeit. Eine detailliertere Beschreibung des Anwendungsbereichs von ExpertAssistant erfolgt in Kapitel 6.1.1.

3   Siehe hierzu auch Abb. 5-28 in Kapitel 5.1.3.2.2 dieser Arbeit. Das entwickelte ExpertAssistant-System unterstützt neben diesen Planungs- zusätzlich Diagnoseaufgaben.

4   Siehe zum unterschiedlichen Verbreitungsgrad der von existierenden wissensbasierten CASE-Systemen und von konventionellen CASE-Werkzeugen unterstützten Methoden Kapitel 2.1.2.1 und Kapitel 5.1.3.1 dieser Arbeit.

5   Vgl. Böcker, Gunzenhäuser /Einführung/ 1-2

6   Die mangelnde Problemangemessenheit und Anwendbarkeit der Benutzerschnittstelle ist auch bei wissensbasierten Systemen anderer Domänen ein häufig angeführter Kritikpunkt. Vgl. z. B. Steinhoff /Benutzerschnittstellen für Expertensysteme/ 3

7   Z. B. Analyst Assist

8   Z. B. Sapiens

9   Gleichzeitig wird jedoch auch eine prinzipielle Portabilität von ExpertAssistant angestrebt. Dies betrifft sowohl die Austauschbarkeit der Methodenbasis innerhalb der bestehenden Konfiguration als auch die Kopplung eines alternativen CASE-Werkzeugs.

10 Beispiele für solche Systeme enthält die Materialsammlung existierender wissensbasierter Systeme im CASE im Anhang II dieser Arbeit.

11 Siehe hierzu die in Kapitel 2.1.2.1 vorgestellte Erhebung oder verschiedene Statistiken bei Hruschka /Structured Analysis auf dem Weg zum De-facto-Standard/ 4

12 Von den 51 untersuchten CASE-Werkzeugen (siehe hierzu Abb. 3-7 und die Erläuterungen in Kapitel 3.3) unterstützen 39 Structured Analysis.

13 Vgl. Hruschka /Structured Analysis auf dem Weg zum De-facto-Standard/ 6

14 Vgl. Martin, McClure /Structured Techniques/ 407-408

15 Die Darstellung von Structured Analysis beschränkt sich auf die zum weiteren Verständnis der Arbeit notwendigen Aspekte. Weitergehende Ausführungen enthalten z. B. folgende Veröffentlichungen der Entwickler dieser Methode DeMarco /Structured Analysis and System Specification/; Gane, Sarson /Structured Systems Analysis/; Yourdon /Modern Structured Analysis/. Eine empfehlenswerte deutschsprachige Quelle ist McMenamin, Palmer /Strukturierte Systemanalyse/. Zur Weiterentwicklung von Structured Analysis zu einer objektorientierten Methode siehe z. B. Coad, Yourdon /Object-oriented Analysis/. Eine kritische Auseinandersetzung mit Structured Analysis bieten verschiedene Beiträge in Timm /Requirements Engineering '91/

16 Vgl. Gane, Sarson /Structured Systems Analysis/ 12-21

17 Vgl. Martin, McClure /Structured Techniques/ 410

18 Vgl. Gane, Sarson /Structured Systems Analysis/ 71

19 Vgl. Gane, Sarson /Structured Systems Analysis/ 115

20 Vgl. Martin, McClure /Structured Techniques/ 415

21 Um bei diesen Tätigkeiten mit den verfügbaren Ressourcen eine möglichst tiefgehende Unterstützung zu erreichen, wird in ExpertAssistant auf die Bereitstellung von Hilfen bei der Beschreibung der Daten im Data Dictionary und der Spezifikation der Prozesse durch Minispecs verzichtet.

22 Dies hat beispielsweise zur Folge, daß auch solche Syntaxgrundsätze in ExpertAssistant abgebildet sind, die bereits durch das CASE-Werkzeug erkannt werden.

23 So ist z. B. vor dem Zeichnen eines DFD in dem angebundenen CASE-Werkzeug zunächst das
Anlegen eines sogenannten DFD-Sets erforderlich, worauf der Entwickler durch ExpertAssistant
hingewiesen wird.

24 Siehe hierzu die Ausführungen in Kapitel 2.3.1 dieser Arbeit.

25 Vgl. Bauer, Schwab /Anforderungen an Hilfesysteme/ 204 und die dort angeführte Literatur

26 Entsprechend der zu Beginn dieses Kapitels erläuterten Abgrenzung von Einsatzgebiet und Einsatzform des ExpertAssistant-Systems fungiert das *Methoden*wissen, nicht das Wissen über den
Benutzer, als Erkenntnisobjekt des Projekts.

27 Funktionsfähige benutzerindividuelle Hilfesysteme existieren infolgedessen zumeist lediglich für
einfache Anwendungsprogramme wie Texteditoren. Vgl. z. B. Schwab /AKTIVIST/ 105-126

28 In Hypertextsystemen werden Objekte, die Informationen enthalten oder repräsentieren, unter
einer entsprechenden Benutzeroberfläche explizit miteinander verknüpft. Vgl. zum Begriff und zu
Problemstellungen von Hypertextsystemen Hofmann /Hypertextsysteme/ und die dort angeführte
Literatur. Über Erfahrungen und Methoden zur Entwicklung von Hypertextanwendungen berichtet
Simon /Hypertextapplikationen/. Beispiele für betriebliche Einsatzmöglichkeiten von Hypertextsy-
stemen enthält Schoop /Hypertext Anwendungen/

29 Vgl. Sens /Hypertutorial/ 416

30 ExpertAssistant unterscheidet sich somit von Hilfesystemen, indem es den Software-Entwickler
nicht nur bei der Nutzung der vorhandenen Funktionalität des CASE-Werkzeugs unterstützt,
sondern darüber hinaus zusätzliche Funktionalität bereitstellt.

31 Der Benutzer, nicht das System soll die Anwendung kontrollieren.

32 Vgl. Sens /Hypertutorial/ 414-418

33 Siehe zur Darstellung der KADS-Methode Breuker, Wielinga /Models of Expertise/ und Wielinga,
Breuker /Model-Driven Knowledge Acquisition/ sowie zur Kritik an diesem Ansatz Karbach
/Methoden und Techniken/ 42-43

34 Das hier lediglich zur Beschreibung und Strukturierung des (Problemlösungs-)Wissens in Expert-
Assistant verwendete konzeptuelle Modell stellt nur ein Teilmodell im Rahmen des strukturierten
Wissenserwerbs nach der KADS-Methode dar. Vgl. Karbach /Methoden und Techniken/ 38 ff.

35 Vgl. Aue, Baresch, Keller /KADS-Ansatz/ 64

36 Vgl. Breuker, Wielinga /Models of Expertise/ 275

37 Vgl. zur Darstellung des Wissensmodells von ExpertAssistant Kunz /Entwicklung ExpertAssi-
stant/ 42 ff.

38 Vgl. zu den Definitionen DeMarco /Structured Analysis and System Specification/ 51-60; Gane,
Sarson /Structured Systems Analysis/ 38-46; Yourdon /Modern Structured Analysis/ 67-68. Die
DFD in dieser Arbeit sind mit dem CASE-Toolkit LBMS Systems Engineer erstellt, das eine der
Gane/Sarson-Notation gleichende Symbolik verwendet. Die Symbole sind teilweise mit Identifika-
tionsschlüsseln und weiteren Detailinformationen versehen.

39 Vgl. Puppe /Einführung in Expertensysteme/ 114

40 Vgl. Puppe /Einführung in Expertensysteme/ 114

41 Bei diesen und den nachfolgenden Metaklassen sowie innerhalb der Wissensquellen ist zu beachten, daß über die reine Identifikation der Existenz von Objekten und Relationen etc. hinaus
(dies ist auch mit einer konventionellen Datenbank abbildbar) im wissensbasierten Modell eine
Berücksichtigung des Methodenkontextes erfolgt (z. B. hat ein Prozeß auf der obersten Verfeinerungsebene eine andere Bedeutung als ein Prozeß auf einer niedrigeren Verfeinerungsebene).

42 Die Formulierung "Regel" innerhalb des konzeptuellen Wissensmodells impliziert nicht zwingend,

daß in der Realisierungsphase auch Regeln als Wissensrepräsentationsformalismus gewählt werden.

43   Vgl. Breuker, Wielinga /Models of Expertise/ 275-276

44   Vgl. Breuker, Wielinga /Models of Expertise/ 276

45   Vgl. Kunz /Entwicklung ExpertAssistant/ 46

46   Shells sind Werkzeuge, die alle Elemente eines wissensbasierten Systems, mit Ausnahme des Inhalts der Wissensbasis, enthalten. Vgl. Schmitz /Expertensysteme/ 622

47   Leistungsmerkmale von ADS enthält z. B. Bechtolsheim, Schweichhart, Winand /Expertensystemwerkzeuge/. Aion bietet das Werkzeug ADS nicht nur als Shell, sondern auch für die Entwicklung konventioneller Programme an. Vgl. Lenz /ADS-AION/ 1-3

48   Eine herstellerunabhängige und neutrale Darstellung dieses unter der Betriebssystemerweiterung Microsoft Windows arbeitenden Werkzeugs enthält z. B. o. V. /LBMS Systems Engineer Version 2.2/ 7-16

49   Das angebundene CASE-Werkzeug sollte zu den leistungsfähigsten seiner Art gehören, damit sich bei der Unterstützung durch ExpertAssistant auf Aspekte konzentriert werden konnte, die marktgängige CASE-Produkte nicht bieten. Als Grundlage für diese Entscheidung dienten die Ergebnisse einer an der Universität zu Köln durchgeführten Untersuchung. Siehe hierzu Berkau, Herzwurm /Kriterien/ und Herzwurm, Berkau /Auswahl PC-gestützter Software-Entwicklungsumgebungen/

50   Die Erläuterung der Funktionen von DDE sowie die Darstellung der Integration von ExpertAssistant und Systems Engineer erfolgen im nächsten Kapitel dieser Arbeit.

51   Vgl. Shafer /Objectively Speaking/ I-43

52   Die Objektorientierte Programmierung bietet sich v. a. für die Repräsentation von Hypertext an. Vgl. Hofmann, Cordes, Langendörfer /Hypertext/ 218

53   Siehe zu unterschiedlichen Inferenzverfahren bei Produktionensystemen z. B. Puppe /Einführung in Expertensysteme/ 21-28

54   Vgl. Shaw /KnowledgePro Windows/ 46

55   Bei einem Vergleich mit anderen Systemen ist zu beachten, daß bei zahlreichen Werkzeugen im Gegensatz zu KnowledgePro z. B. eine Vielzahl von Regeln für die Gestaltung der Benutzerschnittstelle benötigt wird, so daß der LOC-Anteil für die eigentliche Expertise in diesen Systemen oft kleiner ist als er zunächst erscheint.

56   In diesem Aufwand sind auch Zeiten für die Identifikation und Abgrenzung des Problembereichs, Auswahl und Beschaffung der Systemkomponenten, Schulungen der Mitarbeiter etc. enthalten. Ferner ist zu berücksichtigen, daß die Diplomanden weder Erfahrungen auf dem Gebiet der Entwicklung wissensbasierter Systeme noch im Umgang mit CASE-Werkzeugen besaßen.

57   ExpertAssistant ist somit im Sinne der Klassifikation aus Kapitel 5.1.3.1.3 zwar ein kleines System, aber zugleich ein Beispiel dafür, wie die Verwendung eines mächtigen Werkzeugs den Codierungsaufwand beträchtlich reduzieren kann.

58   Siehe hierzu Abb. 4-3 und die Ausführungen in Kapitel 4.1 dieser Arbeit.

59   Die im März 1987 von der IBM vorgestellte System-Anwendungs-Architektur (SAA) ist eine Sammlung von Konventionen, Protokollen und Schnittstellendefinitionen, deren Einhaltung die Portierbarkeit auf andere SAA-Hardware gewährleisten soll. Im Bereich Common User Access (CUA) werden Spezifikationen für den Dialog zwischen Benutzer und System definiert, die für eine physische, syntaktische und semantische Konsistenz von SAA-Benutzeroberflächen erforderlich sind. Vgl. Althammer, Bernath /Software-Entwicklung und SAA/ 207-214 und Wheeler, Ganek /Introduction to Systems Application Architecture/ 18-25

60   Vgl. Godin, Rao /Utilize Expert Systems/ 51

61   Vgl. Steinhoff /Benutzerschnittstellen für Expertensysteme/ 9

62 Hierbei handelt es sich z. B. um Buttons, Check Boxes, Edit Boxes, Hypertext, Hypergraphics, List Boxes, Radio Buttons und Scroll Bars. Vgl. Shafer /Objectively Speaking/ I-41

63 SQL (Structured Query Language) ist eine genormte Abfragesprache für relationale Datenbanken. Vgl. Gruber /SQL/ 3

64 Ein Protokoll regelt in hierarchischen Systemen die Beziehungen zwischen den verschiedenen Partnern. Vgl. Schmitz, Hasenkamp /Rechnerverbundsysteme/ 103

65 Vgl. Petzold /Programming Windows/ 809-814

66 Vgl. Petzold /Programming Windows/ 809-814

67 Dieses Produkt war zum Zeitpunkt der Entwicklung noch nicht am freien Markt erhältlich, sondern wurde von LBMS freundlicherweise als Beta-Version zur Verfügung gestellt. Dies verdeutlicht, daß ohne die Unterstützung des Herstellers ein dynamischer Datentransfer, auf den mehr als 40% des Gesamterstellungsaufwands von ExpertAssistant entfallen, wahrscheinlich nicht zu realisieren gewesen wäre.

68 Die DFD des Beispieldialogs sind mit Systems Engineer erstellt. Der Benutzer hat hierbei keinen Einfluß auf die Formatierung des Textes innerhalb der Symbole, was als Nachteil dieses CASE-Toolkit zu konstatieren ist.

69 Der Benutzer kann sich jederzeit von ExpertAssistant verwendete Fachtermini mit Hilfe des Hypertextsystems erklären lassen. Hat der Benutzer aufgrund der häufigen Inanspruchnahme solcher Detailhinweise die Orientierung innerhalb des Hypertextsystems verloren, kann er entweder mit der Funktion "Zurück" die Dialoghistorie zurückverfolgen oder sich mit der Option "Ergebnis" das zuletzt ermittelte Ergebnis von ExpertAssistant anzeigen lassen.

70 Die Farben der Texte besitzen in ExpertAssistant eine unterschiedliche Bedeutung: Grün kennzeichnet Hypertext, blau die Objektnamen im aktuellen DFD und rot die von ExpertAssistant generierten Objektbezeichnungen.

71 Diese Erklärungskomponente ist nicht nur für die DFD-Analyse, sondern auch für die Vorgehenshilfe verfügbar. Sie besteht im wesentlichen aus einem Hypertext-Bericht, in dem die entsprechenden Regeln der ExpertAssistant-Wissensbasis mit dem Hinweis, ob sie gefeuert haben, angezeigt und kommentiert werden.

72 Systems Engineer erkennt in diesem DFD z. B. fehlende Zu- und Abflüsse der Datenspeicher. Die Möglichkeit, sich diese Verstöße erklären oder über Hypertext unbekannte Begriffe der DFD-Analyse erläutern zu lassen, bietet das CASE-Toolkit jedoch im Gegensatz zu ExpertAssistant nicht.

73 Der hier dargestellte Beispieldialog zeigt nur die wichtigsten Funktionen von ExpertAssistant. Eine detaillierte Beschreibung der Leistungsmerkmale, aber auch der Schwachstellen von ExpertAssistant enthält Loewenich /Möglichkeiten und Grenzen von ExpertAssistant/

7 Schlußbetrachtung

Implikationen für die Möglichkeiten wissensbasierter Systeme im CASE

Die Beschreibung der Funktionalität von ExpertAssistant sowie die kurze Beispielkonsultation belegen exemplarisch die grundsätzliche Machbarkeit der in dieser Arbeit vorgestellten Konzeption und demonstrieren anschaulicher als theoretische Er-
örterungen das Potential wissensbasierter Systeme im CASE. Infolgedessen werden
resümierend lediglich drei wesentliche Möglichkeiten genannt:

- Durch den Einsatz des bereits heute zur Verfügung stehenden Instrumentariums
  wissensbasierter Systeme können CASE-Werkzeuge eine (Methoden-)Unterstüt-
  zung bieten, die das Niveau der (Methoden-)Unterstützung seitens marktgängiger Produkte deutlich übersteigt.

- Konventionelle CASE-Werkzeuge können durch die Ergänzung wissensbasierter
  Komponenten vom administrativen Arbeitsmittel zum intelligenten Software-
  Entwicklungsassistenten erweitert werden.

- Wissensbasierte Systeme können unter Ausnutzung von Synergieeffekten in
  konventionelle CASE-Umgebungen integriert werden.

Implikationen für die Grenzen wissensbasierter Systeme im CASE

Die Entwicklung von ExpertAssistant legt jedoch zugleich eine Vielzahl von Restriktionen, die das Potential wissensbasierter Systeme im CASE limitieren, offen und
fundiert infolgedessen die Thesen 1 bis 5 aus Kapitel 4 dieser Arbeit:

- KnowledgePro ist als Beispiel für eine im Vergleich zu älteren Produkten zwar
  wesentlich verbesserte, allerdings insgesamt noch unausgereifte Werkzeuggeneration zur Entwicklung wissensbasierter Systeme zu nennen: So enthält
  KnowledgePro z. B. einige Programmfehler und bietet außerdem keine Unterstützung bei der Erstellung einer Erklärungskomponente.

- Die Kopplung von ExpertAssistant mit dem CASE-Toolkit Systems Engineer wäre ohne den Support des Herstellers LBMS bzw. des Lizenzpartners ExperTeam
  in der vorliegenden Form nicht möglich gewesen. Allerdings erforderte die technische Integration von wissensbasiertem System und konventionellem CASE-
  Werkzeug trotz dieser Unterstützung umfangreiche Ressourcen, die somit für die
  Entwicklung der eigentlichen Expertise nicht mehr zur Verfügung standen.[1]

- Der Aufwand, den ein Austausch der Methodenbasis in der aktuellen Konstellation oder ein Wechsel des CASE-Werkzeugs verursacht, ist ebensowenig abzuschätzen, wie der Umfang erforderlicher Anpassungsmaßnahmen beim Release-Wechsel von KnowledgePro oder Systems Engineer.

- Das Antwortzeitverhalten ist aufgrund der schwachen Performance des Systems Engineer und der mit KnowledgePro erstellten Applikationen einerseits sowie infolge des zeitaufwendigen Datentransfers zwischen ExpertAssistant und Systems Engineer andererseits insgesamt nicht zufriedenstellend.[2]

- Akquisitions- und Formalisierungsprobleme von Erfahrungswissen bzw. Heuristiken sowie der Stand des (Methoden-)Wissens in Forschung und Praxis limitieren die Qualität der Expertise in wissensbasierten (CASE-)Systemen.[3]

- Selbst die leistungsfähigsten wissensbasierten (Methodenunterstützungs-)Systeme können weder menschliche Kreativität und Intuition noch eigenverantwortliches Denken und Handeln ersetzen. Ein schlechter Software-Entwickler wird trotz Einsatz wissensbasierter Systeme weiterhin schlechte Programme schreiben.[4]

Implikationen für die Zukunft von CASE

Insbesondere die Integrationsproblematik des wissensbasierten Methodenunterstützungssystems verdeutlicht, daß sich an zukünftige CASE-Werkzeuge neue Anforderungen stellen:

- Falls ein CASE-Werkzeug selbst nicht wissensbasiert aufgebaut ist, muß Information, die bereits im Programmcode enthalten ist (z. B. DFD-Syntax), für ein wissensbasiertes (Methodenunterstützungs-)System nochmals repräsentiert werden.[5] Aus diesem Grund sollte das in CASE-Werkzeugen vorhandene Wissen explizit repräsentiert und somit änderungs- respektive anpassungsfreundlich und für den Benutzer zugänglich gemacht werden.[6]

- Solange CASE-Werkzeuge noch nicht wissensbasiert sind, muß zumindest die Offenheit ihrer Entwicklungsdatenbanken gefordert werden, da dies eine Voraussetzung für die unternehmensindividuelle wissensbasierte Methodenunterstützung darstellt.[7]

Die Ausführungen in dieser Arbeit zeigen, daß wissensbasierte Systeme in zahlreichen Gebieten der Entwicklung konventioneller Software einsetzbar sind. Es ist jedoch evident, daß sie kein "Allheilmittel" zur Lösung der Dauerkrise des Software Engineering darstellen.

Dies resultiert u. a. aus der partiellen Unausgereiftheit der wissensbasierten Technologie, deren Schwachstellen derzeit als Objekte intensiver Forschungsbemühungen fungieren. Exemplarisch sind die folgenden bedeutenden Forschungsgebiete in diesem Bereich zu nennen:

- adaptive, auch Tiefenwissen abbildende, maschinell lernende und verstärkt erklärungsfähige Systeme zur Assimilierung der Problemlösungsfähigkeit wissensbasierter Systeme an das Leistungspotential menschlicher Intelligenz,[8]

- massiv parallele, an einem neuronalnetzartigen[9] Modell des menschlichen Gehirns (statt zeichenhaft) orientierte Hardware-/Software-Systeme,[10]

- problemspezifische bzw. vom menschlichen Fach-Experten (aber DV-Laien) bedienbare Shells zur Minderung der Wissensakquisitionsschwierigkeiten[11].

Allerdings kurieren selbst technisch perfekte wissensbasierte CASE-Systeme lediglich die Symptome, nicht die Ursachen zahlreicher Software-Entwicklungsprobleme, soweit sie ausschließlich Methoden unterstützen, die nicht alle Elemente eines Informationssystems und deren Beziehungen im Unternehmen modellieren.[12] Trotz des Anspruchs der Bereitstellung umfassender Lösungsansätze, steht im CASE vielfach die Software- und nicht die Systementwicklung im Vordergrund: Aktuelle Methoden (und Werkzeuge) bieten kaum eine Unterstützung von Maßnahmen, die nicht unmittelbar der Entwicklung bzw. Wartung von Software dienen, sondern beispielsweise während der Erprobungs- und Konsolidierungsphase oder im Rahmen der organisatorischen Implementierung durchgeführt werden. Außerdem findet auch die Komponente Mensch, die neben Aufgabenstellung, Organisationsstruktur und Informationstechnologie ein weiteres abzustimmendes[13] Element eines Informationssystems bildet,[14] vielfach zu wenig Berücksichtigung.

Ferner muß das CASE der Zukunft vermehrt praktikable system- bzw. unternehmensübergreifende Lösungsansätze bereitstellen: Die Bedeutung der Bildung integrierter Gesamtmodelle für das Unternehmen ist zwar seit langem bekannt,[15] diese Problematik ist allerdings erst in den letzten Jahren wieder verstärkt in das Bewußtsein von Wissenschaft und Praxis gelangt[16] und findet beispielsweise in Informationssystem-Architekturmodellen[17] ihren Niederschlag. Aufgabe dieser Informationssystem-Architekturmodelle[18] ist die Entwicklung eines Rahmenplans, der die Beziehungen zwischen allen Informationssystemen eines Unternehmens abbildet und eine Gewichtung dieser Systeme nach ihrer Bedeutsamkeit vornimmt.[19]

Eine Analogiebildung zwischen der Arbeit von Architekten und Fachleuten des Entwurfs von Informationssystemen[20] impliziert zwar einerseits zahlreiche Parallelen, verdeutlicht jedoch andererseits einen Mangel im Bereich der Informationssystementwicklung: Es fehlen "Architekten", die die "Bauherrn" (bzw. Auftraggeber) während des gesamten Entwicklungsprozesses begleiten und mittels ihrer Grundkenntnisse über die Informationssystementwicklung sowie anhand ihres Elementarwissens bezüglich des zu modellierenden Anwendungsbereichs zu einer korrekten Umsetzung der Anforderungen beitragen können.[21] Dies erfordert als Kommunikationsmedium[22] für den Auftraggeber verständliche, intuitive, informale grafische Darstellungen, die in einem zweiten Schritt in elementare Daten-, Funktions- und Ablaufmodelle transformiert und innerhalb eines wechselseitigen Dialogs zwischen (Informationssystem-)Architekt und Auftraggeber permanent verfeinert und präzisiert werden.[23]

In diesem Zusammenhang könnten wissensbasierte Systeme die Funktion der Speicherung, Strukturierung, Vermittlung und Vervielfältigung des erforderlichen Wissens auf allen Ebenen des Informationssystementwurfs übernehmen:[24]

- Wissen über den Inhalt der Entwurfs-Schichten

  - Auftraggeber
    Wissen über das zu modellierende Geschäft
  - Informationssystem-Architekt
    -- (Grund-)Wissen über das zu modellierende Geschäft
    -- (Grund-)Wissen über die Systementwicklung
    -- Wissen über die für einzelne Aufgabenerfüllungsprozesse relevanten Strukturen und Voraussetzungen
    -- Wissen über die Gesamtheit der von der Systemgestaltung betroffenen Zusammenhänge und Strukturen
  - Systementwicklungshaus/-abteilung
    Wissen über die Systementwicklung

- Wissen über die Beziehung zwischen den Entwurfs-Schichten

- Wissen über die benachbarten Entwurfs-Schichten

- Wissen über die iterative Transformation von intuitiven, grafischen Darstellungen auf der Basis der Geschäftsterminologie in fundamentale Daten-, Funktions- und Ablaufmodelle sowie über deren Verfeinerung und horizontale respektive vertikale Integration

- Wissen über den Transfer der o. a. Darstellungen in formale Modelle für die Systementwicklung

- Wissen über die Umsetzung der o. a. Modelle in Programmier-, Generier-, Selektier- und Konfiguriervorgaben

Während Informationssystementwickler in vielen Bereichen von den Erkenntnissen der Baukunst profitieren, sei zum Abschluß dieser Arbeit vor dem umgekehrten Weg gewarnt:

"If builders built buildings the same way that programmers wrote programs, the first woodspecker would destroy civilization."[25]

Anmerkungen

1   So deckt die Assistenz des Software-Entwicklers bei der DFD-Erstellung lediglich einen Teil der Structured Analysis Methode ab. Außerdem sind bei dieser Aufgabe noch zahlreiche weitere Unterstützungsfunktionen durch wissensbasierte Systeme denkbar. Siehe hierzu Kapitel 3.3.1.1 dieser Arbeit.

2   Für die komplette DFD-Analyse im Beispieldialog benötigt ExpertAssistant ca. 30 Sekunden unter Einsatz eines IBM-kompatiblen PC mit 80486 Mikroprozessor und einer Hauptspeichergröße von 16 MB. Die Aktivierung der optionalen Erklärungskomponente verdoppelt die Antwortzeit.

3   Dies betrifft z. B. sowohl die Verfügbarkeit von Experten, die sich im ExpertAssistant-Projekt als bedeutender Engpaßfaktor herausgestellt hat, als auch die methodenimmanenten Schwächen von Structured Analysis, deren Beseitigung ein wissensbasiertes System nicht leisten kann.

4   Der wissenschaftliche Nachweis, daß ExpertAssistant tatsächlich zu einer Qualitäts- oder/und Produktivitätssteigerung bei der DFD-Entwicklung führt, ist beispielsweise im Rahmen eines Experiments zu erbringen und stellt eine interessante Aufgabe weiterführender Forschungsarbeiten im Bereich wissensbasiertes CASE dar.

5   Vgl. Bauer, Schwab /Anforderungen an Hilfesysteme/ 203

6   Die Trennung von CASE-Wissen und dessen Verarbeitung könnte in der Zukunft dazu führen, daß generische Wissensbasen für bestimmte Software-Entwicklungsaktivitäten so kompatibel bzw. portierbar werden, daß ihr Verkauf als eigenständige Produkte am Markt möglich ist. Ähnliche Überlegungen sind für wissensbasierte CASE-Systeme, die bereits allgemeingültiges Wissen über bestimmte Anwendungsgebiete enthalten, denkbar. Vgl. Gane /Computer-Aided Software Engineering/ 114-115

7   Die Offenheit der Entwicklungsdatenbanken ist gleichermaßen für die Integration nicht wissensbasierter Werkzeuge von großem Nutzen. Ob der Datenaustausch zwischen den Werkzeugen bei getrennter Datenhaltung der Systemkomponenten oder über ein zentrales Repository wie im AD/Cycle-Konzept der IBM erfolgt, ist in diesem Zusammenhang von sekundärer Bedeutung. Große Hoffnungen bezüglich der Lösung derartiger Integrationsprobleme werden v. a. in die Standardisierungsbemühungen der Europäischen Gemeinschaften und der NATO zur Entwicklung eines "Software Production Reference Model" gesetzt. Vgl. Eureka Software Factory /Technical Reference Guide/ 20 41 und Weber /Software Factories/ 35

8   Vgl. Schmitz /Expertensysteme/ 623-624

9   Neuronale Netze haben als zentraler Gegenstand des Konnektionismus in den letzten Jahren zunehmend an Bedeutung gewonnen, da mit ihrer Hilfe Aufgabenstellungen bearbeitet werden können, bei denen traditionelle Datenverarbeitungsmethoden nicht anwendbar sind. Vgl. Krekel /Neuronale Netze in der Anwendung/ 353-354. Beiträge zu Synergieeffekten von wissensbasierten Systemen und neuronalen Netzen enthält Liebowitz /Expert System and Neural Network Technologies/

10 Entscheidend ist hierbei nicht die Erzielung einer höheren Verarbeitungsgeschwindigkeit, sondern die Tatsache, daß eine "parallelgeschaltete Computerarchitektur jene Art der Verarbeitung von Mustern leisten kann, die ohne jede Darstellung von Regeln und Merkmalen auskommt". Dreyfus /Grenzen künstlicher Intelligenz/ 15. Außerdem ist z. B. in Architekturen, in denen Programme nicht mehr aus einer Algorithmusdefinition und einer dazugehörigen Beschreibung der Datenstruktur bestehen, die Integration deklarativer Wissensrepräsentationsformalismen ohne spezifische Schnittstellen möglich. Vgl. Ferstl, Sinz /SOM/ 478-479

11 Vgl. Schmitz /Expertensysteme/ 623-624

12 Ferstl, Sinz /SOM/ 479-480 nennt als primäre Defizite der auf der Trennung von Funktions- und Datensicht basierenden aktuellen Methoden und Werkzeuge zur Anwendungsentwicklung: unzureichende Kopplung von Funktions- und Datensicht, keine durchgängige schrittweise Verfeinerung, mangelnde Kompatibilität mit anderen Strukturparadigmen für Programme, unzureichende

Kopplung von Basis- und Informationssystem, unzureichende Abbildung des Zielsystems, unvollständige Abbildung der Diskurswelt sowie unzureichende Trennung zwischen Essenz und Inkarnation eines Informationssystems.

13   Nach der Gleichgewichtsthese sollen alle Elemente eines Informationssystems "im Entwicklungsprozeß auf eine qualitativ abgestimmte Übereinstimmung gebracht" werden. Szyperski /Informationssysteme/ 1908

14   Siehe hierzu Kapitel 2.1.2 dieser Arbeit und die dort angeführte Literatur.

15   Siehe z. B. Grochla u. a. /KIM/

16   So bildet das bereits 1971 entwickelte Kölner Integrationsmodell die Basis für den aktuellen Prototypen eines wissensbasierten Werkzeugs zur Unternehmensmodellierung. Siehe Dissmann, Reusch /DOKIM/ 1-21 und Grochla u. a. /KIM/ sowie Anhang II dieser Arbeit

17   Vgl. z. B. Zachman /Information Systems Architecture/ 276-292

18   Auch Hersteller bieten häufig "Architekturen" auf dem Hardware-/Software-Markt an. Siehe hierzu z. B. McWilliams /Integrated Computing Environments/ 18-21. Während Hersteller unter Architekturen jedoch v. a. Standards und Normen zur Einordnung ihrer Produkte in ein Gesamtsystem subsumieren, betrachten Anwender Architekturen als Systeme und Strukturen zur Erreichung ihrer Unternehmensziele. Vgl. Krcmar /Ziele von Informationssystem-Architekturen/ 398

19   Vgl. Krcmar /Ziele von Informationssystem-Architekturen/ 395

20   Vgl. Zachman /Information Systems Architecture/ 276-292

21   Vgl. Seibt /Informationssystem-Architekturen/ 255-278

22   Siehe zu Kommunikationsproblemen auch Kapitel 3.1.1 und 3.1.2 dieser Arbeit.

23   Vgl. Seibt /Informationssystem-Architekturen/ 266-267

24   Zusammengestellt nach Seibt /Informationssystem-Architekturen/ 255-278

25   Ausspruch von Weinberg zitiert nach Martin, McClure /Structured Techniques/ 4

Literaturverzeichnis

Abbenhardt /Datenbanken für Software-Entwicklungsumgebungen/

> Helmut Abbenhardt: Datenbanken für Software-Entwicklungsumgebungen - Techniken im Vergleich. In: Information Management, 5. Jg., Heft 2, 1990, S. 48-53

Adhami, Pyburn, Champion /Computer Aided Requirements Engineering/

> E. Adhami, R. Pyburn, R. E. M. Champion: A Knowledge-Based Approach to Computer Aided Requirements Engineering. In: K. H. Bennett: Software Engineering Environments: Research and Practice, New York 1989, S. 187-202

Albert /Wissenschaftstheorie/

> Hans Albert: Wissenschaftstheorie. In: Erwin Grochla, Waldemar Wittmann (Hrsg.): Handwörterbuch der Betriebswirtschaft, 4. Auflage, Stuttgart 1984, S. 4674-4692

Albit /X-INFO/

> Albit (Hrsg.): X-INFO. Datenbank mit betrieblichen Expertensystem-Anwendungen, Mülheim an der Ruhr im September 1991

Alemann /Forschungsprozeß/

> Heine von Alemann: Der Forschungsprozeß. Stuttgart 1977

Allen /Natural Language Understanding/

> James Allen: Natural Language Understanding. In: Avron Barr, Paul R. Cohen, Edward A. Feigenbaum (Hrsg.): The Handbook of Artificial Intelligence, Volume IV, Reading u. a. 1989, S. 193-239

Allen, Lee /Development of Software Parts Composition Systems/

> Bradley P. Allen, S. Daniel Lee: A Knowledge-based Environment for the Development of Software Parts Composition Systems. In: IEEE Computer Society Press (Hrsg.): Proceedings of the 11th International Conference on Software Engineering, Washington u. a. 1989, S. 104-112

Althammer, Bernath /Software-Entwicklung und SAA/

> Peter Althammer, Ralph Bernath: Software-Entwicklung und SAA. In: Hubert Österle (Hrsg.): Anleitung zu einer praxisorientierten Software-Entwicklungsumgebung, Band 1: Erfolgsfaktoren werkzeugunterstützter Software-Entwicklung, Hallbergmoos 1988, S. 205-216

Andexer /IBM-Softwareentwicklungs-Konzept/

> Heiner Andexer: Das IBM-Softwareentwicklungskonzept... und wie geht es weiter? In: Wirtschaftsinformatik, 33. Jg., Heft 1, Februar 1991, S. 26-32

Andresen /Warum scheitern Software-Entwicklungsumgebungen?/

> Thomas Andresen: Warum scheitern Software-Entwicklungsumgebungen? In: Hubert Österle (Hrsg.): Anleitung zu einer praxisorientierten Software-Entwicklungsumgebung, Band 1: Erfolgsfaktoren werkzeugunterstützter Software-Entwicklung, Hallbergmoos 1988, S. 247-260

ANSI, IEEE /Glossary of Software Engineering Terminology/

> ANSI, IEEE (Hrsg.): Glossary of Software Engineering Terminology, Std 729-1983. New York 1983

ANSI, IEEE /Software Requirements Specifications/

   ANSI, IEEE (Hrsg.): Software Requirements Specifications, Std 830-1984. New York 1984

Anstötz /Akzeptanzorientierte Systemgestaltung/

   Karin Anstötz: Akzeptanzorientierte Systemgestaltung, dargestellt am Beispiel eines experimen-
   tellen Telekommunikationssystems. Dissertation zur Erlangung des akademischen Grades
   eines Doktors der Wirtschaftswissenschaften (Dr. rer. pol.) durch den Fachbereich Wirtschaftswissenschaften der Universität-Gesamthochschule-Essen, Essen 1990

Arango, Baxter, Freeman /Incremental Progress/

   Guillermo Arango, Ira Baxter, Peter Freeman: A Framework for Incremental Progress in the
   Application of Artificial Intelligence to Software Engineering. In: ACM Sigsoft Software Engineering Notes, Vol. 13, No. 1, January 1986, S. 46-50

Aue, Baresch, Keller /KADS-Ansatz/

   Dirk Aue, Meike Baresch, Gerhard Keller: Unternehmensmodellierung mit dem KADS-Ansatz.
   In: Wirtschaftsinformatik, 33. Jg., Heft 1, Februar 1991, S. 62-71

Bachant, McDermott /R1 Revisited/

   Judith Bachant, John McDermott: R1 Revisited: Four Years in the Trenches. In: AI Magazine,
   Vol. 5, No. 3, 1984, S. 21-32

Bachman /Data structures diagramms/

   Charles W. Bachman: Data structures diagramms. In: Data Base, Journal of the ACM SIGBDP,
   Vol. 1, No. 2, 1969, S. 4-10

Backes, Pinkal, Koch /Schnittstelle für Datenbankabfragen/

   Heinz Backes, Manfred Pinkal, Reinhardt Koch: Eine PROLOG-basierte natürlich-sprachliche
   Schnittstelle für Datenbankabfragen. In: Hans-Jörg Bullinger (Hrsg.): Software-Ergonomie '85,
   Mensch-Computer-Interaktion, Stuttgart 1985, S. 63-65

Balzer, Cheathan, Green /New Paradigm/

   Robert Balzer, Thomas E. Cheathan, Cordell Green: Software Technology in the 1990's: Using
   a New Paradigm. In: Computer, Vol. 16, November 1983, S. 38-45

Balzert /Anforderungen an CASE-Umgebungen/

   Helmut Balzert: Anforderungen an CASE-Umgebungen. In: Helmut Balzert (Hrsg.): CASE. Systeme und Werkzeuge, 3. Auflage, Mannheim-Wien-Zürich 1991, S. 101-112

Balzert /Entwicklung von Software-Systemen/

   Helmut Balzert: Die Entwicklung von Software-Systemen. Prinzipien, Methoden, Sprachen,
   Werkzeuge. Mannheim-Wien-Zürich 1982

Balzert /TOOLs-Datenbank/

   Helmut Balzert: Auszüge aus der TOOLs-Datenbank. In: Helmut Balzert (Hrsg.): CASE. Systeme und Werkzeuge, 3. Auflage, Mannheim-Wien-Zürich 1991, S. 545-759

Basili, Ramsey /ARROWSMITH-P/

   Victor R. Basili, Connie Loggia Ramsey: ARROWSMITH-P - A prototyp expert system for Software Engineering Management. In: McLean (Hrsg.): Expert Systems in Goverment Symposium,
   IEEE Proceedings, VA, October 1985, S. 252-264

Bauer /OBJBASE/

Dorothea Bauer: OBJBASE. Ein System zur Strukturierung und Verwaltung von Wissen. In: Rul Gunzenhäuser, Heinz-Dieter Böcker: Prototypen benutzergerechter Computersysteme, Berlin-New York 1988, S. 201-226

Bauer, Herzog /Software-Ergonomie durch wissensbasierte Systeme/

Joachim Bauer, Michael Herzog: Software-Ergonomie durch wissensbasierte Systeme. In: Hans-Jörg Bullinger (Hrsg.): Software-Ergonomie '85, Mensch-Computer-Interaktion, Stuttgart 1985, S. 108-118

Bauer, Schwab /Anforderungen an Hilfesysteme/

Joachim Bauer, Thomas Schwab: Anforderungen an Hilfesysteme. In: Helmut Balzert, Hein U. Hoppe, Reinhard Oppermann, Helmut Perschke, Gabriele Rohr, Norbert A. Streitz (Hrsg.): Einführung in die Software-Ergonomie, Berlin-New York 1988, S. 197-212

Bechtolsheim /KI-Knoten/

Mathias von Bechtolsheim: Der gordische Knoten: Die technische Integration von Expertensystemen. In: Information Management, 6. Jg., Heft 1, 1991, S. 24-31

Bechtolsheim, Schweichhart, Winand /Expertensystemwerkzeuge/

Mathias von Bechtolsheim, Karsten Schweichhart, Udo Winand: Expertensystemwerkzeuge: Produkte, Aufbau, Auswahl. Braunschweig 1991

Behrendt /Wartung und Pflege von Expertensystemen/

Rainer Behrendt: "Wartung und Pflege" von Expertensystemen. In: HMD, 24. Jg., Nr. 135, Mai 1987, S. 104-112

Behrendt /Wissensverarbeitung/

Reinhard Behrendt: Wissensverarbeitung - Einführende Zusammenfassung. In: Reinhard Behrendt (Hrsg.): Angewandte Wissensverarbeitung. Die Expertensystemtechnologie erobert die Informationsverarbeitung, München-Wien 1990, S. 9-26

Belady /From Software Engineering to Knowledge Engineering/

Laszlo A. Belady: From Software Engineering to Knowledge Engineering: The Shape of the Software Industry in the 1990's. In: International Journal of Software Engineering and Knowledge Engineering, Vol. 1, No. 1, March 1991, S. 1-8

Berkau, Herzwurm /Kriterien/

Dirk Berkau, Georg Herzwurm: Kriterien für die Auswahl PC-gestützter Software-Entwicklungsumgebungen. In: Information Management, 7. Jg., Heft 1, 1992, S. 42-55

Biggerstaff, Perlis /Foreword/

Ted J. Biggerstaff, Alan J. Perlis: Foreword. In: IEEE Transactions on Software Engineering, Vol. SE-10, No. 5, September 1984, S. 473-476

Bischoff /Wartung und Pflege/

Rainer Bischoff: Wartung und Pflege von Anwendungssystemen. In: HMD, 24. Jg., Nr. 135, Mai 1987, S. 3-18

Böcker /OPTIMIST/

Heinz-Dieter Böcker: Ein System zur Beurteilung und Verbesserung von Lisp-Code. In: Rul Gunzenhäuser, Heinz-Dieter Böcker: Prototypen benutzergerechter Computersysteme, Berlin-New York 1988, S. 151-168

Böcker /Wissensbasierter Kommunikations- und Designprozeß/

Heinz-Dieter Böcker: Softwareerstellung als wissensbasierter Kommunikations- und Designprozeß. Von der Fakultät Mathematik und Informatik der Universität Stuttgart zur Erlangung der Würde eines Doktors der Naturwissenschaften (Dr. rer. nat.) genehmigte Abhandlung, Institut für Informatik der Universität Stuttgart, Stuttgart 1984

Böcker, Gunzenhäuser /Einführung/

Heinz-Dieter Böcker, Rul Gunzenhäuser: Einführung. In: Rul Gunzenhäuser, Heinz-Dieter Böcker: Prototypen benutzergerechter Computersysteme, Berlin-New York 1988, S. 1-18

Böcker, Hohl, Schwab /Präsentation von Lerninhalten/

Heinz-Dieter Böcker, Hubertus Hohl, Thomas Schwab: Individualisierte, auf ein Benutzermodell gestützte Präsentation von Lerninhalten. In: A. Reuter (Hrsg.): GI-20. Jahrestagung II. Informatik auf dem Weg zum Anwender, Stuttgart, 08.10.-12.10.1990, Proceedings, S. 340-348

Boehm /Software Engineering Economics/

Barry W. Boehm: Software Engineering Economics. In: IEEE Transactions on Software Engineering, Vol. SE-10, No. 1, January 1984, S. 4-21

Boehm /Spiral Model/

Barry W. Boehm: A Spiral Model of Software Development and Enhancement. In: IEEE Computer, Vol. 21, No. 5, May 1988, S. 61-72

Boehm /Wirtschaftliche Software-Produktion/

Barry W. Boehm: Wirtschaftliche Software-Produktion. Wiesbaden 1986

Boehm, Gray, Seewaldt /Prototyping Versus Specifying/

Barry Boehm, Terence Gray, Thomas Seewaldt: Prototyping Versus Specifying: A Multiproject Experiment. In: IEEE Transactions on Software Engineering, Vol. SE-10, No. 3, Mai 1984, S. 290-302

Boehm u. a. /Improving Productivity/

Bary W. Boehm, Maria H. Penedo, E. Don Stuckle, Robert D. Wiliams, Arthur B. Pryster: A Software Development Environment for Improving Productivity. In: IEEE Computer, Vol. 17, No. 6, June 1984, S. 30-42

Bohlin, Hoenig /Old Systems/

Ron Bohlin, Christopher Hoenig: Wringing Value From Old Systems. In: Datamation, Vol. 35, No. 16, August 1989, S. 57-60

Böhnke /Projektmanagement wissensbasierter Systeme/

Günter Böhnke: Projektmanagement wissensbasierter Systeme. In: Reinhard Behrendt (Hrsg.): Angewandte Wissensverarbeitung. Die Expertensystemtechnologie erobert die Informationsverarbeitung, München-Wien 1990, S. 179-214

Bölscher /WBS-Dokumentation/

Andreas Bölscher: WBS-Dokumentation: So kam der Experte ins System. In: Computerwoche, 17. Jg., Nr. 23, 08.06.1990, S. 12-16

Bons, van Megen /DV-Anwendungsentwicklung/

Heinz Bons, Rudolf van Megen: Aufwandschätzung in der DV-Anwendungsentwicklung - Probleme und Lösungen. In: HMD, 21. Jg., Nr. 116, März 1981, S. 23-36

Bonsiepen, Coy /Dauerkrise des Software Engineering/

Leona Bonsiepen, Wolfgang Coy: Szenen einer Krise - Ist Knowledge Engineering eine Antwort auf die Dauerkrise des Software Engineering? In: KI, 4. Jg., Heft 2, Juni 1990, S. 5-12

Bordelius /Hilfesysteme als Werkzeuge des CASE/

Stefan Bordelius: Einsatz wissensbasierter Hilfesysteme als Werkzeuge des CASE. Unveröffentlichte Diplomarbeit, angefertigt am Lehrstuhl für Wirtschaftsinformatik, insbesondere Informationsmanagement der Universität zu Köln, Köln 1991

Born /Workstation/

Achim Born: Workstation: Auf den Geschmack gekommen. In: Online, Heft 4, April 1989, S. 24-35

Bortz /Lehrbuch der empirischen Forschung/

Jürgen Bortz: Lehrbuch der empirischen Forschung für Sozialwissenschaftler. Unter Mitarbeit von Dieter Bongers, Berlin u. a. 1984

Brack, Koppe /Organisation und Management von Softwareentwicklungsprojekten/

Werner Brack, Wolfgang Koppe: Organisation und Management von Softwareentwicklungsprojekten. In: K. Kurbel, H. Strunz (Hrsg.): Handwörterbuch der Wirtschaftsinformatik, Stuttgart 1990, S. 289-307

Brägger /Wissensbasierte Werkzeuge für den Datenbank-Entwurf/

Richard P. Brägger: Wissensbasierte Werkzeuge für den Datenbank-Entwurf. Informatik-Dissertationen ETH Zürich, Zürich 1987

Breuker, Wielinga /Models of Expertise/

Joost Breuker, Bob Wielinga: Models of Expertise in Knowledge Acquisition. In: Giovanni Guida, Carlo Tasso (Hrsg.): Topics in Expert System Design. Methodologies and Tools, Amsterdam u. a. 1989, S. 265-295

Breuninger /Normen und Standards/

Volker Breuninger: Normen und Standards für Methoden der Softwarequalitätssicherung. Unveröffentlichte Diplomarbeit, angefertigt am Lehrstuhl für Informatik der Universität zu Köln, Köln 1990

Brinkmann /Schnelle Entscheidungen/

Werner Brinkmann: Schnelle Entscheidungen und hohe Transparenz. Zum Einsatz von Expertensystemen in Entscheidungsprozessen. In: Office Management, 38. Jg., Heft 11, 1988, S. 30-33

Bröhl /Informationssysteme der Bundeswehr/

Adolf Peter Bröhl: SE-Umgebung für Informationssysteme der Bundeswehr. In: Online, Heft 3, März 1990, S. 96-102

Bröhl /Standardization of Software Development Environments/

Adolf Peter Bröhl: Standardization of Software Development Environments. In: A. Endres, H. Weber (Hrsg.): Software Development Environments and CASE Technology, Proceedings of the European Symposium, Königswinter, June 17-19, 1991, S. 99-108

Brooks /Essence and Accidents/

F. P. Brooks.: No Silver Bullet: Essence and Accidents of Software Engineering. In: IEEE Computer Magazine, Vol. 20, No. 4, April 1987, S. 10-19

Brown /Managing Software Development/

Patrick Brown: Managing Software Development. In: Datamation, Vol. 31, No. 8, April 15, 1985, S. 133-136

Buchanan u. a. /Construction/

Bruce G. Buchanan, David Barstow, Robert Bechtel, James Bennett, William Clancey, Casimir Kulikowski, Tom Mitchell, Donald A. Waterman: Construction an Expert System. In: Frederick Hayes-Roth, Donald A. Waterman, Douglas B. Lena (Hrsg.): Building Expert Systems, London u. a. 1983, S. 127-168

Buchanan, Smith /Fundamentals of Expert Systems/

Bruce G. Buchanan, Reid G. Smith: Fundamentals of Expert Systems. In: Avron Barr, Paul R. Cohen, Edward A. Feigenbaum (Hrsg.): The Handbook of Artificial Intelligence, Volume IV, Reading u. a. 1989, S. 149-192

Budde, Sylla, Züllighoven /Konzepte des Prototyping/

Reinhard Budde, Karl-Heinz Sylla, Heinz Züllighoven: Konzepte des Prototyping. In: Paul Schmitz, Michael Timm, Manfred Windfuhr (Hrsg.): Requirements Engineering '87, Arbeitspapiere der GMD Nr. 121, St. Augustin, Mai 1987, S. 77-93

Budde, Spittel /Dokumenteneditor/

Reinhard Budde, Angela Spittel: Ein Dokumenteneditor für natürlichsprachliche Texte in einer Software-Entwicklungsumgebung. In: Helmut Balzert (Hrsg.): Software-Ergonomie, Tagung I/1983 des German Chapter of the ACM am 28.04.1983 und 29.04.1983 in Nürnberg, S. 380-397

Budgen, Marashi /Knowledge Use in Software Design/

David Budgen, Mustafa Marashi: Knowledge Use in Software Design. In: Spurr, Layzell (Hrsg.): CASE on Trial, Chichester u. a. 1990, S. 163-179

Buschmann u. a. /Software-Markt/

Elke Buschmann, Gisela Frerk, Ursula Neugebauer, Gertrud Otremba, Werner Schwuchow, Frank Sippel: Der Software-Markt in der Bundesrepublik Deutschland. Arbeitspapiere der GMD Nr. 167, St. Augustin, Oktober 1990

Case /Development Productivity/

Albert F. Case, Jr.: Computer-Aided Software Engineering (CASE): Technology for Improving Software Development Productivity. Data Base, Journal of the ACM SIGBDP, Vol. 17, Fall 1985, S. 35-43

Chen /Entity-Relationship Approach/

Peter Chen: The Entity-Relationship Approach to Logical Data Base Design. The Q.E.D. Monograph Series, No. 6, Wellesley 1977

Chikofsky, Cross /Reverse Engineering and Design Recovery/

Elliot J. Chikofsky, James H. Cross: Reverse Engineering and Design Recovery: A Taxonomy. In: IEEE Software, Vol. 7, January 1990, S. 13-17

Chudley /Database design problem/

Phillip R. Chudley: The database design problem - an expert system solution. In: Balagurasamy, Howe (Hrsg.): Expert Systems for Management and Engineering, New York u.a. 1990, S. 173-184

Clancey /Heuristic Classification/

Wiliam J. Clancey: Heuristic Classification. In: Artificial Intelligence, Vol. 27, No. 3, 1985, S. 289-350

Clemm /Knowledge-Based Software Environment/

Geoffrey M. Clemm: The Wokshop System - A Practical Knowledge-Based Software Environment. In: Peter Henderson (Hrsg.): Proceedings of the ACM SIGSOFT/SIGPLAN Software Engineering Symposium on Practical Software Development Environments, Boston, November 28-30, 1988, S. 55-64

Coad, Yourdon /Object-oriented Analysis/

Peter Coad, Edward Yourdon: Object-oriented Analysis. Englewood Cliffs, New Jersey 1990

Cooke, Gates /Method to Synthesize Programs from Requirements Specifications/

Daniel E. Cooke, Ann Gates: On the Development of a Method to Synthesize Programs from Requirements Specifications. In: International Journal of Software Engineering and Knowledge Engineering, Vol. 1, No. 1, March 1991, S. 21-38

Crozier u. a. /Critical analysis/

M. Crozier, D. Glass, J. G. Hughes, W. Johnston, I. McChesney: Critical analysis of tools for computer-aided software engineering. In: Information and Software Technology, Vol. 31, No. 9, November 1989, S. 486-496

Curth, Bölscher, Raschke /Entwicklung von Expertensystemen/

Michael Curth, Andreas Bölscher, Bernhard Raschke: Entwicklung von Expertensystemen. München-Wien 1991

Curth, Wyss /Information Engineering Konzeption/

Michael A. Curth, H. B. Wyss: Information Engineering: Konzeption und praktische Anwendung. München-Wien 1988

Davis /Amplifying Expertise/

R. Davis: Amplifying Expertise with Expert Systems. In: P. H. Winston, K. A. Prendergast (Hrsg.): The AI Business: The Comercial Uses of Artificial Intelligence, Third Edition, Cambridge-London 1985, S. 17-40

Davis /Analysis and Specification/

Alan M. Davis: Software Requirements Analysis and Specification. Englewood Cliffs, New Jersey 1990

Decker /Literatur Wissensrepräsentation/

Reiner Decker: Grundlegende Literatur zu Themen der Wissensrepräsentation. In: Informationstechnik, 31. Jg., Heft 2, 1989, S. 167-170

DeMarco /Structured Analysis/

Tom DeMarco: Structured Analysis and System Specification. In: Edward Yourdon (Hrsg.): Classics in Software Engineering, New York 1979, S. 411-424

DeMarco /Structured Analysis and System Specification/

Tom DeMarco: Structured Analysis and System Specification. New York 1978

Devanbu, Brachman, Selfridge, Ballard /LaSSIE/

Premkumar Devanbu, Ronald J. Brachman, Peter G. Selfridge, Bruce W. Ballard: LaSSIE: a Knowledge-based Software Information System. In: IEEE Computer Society Press (Hrsg.): Proceedings of the 12th International Conference on Software Engineering, Washington u. a., March 26-30, 1990, S. 249-261

DIN /DIN 19233 Automatisierung/

DIN, Deutsches Institut für Normung e. V. (Hrsg.): Automat; Automatisierung; Begriffe, DIN 19233. Berlin-Köln, Juli 1972

DIN /DIN 40150 Funktions- und Baueinheiten/

DIN, Deutsches Institut für Normung e. V. (Hrsg.): Begriffe zur Ordnung von Funktions- und Baueinheiten, DIN 40150. Berlin-Köln, Oktober 1979

DIN /DIN 44300 Informationsverarbeitung Teil 2/

DIN, Deutsches Institut für Normung e. V. (Hrsg.): Informationsverarbeitung Teil 2; Begriffe; Informationsdarstellung, DIN 44300. Berlin-Köln, November 1988

DIN /DIN 44300 Informationsverarbeitung Teil 4/

DIN, Deutsches Institut für Normung e. V. (Hrsg.): Informationsverarbeitung Teil 4; Begriffe; Programmierung, DIN 44300. Berlin-Köln, November 1988

DIN /DIN 66234 Dialoggestaltung/

DIN, Deutsches Institut für Normung e. V. (Hrsg.): Bildschirmarbeitsplätze; Grundsätze zur ergonomischen Dialoggestaltung, DIN 66234. Berlin-Köln, Februar 1988

DIN /DIN 69901 Projektmanagement/

DIN, Deutsches Institut für Normung e. V. (Hrsg.): Projektwirtschaft; Projektmanagement; Begriffe, DIN 69901. Berlin-Köln, August 1987

DIN /DIN V 66285 Gütebestimmungen/

DIN, Deutsches Institut für Normung e. V. (Hrsg.): Anwendungssoftware; Prüfgrundsätze und Gütebestimmungen, DIN V 66285. Berlin-Köln, November 1989

Dissmann, Reusch /DOKIM/

Thomas Dissmann, Peter J. A. Reusch: DOKIM. Ein offenes Werkzeug zur Verwaltung und Auswertung von Unternehmensmodellen, Datenmodellen und Softwarespezifikationen. In: Institut für betriebliche Informationssysteme und Expertensysteme an der FH Dortmund (Hrsg.): Teilnehmerunterlagen der 2. IBIES-Fachtagung Methoden und Werkzeuge für den Aufbau betrieblicher Informationssysteme vom 13.06.91-14.06.91 in Dortmund

Doberkat /Wiederaufbereitung von Software/

Ernst-Erich Doberkat: Zur Wiederaufbereitung von Software. In: Informatik Forschung und Entwicklung, Band 4, Nr. 1, 1989, S. 14-24

Donaldson /Software Synthesis System/

C. Donaldson: Knowledge-Based Reusable Software Synthesis System. In: NASA (Hrsg.): Langley Research Center, Software Reuse Issues, Washington, December 15, 1989, S. 17-31

Doukidis, Paul /SIPDES/

Georgios I. Doukidis, Ray J. Paul: SIPDES: A Simulation Program Debugger Using an Expert System. In: Expert Systems with Applications, Vol. 2, No. 2/3, 1991, S. 153-166

Dreyfus /Grenzen künstlicher Intelligenz/

Hubert L. Dreyfus: Die Grenzen künstlicher Intelligenz: was Computer nicht können. Königstein/Ts. 1985

Dreyfus, Dreyfus /Mind over Machine/

Hubert L. Dreyfus, Stuart E. Dreyfus: Mind over Machine. The Power of Human Intuition and Expertise in the Era of the Computer. New York 1986

Duden /Informatik/

Lektorat des B.I.-Wissenschaftsverlags unter Leitung von Hermann Engesser (Hrsg.): Duden Informatik. Ein Sachlexikon für Studium und Praxis. Mannheim-Wien-Zürich 1988

Dunning /Expert System Support/

Barton B. Dunning: Expert System Support For Rapid Prototyping Of Conventional Software. In: IEEE (Hrsg.): Proceedings of the AUTOTEST Conference '85, Long Island, October 22-24, 1985, S. 2-6

Eagling /Structured design methods/

Peter Eagling: Structured design methods - how expert systems can help. In: R. Mitchell (Hrsg.): Industrial software technology, IEEE computing series 10, London 1987, S. 88-97

Endres /Software-Wiederverwendung/

A. Endres: Software-Wiederverwendung: Ziele, Wege und Erfahrungen. In: Informatik-Spektrum, Band 11, Heft 5, November 1988, S. 85-95

Eureka Software Factory /Technical Reference Guide/

Eureka Software Factory (Hrsg.): ESF Technical Reference Guide. Version 1.1, Berlin, July 6, 1989

European Communities /Esprit Programme/

Commission of the European Communities: Esprit Programme Project Informations. Brussels, August 16, 1990

Evans /Software Factory/

Michael W. Evans: The Software Factory. A Fourth Generation Software Engineering Environment. New York-Chichester-Brisbane 1989

Fähnrich /Einsatzstand von Expertensystemen/

K.-P. Fähnrich: Einsatzstand von Expertensystemen in Büro und Produktion. In: K.-P. Fähnrich (Hrsg.): ONLINE '89, 12. Europäische Kongreßmesse für Technische Kommunikation, Kongreß VI, Kongreßband, Velbert 1989, S. VI-17-01 - VI-17-20

Favaro /Market trends/

John Favaro: Artificial intelligence in information technology: state of the art, future and market trends. In: R. Mitchell (Hrsg.): Industrial software technology, IEEE computing series 10, London 1987, S. 35-59

Feigenbaum /Art of aritificial intelligence/

Edward A. Feigenbaum: The Art of aritificial intelligence: I. Themes and case studies of knowledge engineering. In: Proceedings of the Fifth International Conference on Artificial Intelligence, 22-25 August 1977 in Cambridge, Vol. 2, Los Altos 1977, S. 1024-1029

Fersko-Weiss /CASE Tools/

Henry Fersko-Weiss: CASE Tools for Designing Your Applications. In: PC Magazine, January 30, 1990, S. 213-251

Ferstl, Sinz /Objektmodell/

Otto K. Ferstl, Elmar J. Sinz: Objektmodellierung betrieblicher Informationssysteme im Semantischen Objektmodell (SOM). In: Wirtschaftsinformatik, 32. Jg., Heft 6, Dezember 1990, S. 566-581

Ferstl, Sinz /SOM/

Otto K. Ferstl, Elmar J. Sinz: Ein Vorgehensmodell zur Objektmodellierung betrieblicher Informationssysteme im Semantischen Objektmodell (SOM). In: Wirtschaftsinformatik, 33. Jg., Heft 6, Dezember 1991, S. 477-491

Fisher /Using Software Development Tools/

Alan S. Fisher: CASE - Using Software Development Tools. New York u. a. 1988

Foley u. a. /Knowledge-Based User Interface Management System/

James Foley, Christina Gibbs, Won Chul Kim, Srdjan Kovacevic: A Knowledge-Based User Interface Management System. In: CHI'88 Conference Proceedings, Human Factors in Computing Systems, Washington, May 15-19, 1988, S. 67-72

Forrer /Implementierungsstrategien für Expertensysteme/

Andreas Forrer: Implementierungsstrategien für Expertensysteme. Vorgehensweise * Gestaltungsmöglichkeiten. In: ZfO, Heft 1, Januar 1989, S. 42-45

Frakes, Fox /An Approach/

W. B. Frakes, C. J. Fox, An Approach to Integrating Expert System Components into Production. In: Proceedings, Exploring Technology: Today and tomorrow, Dallas, October 25-29, 1987, S. 50-56

Frakes, Myers /Using expert-system components/

W. B. Frakes, D. H. Myers: Using expert-system components to add intelligent help and guidance to software tools. In: Information and Software Technology, Vol. 31, No. 7, September 1989, S. 366-379

Frank /Konzepte, Probleme und Potentiale/

Ulrich Frank: Expertensysteme: Konzepte, Probleme und Potentiale. Ein kritischer Überblick. In: Hans-Günther Kruse, Ulrich Frank (Hrsg.): Praxis der Expertensysteme, München-Wien 1989

Frölich, Schütte /Wissensbasiertes Projektmanagement/

Rainer Frölich, Ralf Schütte: Wissensbasiertes Projektmanagement großer DV-Vorhaben. In: KI, 2. Jg., Heft 3, 1988, S. 64-68

Gane /Computer-Aided Software Engineering/

Chris Gane: Computer-Aided Software Engineering. The methodologies, the products, and the future. Englewood Cliffs, New Jersey 1990

Gane, Sarson /Structured Systems Analysis/

Chris Gane, Trish Sarson: Structured Systems Analysis: tools & techniques. Saint Louis, Missouri 1977

Garijo u. a. /CAPRA/

F. J. Garijo, M. F. Verdejo, A. Diaz, I. Fernandez, K. Sarasola. CAPRA: an intolligent system to teach novice programmers. In: J. A. Campbell, J. Cuena (Hrsg.): Perspectives in artificial intelligence, Volume II: Machine Translation, NLP, Databases and Computer-aided Instruction, S. 179-196

Geis, Straßer, Mertens /Ausgewählte Vergleiche/

Wolfgang Geis, Norbert Straßer, Peter Mertens: Ausgewählte Vergleiche von Expertensystemen mit alternativen Entscheidungcunterstützungs-Methoden. In: KI, 3. Jg., Heft 3, September 1989, S. 68-72

Gelenbe /Neural Networks/

Erol Gelenbe (Hrsg.): Neural Networks. Advances and Applications. Amsterdam u. a. 1991

Geske, Friedrich /Beiträge der wissensbasierten Programmierung/

Ulrich Geske, Horst Friedrich: Beiträge der wissensbasierten Programmierung zur Software-Technologie. In: edv-aspekte, 9. Jg., Heft 4, 1990, S. 8-14

Gibson /CASE Philosophy/

Michael Lucas Gibson: The CASE Philosophy. In: Byte, Vol. 14, No. 4, April 1989, S. 209-220

Gibson /Implementing the Promise/

Michael Lucas Gibson: Implementing the Promise. In: Datamation, Vol. 35, No. 3, February 1989, S. 65-67

Gibson /Selecting CASE Tools/

Michael L. Gibson: A Guide to Selecting CASE Tools. In: CASE Directions, Vol. 1, No. 1, 1989, S. 8-9, Nachdruck aus Datamation, Vol. 34, July 1, 1988

Gibson, Snyder /CASE Tools Survey/

Michael L. Gibson, Charles A. Snyder: CASE Tools Survey: Computer Aided Software Engineering: Faclilitating the Path for True Software and Knowledge Engineering. In: International Journal of Software Engineering and Knowledge Engineering, Vol. 1, No. 1, March 1991, S. 99-114

Gibson, Snyder, Carr /Corporatewide Information Strategy Through CASE/

Michael L. Gibson, Charles A. Snyder, Houston H. Carr: Implementing a Corporatewide Information Strategy Through CASE. In: Journal of Information Systems Management, Vol. 7, No. 3, Sommer 1990, S. 8-17

Giegler /CASE konsequent umsetzen/

Andreas Giegler: Expertensysteme weisen den Weg aus dem Dunkel des Methoden-Waldes, CASE konsequent umsetzen. In: Konrad Kohlhammer (Hrsg.): Die Computer Zeitung extra: Computer Aided Software Engineering, Stuttgart 1989, S. 35-36

Gill /Lernende Maschinen/

Uwe Gill: Lernende Maschinen oder Big Brother is Watching You. Aufsatz zum Vortrag am 12.06.90 in der Vorlesung "Betriebliche Expertensysteme" am Lehrstuhl für Informatik an der Universität zu Köln, Köln 1990

Gmilkowsky, Saeltzer /Softwareproduktionsautomaten/

Peter Gmilkowsky, Gerhard Saeltzer: Softwareproduktionsautomaten - Ein Konzept und eine Pilotlösung. In: edv-aspekte, 9. Jg., Heft 4, 1990, S. 2-8

Godin, Rao /Utilize Expert Systems/

Victor B. Godin, Ashok Rao: Utilize Expert Systems As Teaching Assistants. In: Industrial Engineering, Vol. 23, No. 1, January 1991, S. 50-52

Goos /Software engineering and artificial intelligence/

Gerhard Goos: The relationship between software engineering and artificial intelligence. In: R. Mitchell (Hrsg.): Industrial software technology, IEEE computing series 10, London 1987, S. 15-25

Goschin /Expertensystemtechnik als value-added-package/

Norbert Goschin: Expertensystemtechnik als value-added-package zu Datenbanksystemen am Beispiel INGRES. In: Diebold (Hrsg.): Expertensystemtechnik in CASE-Umgebungen. Teilnehmerunterlagen des Diebold Seminars vom 28.06.1990 in Eschborn

Gräf /Erfahrungen mit einer ADA-orientierten Software-Entwicklungsumgebung/

Nikolaus Gräf: Erfahrungen mit einer ADA-orientierten Software-Entwicklungsumgebung. In: Helmut Balzert (Hrsg.): CASE. Systeme und Werkzeuge, 3. Auflage, Mannheim-Wien-Zürich 1991, S. 525-531

Greenspan /Domain Knowledge/

Sol J. Greenspan: On the Role of Domain Knowledge in Knowledge-Based Approaches to Software Development. In: ACM Sigsoft Software Engineering Notes, Vol. 11, No. 4, August 1986, S. 34-36

Grehan /Making a Case for CASE/

Rick Grehan: Making a Case for CASE. In: Byte, Vol. 14, No. 13, December 1989, S. 154-171

Griese u. a. /Wirtschaftlichkeit der Informationsverarbeitung/

Joachim Griese, Günter Obelode, Paul Schmitz, Dietrich Seibt: Ergebnisse des Arbeitskreises Wirtschaftlichkeit der Informationsverarbeitung. In: Zfbf, 39. Jg., Heft 7, Juli 1987, S. 515-551

Grochla /Betrieb, Betriebswirtschaft und Unternehmung/

Erwin Grochla: Betrieb, Betriebswirtschaft und Unternehmung. In: Erwin Grochla, Waldemar Wittmann (Hrsg.): Handwörterbuch der Betriebswirtschaft, 4. Auflage, Stuttgart 1984, S. 541-557

Grochla u. a. /KIM/

Erwin Grochla und Mitarbeiter: Integrierte Gesamtmodelle der Datenverarbeitung. Entwicklung und Anwendung des Kölner Integrationsmodells (KIM). München-Wien 1974

Grochow /Cost of CASE/

Jernold M. Grochow: Justifying the Cost of CASE. In: CASE Directions, Vol. 1, No. 1, 1989, S. 12-13

Gruber /SQL/

Hermann M. Gruber: Einführung in interaktives SQL: die Sprache lernen und anwenden; IBM DB2 und OS/2 Database Manager, Gupta SQL Base/ SPIs Access SQL. Vaterstetten 1990

Grundner /Programm-Generator/

Hans-Peter Grundner: Programm-Generator in der Praxis. In: Online, Heft 11, November 1988, S. 37

Gunzenhäuser, Böcker /Prototypen benutzergerechter Computersysteme/

Rul Gunzenhäuser, Heinz-Dieter Böcker (Hrsg.): Prototypen benutzergerechter Computersysteme. Berlin-New York 1988

Gutzwiller /Integrierte Beschreibung/

Thomas Gutzwiller: Integrierte Beschreibung betrieblicher Informationssysteme. Dissertation der Hochschule St. Gallen für Wirtschafts- und Sozialwissenschaften zur Erlangung der Würde eines Doktors der Wissenschaften, St. Gallen 1987

Hakami /ISM/

Bruce Hakami: ISM: A Knowledge-Based Project Support System. In: K. H. Bennett: Software Engineering Environments: Research and Practice, New York 1989, S. 217-232

Hamilton, Staff /CASE veterans/

Rosemary Hamilton, CW Staff: CASE veterans say: Look before you leap. In: KnowledgeWare (Hrsg.): In the News, o. O., August 1990

Harandi, Ning /Knowledge-Based Program Analysis/

Mehdi T. Harandi, Jim Q. Ning: Knowledge-Based Program Analysis. In: IEEE Software (Hrsg.): Software Maintenance & Reverse Engineering & Design Recovery, Los Vaqueros, January 1990, S. 74-81

Harmon, King /Expertensysteme in der Praxis/

Paul Harmon, David King: Expertensysteme in der Praxis. Perspektiven, Werkzeuge, Erfahrungen. 3. Auflage, München-Wien 1989

Harmon, Maus, Morrissey /Werkzeuge und Anwendungen/

Paul Harmon, Rex Maus, William Morrissey: Expertensysteme: Werkzeuge und Anwendungen. München-Wien 1989

Hausen /Rule-Based Handling/

Hans-Ludwig Hausen: Rule-Based Handling of Software Quality and Productivity Models. In: C. Ghezzi, J. A. McDermid (Hrsg.): Proceedings of the 2nd European Software Engineering Conference, University of Warwick, Coventry, September 1-15, 1989, Berlin u. a., S. 367-394

Hayes-Roth /Tutorial/

Frederick Hayes-Roth: The Knowledge-Based Expert System: A Tutorial. In: Computer, Vol. 17, Nr. 9, 1984, S. 11-28

Hayes-Roth, Waterman, Lenat /Overview/

Frederick Hayes-Roth, Donald A. Waterman, Douglas B. Lenat: An Overview of Expert Systems. In: Frederick Hayes-Roth, Donald A. Waterman, Douglas B. Lena (Hrsg.): Building Expert Systems, London u. a. 1983, S. 3-30

Hayley, Lyman /The Realities of CASE/

Kathryn J. Hayley, H. Thaine Lyman: The Realities of CASE. In: Journal of Information Systems Management, Vol. 7, No. 3, Sommer 1990, S. 18-23

Hazevoets, Vanhoutte, Vanthienen /Decision Table Systems/

F. Hazevoets, B. Vanhoutte, J. Vanthienen: An Expert System Interface for Consultation of Decision Table Systems. In: Tjoa, Wagner (Hrsg.): Database and Expert Systems Applications, Proceedings of the International Conference in Vienna, 1990, S. 527-530

Heinrich, Kurbel /Studien- und Forschungsführer/

L. J. Heinrich, K. Kurbel: Studien- und Forschungsführer Wirtschaftsinformatik. 3. Auflage, Berlin u. a. 1988

Henhapl, Kaes, Snelting /Fifth Generation Technology/

Wolfgang Henhapl, Stefan Kaes, Gregor Snelting: Utilizing Fifth Generation Technology in Software Development Tools. In: A. Endres, H. Weber (Hrsg.): Software Development Environments and CASE Technology, Proceedings of the European Symposium, Königswinter, June 17-19, 1991, S. 153-166

Hensel /Expertensystemtechnik/

Gerhard Hensel: Was ist Expertensystemtechnik? In: Diebold (Hrsg.): Expertensystemtechnik in CASE-Umgebungen. Teilnehmerunterlagen des Diebold Seminars vom 28.06.1990 in Eschborn

Hensel /Knowhow als Führungsaufgabe/

Gerhard Hensel: Wissensmodellierung. Knowhow als Führungsaufgabe. In: Diebold Management Report, Nr. 8/9, 1990, S. 10-16

Hensel /Perspektiven/

Gerhard Hensel: Perspektiven für die 90er Jahre/Prognosen. In: Diebold (Hrsg.): Expertensystemtechnik in CASE-Umgebungen. Teilnehmerunterlagen des Diebold Seminars vom 28.06.1990 in Eschborn

Hensel /Wissen bei der Anwendungsentwicklung/

Gerhard Hensel: Klassifikation von Wissen bei der Anwendungsentwicklung. In: Diebold (Hrsg.): Expertensystemtechnik in CASE-Umgebungen. Teilnehmerunterlagen des Diebold Seminars vom 28.06.1990 in Eschborn

Herberg /INSPECTOR/

Harald von der Herberg: INSPECTOR: Ein Navigationswerkzeug zur Untersuchung von Objektstrukturen. In: Rul Gunzenhäuser, Heinz-Dieter Böcker: Prototypen benutzergerechter Computersysteme, Berlin-New York 1988, S. 169-186

Hering /Software-Engineering/

Ekbert Hering: Software Engineering. 2. Auflage, Braunschweig 1989

Hermann, Hornung /INTRA/

F. Hermann, G. Hornung: INTRA. Ein Expertensystem zur Software-Unterstützung bei Hewlett-Packard. In: W. Brauer, B. Radig (Hrsg.): Informatik-Fachberichte Band 112: Wissensbasierte Systeme, GI-Kongreß 1985, Berlin u. a. 1985, S. 89-100

Herzwurm /CASEWBS/

Georg Herzwurm: CASEWBS. Datenbank mit existierenden wissensbasierten Systemen im CASE, Köln im Januar 1992

Herzwurm /Möglichkeiten und Grenzen/

Georg Herzwurm: Möglichkeiten und Grenzen PC-gestützter Software-Entwicklungsumgebungen - dargestellt am Beispiel von Excelerator, IEW/ADW, ProKit*WORKBENCH und Systems Engineer. In: BIFOA (Hrsg.): Anwendungserfahrungen mit CASE und Software-Entwicklungsumgebungen, Teilnehmerunterlagen des BIFOA-Fachseminars vom 05.12.-06.12.1991 in Köln

Herzwurm, Berkau /Auswahl PC-gestützter Software-Entwicklungsumgebungen/

Georg Herzwurm, Dirk Berkau: Auswahl PC-gestützter Software-Entwicklungsumgebungen - dargestellt am Beispiel Excelerator, Information Engineering Workbench, ProKit*WORKBENCH und Systems Engineer. Paul Schmitz (Hrsg.): Informatik-Fachbericht 91/1, Lehrstuhl für Informatik, Regionales Rechenzentrum an der Universität zu Köln, Köln 1991

Hildebrand /Automatisierung im Software Engineering/

Knut Hildebrand: Software Tools: Automatisierung im Software Engineering. Berlin u. a. 1990

Hildebrand /Klassifizierung von Software Tools/

Knut Hildebrand: Klassifizierung von Software Tools. In: Wirtschaftsinformatik, 33. Jg., Heft 1, Februar 1991, S. 13-25

Hildebrand /Software Tools/

Knut Hildebrand: Software Tools - Werkzeuge für jedes Problem? In: PIK, 1. Jg., Heft 4, November 1989, S. 258-262

Hilty /Kognitives Modell des Algorithmenentwurfs/

Lorenz M. Hilty: Ein kognitives Modell des Algorithmenentwurfs und einige Schlußfolgerungen für Tutorsysteme des Programmierers. In: A. Reuter (Hrsg.): GI-20. Jahrestagung II. Informatik auf dem Weg zum Anwender, Stuttgart, 08.10.-12.10.1990, Proceedings, S. 330-339

Hofmann /Hypertextsysteme/

Martin Hofmann: Hypertextsysteme - Begrifflichkeit, Modelle, Problemstellungen. In: Wirtschaftsinformatik, 33. Jg., Heft 3, Juni 1991, S. 177-185

Hofmann, Cordes, Langendörfer /Hypertext/

M. Hofmann, R. Cordes, H. Langendörfer: Hypertext/Hypermedia. In: Informatik Spektrum, Band 12, Heft 4, August 1989, S. 218-219

Horowitz, Munson /Reusable Software/

Ellis Horowitz, John B. Munson: An Expansive View of Reusabel Software. In: IEEE Transactions on Software Engineering, Vol. SE-10, No. 5, September 1984, S. 488-494

Hoschka /Assistenz-Metapher/

Peter Hoschka: Metaphern und Innovation in der Informatik. Überlegungen am Beispiel der Assistenz-Metapher. In: D. Müller-Böling, D. Seibt, U. Winand (Hrsg.): Innovations- und Technologiemanagement, Stuttgart 1991, S. 427-442

Hruschka /Structured Analysis auf dem Weg zum De-facto-Standard/

Peter Hruschka: Structured Analysis auf dem Weg zum De-facto-Standard. In: Michael Timm (Hrsg.): Requirements Engineering '91. "Structured Analysis" und verwandte Ansätze, Proceedings der GI-Fachtagung in Marburg vom 10.04.91 bis 11.04.91, Berlin u. a. 1991, S. 1-13

Huff, Lesser /Intelligent Assistant/

Karen E. Huff, Victor R. Lesser: A Plan-based Intelligent Assistant That Supports the Software Development Process. In: Peter Henderson (Hrsg.): Proceedings of the ACM SIGSOFT/SIGPLAN Software Engineering Symposium on Practical Software Development Environments, Boston, November 28-30, 1988, S. 97-106

Hughes, Clark /CASE Usage/

Cary T. Hughes, Jon D. Clark: The Stages of CASE Usage. In: Datamation, Vol. 36, No. 3, February 1990, S. 41-44

Humphrey /Software Development Process/

Watt S. Humphrey: Improving the Software Development Process. In: Datamation, Vol. 35, No. 7, April 1989, S. 28-30

Hurley /A Tool for Constructing Interactive Software/

W. David Hurley: A Tool for Constructing Interactive Software. In: International Journal of Software Engineering and Knowledge Engineering, Vol. 1, No. 1, March 1991, S. 75-98

IBM /AD/Cycle/

IBM (Hrsg.): AD/Cycle - ein großer Schritt nach vorn in der Anwendungsentwicklung. Neu von IBM, Stuttgart, 19. September 1989

IBM /Integrierte Software-Entwicklung mit AD/Cycle/

IBM (Hrsg.): Einmal entwickeln, überall einsetzen: Integrierte Software-Entwicklung mit AD/Cycle. IBM Enzyklopädie der Informationsverarbeitung, Stuttgart 1989

Jackson /Grundsätze des Programmentwurfs/

Michael A. Jackson: Grundsätze des Programmentwurfs. Darmstadt 1979

Jackson /System Development/

Michael A. Jackson: System Development. Englewood Cliffs, New Jersey 1983

Jarke /Wissensbanken in der Softwarewartung/

Matthias Jarke: Wissensbanken in der Softwarewartung: Eine Entwicklungsperspektive. In: HMD, 24. Jg., Nr. 135, Mai 1987, S. 92-103

Jarke /Wissensbasierte Systeme - Architektur und Einbettung/

Matthias Jarke: Wissensbasierte Systeme - Architektur und Einbettung in betriebliche DV-Landschaften. In: K. Kurbel, H. Strunz (Hrsg.): Handwörterbuch der Wirtschaftsinformatik, Stuttgart 1990, S. 457-479

Jarke, Jeusfeld, Rose /KBMS Implementation/

Matthias Jarke, Manfred Jeusfeld, Thomas Rose: Software Process Modeling as a Strategy for KBMS Implementation. Passau 1989

Johnson, Feather /Evolution Transformation Library/

W. Lewis Johnson, Martin Feather: Building an Evolution Transformation Library. In: IEEE Computer Society Press (Hrsg.): Proceedings of the 12th International Conference on Software Engineering, Washington u. a., March 26-30, 1990, S. 238-248

Jones /Reusability in Programming/

T. Capers Jones: Reusability in Programming: A Survey of the State of the Art. In: IEEE Transactions on Software Engineering, Vol. SE-10, No. 5, September 1984, S. 488-494

Jüttner, Feller /Entscheidungstabellen und wissensbasierte Systeme/

Gerald Jüttner, Hardy Feller: Entscheidungstabellen und wissensbasierte Systeme. Anwendungen in der Arbeitsplanung. Eine Studie der Nixdorf Computer AG an der FAW Ulm. München-Wien 1989

Kamsteeg, Bierman /Intelligent tutoring systems/

Paul Kamsteeg, Dick Bierman: Differences between expert systems and domain components of intelligent tutoring systems. In: J. A. Campbell, J. Cuena (Hrsg.): Perspectives in artificial intelligence. Volume II: Machine Translation, NLP, Databases and Computer-aided Instruction, S. 197-208

Karbach /Methoden und Techniken/

Werner Karnach: Methoden und Techniken des Knowledge Engineering. Arbeitspapiere der GMD Nr. 338, St. Augustin 1988

Karimi, Konsynski /Automated Assistent/

Jahangir Karimi, Benn R. Konsynski: An Automated Software Design Assistent. In: IEEE Transactions on Software Engineering, Vol. 14, No. 2, February 1988, S. 194-210

Katzan /State of the Art/

Harry Katzan: Artificial Intelligence: State of the Art. In: Stuart E. Savory (Hrsg.): Expertensysteme: Nutzen für Ihr Unternehmen. Ein Leitfaden für Entscheidungsträger, 2. Auflage, München-Wien 1989, S. 107-122

Keller /CASE oder IPSE/

> Axel Keller: CASE oder IPSE - was macht's für einen Unterschied? Modewort und Plattform. In: Konrad Kohlhammer (Hrsg.): Die Computer Zeitung extra: Computer Aided Software Engineering, Stuttgart 1989, S. 23-24

Kelting /IBM's Vision/

> Ernst H. Kelting: IBM's Vision zur Lösung der Anwendungsentwicklungsprobleme: AD/Cycle. In: Information Management, 5. Jg., Heft 2, 1990, S. 40-43

Kemper /Information-Resources-Management-Konzeptionen/

> Hans-Georg Kemper: Dezentrale Entwicklung betriebswirtschaftlicher Anwendungssysteme in den Fachabteilungen und ihre Einbindung in Information-Resources-Management-Konzeptionen. Dissertation zur Erlangung des akademischen Grades eines Doktors der Wirtschaftswissenschaften (Dr. rer. pol.) durch den Fachbereich Wirtschaftswissenschaften der Universität-Gesamthochschule-Essen 1989

Klein /Informationsmodell/

> Joachim Klein: Vom Informationsmodell zum integrierten Informationssystem. In: Information Management, 5. Jg., Heft 2, 1990, S. 6-16

Klette, Heße /Programmkonstruktion/

> Reinhard Klette, Rainer Heße: Ein Expertensystem zur wissensbasierten Programmkonstruktion. In: edv-aspekte, 9. Jg., Heft 4, 1990, S. 15-19

König, Behrendt /Produktion von Expertensystemen/

> Wolfgang König, Reiner Behrendt: Die Produktion von Expertensystemen. In: Angewandte Informatik, 31. Jg., Heft 3, 1989, S. 95-102

Kowalski /AI and Software Engineering/

> Robert Kowalski: AI and Software Engineering. In: Datamation, Vol. 30, November 1, 1984, 92-102

Kozaczynski, Ning /SRE/

> Wojtek Kozaczynski, Jim Q. Ning: SRE: A Knowledge-based Environment for Large-Scale Software Re-engineering Activities. In: IEEE Computer Society Press (Hrsg.): Proceedings of the 11th International Conference on Software Engineering, Washington u. a., 1989, S. 104-113

Krasemann /Erstellung von Expertensystemen/

> H. Krasemann: Zur industriellen Erstellung von Expertensystemen: Ergänzungen zu den klassischen Vorgehensweisen der Softwareproduktion. In: K.-P. Fähnrich (Hrsg.): ONLINE '89, 12. Europäische Kongreßmesse für Technische Kommunikation, Kongreß VI, Kongreßband, Velbert 1989, S. VI-18-01 - VI-18-14

Krcmar /Einsatzkriterien für Expertensysteme/

> Helmut Krcmar: Einsatzkriterien für Expertensysteme. Arbeitspapiere Lehrstuhl für Wirtschaftsinformatik Universität Hohenheim Nr. 13, Stuttgart im Juli 1990

Krcmar /Ziele von Informationssystem-Architekturen/

> Helmut Krcmar: Bedeutung und Ziele von Informationssystem-Architekturen. In: Wirtschaftsinformatik, 32. Jg., Heft 5, Oktober 1990, S. 395-402

Krekel /Neuronale Netze in der Anwendung/

Dieter Krekel: Editorial zu Schwerpunktthema Neuronale Netze in der Anwendung. In: Wirtschaftsinformatik, 33. Jg., Heft 5, Oktober 1991, S. 353-354

Kubicek /Empirische Organisationsforschung/

Herbert Kubicek: Empirische Organisationsforschung. Konzeption und Methodik. Stuttgart 1975

Kubicek /Heuristischer Bezugsrahmen/

Herbert Kubicek: Heuristischer Bezugsrahmen und heuristisch angelegtes Forschungsdesign als Elemente einer Konstruktionsstrategie empirischer Forschung. Institut für Unternehmensführung der Freien Universität Berlin, Arbeitspapier 16/76, Berlin 1976

Kull /Road to productivity/

David Kull: The rough road to productivity. In: Computer Decisions, Vol. 19, No. 4, February 23, 1987, S. 30-41

Kulling /Problemstellung und Perspektiven/

Felicitas Kulling: Computer-Aided Software Engineering, Problemstellung und Perspektiven. In: K.-P. Fähnrich (Hrsg.): ONLINE '89, 12. Europäische Kongreßmesse für Technische Kommunikation, Kongreß VI, Kongreßband, Velbert 1989, S. VI-1-01 - VI-1-12

Kunz /Entwicklung ExpertAssistant/

Michael Kunz: Entwicklung des wissensbasierten Hilfesystems ExpertAssistant zur Unterstützung der Erstellung von Datenflußdiagrammen nach der Methode Structured Analysis. Unveröffentlichte Diplomarbeit, angefertigt am Lehrstuhl für Wirtschaftsinformatik, insbesondere Informationsmanagement der Universität zu Köln, Köln 1991

Kurbel /Entwicklung und Einsatz von Expertensystemen/

Karl Kurbel: Entwicklung und Einsatz von Expertensystemen. Eine anwendungsorientierte Einführung in wissensbasierte Systeme. Berlin u. a. 1989

Kurbel, Pietsch /Expertensystem-Projekte/

Karl Kurbel, Wolfram Pietsch: Expertensystem-Projekte: Entwicklungsmethodik, Organisation und Management. In: Informatik Spektrum, Band 12, Heft 3, Juni 1989, S. 133-146

Kurbel, Pietsch /Projektmanagement bei Expertensystem-Entwicklungen/

Karl Kurbel, Wolfram Pietsch: Projektmanagement bei Expertensystem-Entwicklungen. In: Karl Kurbel (Hrsg.): Arbeitsberichte des Lehrstuhls für Betriebsinformatik der Universität Dortmund, November 1987

Kurbel u. a. /GI-Empfehlungen Wirtschaftsinformatik/

Karl Kurbel (Sprecher und Redaktion der Empfehlungen) u. a.: GI-Empfehlungen: Anforderungsprofil für die Universitätsausbildung in Wirtschaftsinformatik in wirtschaftswissenschaftlichen Studiengängen. In: Informatik Spektrum, Band 12, Heft 4, August 1989, S. 225-228

LaPlante /Automentor/

Alice LaPlante: Automentor Builds Software Tutorials. In: InfoWorld, February 10, 1986, S. 6-11

LBMS /Project Engineer/

LBMS (Hrsg.): Project Engineer. The Key to Cross Lifecycle Integration. Product Description, London, September 1991

Lebsanft, Gill /Verwendung von Expertensystemen zur Problemlösung/

Ernst W. Lebsanft, Uwe Gill: Expertensysteme in der Praxis - Kriterien für die Verwendung von Expertensystemen zur Problemlösung. In: Stuart E. Savory (Hrsg.): Expertensysteme: Nutzen für Ihr Unternehmen. Ein Leitfaden für Entscheidungsträger, München-Wien 1987, S. 135-149

Lehman /Software Evolution/

M. Lehman: Programs, Life Cycles and Laws of Software Evolution. In: M. Lehman, L. Belady (Hrsg.): Program Evolution, Process of Software Change, London u. a. 1985, S. 289-329

Lehnhardt, Kimmel /Vollständige SPU/

Annelore Lehnhardt, Helmut Kimmel: Situationsbericht: Welches Leistungsspektrum bieten heute CASE-Produkte? Vollständige SPU - noch ein Traum. In: Konrad Kohlhammer (Hrsg.): Die Computer Zeitung extra: Computer Aided Software Engineering, Stuttgart 1989, S. 27-28

Lempp /CASE und Reverse Engineering/

Peter Lempp: Systematisches Wiederaufbereiten mit CASE und Reverse Engineering. Die vorhandene Software nutzen. In: Konrad Kohlhammer (Hrsg.): Die Computer Zeitung extra: Computer Aided Software Engineering, Stuttgart 1989, S. 43-45

Lempp /Expertensystem für Objekt-orientiertes Design/

Peter Lempp: Expertensystem für Objekt-orientiertes Design: Aktive Unterstützung und methodische Führung durch das XPS. In: K.-P. Fähnrich (Hrsg.): ONLINE '89, 12. Europäische Kongreßmesse für Technische Kommunikation, Kongreß VI, Kongreßband, Velbert 1989, S. VI-21-01 - VI-21-15

Lempp, Göhner /Software Reverse Engineering/

Peter Lempp, Peter Göhner: Software Reverse Engineering als Basis für eine zuverlässige Wartung und Wiederverwendung von Prozeßautomatisierungssystemen. In: R. Lauber (Hrsg.): Prozeßrechnersysteme '88 - Automatisierungstechnik, Leittechnik, Informations- und Kommunikationstechnik, Stuttgart, 02.03.-04.03.1988, Proceedings, Berlin u. a. 1988, S. 394-400

Lenz /ADS-AION/

Andreas Lenz: Expertensystementwicklungswerkzeuge zur Unterstützung der konventionellen Anwendungsentwicklung am Beispiel ADS-AION. In: Diebold (Hrsg.): Expertensystemtechnik in CASE-Umgebungen, Teilnehmerunterlagen des Diebold Seminars vom 28.06.1990 in Eschborn

Lenz /Konstruktion systematischer Domänen/

Andreas Lenz: Knowledge Engineering: Erhebung, Analyse und Modellierung von Wissen zur Konstruktion systematischer Domänen. Inauguraldissertation zur Erlangung des Doktorgrades der Wirtschafts- und Sozialwissenschaftlichen Fakultät der Universität zu Köln, Köln 1991

Liebowitz /Expert System and Neural Network Technologies/

Jay Liebowitz (Haupt-Hrsg.): Expert Systems with Applications. Special Issue: Larry R. Medsker (Hrsg.): The Synergism of Expert System and Neural Network Technologies, Vol. 2, No. 1, 1991

Lindner /Rapid Prototyping mit KI-Techniken/

Michael Lindner: Rapid Prototyping mit KI-Techniken im RE für Informationssysteme. In: Paul Schmitz, Michael Timm, Manfred Windfuhr (Hrsg.): Requirements Engineering '87, GMD-Studie Nr. 121, Mai 1987, S. 97-109

Loewenich /Möglichkeiten und Grenzen von ExpertAssistant/

Arnd Loewenich: Möglichkeiten und Grenzen des Einsatzes von ExpertAssistant als Hilfesystem im CASE; Konsequenzen für die zukünftige Bedeutung wissensbasierter Hilfesysteme im CASE. Unveröffentlichte Diplomarbeit, angefertigt am Lehrstuhl für Wirtschaftsinformatik, insbesondere Informationsmanagement der Universität zu Köln, Köln 1991

Löffler, Warner /Integration von Software-Entwicklungswerkzeugen/

Stefan Löffler, André Warner: Integration von Software-Entwicklungswerkzeugen. In: Hubert Österle (Hrsg.): Anleitung zu einer praxisorientierten Software-Entwicklungsumgebung, Band 1: Erfolgsfaktoren werkzeugunterstützter Software-Entwicklung, Hallbergmoos 1988, S. 29-38

Loucopoulos, Champion /Concept acquisition and analysis/

P. Loucopoulos, R. E. M. Champion: Concept acquisition and analysis for requirements specification. In: Software Engineering Journal, March 1990, S. 116-124

Loucopoulos, Champion /Knowledge-based support/

P. Loucopoulos, R. E. M. Champion: Knowledge-based support for requirements engineering. In: Information and software technology, Vol. 31, No. 3, April 1989, S. 123-135

Loucopoulos, Champion /Using method and domain knowledge/

P. Loucopoulos, R. E. M. Champion: Knowledge-based apporoach to requirements engineering using method and domain knowledge. In: Knowledge-Based Systems, Vol. 1, No. 3, June 1988, S. 179-187

Loucopoulos, Karakostas /Modelling and validating/

P. Loucopoulos, V. Karakostas: Modelling and validating office information systems: an object and logic oriented approach. In: Software Engineering Journal, March 1989, 87-94

Loucopoulos u. a. /TEMPORA paradigm/

P. Loucopoulos, P. McBrien, F. Schumacker, B. Theodoulidis, V. Kopanas, B. Wangler: Integrating database technology, rule-based systems and temporal reasoning for effektive information systems: the TEMPORA paradigm. In: Journal of Information Systems, No. 1, 1991, S. 129-152

Löwgren, Nordquist /Knowledge-Based Tool for User Interface Evaluation/

Jonas Löwgren, Tommy Nordquist: A Knowledge-Based Tool for User Interface Evaluation and its Integration in a UIMS. In: Diaper u. a. (Hrsg.): Proceedings of the IFIP TC 13 Third International Conference on Human-Computer Interaction, Cambridge, August 27-31, 1990, S. 395-400

Lowry, Duran /Knowledge-based Software Engineering/

Michael Lowry, Raul Duran: Knowledge-based Software Engineering. In: Avron Barr, Paul R. Cohen, Edward A. Feigenbaum (Hrsg.): The Handbook of Artificial Intelligence, Volume IV, Reading u. a. 1989, S. 243-322

Lu, Guimaraes /Selecting Expert Systems Applications/

Ming-te Lu, Tor Guimaraes: A Guide to Selecting Expert Systems Applications. In: Journal of Information Systems Management, Vol. 8, Spring 1989, S. 8-15

Lüneborg /Anwendungserfahrungen mit SAPIENS/

Konrad Lüneborg: Anwendungserfahrungen mit SAPIENS. In: BIFOA (Hrsg.): Anwendungserfahrungen mit Software-Entwicklungsumgebungen, Teilenhmerunterlagen des BIFOA-Fachseminars vom 06.04.-07.04.1989 in Köln

Luqi, Ketabchi /Computer-Aided Prototyping/

Luqi, Mohammed Ketabchi: A Computer-Aided Prototyping System. In: IEEE Software, Vol. 5,
March 1988, S. 66-72

Lusti /Wissensbasierte Systeme/

Markus Lusti: Wissensbasierte Systeme. Algorithmen, Datenstrukturen und Werkzeuge. Mannheim-Wien-Zürich 1990

Lutze /Hilfesysteme/

R. Lutze: Hilfesysteme. Ihre Beziehungen zu Anwendungssystemen und zukünftige Entwicklungstendenzen. In: Hans-Jörg Bullinger (Hrsg.): Software-Ergonomie '85, Mensch-Computer-
Interaktion, Stuttgart 1985, S. 142-154

Maag /Methoden/

Daniela Maag: Methoden resultieren aus dem Verständnis ihres Entwicklers. In: Computerwoche, 17. Jg., Nr. 35, 31.08.1990, S. 27-28

Manche /CASE Lite/

Achim Manche: CASE Lite. EasyCASE auf dem PC. In: c't, o. Jg., Heft 8, August 1991, S. 80-
86

Manley /CASE-Foundation/

J. Manley: CASE-Foundation for Software Factories. In: IEEE (Hrsg.): COMPCON Proceedings, September 1984

Mansfield u. a. /EPROM/

Glenn Mansfield, K. Jayanthi, Hou Ben Hui, Atushi Togashi, Shoici Noguchi: EPROM: an expert
project manager. In: Balagurasamy, Howe (Hrsg.): Expert Systems for Management and Engineering, New York u. a. 1990, S. 259-270

Martin /Information Engineering - Design/

James Martin: Information Engineering, Book III: Design. Englewood Cliffs, New Jersey 1990

Martin /Information Engineering - Introduction/

James Martin: Information Engineering, Book I: Introduction. Englewood Cliffs, New Jersey
1989

Martin /Information Engineering - Planning and Analysis/

James Martin: Information Engineering, Book II: Planning and Analysis. Englewood Cliffs, New
Jersey 1990

Märtin /Knowledge Based Interface Template Generation/

Christian Märtin: A UIMS for Knowledge Based Interface Template Generation and Interaction.
In: Diaper u. a. (Hrsg.): Proceedings of the IFIP TC 13 Third International Conference on Human-Computer Interaction, Cambridge, August 27-31, 1990, S. 651-657

Martin, McClure /Diagramming techniques/

James Martin, Carma McClure: Diagramming techniques for analysts and programmers. Englewood Cliffs, New Jersey 1985

Martin, McClure /Structured Techniques/

James Martin, Carma McClure: Structured Techniques: The Basis for CASE. Englewood Cliffs, New Jersey 1988

McClure /CASE Experience/

Carma McClure: The CASE Experience. In: Byte, Vol. 14, No. 4, April 1989, S. 235-245

McClure /CASE is software automation/

Carma McClure: CASE is software automation. Englewood Cliffs, New Jersey 1989

McClure /Managing/

Carma McClure: Managing Software Development and Maintenance. New York u. a. 1981

McIlroy /Mass Produced Software Components/

M. D. McIlroy: Mass Produced Software Components. In: Peter Naur, Brian Randell (Hrsg.): Software Engineering 1968, Report on Conference of NATO Science Comittee, Brussels 1969, S. 394-400

McMenamin, Palmer /Strukturierte Systemanalyse/

Stephen M. McMenamin, John F. Palmer: Strukturierte Systemanalyse. München u. a. 1988

McWilliams /Integrated Computing Environments/

Gary McWilliams: Integrated Computing Environments. In: Datamation, Vol. 35, May 1, 1989, S. 18-21

Merbeth /Functional and Architectural Integration/

Günter Merbeth: On the Functional and Architectural Integration of CASE Systems. In: A. Endres, H. Weber (Hrsg.): Software Development Environments and CASE Technology, Proceedings of the European Symposium, Königswinter, June 17-19, 1991, S. 31-43

Merlyn, Boone /Ins and Outs/

Vaughan Merlyn, Gregory Boone: The Ins and Outs of AD/Cycle. In: Datamation, Vol. 36, No. 5, March 1990, S. 59-64

Mertens /Einsatzpotential und Anwendungsklassen/

Peter Mertens: Einsatzpotential und Anwendungsklassen für Expertensysteme. In: K. Kurbel, H. Strunz (Hrsg.): Handwörterbuch der Wirtschaftsinformatik, Stuttgart 1990, S. 522-540

Mertens /Expertensysteme in der Produktion/

Peter Mertens: Expertensysteme in der Produktion. Praxisbeispiele aus Diagnose und Planung. Entscheidungshilfen für den wirtschaftlichen Einsatz. München-Wien 1990

Mertens /Teuer ist vor allem die Pflege/

Peter Mertens: Expertensysteme: Teuer ist vor allem die Pflege. In: Computerwoche, 17. Jg., Nr. 24, 15.06.1990, S. 16

Mertens, Allgeyer /Künstliche Intelligenz in der Betriebswirtschaft/

Peter Mertens, Karlheinz Allgeyer: Künstliche Intelligenz in der Betriebswirtschaft. In: ZfB, 53. Jg., Heft 7, 1983, S. 686-709

Mertens, Borkowski, Geis /Betriebliche Expertensystem-Anwendungen/

Peter Mertens, Volker Borkowski, Wolfgang Geis: Betriebliche Expertensystem-Anwendungen. Eine Materialsammlung. 2. Auflage, Berlin u. a. 1990

Mertens, Borkowski, Geis /Materialsammlung/

Peter Mertens, Volker Borkowski, Wolfgang Geis: Materialsammlung. Datenbank mit betrieblichen Expertensystem-Anwendungen, Nürnberg im September 1991

Mertens, Borkowski, Geis /Status/

Peter Mertens, Volker Borkowski, Wolfgang Geis: Status der Einführung von Expertensystemen in der Praxis. In: Reinhard Behrendt (Hrsg.): Angewandte Wissensverarbeitung. Die Expertensystemtechnologie erobert die Informationsverarbeitung, München-Wien 1990, S. 311-330

Metz /CASE-integriertes Konfigurationsmanagement/

Wolfgang Metz: CASE-integriertes Konfigurationsmanagement. In: D. Müller-Böling, D. Seibt, U. Winand (Hrsg.): Innovations- und Technologiemanagement, Stuttgart 1991, S. 241-250

Minsky /Framework/

Marvin Minsky: A Framework of Representation Knowledge. In: P. Winston (Hrsg.): The Psychology of Computer Vision, New York 1975, S. 211-277

Minsky /Semantic Information Processing/

Marvin Minsky (Hrsg.): Semantic Information Processing. Cambridge-London 1968

Moll, Sauter /Gebrauch eines kontext-spezifischen Helpsystems/

Thomas Moll, Roland Sauter: Über den Gebrauch eines kontext-spezifischen Helpsystems. In: W. Schönpflug, M. Wittstock (Hrsg.): Software-Ergonomie '87. Nutzen Informationssysteme dem Benutzer?, Berichte des German Chapter of the ACM, Berlin 27.04.-29.04.1987, S. 408-416

Möller, Rosenow /Benutzermodellierung/

Holger Möller, Elke Rosenow: Benutzermodellierung für wissensbasierte Mensch-Computer-Schnittstellen. In: Schönpflug, Wittstock (Hrsg.): Software-Ergonomie '87. Nutzen Informationssysteme dem Benutzer?, Berichte des German Chapter of the ACM, Berlin 27.04.-29.04.1987, S. 111-120

Möntmann, Bollinger, Herrmann /Missing Data/

V. Möntmann, G. Bollinger, A. Herrmann: Tests auf Zufälligkeit von "Missing Data". In: H. Wilke (Hrsg.): Statistik-Software in der Sozialforschung, Berlin 1983, S. 87-101

Mossack /Integration von Expertensystemen/

P. Mossack: Die Integration von Expertensystemen in einer kommerziellen Softwareproduktions-Umgebung. In: K.-P. Fähnrich (Hrsg.): ONLINE '89, 12. Europäische Kongreßmesse für Technische Kommunikation, Kongreß VI, Kongreßband, Velbert 1989, S. VI-19-01 - VI-19-09

Müller /Online info/

Rudolf Müller (Hrsg.): Online info. Unternehmerbrief zu Fragen der Informationsverarbeitung, Nr. 35, 30.08.1991

Müller-Böling /Organisationsforschung/

Detelf Müller-Böling: Organisationsforschung, Methodik der empirischen. In: Erich Frese (Hrsg.): Handwörterbuch der Organisation, 3. Auflage, Stuttgart 1992, S. 1491-1505

Müllerburg /Programmier- und Softwareproduktions-Umgebungen/

M. Müllerburg: Programmier- und Softwareproduktions-Umgebungen: Grundlegende Konzepte. In: K.-P. Fähnrich (Hrsg.): ONLINE '89, 12. Europäische Kongreßmesse für Technische Kommunikation, Kongreß VI, Kongreßband, Velbert 1989, S. VI-4-01 - VI-4-23

Mullin /Object-Oriented Program Design/

Mark Mullin: Object-Oriented Program Design with Examples in C++. Reading u. a. 1989

Narayanaswamy, Scacchi /Maintaining Configurations/

K. Narayanaswamy, Walt Scacchi: Maintaining Configurations of Evolving Software Systems. In: IEEE Transactions on Software Engineering, Vol. SE-13, No. 3, March 1987, S. 324-334

Naur, Randell /Software Engineering 1968/

Peter Naur, Brian Randell (Hrsg.): Software Engineering 1968. Report on Conference of NATO Science Comittee, Brussels 1969

Niemann /Bildverarbeitung/

Heinrich Niemann: Bildverarbeitung. In: K. Kurbel, H. Strunz (Hrsg.): Handwörterbuch der Wirtschaftsinformatik, Stuttgart 1990, S. 77

Niskier, Maibaum /Pluralistic Knowledge-Based Approach/

Celso Niskier, Tom Maibaum: A Pluralistic Knowledge-Based Approach to Software Specification. In: C. Ghezzi, J. A. McDermid (Hrsg.): Proceedings of the 2nd European Software Engineering Conference, Berlin u. a., September 11-15, 1989, S. 411-423

Niskier, Maibaum, Schwabe /Knowledge-based Environment for Software Specification Acquisition/

Celso Niskier, Tom Maibaum, Daniel Schwabe: A Look Through PRISMA: Towards Pluralistic Knowledge-based Environment for Software Specification Acquisition. In: IEEE Computer Society Press (Hrsg.): Proceedings of the Fifth International Workshop on Software Specification and Design, ACM SIGSOFT Engineering Notes, Vol. 14, No. 3, Washington u. a., Mai 1989, S. 128-136

Nomina /ISIS Firmen Report 1991/

Nomina Information Services (Hrsg.): ISIS Firmen Report 1991. Die Unternehmen der Informationsindustrie. Deutschland, Österreich, Schweiz. 22. Jg., München 1991

Nomina /ISIS Personal Computer Report 1991/

Nomina Information Services (Hrsg.): ISIS Software Personal Computer Report. Software, Hardware, Services. 9. Jg., 1.2, München 1991

Nomina /ISIS Software Report 1989/

Nomina Information Services (Hrsg.): ISIS Software Report. Programmbeschreibungen, Computersysteme, Software-Preise. 20. Jg., 1.3, München, Januar bis Juni 1989

Nomina /ISIS Software Report 1991/

   Nomina Information Services (Hrsg.): ISIS Software Report. Software-Produkte für mittlere &
   große Computer mit herstellerspezifischen Betriebssystemen. 22. Jg., 1.3, München 1991

Nonhoff /DV-Controlling/

   Jürgen Nonhoff: Entwicklung eines Expertensystems für das DV-Controlling. Berlin u. a. 1989

Noth /Erfahrungsdatenbank/

   Thomas Noth: Unterstützung des Managements von Software-Projekten durch eine Erfahrungsdatenbank. Berlin u. a. 1987

Oestreich /Erfolgsfaktoren/

   H. Oestreich: Erfolgsfaktoren für den Einsatz von CASE. In: K.-P. Fähnrich (Hrsg.): ONLINE
   '89, 12. Europäische Kongreßmesse für Technische Kommunikation, Kongreß VI, Kongreßband, Velbert 1989, S. VI-9-01 - VI-9-16

Orr u. a. /Methodology/

   Ken Orr, Chris Gane, Edward Yourdon, Peter P. Chen, Larry L. Constantine: Methodology: The
   Experts Speak. In: Byte, Vol. 14, No. 4, April 1989, S. 221-234

Österle /Spezifikation und Entwurf/

   Hubert Österle: Qualitätssicherung in Spezifikation und Entwurf. In: HMD, 19. Jg., Nr. 105,
   1982, S. 17-22

Österle /Von Programmiersprachen zu Softwareentwicklungsumgebungen/

   Hubert Österle: Computer aided software engineering - Von Programmiersprachen zu Soft-
   wareentwicklungsumgebungen. In: K. Kurbel, H. Strunz (Hrsg.): Handwörterbuch der Wirtschaftsinformatik, Stuttgart 1990, S. 346-361

o. V. /CASE-Normen in den USA/

   o. V.: CASE-Normen in den USA. In: Informatik-Spektrum, Band 14, Heft 6, Dezember 1991,
   S. 355

o. V. /CAST: Computer Aided Software Testing/

   o. V.: CAST: Computer Aided Software Testing. In: VDEB (Hrsg.): VDEB-Aktuell: Rundschrei-
   ben Nr. 12/90, 34. KW. Wichtige Informationen für VDEB Mitglieder, Köln 1990, S. 6

o. V. /ESPRIT Reverse-Engineering Projekt/

   o. V.: SES am ESPRIT Reverse-Engineering Projekt beteiligt. In: Harry M. Sneed (Hrsg.): SES
   Software-Engineering Service GMBH Software Engineering Newsletter, Ottobrunn, 1991, S. 7

o. V. /IEF/

   Texas Instruments, James Martin Associates (Hrsg.): IEF. Eine vollständig integrierte CASE-
   Umgebung. Produktinformation, Hamburg-Düsseldorf-Wiesbaden 1990

o. V. /KI-Führer/

   Oldenbourg-Verlag (Hrsg.): Euro-KI-Führer. München 1990

o. V. /LBMS Systems Engineer Version 2.2/

   o. V.: Hands-On Review: LBMS Systems Engineer Version 2.2. In: CASE Strategies, Vol. 3,
   No. 7, July 1991, S. 7-16

o. V. /Marktübersicht: CASE/

o. V.: Marktübersicht: CASE/I-CASE-Werkzeuge. In: ist, 1. Jg., Heft 3, 1991, S. 28-41 (Teil 1) und Heft 1, 1992, (in Vorbereitung)

o. V. /TABLO/

o. V.: TABLO. Die wissensbasierte Entscheidungslogikverarbeitung auf der Basis von IF/Prolog. Produktinformation Eigner + Partner GmbH, InterFace Computer GmbH (Hrsg.), o. O., April 1989

o. V. /Werkzeuge für Programmier-Profis/

o. V.: Marktspiegel: Produkte für das Computer Aided Software Engineering. Werkzeuge für Programmier-Profis. In: Konrad Kohlhammer (Hrsg.): Die Computer Zeitung extra: Computer Aided Software Engineering. Stuttgart 1989, S. 47-50

Parker, Hendley /UNIVERSE programming enironment/

Jeff Parker, Bob Hendley: The re-use of low-level programming knowledge in the UNIVERSE programming enironment. In: Pearl Brereton (Hrsg.): Software Engineering Environments, New York u. a., 1988, S. 104-115

Parthier /Marktbild CASE/

Ulrich Parthier: Marktbild CASE. In: Hard and Soft - Industrielle Mikroelektronik, 6, Nr. 10, 1989, S. 22-25

Partridge /KI und das Software Engineering/

Derek Partridge: KI und das Software Engineering der Zukunft. Hamburg 1989

Persch /Transformational development of software/

Guido Persch: Automating the transformational development of software. In: R. Mitchell (Hrsg.): Industrial software technology. IEEE computing series 10, London 1987, S. 77-88

Persch /Transformations-Expertensystem/

Guido Persch: Phasenübergreifende Software-Entwicklung mit Hilfe eines Transformations-Expertensystems. In: H. R. Hansen (Hrsg.): GI/OCG/ ÖGJ-Jahrestagung September 1985, Informatik-Fachberichte Band 108, Berlin u. a. 1985

Petzold /Programming Windows/

Charles Petzold: Programming Windows: The Microsoft guide to writing applications. 2nd Edition, Redmond-Washington 1990

Ploenzke /CASE-Studie/

Ploenzke Informatik (Hrsg.): CASE-Studie. Studie der Firma Ploenzke Informatik, Wiesbaden 1989

Popper /Logik der Forschung/

Karl R. Popper: Logik der Forschung. 8. Auflage Tübingen 1984

Prakash /How Europe is Using CASE/

Jay Prakash: How Europe Is Using CASE. In: Datamation, Vol. 36, No. 15, August 1990, S. 79-82

Prerau /Appropriate Domain/

> D. S. Prerau: Selection of an Appropriate Domain for an Expert System. In: AI magazine, Vol. 4, Summer 1985, S. 26-30

Pressburger, Smith /Knowledge-based software development tools/

> Thomas T. Pressburger, Douglas R. Smith: Knowledge-based software development tools. In: Pearl Brereton (Hrsg.): Software Engineering Environments, New York u. a., 1988, S. 79-103

Preßmar /Strategien für den Einsatz/

> Dieter B. Preßmar: Strategien für den Einsatz von Methoden und Werkzeugen in der Software-technologie. In: Thomas Gutzwiller, Hubert Österle (Hrsg.): Anleitung zu einer praxisorientierten Software-Entwicklungsumgebung, Band 2: Entwicklungssysteme und 4.-Generation-Sprachen, Hallbergmoos 1988, S. 9-24

Puncello u. a. /Knowledge-Based CASE Environment/

> P. Paolo Puncello, Piero Torrigiani, Francesco Pietri, Riccardo Burion, Bruno Cardile, Mirella Conti: ASPIS: A Knowledge-Based CASE Environment. In: IEEE Software, Vol. 7, March 1988, S. 58-65

Puppe /Einführung in Expertensysteme/

> Frank Puppe: Einführung in Expertensysteme. Berlin u. a. 1988

Puppe /Problemlösungsmethoden in Expertensystemen/

> Frank Puppe: Problemlösungsmethoden in Expertensystemen. Berlin u. a. 1990

Ramamoorthy, Miguel, Shim /Software Engineering and Artificial Intelligence/

> C. V. Ramamoorthy, Luis Miguel, Young-Chul Shim: On Issues in Software Engineering and Artificial Intelligence. In: International Journal of Software Engineering and Knowledge Engineering, Vol. 1, No. 1, March 1991, S. 9-20

Ramanathan, Venugopal /Tool integration/

> Jayashree Ramanathan, Vasudevan Venugopal: Tool integration in lifecycle support environments. In: AFIPS (Hrsg.): Conference Proceedings, National Computer Conference, o. O., Vol. 56, 1987, S. 545-551

Ramsey, Basili /An Evaluation/

> Connie Loggia Ramsey, Victor R. Basili: An Evaluation of Expert systems for Software Engineering Management. In: IEEE Transactions on Software Engineering, Vol. 15, No. 6, June 1989, S. 747-759

Ramsey, Basili /Expert systems for software engineering management/

> Connie Loggia Ramsey, Victor R. Basili: An evaluation of expert systems for software engineering management. Department of Computation Science, University of Maryland, College Park, Technical Report TR-1078, September 1986

Raulefs /Expertensysteme/

> Peter Raulefs: Expertensysteme. In: W. Bibel, J. H. Siekmann (Hrsg.): Künstliche Intelligenz Frühjahrsschule, Teisendorf, 15.03.-24.03.1982, Informatik-Fachberichte, Band 59. Berlin-Heidelberg-New York 1982, S. 61-98

Regier /Expertensysteme für den betriebswirtschaftlichen Einsatz/

Hans J. Regier: Expertensysteme für den betriebswirtschaftlichen Einsatz. Eigenschaften * Funktionen * Probleme * Nutzen. In: Office Management, 38. Jg., Heft 11, 1988, S. 16-25

Rego, Lima /Automating Facts Analysis/

Helena Barbosa Rego, Jorge Reis Lima: A Tool for Automating Facts Analysis. In: Spurr, Layzell (Hrsg.): CASE on Trial, Chichester u. a. 1990, S. 57-80

Reinecke /Wissensmodell/

Rüdiger Reinecke: Entwicklung eines wissensbasierten Systems auf der Basis eines Wissensmodells. In: Reinhard Behrendt (Hrsg.): Angewandte Wissensverarbeitung. Die Expertensystemtechnologie erobert die Informationsverarbeitung, München-Wien 1990, S. 113-152

Reusch /IBIES/

Peter Reusch: Institut für betriebliche Informationssysteme und Expertensysteme an der Fachhochschule Dortmund. Übersicht über Systeme, Projekte und sonstige Leistungen des Institutes. Unveröffentlichtes Manuskript, Dortmund 28.12.90

Reuter /Kopplung von Datenbank- und Expertensystemen/

Andreas Reuter: Kopplung von Datenbank- und Expertensystemen. In: Informationstechnik, 29. Jg., Heft 3, 1987, S. 164-175

Riekert /ZOO/

Wolf-Fritz Riekert: ZOO. Ein Werkzeug zur Gestaltung von Anwendungssystemen durch den Endbenutzer. In: Rul Gunzenhäuser, Heinz-Dieter Böcker: Prototypen benutzergerechter Computersysteme, Berlin-New York 1988, S. 187-199

Ritter, Martinetz, Schulten /Neuronale Netze/

Helge Ritter, Thomas Martinetz, Klaus Schulten: Neuronale Netze. Eine Einführung in die Neuroinformatik selbstorganisierender Netzwerke. Bonn u. a. 1990

Roggenbruck, Gebhardt, Ameling /Prolog als Methodensprache/

Stefan Roggenbruck, Reinhold Gebhardt und Walter Ameling: Prolog als Methodensprache in einer objektorientierten Programmierumgebung. In: Angewandte Informatik, 31. Jg., Heft 5, 1989, S. 181-188

Rolston /Expert Systems Development/

David W. Rolston: Principles of Artificial Intelligence and Expert Systems Development. New York u. a. 1988

Rüesch /Entwicklungsumgebung/

Peter Rüesch: Entwicklungsumgebung. In: Output, Nr. 11, 1989, S. 45-51

Samuelson /Reverse-Engineering/

Pamela Samuelson: Reverse-Engineering Someone Else's Software: Is It Legal? In: IEEE Software (Hrsg.): Software Maintenance & Reverse Engineering & Design Recovery, Los Vaqueros, January 1990 S. 90-96

Sanchi /Erfahrungen mit SAPIENS/

Gottfried Sanchi: Erfahrungen mit objektorientierter Anwendungsentwicklung unter SAPIENS. In: BIFOA (Hrsg.): Anwendungserfahrungen mit CASE und Software-Entwicklungsumgebungen. Teilnehmerunterlagen des BIFOA-Fachseminars vom 05.12.-06.12.1991 in Köln

Sapiens /Concepts and Facilities/

Sapiens International Corp., Sapiens Technologies Ltd. Documentation Group (Hrsg.): Sapiens Concepts and Facilities. Manual Version SA200/2.0, o. O., 1991

Sapiens /Object Planner/

Sapiens International Corp., Sapiens Technologies Ltd. Documentation Group (Hrsg.): Sapiens. The Object Planner. Manual Version SA223/2.0, o. O., April 30, 1991

Savory /Expertensysteme: Nutzen/

Stuart E. Savory: Expertensysteme: Welchen Nutzen bringen sie für Ihr Unternehmen? In: Stuart E. Savory (Hrsg.): Expertensysteme: Nutzen für Ihr Unternehmen. Ein Leitfaden für Entscheidungsträger, 2. Auflage, München-Wien 1989, S. 17-38

Schaaf /Angewandte Experten/

Werner Schaaf: Angewandte Experten. In: UNIX, Nr. 12, Dezember 1990, S. 80-89

Schachter-Radig /New ways/

M.-J. Schachter-Radig: Development of knowledge based systems: New ways for the development of software systems. In: R. Mitchell (Hrsg.): Industrial software technology, IEEE computing series 10, London 1987, S. 60-76

Schefe /Realisierung von Systemen der künstlichen Intelligenz/

Peter Schefe: Künstliche Intelligenz - Überblick und Grundlagen. Grundlegende Konzepte zur Realisierung von Systemen der künstlichen Intelligenz. Mannheim-Wien-Zürich 1986

Schmidt /CASE Products 1990/

H. W. Schmidt: CASE Products 1990. A Survey of CASE Products from US Vendors. Arbeitspapiere der GMD Nr. 518, Sankt Augustin, März 1991

Schmitt /Menschen entscheiden/

Günter Schmitt: CASE: Nicht Techniken, Menschen entscheiden. In: Online, Heft 6, 1990, S. 45-47

Schmitz /Einführung in die Informatik/

Paul Schmitz: Einführung in die Informatik Sommersemester 1989. Vorlesungsskript, Lehrstuhl für Informatik der Universität zu Köln, Köln 1989

Schmitz /Expertensysteme/

Paul Schmitz: Expertensysteme. In: Erich Frese (Hrsg.): Handwörterbuch der Organisation, 3. Auflage, Stuttgart 1992, S. 611-626

Schmitz /Informationsverarbeitung/

Paul Schmitz: Informationsverarbeitung. In: Erich Frese (Hrsg.): Handwörterbuch der Organisation, 3. Auflage, Stuttgart 1992, S. 958-967

Schmitz /Methoden, Verfahren und Werkzeuge/

Paul Schmitz: Methoden, Verfahren und Werkzeuge zur Gestaltung Rechnergestützter betrieblicher Informationssysteme (RBIS). In: Angewandte Informatik, 24. Jg., Heft 2, 1982, S. 72-79

Schmitz /Softwarequalitätssicherung/

Paul Schmitz: Softwarequalitätssicherung. In: K. Kurbel, H. Strunz (Hrsg.): Handwörterbuch der Wirtschaftsinformatik, Stuttgart 1990, S. 311-320

Schmitz, Bons, van Megen /Testen im Software-Lebenszyklus/

P. Schmitz, H. Bons, R. van Megen: Software-Qualitätssicherung - Testen im Software-Lebenszyklus. 2. Auflage, Braunschweig-Wiesbaden 1983

Schmitz, Hasenkamp /Rechnerverbundsysteme/

Paul Schmitz, Ulrich Hasenkamp: Rechnerverbundsysteme - Offene Kommunikationssysteme auf der Basis des ISO-Referenzmodells. München-Wien 1981

Schmitz, Lenz /Abgrenzung/

Paul Schmitz, Andreas Lenz: Abgrenzung von Expertensystemen und konventioneller ADV. In: BFuP, 38. Jg., Heft 6, 1986, S. 499-515

Schmitz, Lenz /Glossar/

Paul Schmitz, Andreas Lenz: Glossar zum Themenbereich Expertensysteme. Vorlesungsskript, Lehrstuhl für Informatik der Universität zu Köln, Köln 1989

Schmitz, Lenz, Nöcker /Dialogbeitrag zum Artikel von Ulrich Frank/

Paul Schmitz, Andreas Lenz, Christoph Nöcker: Dialogbeitrag zum Artikel von Ulrich Frank: "Expertensysteme: Ein erfolgversprechender Ansatz zur Automatisierung dispositiver Tätigkeiten?". In: DBD, 49. Jg., Heft 2, 1989, S. 262-264

Schmitz, Nöcker, Stelzer /Sicherheit von Expertensystemen/

Paul Schmitz, Christoph Nöcker, Dirk Stelzer: Sicherheit von Expertensystemen. In: D. Müller-Böling, D. Seibt, U. Winand (Hrsg.): Innovations- und Technologiemanagement, Stuttgart 1991, S. 401-426

Schmitz, Seibt /Einführung in die anwendungsorientierte Informatik/

Paul Schmitz, Dietrich Seibt: Einführung in die anwendungsorientierte Informatik. Band 1: Systemtechnische Grundlagen. 3. Auflage, München 1985

Schneider /Software-Dokumentationssysteme/

Matthias Schneider: Software-Dokumentationssysteme. In: Gerhard Fischer, Rul Gunzenhäuser (Hrsg.): Methoden und Werkzeuge zur Gestaltung benutzergerechter Computersysteme, Berlin-New York 1986, S. 177-201

Schnell, Hill, Esser /Methoden der empirischen Sozialforschung/

Rainer Schnell, Paul B. Hill, Elke Esser: Methoden der empirischen Sozialforschung. 2. Auflage, München-Wien 1989

Schnupp /Wissensbasierte Softwareentwicklung/

Peter Schnupp: Wissensbasierte Softwareentwicklung für den Anwendungsalltag. In: W. Brauer, W. Wahlster (Hrsg.): Wissensbasierte Systeme, 2. Internationaler GI-Kongreß München, 20.10.-21.10.1987, S. 260-272

Schoder /Expertensysteme im Software-Engineering/

Wilfried Schroder: Die Anwendung von Expertensystemen im Software-Engineering. Unveröffentlichte Diplomarbeit, angefertigt am Institut für Informatik der Universität Linz, Frühjahr 1987

Schoop /Hypertext Anwendungen/

Eric Schoop: Hypertext Anwendungen: Möglichkeiten für den betrieblichen Einsatz. In: Wirtschaftsinformatik, 33. Jg., Heft 3, 1991, S. 198-206

Schreiter /Erfahrungen mit PREDICT CASE/

Marie-Luise Schreiter: Erfahrungen mit PREDICT CASE. In: Helmut Balzert (Hrsg.): CASE. Systeme und Werkzeuge, 3. Auflage, Mannheim-Wien-Zürich 1991, S. 539-544

Schuck /Umfragen zum Thema Computer Aided Software Engineering/

Ekkehard Schuck: Umfragen zum Thema Computer Aided Software Engineering. Das Ende der
permanenten Softwarekrise? In: Konrad Kohlhammer (Hrsg.): Die Computer Zeitung extra:
Computer Aided Software Engineering, Stuttgart 1989, S. 29-30

Schulz /CAS(E)-Systeme/

Arno Schulz: CAS(E)-Systeme, ein Statusbericht. In: Angewandte Informatik, 30. Jg., Heft 12,
1988, S. 524-532

Schulz /Software-Entwurf/

Arno Schulz: Software-Entwurf, Methoden und Werkzeuge. 2. Auflage, Wien-München 1990

Schulz /Software-Lifecycle- und Vorgehensmodelle/

Arno Schulz: Software-Lifecycle- und Vorgehensmodelle. In: Angewandte Informatik, 31. Jg.,
Heft 4, 1989, S. 137-142

Schulz /Vom CAD zum CAS/

Arno Schulz: Vom CAD zum CAS. In: Angewandte Informatik, 22. Jg., Heft 15, 1982, S. 607-
614

Schwab /AKTIVIST/

Thomas Schwab: AKTIVIST. Eine aktive Hilfekomponente für einen Texteditor. In: Rul Gunzenhäuser, Heinz-Dieter Böcker: Prototypen benutzergerechter Computersysteme, Berlin-New
York 1988, S. 105-126

Schwarze /Statistik/

Jochen Schwarze: Grundlagen der Statistik. Beschreibende Verfahren. Herne-Berlin 1981

Seibt /Auditing/

Dietrich Seibt: Grundlagen des DV-Controlling und Auditing - Wirtschaftlichkeit und Wirksamkeit
als Ziele der Datenverarbeitung. In: Gerhard Maurer (Hrsg.): DV-Controlling - Externes und In-
ternes Auditing der DV-Abteilung, CSMI/TTP-Schriftenreihe Band 24-010, München 1982, S. 5-
49

Seibt /Aufgaben der Wirtschaftsinformatik/

Dietrich Seibt: Ausgewählte Probleme und Aufgaben der Wirtschaftsinformatik. In: Wirtschaftsinformatik, 32. Jg., Heft 1, Februar 1990, S. 7-19

Seibt /Betrieb und Wartung/Pflege eines RBIS/

Dietrich Seibt: Phasen und Aktivitäten der Gestaltung Rechnergestützter betrieblicher Informationssysteme. Teil II: Betrieb und Wartung/Pflege eines RBIS sowie entwicklungsüberlagernde Gestaltungsaktivitäten. Arbeitsbericht 83/3 des Fachgebiets Betriebsinformatik der GHS Esen, Essen 1983

Seibt /Grundlagen und Entwicklungsphasen/-aktivitäten/

Dietrich Seibt: Phasen und Aktivitäten der Gestaltung Rechnergestützter betrieblicher Informationssysteme. Teil I: Grundlagen und Entwicklungsphasen/-aktivitäten. Überarbeitete Version des Arbeitsberichts 83/1 des Fachgebiets Betriebsinformatik der GHS Essen, Essen 1984

Seibt /Implementierung, organisatorische/

Dietrich Seibt: Implementierung, organisatorische. In: Erwin Grochla (Hrsg.): Handwörterbuch der Organisation, 2. Auflage, Stuttgart 1980, Sp. 853-862

Seibt /Informationsmanagement und Controlling/

Dietrich Seibt: Informationsmanagement und Controlling. In: Wirtschaftsinformatik, 32. Jg., Heft 1, Februar 1990, S. 116-126

Seibt /Informationssystem-Architekturen/

Dietrich Seibt: Informationssystem-Architekturen - Überlegungen zur Gestaltung von technikgestützten Informationssystemen für Unternehmungen. In: D. Müller-Böling, D. Seibt, U. Winand (Hrsg.): Innovations- und Technologiemanagement, Stuttgart 1991, S. 401-426

Seibt /Leistungs- und Qualitätskriterien/

Dietrich Seibt: Leistungs- und Qualitätskriterien wirtschaftlicher Software. In: CW-CSE, Communications, Services & Education (Hrsg.): Effizientes Software Management, Proceedings zum Software Forum 83. München 1983, S. 19-39

Seibt /Phasenkonzept/

Dietrich Seibt: Phasenkonzept. In: P. Mertens (Haupt-Hrsg.): Lexikon der Wirtschaftsinformatik, 2. Auflage, Berlin u. a. 1990, S. 326-328

Seibt /Probleme und Trends/

Dietrich Seibt: Einführung: Gegenwärtige Probleme und Trends beim Einsatz von Software-Entwicklungsumgebungen. In: BIFOA (Hrsg.): Anwendungserfahrungen mit CASE und Software-Entwicklungsumgebungen, Teilnehmerunterlagen des BIFOA-Fachseminars vom 27.09.-28.09.1990 in Köln

Seibt /Projektphasenmodell und Lebenszyklusmodell/

Dietrich Seibt: Projektphasenmodell und Lebenszyklusmodell als "Skelett" für Software-Entwicklungsprojekte und für das Projekt-Controlling. In: Gerhard Maurer (Hrsg.): Schätzverfahren für Software-Projekte - Kontrolle der Entwicklungskosten, CSMI/TTP-Schriftenreihe Band 54-030, München 1985, S. 6-30

Seibt /Schätzverfahren für Software-Projekte/

Dietrich Seibt: Schätzverfahren für Software-Projekte. In: Gerhard Maurer (Hrsg.): Schätzverfahren für Software-Projekte - Kontrolle der Entwicklungskosten, CSMI/TTP-Schriftenreihe Band 54-030, München 1985

Seibt /Software-Aufwandsschätzung/

Dietrich Seibt: Entwicklung eines Expertensystems zur Software-Aufwandsschätzung - Erfahrungen aus einem Praxisprojekt. In: P. Horvath (Hrsg.): Wirtschaftlichkeit neuer Produktions- und Informationstechnologien, Stuttgart 1988, S. 329-344

Seibt /Software-Reverse-Engineering und Software Reengineering/

Dietrich Seibt: Software-Reverse-Engineering und Software Reengineering. In: P. Mertens (Haupt-Hrsg.): Lexikon der Wirtschaftsinformatik, 2. Auflage, Berlin u. a. 1990, S. 395-397

Seibt /Systemlebenszyklus/

Dietrich Seibt: Systemlebenszyklus, Management des. In: P. Mertens (Haupt-Hrsg.): Lexikon der Wirtschaftsinformatik, 2. Auflage, Berlin u. a. 1990, S. 413-415

Sens /Hypertutorial/

Uwe Sens: Hypertutorial - Wissensbasiertes Blättern als Grundlage eines intelligenten Lernsystems. In: A. Reuter (Hrsg.): GI-20. Jahrestagung II. Informatik auf dem Weg zum Anwender, Stuttgart, 08.10.-12.10.1990, Proceedings, S. 414-418

Shafer /Objectively Speaking/

Dan Shafer: Objectively Speaking. Object-Oriented Tools Make it Easier To Program Windowing Applications. In: The Windows Shopper's Guide, Second Half, 1989, S. I-40 - I-45

Shaw /KnowledgePro Windows/

Richard Hale Shaw: KnowledgePro Windows: Application Development Rooted in the Expert System Tradition. In: PC Magazine, Heft 10, October 1990, S. 46

Shlaer, Mellor /Object-Oriented Systems Analysis/

Sally Shlaer, Stephen J. Mellor: Object-Oriented Systems Analysis. Modeling the World in Data. Englewood Cliffs, New Jersey 1988

Shorter /Artificial intelligence in software engineering/

D. N. Shorter: Artificial intelligence in software engineering. In: R. Mitchell (Hrsg.): Industrial software technology, IEEE computing series 10, London 1987, S. 26-34

Simon /Hypertextapplikationen/

Lothar Simon: Erfahrungen und Methoden zur Entwicklung von Hypertextapplikationen. In: Wirtschaftsinformatik, 33. Jg., Heft 3, Juni 1991, S. 186-197

Singleton /Rationale and Realisation/

P. Singleton: Software Configuration Management (SCM): Rationale and Realisation. In: K. H. Bennett: Software Engineering Environments: Research and Practice, New York 1989, S. 203-216

Sinz /Datenmodellierung betrieblicher Probleme/

Elmar J. Sinz: Datenmodellierung betrieblicher Probleme und ihre Unterstützung durch ein wissensbasiertes Entwicklungssystem. Habilitationsschrift vorgelegt an der Universität Regensburg, Regensburg 1987

Sinz /Objektorientierte Analyse/

Elmar J. Sinz: Objektorientierte Analyse (ooA). In: Wirtschaftsinformatik, 33. Jg., Heft 5, Oktober 1991, S. 455-457

Sinz /Trend zu objektorientierten Ansätzen/

Elmar J. Sinz: Persepktiven für eine wirtschaftliche Anwendungsentwicklung - Der Trend zu objektorientierten Ansätzen -. In: GTI (Hrsg.): ORGWARE Jahreskonferenz 1991, Teilnehmerunterlagen zur ORGWARE Jahrekonferenz vom 22.10.-23.10.1991 in Bad Honnef, Bad Honnef 1991

Skubch /Grenzen von CASE/

H. Skubch: Die Grenzen von CASE: Warum zahlreiche CASE-Einführungen scheitern. In: K.-P. Fähnrich (Hrsg.): ONLINE '89, 12. Europäische Kongreßmesse für Technische Kommunikation, Kongreß VI, Kongreßband, Velbert 1989, S. VI-3-01 - VI-3-24

Slage, Wick /Evaluating Candidate Expert System Applications/

J. Slage, M. Wick: A Method for Evaluating Candidate Expert System Applications. In: AI Magazine, Vol. 9, No. 4, 1988, S. 44-53

Sneed /Software Engineering Management/

Harry M. Sneed: Software Engineering Management. New York u. a. 1989

Sneed /Software-Engineering - Überblick/

Harry M. Sneed: Software-Engineering - Überblick. In: PIK, 1. Jg., Heft 12, Dezember 1989, S. 11-18

Sneed, Kaposi /Effect of Reengineering upon Software Maintainability/

Harry M. Sneed, Agnes Kaposi: A Study on the Effect of Reengineering upon Software Maintainability. Proceedings of the Conference on Software Maintenance, 1990, San Diego, November 26-29, 1990, S. 91-99

Sokolsky, Kaiser /Rule Based Process Modelling/

Michael H. Sokolsky, Gail E. Kaiser: Experiments With Rule Based Process Modelling in an SDE. In: Fred Long (Hrsg.): Software Engineering Environments, Proceedings of the International Workshop on Environments, Chinon, September 18-20, 1989, S. 107-114

Sommerville /Software Engineering/

Ian Sommerville: Software Engineering. Bonn u. a. 1986

Sommerville, Morrson /Software Development with Ada/

Ian Sommerville, Ron Morrson: Software Development with Ada. Workingham 1987

Souza /Strategies for Software Engineering/

Eileen Souza: Strategies for Software Engineering Implementation. In: Journal of Information Systems Management, Vol. 7, No. 3, Summer 1990, S. 33-37

Sowa /Conceptual structures/

J. F. Sowa: Conceptual structures: information processing in mind and machine. Wokingham 1984

Spitta /Software Engineering und Prototyping/

Thorsten Spitta: Software Engineering und Prototyping. Eine Konstruktionslehre für administrative Softwaresysteme. Berlin u. a. 1989

Standish /Software Reuse/

Thomas A. Standish: An Essay on Software Reuse. In: IEEE Transactions on Software Engineering, Vol. SE-10, No. 5, September 1984, S. 494-497

Steinhoff /Benutzerschnittstellen für Expertensysteme/

Volker Steinhoff: Anforderungen und Gestaltungskriterien bei der Entwicklung von Benutzerschnittstellen für Expertensysteme. Bergisch Gladbach-Köln 1991

Stephens, Whitehead /Analyst/

Mark Stephens, Ken Whitehead: The Analyst - an Expert System Approach to Requirements Analysis. In: Volkmar H. Haase, Roswitha Hammer (Hrsg.): Softwaretechnologie für die Industrie, München 1984, S. 189-206

Stobbe /Software-Entwicklungsumgebungen/

Christian Stobbe: Software-Entwicklungsumgebungen. In: W. Sammer, W. Remmele (Hrsg.): Programmierumgebungen: Entwicklungswerkzeuge und Programmiersprachen, Berlin-Heidelberg 1984, S. 31-59

Stovsky, Weide /Coordinating Teams of Software Engineers/

Michael P. Stovsky, Bruce W. Weide: Access Control Strategies for Coordinating Teams of Software Engineers. In: International Journal of Software Engineering and Knowledge Engineering, Vol. 1, No. 1, March 1991, S. 57-74

Studer /Verteilte wissensbasierte Softwareproduktionsumgebung/

Hans Rudi Studer: Konzepte für eine verteilte wissensbasierte Softwareproduktionsumgebung. W. Brauer (Hrsg.): Informatik-Fachberichte 132, Berlin u. a. 1987

Symonds /Software-Engineering Knowledge Base/

Andrew J. Symonds: Creating a Software-Engineering Knowledge Base. In: IEEE Software, March 1988, S. 50-56

Szyperski /Informationssysteme/

Norbert Szyperski: Informationssysteme. In: Erwin Grochla, Waldemar Wittmann (Hrsg.): Handwörterbuch der Betriebswirtschaft, 4. Auflage 1984, Sp. 1900-1910

Szyperski, Seibt, Sikora /Forschung durch Entwicklung/

Norbert Szyperski, Dietrich Seibt, Klaus Sikora: Forschung durch Entwicklung von rechnergestützten Informationssystemen. In: Carl Adam Petri (Hrsg.): Ansätze zur Organisationstheorie Rechnergestützter Informationssysteme, München-Wien 1979, S. 253-269

Tanimoto /KI: Die Grundlagen/

Steven L. Tanimoto: KI: Die Grundlagen. München-Wien 1990

Tauzovich /Expert System Approach to Database Design/

Branka Tauzovich: An Expert System Approach to Database Design. In: Tjoa, Wagner (Hrsg.): Database and Expert Systems Applications, Proceedings of the International Conference in Vienna, 1990, S. 322-326

Tazelaar /In Depth: CASE/

Jane Morill Tazelaar: In Depth: CASE. In: Byte, Vol. 14, No. 4, April 1989, S. 206

Timm /Requirements Engineering '91/

Michael Timm (Hrsg.): Requirements Engineering '91. "Structured Analysis" und verwandte Ansätze. Proceedings der Fachtagung in Marburg vom 10.04.91 bis 11.04.91, Berlin u. a. 1991

Timm /Softwarefabrik/

Michael Timm: Softwarefabrik. In: GMD (Hrsg.): Forschungs- und Entwicklungsbericht 1989/90, Sankt Augustin 1989

Timm /Spezifizierung der Benutzeranforderungen/

Michael Timm: Ein systematisches Vorgehensmodell zur Spezifizierung der Benutzeranforderungen. In: Angewandte Informatlk, 27. Jg., Heft 4, 1985, S. 145-151

Timmermann /LISP-CASE/

Gerd Timmermann: LIPS-CASE - wissensbasiertes Software Engineering. In: Office Management, 36. Jg., Heft 11, 1986, S. 1106-1108

Tobiasch /Software-Entwicklungsumgebungen und Programmiersprachen/

R. Tobiasch: Anforderungen an Software-Entwicklungsumgebungen und Programmiersprachen. In: W. Sammer, W. Remmele (Hrsg.): Programmierumgebungen: Entwicklungswerkzeuge und Programmiersprachen, Berlin-Heidelberg 1984, S. 1-29

Topping u. a. /Express/

Phillip Topping, John Mcinroy, William Lively, Sallie Sheppard: Express - Rapid Prototyping and Product Development via Integrated, Knowdedge-Based Executable Specifications. In: Proceedings of the 1987 Fall Joint Computer Conference: Exploring Technology: Today and Tomorrow, Dallas, October 25-29, 1987, S. 3-9

Twiehaus, Landwehr /Ersetzen Expertensysteme künftig den Experten?/

Hans-Jürgen Twiehaus, Monika Landwehr: Ersetzen Expertensysteme künftig den Experten? Zur Rolle des Experten bei der Systementwicklung und -nutzung. In: Office Management, 38. Jg., Heft 11, 1988, S. 30-33

Universität Passau /Komplexe Informatiksysteme/

Universität Passau (Hrsg.): Entwurfshilfen für komplexe Informatiksysteme. Fakultät für Mathematik und Informatik der Universität Passau, Passau 1989

Valder /Hilfsmittel in der Software-Produktion/

Willi Valder: Expertensysteme als Hilfsmittel in der Software-Produktion. In: GMD (Hrsg.): Jahresbericht 1982, Bonn 1982, S. 89-97

Vinze u. a. /Knowledge Based Approach for Resource Management/

Ajay S. Vinze, Marly M. Heltne, Minder Chen, Jay F. Nunamaker Jr., Benn R. Konsynski: A Knowledge Based Approach for Resource Management. In: Proceedings of the Eigth International Conference on Information Systems, Pittsburgh, December 6-9, 1987, S. 351-367

Vonk /Prototyping/

Roland Vonk: Prototyping. The effective use of CASE Technology. New York u. a. 1987

Waddington, Henry /Expert Programmers/

Ray Waddington, Roger Henry: Expert Programmers Re-establish Intentions When Debugging Another Programmer's Program. In: Diaper u. a. (Hrsg.): Proceedings of the IFIP TC 13 Third

International Conference on Human-Computer Interaction, Cambridge, August 27-31, 1990, S. 965-970

Wahlster /Expertensysteme Vorlesungsskript/

W. Wahlster: Expertensysteme. Vorlesungsskript. Universität des Saarlandes 1985, Saarbrükken 1985

Wahrig /Brockhaus Wörterbuch/

Gerhard Wahrig (Hrsg.): Brockhaus Wahrig. Deutsches Wörterbuch in sechs Bänden. Wiesbaden-Stuttgart 1983-1984

Walter /Expertensystem für das DV-Projektcontrolling/

Klaus-Peter Walter: Wissensbasis für ein Expertensystem für das DV-Projektcontrolling. In: BIFOA (Hrsg.): Schätzung des Aufwands für die Software-Entwicklung - Anwendungserfahrungen mit Schätzmethoden (inbes. FPM) und mit Projektcontrolling-Ansätzen, Teilnehmerunterlagen des BIFOA-Fachseminars vom 07.-08.12.1989 in Köln

Warner, Woschinski /CASE-Tools/

André Warner, Sigrid Woschinski: CASE-Tools: Die Qual der Wahl. In: Computer Magazin, 18. Jg., Heft 10, Oktober 1989, S. 58-59

Waterman /Guide to expert systems/

Donald Arthur Waterman: A guide to expert systems. Reading u. a. 1986

Wedel, Allgeyer, Schumann /Fehlererkennung in Wissensbasen/

Thomas Wedel, Karlheinz Allgeyer, Matthias Schumann: Ein pragmatischer Ansatz zur Fehlererkennung in Wissensbasen durch das Expertensystemtool HEXE. In: Angewandte Informatik, 29. Jg., Heft 2, 1987, S. 75-83

Weber /Software Factories/

Herbert Weber: From CASE to Software Factories. In: Datamation, Vol. 35, No. 7, April 1989, S. 34-36

Weller /Plädoyer für eine realistische Einschätzung/

Frank Weller: Expertensysteme in der Betriebswirtschaft - Plädoyer für eine realistischere Einschätzung der Leistungspotentiale von Expertensystemen. In: Information Management, 6. Jg., Heft 1, 1991, S. 18-23

Wesseler /Was bringt uns CASE?/

Berthold Wesseler: Was bringt uns CASE? In: Online, Nr. 11, November 1988, S. 26-36

Wheeler, Ganek /Introduction to Systems Application Architecture/

Earl F. Wheeler, Alan G. Ganek: Introduction to Systems Application Architecture (SAA). In: Information Management, 5. Jg., Heft 2, 1990, S. 18-25

Wielinga, Breuker /Model-Driven Knowledge Acquisition/

Bob Wielinga, Joost Breuker: Model-Driven Knowledge Acquisition: Interpretation Models. Memo 87, Delieverable D1 (task A1), Esprit Project P1098, Amsterdam 1987

Wild /Methodenprobleme in der Betriebswirtschaftslehre/

Jürgen Wild: Methodenprobleme in der Betriebswirtschaftslehre. In: Erwin Grochla, Waldemar Wittmann (Hrsg.): Handwörterbuch der Betriebswirtschaft, 4. Auflage, Stuttgart 1984, S. 2654-2677

Wild /Theorienbildung/

Jürgen Wild: Theorienbildung, betriebswirtschaftliche. In: Erwin Grochla, Waldemar Wittmann (Hrsg.): Handwörterbuch der Betriebswirtschaft, 4. Auflage, Stuttgart 1984, S. 3889-3910

Winand /Generisches Wissen/

Udo Winand: Generisches Wissen im betrieblichen Wissensmanagement. In: D. Müller-Böling, D. Seibt, U. Winand (Hrsg.): Innovations- und Technologiemanagement, Stuttgart 1991, S. 375-400

Winter, Maag /Verstärkung für SAA/

Friedgard Winter, Daniela Maag: AD/Cycle - Verstärkung für SAA? In: Information Management, 5. Jg., Heft 2, 1990, S. 32-39

Wirtz /Softwareentwurf/

Klaus Werner Wirtz: Softwareentwurf. In: K. Kurbel, H. Strunz (Hrsg.): Handwörterbuch der Wirtschaftsinformatik, Stuttgart 1990, S. 311-320

Witte /Empirische Forschung in der Betriebswirtschaftslehre/

Eberhard Witte: Empirische Forschung in der Betriebswirtschaftslehre. In: Erwin Grochla, Waldemar Wittmann (Hrsg.): Handwörterbuch der Betriebswirtschaft, 4. Auflage, Stuttgart 1984, S. 1264-1281

Wöhe /Allgemeine Betriebswirtschaftslehre/

Günter Wöhe: Einführung in die Allgemeine Betriebswirtschaftslehre. 17. Auflage, München 1990

Wolf, Schmidt /Wiederverwendbarkeit von Software/

Peter F. Wolf, Hans Albert Schmidt: Zur Wiederverwendbarkeit von Software. In: W. E. Proebster, A. Remshardt, H. A. Schmidt (Hrsg.): Fachberichte und Referate, Band 16: Methoden und Werkzeuge zur Entwicklung von Programmsystemen, München-Wien 1985, S. 155-170

Wood, Sommerville /Software components catalogue/

Murray Wood, Ian Sommerville: A knowledge-based software components catalogue. In: Pearl Brereton (Hrsg.): Software Engineering Environments, New York u. a., 1988, S. 116-132

Worst, Bernasch /COMMA/

Reiner Worst, Jost Bernasch: COMMA: Ein Werkzeugverbund zum Anpassen von Projektrichtlinien. In: PIK, 1. Jg., Heft 4, Dezember 1989, S. 19-22

Yasdi, Ziarko /Expert system for conceptual schema design/

R. Yasdi, W. Ziarko: A learning expert system for conceptual schema design. In: J. A. Campbell, J. Cuena (Hrsg.): Perspectives in artificial intelligence, Volume II: Machine Translation, NLP, Databases and Computer-aided Instruction, New York u. a. 1989, S. 163-175

Young, Howes, Whittington /Knowledge Analysis of Interactivity/

Richard M. Young, Andrew Howes, Joyce Whittington: A Knowledge Analysis of Interactivity. In: Diaper u. a. (Hrsg.): Proceedings of the IFIP TC 13 Third International Conference on Human-Computer Interaction, Cambridge, August 27-31, 1990, S. 115-120

Yourdon /Modern Structured Analysis/

Edward Yourdon: Modern Structured Analysis. Englewood Cliffs, New Jersey 1989

Yourdon /System life cycle/

Edward Yourdon: Managing the system life cycle. Englewood Cliffs, New Jersey 1988

Yourdon, Constantine /Structured Design/

E. Yourdon, L. L. Constantine: Structured Design: Fundamentals of a Discipline of Computer Program and System Design. Englewood Cliffs, New Jersey 1979

Zachman /Information Systems Architecture/

J. A. Zachman: Information Systems Architecture. In: IBM Systems Journal, Vol. 26, No. 3, 1987, S. 276-292

Zelewski /Expertensystem-Anwendungsmöglichkeiten/

Stephan von Zelewski: Betriebswirtschaftliche Aspekte des industriellen Einsatzes von Expertensystemen - Anwendungsmöglichkeiten und Bewertung. Arbeitsbericht Nr. 21 des Seminars für Allgemeine Betriebswirtschaftslehre, Industriebetriebslehre und Produktionswirtschaft der Universität zu Köln, Köln 1988

Zelewski /Leistungspotential der künstlichen Intelligenz/

Stephan von Zelewski: Das Leistungspotential der künstlichen Intelligenz. Eine informationstechnisch-betriebswirtschaftliche Analyse. Witterschlick-Bonn 1986

Zelewski /Umgang mit Künstlicher Intelligenz/

Stephan von Zelewski: Schwierigkeiten im Umgang mit Künstlicher Intelligenz. In: Information Management, 6. Jg., Heft 1, 1991, S. 6-16

Zimbel, Weber /Auswahl von wiederverwendbaren Programmodulen/

R. Zimbel, P. Weber: Ein Expertensystem zur Auswahl von wiederverwendbaren Programmodulen. In: Informatik Forschung und Entwicklung, Heft 4, April 1989, S. 174-192

Zoeppritz /Endbenutzersysteme/

Magdalena Zoeppritz: Endbenutzersysteme mit 'natürlicher Sprache' und ihre human factors. In: Helmut Balzert (Hrsg.): Software-Ergonomie, Tagung I/1983 des German Chapter of the ACM am 28.04. und 29.04.1983 in Nürnberg, S. 397-410

Zvegintzov /What Cycle?/

Nicholas Zvegintzov: What life? What Cycle? In: AFIPS (Hrsg.): Conference Proceedings, Vol. 51, National Computer Conference 1982, o. O., S. 561-568

Anhang I

Fragebogen zur Erhebung "Wissensbasierte Systeme im CASE"

<u>Fragebogen zum Thema "Wissensbasierte Systeme im CASE"</u>   Rückgabetermin: 15.11.91

Name des Systems: ____

Entwickler des Systems: ____

Ort der Entwicklung: ____

Art des Entwicklers:
- ☐ Forschungseinrichtung, Hochschule
- ☐ Anwender
- ☐ Software-Anbieter
- ☐ Gemeinschaftsarbeit zwischen obengenannten
- ☐ Zuordnung nicht möglich / unbekannt

Status des Systems:
- ☐ geplantes Projekt
- ☐ realisierter Prototyp
- ☐ eingesetztes System
- ☐ erwerbliches Produkt   (Anzahl der Installationen weltweit: _________________)
- ☐ Zuordnung nicht möglich / unbekannt

Unterstützte Phase im Software-Lebenszyklus:
- ☐ Analyse
- ☐ Entwurf
- ☐ Realisierung / Implementierung
- ☐ Erprobung und Konsolidierung
- ☐ Pflege und Wartung
- ☐ Projektmanagement
- ☐ Software-Qualitätssicherung
- ☐ Dokumentation
- ☐ Zuordnung nicht möglich / unbekannt

Unterstützte Aktivität im Software-Lebenszyklus:
- ☐ Anforderungsanalyse
- ☐ Benutzerführung
- ☐ Codegenerierung
- ☐ Informationsverwaltung
- ☐ Methodenunterstützung   (unterstützte Methode: _________________)
- ☐ Software-Aufwandschätzung
- ☐ Software-Wiederverwendung
- ☐ Testen
- ☐ Zuordnung nicht möglich / unbekannt

Kurzbeschreibung des Systems:
____
____
____
____

Darstellung des Wissens in der Wissensbasis:
- ☐ Prädikatenlogik
- ☐ Semantische Netze
- ☐ Frames   (Beschreibung von Objektklassen durch Attribute und Attributwerte)
- ☐ Objektorientierte Programmierung
- ☐ Regeln
- ☐ Zuordnung nicht möglich / unbekannt

Quantitative Angaben zur Wissensbasis:

Verhältnis wissensbasierter und konventioneller Code   (%)   ____________

Umfang der Wissensbasis   (z.B Anzahl Regeln, Lines of Code)   ____________

Erstellungsaufwand für das System   (Personenmonate)   ____________

Anhang II

Kurzbeschreibung existierender wissensbasierter Systeme im CASE

Systemname	Beschreibung	Fundort
ACE196	Unterstützung der Assembler-Programmierung der Intel-Chips und Controller	Mertens /Materialsammlung/ o. S.
Adagen	Regelbasiertes Werkzeug für ADA Codegenerierung und Reverse Engineering	Balzert /Auszüge aus der TOOLS-Datenbank/ 723
ADM	Application Development Manager; vollautomatische Generierung von RPG/400-Anwendungen für IBM AS/400 (kaufmännischer Bereich); Pflege ohne Eingriffe in den Programmcode; Repository	Herzwurm /CASEWBS/ o. S.
ADTCOMP	Generierung von LISP-Programmen aus algebraischen Spezifikationen	Mertens, Borkowski, Geis /Expertensystem-Anwendungen/ 43
ADVISE	Entwurf von Expertensystemen	Mertens, Borkowski, Geis /Expertensystem-Anwendungen/ 45
ADW	Application Development Workbench mit regelbasierter Enzyklopädie zur Speicherung und Integration der beschriebenen Objekte sowie zur Vollständigkeits- und Konsistenzprüfung	Herzwurm /Möglichkeiten und Grenzen/ 23-64
AKTIVIST	Aktives, auf LISP basierendes Hilfesystem bei der Bedienung des BISY-Editors	Schwab /AKTIVIST/ 105-126
ALECSI	Expertensystem für das Requirements Engineering	Herzwurm /CASEWBS/ o. S.
ALICE	Konstruktion von Wissensbasen	Mertens, Borkowski, Geis /Expertensystem-Anwendungen/ 45
AMPEE	Expertensystem zur Auswahl wiederverwendbarer Software-Komponenten für ADA-Programme	Endres /Software-Wiederverwendung/ 62
ANALYST	Regelbasierte Unterstützung der CORE-Methode zur Erhebung und Spezifikation von Benutzeranforderungen	Stephens, Whitehead /Analyst/ 190-202

Systemname	Beschreibung	Fundort
Analyst Assist	Set integrierter wissensbasierter Tools zur Erhebung und Spezifikation von Benutzeranforderungen (Requirements Engineering) unter Anwendung von JSD	Loucopoulos, Champion /Knowledge-based support/ 123-134
APE	Automatische Programmgenerierung aus einer algebraischen Spezifikation	Schoder /Expertensysteme im Software-Engineering/ 100
APEX/ APEX-PLUS	Entwicklung von Programmen in ADA; Generierung von Serverprogrammen (Datenbank-Abfragen)	Mertens, Borkowski, Geis /Expertensystem-Anwendungen/ 44
APRES	Analyse von QUODOS-Betriebssystemabstürzen durch Hardwarefehler	Albit /X-INFO/ o. S.
AQ11	Regelgenerierung aus Beispielsituationen	Mertens, Borkowski, Geis /Expertensystem-Anwendungen/ 45
ARAT	Einschätzung von Expertensystem-Projekten	Mertens, Borkowski, Geis /Expertensystem-Anwendungen/ 46
ARCH	Entwurf und Wartung von Software-Programmpaketen	Mertens, Borkowski, Geis /Expertensystem-Anwendungen/ 45
ARGUS/V	Verifikation von PROLOG-Programmen	Mertens, Borkowski, Geis /Expertensystem-Anwendungen/ 44
ARIES	Acquisition of Requirements and Incremental Evolution of Specification; integrierte Unterstützung von Anforderungsanalyse und Spezifikationsentwicklung	Johnson /Evolution Transformation Library/ 238-239
ARROW-SMITH-P	Set von vier Expertensystemen zur automatisierten Unterstützung des Software-Projekt Managers	Ramsey, Basili /An Evaluation/ 747-757
ASPIS	Application Software Prototype Implementation System; wissensbasierte Unterstützung der partiellen Automation der ersten Phase des Software-Lebenszyklus: Analyse und Entwurf	Puncello u. a. /Knowledge-Based CASE Environment/ 58-65
AUFFALLER	Aufwandsschätzung durch fallbasiertes Erfahrungswissen; die Aufwandsschätzung wird auf der Grundlage von Erfahrungswissen durchgeführt; Projekterfahrungen werden in Form von Fällen abgelegt und anhand von Analogieschlüssen ausgewertet	Herzwurm /CASEWBS/ o. S.

Systemname	Beschreibung	Fundort
AUTHOR ENVIRONMENT	System mit einem natürlichsprachlichen Textprozessor für die wissensbasierte Textverarbeitung	Albit /X-INFO/ o. S.
AUTOKLAS	Universell einsetzbares wissensbasiertes System auf mathematischer Basis, das Fakten intern selbst (keine Regeln erforderlich) im n-dimensionalen Raum verknüpft und wertet; AUTOKLAS ist lernend	Herzwurm /CASEWBS/ o. S.
Bachman Tools	Re-Engineering Toolset mit in LISP implementierter Expertensystemkomponente, die Vorschläge bei Designentscheidungen generiert und konsistente Datenmodellierung unterstützt	Hensel /Perspektiven/ 9
BASAR	Wissensbasiertes Blackboard-System, das in LISP implementiert ist	Albit /X-INFO/ o. S.
Bauhaus	Wissensbasierte Benutzerschnittstelle für ADA-Software-Bibliotheken im Rahmen der Entwicklung von Systemen aus zusammengesetzten Software-Teilen	Allen, Lee /Development of Software Parts Composition Systems/ 106-110
BUIS	Intelligentes, auf Mercury-Basis entwickeltes Management Informationssystem	Herzwurm /CASEWBS/ o. S.
CAPG	Regelbasiertes Software-Paket zur Modellierung des Prüf- und Ausfallverhaltens von Prüflingen sowie zur Generierung von Prüfstrategien und Codevalidierung	Herzwurm /CASEWBS/ o. S.
CAPO	Computer Aided Process Organization; automatisierter Software Assistent für die Entwicklung von Spezifikationen	Karimi, Konsynski /Automated Assistent/ 181-194
CARS	Entwurf von Datenbanken	Albit /X-INFO/ o. S.
CASE	Softwareerstellung	Mertens, Borkowski, Geis /Expertensystem-Anwendungen/ 46
CASE*	Durchgängiges CASE von der Organisationsgrafik bis zur Datenbank und Anwendungssoftware; enthält betriebswirtschaftliches Wissen	Herzwurm /CASEWBS/ o. S.
case/4/0	Tool zur Systemanalyse und zum Systemdesign mit Hilfe von Methodenwissen; Durchgängigkeit von der Systemanalyse bis zum System Design; integrierter Dialog-Designer zur grafischen Entwicklung von Dialoganwendungen nach SAA-CUA-Standard der IBM; Prototyping	Herzwurm /CASEWBS/ o. S.

Systemname	Beschreibung	Fundort
CASE/MVS	Wissensbasiertes System zur Automatisierung des Produktionsprozesses und des Tests von MVS/XA Code	Symonds /Software-Engineering Knowledge Base/ 50-56
CASE:PM	Strategische COBOL bzw. C Entwicklungsplattform für OS/2 Presentation Manager, die wissensbasierte Technologie nutzt	Herzwurm /CASEWBS/ o. S.
CASE:W	Expertensystem zur Generierung von C und C++ Source Code für grafische Benutzeroberflächen von Microsoft Windows Anwendungen	Mertens, Borkowski, Geis /Expertensystem-Anwendungen/ 44
CHARADE	Ableitung von Regeln aus Beispielsituationen	Mertens, Borkowski, Geis /Expertensystem-Anwendungen/ 45
CHI	Automatisches Programmieren nach einer Spezifikationsvorgabe; Nachfolger von PSI	Shorter /Artificial intelligence in software engineering/ 28
Christal	Wissensbasierte Auswahl von wiederverwendbaren Komponenten	Hensel /Perspektiven/ 3
CICS PLAYBACK	Expertensystem zum Handling von Abbrüchen im Rahmen des CAST (Computer Aidod Software Testing)	o. V. /CAST: Computer Aided Software Testing/ 16
CIP	Computer-Aided Intuition-Guided Programming; System zur Programm-Synthese aus high-level Spezifikationen	Lowry, Duran /Knowledge-based Software Engineering/ 303-304
CODES	Datenbank-Design unter Verwendung der IDEF1-Methode zum Entwurf des konzeptuellen Schemas	Mertens, Borkowski, Geis /Expertensystem-Anwendungen/ 45
CODEX	Unterstützung bei der Einführung neuer Kommandos in die Bedieneroberfläche	Mertens /Materialsammlung/ o. S.
COMMA	Unterstützung des Projektleiters beim Verfassen eines Software-Qualitätssicherungsplans, der auf die spezifischen Projektgegebenheiten zugeschnitten ist; Richtlinien für Risikoanalyse, Lösungsalternativen, Termin- und Ressourcenüberwachung, Entscheidungsunterstützung	Worst, Bernasch /COMMA/ 21-22
COMPOSE	Abbildung eines unternehmensweiten, allgemeinen Funktions- und Datenmodells; Abbildung von Brancheneigenheiten und Regeln; weitgehende Konsistenzprüfungen und teilautomatisierter Entwurf mit Hilfe einer Inferenzkomponente	Herzwurm /CASEWBS/ o. S.
ConceptBase	Knowledge-based Management System mit integriertem Software-Entwicklungsmodell in PROLOG	Jarke, Jeusfeld, Rose /KBMS Implementation/ 4-24

Systemname	Beschreibung	Fundort
CONSTRUC-TOR	Interaktiver Entwurf von Datenbanken	Chudley /Database design problem/ 174-183
COUSIN	Anwendungsunabhängige Spezifikation einer grafischen Schnittstelle	Mertens, Borkowski, Geis /Expertensystem-Anwendungen/ 46
CPU	Wiederherstellung von Spezifikationen aus Code; hierarchische Beschreibung eines Programms vom abstrakten Problem zum konkreten Programm	Lowry, Duran /Knowledge-based Software Engineering/ 266
CRYSTAL	Einhaltung von Normen bei der Software-Entwicklung	Mertens, Borkowski, Geis /Expertensystem-Anwendungen/ 47
DAIDA	Unterstützung bei der Software-Entwicklung	Mertens, Borkowski, Geis /Expertensystem-Anwendungen/ 46
DATA TALKER	Konvertierung natürlichsprachlicher Sätze in SQL-Datenbankabfragen	Mertens, Borkowski, Geis /Expertensystem-Anwendungen/ 45
DCL	Software-Entwicklung mit VAX/VMS	Mertens, Borkowski, Geis /Expertensystem-Anwendungen/ 46
DEC TRELLIS	Objektorientierte 4GL-Programmierumgebung für Workstations	Herzwurm /CASEWBS/ o. S.
DEDALUS	Transformation einer gegebenen Spezifikation in eine Implementierung	Mertens, Borkowski, Geis /Expertensystem-Anwendungen/ 45
Designer	Automatischer Entwurf von Algorithmen, basierend auf den von menschlichen Algorithmen-Entwicklern benutzten Methoden	Lowry, Duran /Knowledge-based Software Engineering/ 304-306
Designer's/ Verifier's Assistant	Entwicklung und Überprüfung von Entwürfen auf der Basis des "theorem proving and verification"	Belady /From Software Engineering to Knowledge Engineering/ 13-14
DESIGNET	Entwurf und Performance-Analyse von großen Kommunikationsnetzwerken	Mertens, Borkowski, Geis /Expertensystem-Anwendungen/ 44
DESIRE	Wiederherstellung des Entwurfs aus Code; Interpretation von informalen Anhaltspunkten, wie Kommentaren, Datennamen etc., auf der Basis semantischer Netzwerke	Lowry, Duran /Knowledge-based Software Engineering/ 266

Systemname	Beschreibung	Fundort
Develop Mate	Aufbau eines Unternehmensmodells; Unterstützung durch Regeln	Hensel /Perspektiven/ 10
DFT	Kontrolle der Einhaltung aller Regeln beim Entwurf von Wissensbasen durch Überprüfungsexperten	Mertens, Borkowski, Geis /Expertensystem-Anwendungen/ 45
Dialog-Manager	Benutzerführung durch sämtliche Phasen des Software-Entwicklungsprozesses unter Verwendung der Jackson-Tools (inklusive Tutorial)	Giegler /CASE konsequent umsetzen/ 35-36
DIKOS	Verteilte wissensbasierte Softwareproduktionsumgebung, deren Wissensbasis ein Software-produktions-, Projektmanagement-, Tool- und Benutzermodell enthält	Studer /Verteilte wissensbasierte Softwareproduktionsumgebung/ 30-249
DOC----E	Alle NATURAL-Sourcen des NATURAL EXPERT Systems werden automatisch im semantischen Assoziator als Items abgelegt inklusive der Relationen (=Anfrage) untereinander	Herzwurm /CASEWBS/ o. S.
DOCKET	Generierung von englischsprachigen Sätzen aus COBOL-Source Code im Rahmen des Projekts DOCKET (Reverse Engineering, Nachdokumentation und Wissensermittlung aus vorhandenen Software-Systemen)	o. V. /ESPRIT Reverse-Engineering Projekt/ 7
DOKIM	Rechnergestützte wissensbasierte (PROLOG) Unternehmensmodellierung auf der Basis des Kölner Integrationsmodells KIM und verschiedener Datenmodelle	Dissmann, Reusch /DOKIM/ 1-21
DOXY	Prototypisches Dokumentationssytem für die Programmiersprache LISP mit objektorientierter Darstellung in SMALLTALK und mit Inferenzmechanismen, die Eigenschaften von Programmen und Auswirkungen von Programmänderungen analysieren	Schneider /Software-Dokumentationssysteme/ 187-200
DOXY	Unterstützung bei der Wartung von Programmen mittels Reverse-Software-Engineering, d. h. Ermittlung einer Spezifikation aus vorgegebenen Programmen	Mertens, Borkowski, Geis /Expertensystem-Anwendungen/ 44
DRACO	Unterstützung der Wiederverwendung von Design-Wissen im Kontext zu neuen Anforderungen	Lowry, Duran /Knowledge-based Software Engineering/ 295-296
ECLIPSE	Wissensbasierter Software-Komponentenkatalog zur Auswahl wiederverwendbarer Software-Komponenten	Wood, Sommerville /Software components catalogue/ 127

Systemname	Beschreibung	Fundort
EDD	Entwurf von Datenbanken	Mertens, Borkowski, Geis /Expertensystem-Anwendungen/ 45
EIP	Elementarer Informationsprozessor zur wissensbasierten Systemspezifikation nach NIAM mit Hilfe von PROLOG; Ergänzung zu BONNI (einem System zur interaktiven Systemanalyse bzw. Systemspezifikation und zur maschinellen Erzeugung von Anwendungssystemen)	Reusch /IBIES/
ELF	Generierung von C-Code aus high level Spezifikationen	Lowry, Duran /Knowledgebased Software Engineering/ 318 ff.
Eli	Unterstützung des Entwicklers großer Software-Systeme bei der Wiederverwendung von Komponenten im Rahmen der Zusammensetzung von Software-Spezifikationen oder Software-Entwürfen	Donaldson /Software Synthesis System/ 17-31
ENRICH	Benutzermodell zur Softwareerstellung	Albit /X-INFO/ o. S.
EPROM	ExpertPROject Manager; wissensbasiertes Expertensystem zur Unterstützung von Managern beim Planen, Überwachen und Steuern von Software Projekten	Mansfield u. a. /EPROM/ 259-270
ESKO	Entwurf und Simulation komplexer Objekte; Generierung von Objektprototypen aus dem Unternehmensdatenmodell; Simulation und Planung anhand dieser Projekte	Herzwurm /CASEWBS/ o. S.
ESS	Explainable Expert Systems; System zur automatischen Programmierung im Rahmen der Entwicklung und Wartung von Expertensystemen	Lowry, Duran /Knowledgebased Software Engineering/ 294-295
EURISKO	Test der Möglichkeiten des Generierens neuer Heuristiken	Mertens, Borkowski, Geis /Expertensystem-Anwendungen/ 45
EXARK	Expertensystem zur Analyse von DV-, insbesondere Rechenzentrums-Kennzahlen in PROLOG	Nonhoff /DV-Controlling/ 116-143
EXIS	Aus Beispielsituationen lernendes Expertensystem zur Unterstützung des Designers bei der Entwicklung des konzeptuellen Schemas im Rahmen des Datenbank-Entwurfs	Yasdi, Ziarko /Expert system for conceptual schema design/ 162-173
EXPERT	Auswahl geeigneter Algorithmen zur Prozeßkontrolle in Echtzeit; auf LISP basierend	Albit /X-INFO/ o. S.

Systemname	Beschreibung	Fundort
Expert Assistance	Wissensbasierte Software Assistenz während des gesamten Entwicklungsprozesses	Hensel /Perspektiven/ 3
EXPERT SYSTEM DESIGN ASSISTANT	Entwurf von Kontrollsystemen (z. B. für Roboter, für automatische Transportsysteme)	Mertens, Borkowski, Geis /Expertensystem-Anwendungen/ 46
ExpertAssistant	Hilfesystem zur Unterstützung der Datenfluß-diagrammerstellung nach der Structured Analysis Methode	Herzwurm /CASEWBS/ o. S.
EXPERTAYLOR	Tailoring des "Software Entwicklungsstandards für die Bundeswehr (V-Modell)" an die konkreten Projekterfordernisse	Herzwurm /CASEWBS/ o. S.
Express	Wissensbasierte Software-Entwicklungsumgebung mit einer Wissensbasis zur Verwaltung von grafischen Spezifikationen während der Entwicklung und Ausführung sowie mit der Möglichkeit der Codegenerierung aus formalen Spezifikationen	Topping u. a. /Express/ 3-8
Exsys	Design Tool zur Benutzerführung bei der Entwicklung eines Systems durch Generierung von Analyse-Fragen; Unterstützung der Anforderungsanalyse durch menü-gesteuerte Spezifikation	Lowry, Duran /Knowledge-based Software Engineering/ 255
FALOSY	Fehlersuche in Computerprogrammen	Mertens, Borkowski, Geis /Expertensystem-Anwendungen/ 44
General Statice	Objektorientierte Datenbank mit integrierter objektorientierter Entwicklungsumgebung Genera	Herzwurm /CASEWBS/ o. S.
GIST	Verfeinerung von Systemspezifikationen	Lowry, Duran /Knowledge-based Software Engineering/ 258, 262
GPSI	Debugging von Pascal-Programmen	Mertens, Borkowski, Geis /Expertensystem-Anwendungen/ 44
Graph-Ed	Wissensbasierter Grafeneditor zur Optimierung eines syntaxgestützten Layouts von Grafen	Universität Passau /Komplexe Informatiksysteme/ 14
Grapple	Planbasierter intelligenter Assistent zur Unterstützung des Prozesses der Software-Entwicklung	Huff, Lesser /Intelligent Assistant/ 105
GSPS-06 CHEOPS	Checklistengenerierung für die Projektplanung von Software-Projekten	Herzwurm /CASEWBS/ o. S.

Systemname	Beschreibung	Fundort
HANNIBAL	Situationseinschätzung im Kommunikationsbereich von Rechnernetzen	Mertens, Borkowski, Geis /Expertensystem-Anwendungen/ 46
HOPE	Erstellung leicht lesbarer und korrekter Programme	Mertens, Borkowski, Geis /Expertensystem-Anwendungen/ 45
HypADAPTer	System, das Programmierer bei der Aneignung der Programmiersprache COMMON LISP individuell unterstützt und sich dabei wie ein intelligenter Assistent verhält, der eine adaptive und adaptierbare Lernumgebung anbietet	Böcker, Hohl, Schwab /Präsentation von Lerninhalten/ 341-348
ICE	Information Center Expert System; wissensbasierte Unterstützung des Ressourcen-Managements; Ermittlung der Software-Anforderungen der Endbenutzer und Generierung entsprechender Vorschläge	Vinze u. a. /Knowledge Based Approach for Resource Management/ 351-366
ICT	Validierung von Software	Mertens /Materialsammlung/ o. S.
IDeA	Intelligent Design Aid; interaktive Verfeinerung von Spezifikation und Entwurf	Lowry, Duran /Knowledge-based Software Engineering/ 292-293
IDL	Intelligent Database language; eine PROLOG-basierte natürlichsprachliche Schnittstelle für Datenbankabfragen	Backes, Pinkal, Koch /Schnittstelle für Datenbankabfragen/ 63-64
IEF	Regelbasierte Komponente innerhalb der SEU sorgt mit Hilfe von ca. 3.000 Regeln für die Konsistenz großer Modelle; im neuen Release 5.0 ab 1/92 wird unter dem Begriff "Procedure Synthesis" das Design von Prozeduren durch Wissensbank automatisiert	o. V. /IEF/ 12
IEW	Information Engineering Workbench mit wissensbasierter Enzyklopädie und einem Knowledge Coordinator zur Verwaltung und Kontrolle sämtlicher Pläne, Modelle, Entwürfe etc. des zu entwickelnden Anwendungssystems	Herzwurm /Möglichkeiten und Grenzen/ 23-54
INGRES DBMS	Intelligente Datenbank mit einem Knowledge Management (Regelsystem, Ressourcen- und Zugriffskontrollsystem)	Goschin /Expertensystemtechnik als value-added-package/ 1-30
Innovator	Durchgängige integrierte CASE-Lösung für Multiuserbetrieb im heterogenen Netz	Herzwurm /CASEWBS/ o. S.

Systemname	Beschreibung	Fundort
INSPECTOR	Navigationswerkzeug zur Untersuchung von Objektstrukturen; Wiederauffinden wiederverwendbarer Programmoduln	Herberg /INSPECTOR/ 172-185
Integrierte SPU	Ziel ist die Einführung einer wissensbasierten Software-Produktionsumgebung; das Konzept wird mit Werkzeugen wie ADW, Bachman Tools, WBS-Tool, OOP-Tools umgesetzt	Herzwurm /CASEWBS/ o. S.
Intelligenter Software-assistent	Expertensystem, das alles erforderliche Wissen über den Produktionsprozeß zusammenfaßt und den Einsatz von Entwicklungshilfsmitteln steuern und überwachen hilft	Timm /Softwarefabrik/ 43
InterCASE Gateway	Wiedergewinnung der Programmstruktur und des Funktions- und Datenentwurfs; Überführung der Informationen in grafische CASE-Tools zum Forward-Engineering	Herzwurm /CASEWBS/ o. S.
InterCycle	Maintenance Workbench zur Pflege und Wartung bestehender Anwendungssysteme	Herzwurm /CASEWBS/ o. S.
INTRA	Diagnose von Programmabstürzen bei einer Finanzbuchhaltungssoftware	Hermann, Hornung /INTRA/ 89
IPE	Unterstützung der Entwicklung und Wartung von Programmen	Mertens, Borkowski, Geis /Expertensystem-Anwendungen/ 46
IRPG-ADSD	Erzeugung von Information Retrieval-Programmon in Netzwerkdatenbanken	Albit /X-INFO/ o. S.
ISCL	Intelligent software component library; inferenzbasierter Checker; Unterstützung wiederverwendbarer, polymorpher Komponenten; inferenzbasiertes, interaktives Konfigurationsmanagement; Komponentenwiederverwendung durch Pattern-Matching	Henhapl, Kaes, Snelting /Fifth Generation Technology/ 153-159
ISM	Wissensbasiertes System zur Planung und Steuerung komplexer Projekte mittels Unterstützung des gesamten Projektteams	Hakami /ISM/ 217-232
JCL----E	Semantischer Assoziator enthält alle für das NATURAL-EXPERT System benötigten C-Sourcen; funktionaler Teil startet und analysiert Wartungsjobs, z. B. Kompilieren, Linken etc., für die C-Sourcen	Herzwurm /CASEWBS/ o. S.
JET	Aktive Führung des Benutzers bei der Jackson Strukturierten Programmierung (JSP)	Herzwurm /CASEWBS/ o. S.

Systemname	Beschreibung	Fundort
KAPPA-PC	Objektorientierte, C-basierte Entwicklungsumgebung für PC unter MS-DOS, MS-Windows	Herzwurm /CASEWBS/ o. S.
KARMA	Programmierung von Industrie-Robotern	Mertens, Borkowski, Geis /Expertensystem-Anwendungen/ 47
KATE	Unterstützung der Feststellung von Problemen bei der Erhebung von Entwicklungsanforderungen	Lowry, Duran /Knowledge-based Software Engineering/ 298-299
KBEmacs	Knowledge-based Editor; Wiederherstellung von Spezifikationen aus Code; Beschreibung eines Programms in grafischer Form (Datenflüsse und Kontrollflüsse)	Lowry, Duran /Knowledge-based Software Engineering/ 266, 297
KBPA	Programmentwicklung mit Standardbausteinen im Rahmen des ESPRIT PCTE Projekts	Favaro /Market trends/ 46-50
KBSA	Knowledge Based Specification Assistant; beinhaltet formalisiertes Wissen über jeden Aspekt des Programm-Entwicklungsprozesses	Pressburger, Smith /Knowledge-based software development tools/ 80-101
KBTA	Unterstützung der Erstellung von Testprogrammen für MSI/LSI-Chips, die nicht selbst hergestellt wurden	Mertens, Borkowski, Geis /Expertensystem-Anwendungen/ 44
KDS	Ermöglichung der Programmerstellung ohne Programmierkenntnisse	Mertens, Borkowski, Geis /Expertensystem-Anwendungen/ 46
KEE	Knowledge Engineering Environment; objektorientierte, wissensbasierte, auf LISP basierende Entwicklungsumgebung	Herzwurm /CASEWBS/ o. S.
keine Angabe	Benutzerführung bei der Eingabe und Speicherung von Datenstrukturbäumen nach der Methode Jackson Strukturierte Programmierung (JSP) ohne Verletzung der von Jackson vorgeschlagenen Baumdarstellung	Schoder /Expertensysteme im Software-Engineering/ 106-170
keine Angabe	Auswahl wiederverwendbarer Software-Komponenten	Wolf, Schmidt /Wiederverwendbarkeit von Software/ 156
keine Angabe	Expertensystem, das den gesamten Software-Lifecycle unterstützt und eine eigene Spezifikationssprache verwendet; die Wissensbank enthält Spezifikations- sowie Implementierungsregeln und verfügt über eine natürlichsprachliche Eingabe	Schulz /CAS(E)-Systeme/ 528

Systemname	Beschreibung	Fundort
keine Angabe	Wissensbasiertes System zur Testprogrammerzeugung	Schnupp /Wissensbasierte Softwareentwicklung/ 262-263
keine Angabe	Expertensystem zur Unterstützung der Vorkalkulation durch Formung und Bewertung des Projektstrukturplans	Noth /Erfahrungsdatenbank/ 205-206
keine Angabe	Rechnergestütztes Prototyping-System mit einer Wissensbasis für Analyse und Entwurf	Luqi, Ketabchi /Computer-Aided Prototyping/ 66-72
keine Angabe	Analyse der Grammatik von COBOL-Programmen und Generierung von Kontrollfluß-Diagrammen	Kozaczynski, Ning /SRE/ 119-120
keine Angabe	Dokumenteneditor für natürlichsprachliche Texte in einer Software-Entwicklungsumgebung	Budde, Spittel /Dokumenteneditor/ 380-396
keine Angabe	CASE-gestützte CIM-Planung; System erfaßt die DV-Ist-Struktur im Fertigungsbereich eines Industriebetriebs und leitet aufgrund der Anforderungen eine Soll-Struktur ab; beide Strukturen werden mit einem CASE-Tool dargestellt (z. B. ERS-Modell und Funktionsmodelle)	Herzwurm /CASEWBS/ o. S.
keine Angabe	Wissensbasiertes System zur Risikoabschätzung bei Software-Entwicklungsprojekten; Identifikation risikobehafteter Teilaufgaben; Vorschlagen von Strategien zur Risikovermeidung; Diagnose von auftretenden Problemen; Durchführung von What-If-Analysen	Albit /X-INFO/ o. S.
keine Angabe	Wissensbasiertes System zur Konfiguration von Benutzeroberflächen	Albit /X-INFO/ o. S.
keine Angabe	Wissensbasiertes System zur Auswertung von Daten in Software-Monitoren	Albit /X-INFO/ o. S.
keine Angabe	Wissensbasiertes System zur Analyse von Software-Fehlern im IBM OS-Betriebssystem; auf TWAICE basierend	Albit /X-INFO/ o. S.
keine Angabe	Wissensbasiertes System zur Risikobeurteilung von Projekten für wissensbasierte Systeme	Mertens /Materialsammlung/ o. S.
keine Angabe	Wissensbasiertes System zum Debugging von COBOL-Programmen	Mertens /Materialsammlung/ o. S.
keine Angabe	Expertensystem zur Erstellung von Expertensystemen	Herzwurm /CASEWBS/ o. S.
keine Angabe	Wissensbasierte Vorgehensweise bei der Software-Entwicklung	Herzwurm /CASEWBS/ o. S.

Systemname	Beschreibung	Fundort
keine Angabe	Wissensbasierter Prototyp für das Management großer Software-Projekte (20 bis 100 Personenjahre) nach S/E/TEC (Software Engineering Technologie); hier: Aufwandsschätzung; realisiert mit PC-Plus; reimplementiert auf Nexpert-Object	Frölich, Schütte /Wissensbasiertes Projektmanagement/ 66-68
keine Angabe	Expertensystem zur Gestaltung von Benutzerschnittstellen	Mertens, Borkowski, Geis /Expertensystem-Anwendungen/ 43
keine Angabe	Wissensbasiertes System zur Fehlerdiagnose in Pascal-Programmen mit Hilfe von Flowcharts	Mertens, Borkowski, Geis /Expertensystem-Anwendungen/ 44
keine Angabe	Wissensbasiertes System zur Software-Qualitätsbewertung	Mertens, Borkowski, Geis /Expertensystem-Anwendungen/ 44
keine Angabe	Wissensbasiertes System für den Compilerbau; Codegenerierung aus abstrakten Syntaxbaumstrukturen	Mertens, Borkowski, Geis /Expertensystem-Anwendungen/ 45
keine Angabe	Wissensbasiertes System zur Software-Entwicklung nach Jackson	Mertens, Borkowski, Geis /Expertensystem-Anwendungen/ 45
keine Angabe	Wissensbasiertes System zur Auswahl wiederverwendbarer abstrakter Datentypen	Mertens, Borkowski, Geis /Expertensystem-Anwendungen/ 46
keine Angabe	Wissensbasiertes System zum Software-Entwurf	Mertens, Borkowski, Geis /Expertensystem-Anwendungen/ 46
keine Angabe	Wissensbasiertes System zur Erstellung von Kommunikationssoftware	Mertens, Borkowski, Geis /Expertensystem-Anwendungen/ 46
keine Angabe	Wissensbasiertes System zur Lösung der kinematischen Bewegungsgleichung eines Roboters	Mertens, Borkowski, Geis /Expertensystem-Anwendungen/ 47
keine Angabe	Expertensystem in PROLOG zur Führung und Beratung bezüglich der Stufen und Aufgaben der Structured Systems Analysis and Design Method (SSADM)	Eagling /Structured design methods/ 95-97
keine Angabe	Interaktives Expertensystem in PROLOG zur Transformation einer logischen Spezifikation der Daten in eine physische Implementierung (Datenbankdesign)	Eagling /Structured design methods/ 94-95

Systemname	Beschreibung	Fundort
keine Angabe	Expertensystem zur Schätzung des Aufwands (gemessen in Personentagen/Personenwochen/ Personenmonaten), der für einzelne konkrete Software-Entwicklungsprojekte zu erwarten ist	Seibt /Software-Aufwands-schätzung/ 335-336
KIDS	Interaktives Programm Synthese System mit einigen integrierten Quellen von Programmier-wissen	Lowry, Duran /Knowledge-based Software Engineering/ 251, 307-310
KLASSIC	Entwurf und Wartung von Expertensystemen	Mertens, Borkowski, Geis /Expertensystem-Anwendun-gen/ 45
KLAUS	Natürlichsprachliches Front-End zur Wissens-akquisition	Mertens, Borkowski, Geis /Expertensystem-Anwendun-gen/ 45
KLUE	Entwicklung, Bedienung und Wartung von wis-sensbasierten Diagnose-Systemen	Mertens /Materialsammlung/ o. S.
KONVEX	Einstellen der Systemparameter beim Anlegen von VSAM-Dateien; mit HEXE realisiert	Albit /X-INFO/ o. S.
LARS	Unterstützung der Systemprogrammierung durch eine Wissensbank mit LARS (language for appli-cation oriented requirements specification), Spezifikations- und Implementierungsregeln, einer natürlichsprachlichen Eingabeeinheit und einer Generierungskomponente	Schoder /Expertensysteme im Software-Engineering/ 87-88
LaSSIE	Semantisches Retrieval aus einer Informati-onsbasis; Integration verschiedener Sichten und intelligente Indexierung (über eine Bibliothek wiederverwendbarer Programm-Module) bei der Entwicklung großer Software-Systeme	Devanbu, Brachman, Sel-fridge, Ballard /LaSSIE/ 249-259
Layout	Erlaubt die Anwendungsentwicklung ohne Pro-grammierung; Generierung von Code aus Dia-grammen	Herzwurm /CASEWBS/ o. S.
LDS	Regelbasiertes wissensbasiertes System zur Entwicklung der logischen Datenstruktur eines Datenmodells	Albit /X-INFO/ o. S.
LIBRA	Optimierung der Programmentwicklung mit PECOS	Mertens, Borkowski, Geis /Expertensystem-Anwendun-gen/ 46
MAESTRO II	MGEN = Generator, der an verschiedene und heterogene Zielsysteme anpaßbar ist	Herzwurm /CASEWBS/ o. S.

Systemname	Beschreibung	Fundort
MALT	Tutor zur Maschinensprachenprogrammierung	Mertens, Borkowski, Geis /Expertensystem-Anwendungen/ 44
Marvel	System zur regelbasierten Prozeß-Modellierung mit spezieller Prozeßmodell-Notation MSL; Unterstützung des Entwicklers bei der Arbeit mit Software-Entwicklungsumgebungen	Sokolsky, Kaiser /Rule Based Process Modelling/ 107-113
MDSE	MASCOT (Modular Approach to Software Construction Operation and Test) Design Support Environment; wissensbasiertes System zur Unterstützung der Analyse der statischen und dynamischen Strukturen eines Software-Entwurfs	Budgen, Marashi /Knowledge Use in Software Design/ 170-178
MEDUSA	Algorithmen Synthese System für Probleme der Geometrie	Lowry, Duran /Knowledge-based Software Engineering/ 310 ff.
MENO	Tutor für die Programmiersprache Pascal	Mertens, Borkowski, Geis /Expertensystem-Anwendungen/ 44
Mercury ISIM	Shell zur objektorientierten Simulation von dynamischen Prozessen (z. B. chemische Anlagen); auf Mercury KBE basierend	Herzwurm /CASEWBS/ o. S.
Mercury ISPA	Shell zur intelligenten statistischen Prozeßanalyse; auf Mercury KBE basierend	Herzwurm /CASEWBS/ o. S.
Mercury KBE	Unterstützt intelligent CASE, object oriented programming, object oriented database, relational databases	Herzwurm /CASEWBS/ o. S.
Mercury MIDS	Intelligente Diagnoseshell; auf Mercury KBE basierend	Herzwurm /CASEWBS/ o. S.
MERLIN	Softwareprozeßkontrollsystem zur Unterstützung des gesamten Software-Prozesses; nach Anforderung einbindbare Tools und Methoden; regelbasierte Modellierung von Softwareprozessen	Herzwurm /CASEWBS/ o. S.
METAPSS	Pflege der Job-Control-Statements einer großen Applikation	Mertens, Borkowski, Geis /Expertensystem-Anwendungen/ 44
Methoden-Advisor	Unterstützt den Entwickler bei der Wahl der geeigneten Methode bei der Arbeit mit der CASE-Umgebung EPOS; implementiert mit der Expertensystem-Shell KNOSSOS auf der Basis von Regeln	Lempp /Expertensystem für Objekt-orientiertes Design/ 9-14

Systemname	Beschreibung	Fundort
MICROSCOPE	Fehler- und Laufzeitverhaltensanalyse von Programmen in COMMON LISP oder PSL-Code	Mertens, Borkowski, Geis /Expertensystem-Anwendungen/ 44
MIXER	Entwicklung von Mikroprogrammen für den TI990	Mertens, Borkowski, Geis /Expertensystem-Anwendungen/ 44
Modeller	Intelligenter Assistent für den konzeptionellen, logischen und physischen Datenbankentwurf	Tauzovich /Expert System Approach to Database Design/ 322-325
MSP EASY / METHOD-MANAGER	Repository-gesteuerte Information Engineering Lösung; Generierbarkeit der wichtigsten Komponenten auf der Basis von Modellen (Methode, Repository-Informationsmodell) und Regeln im Repository	Herzwurm /CASEWBS/ o. S.
NLPQ	Wissensbasiertes Programmpaket zur Erstellung von Simulationsprogrammen mit Warteschlangen und deren Implementierung in GPSS	Schoder /Expertensysteme im Software-Engineering/ 95-97
noch nicht testgelegt	Produktionsprogrammplanung	Herzwurm /CASEWBS/ o. S.
NOP	Netzwerk-Topologie-Auswahl; Punktsuche innerhalb eines Netzes; Pfadauswahl	Mertens, Borkowski, Geis /Expertensystem-Anwendungen/ 44
NSA----E	NATURAL Source Analyzer; NATURAL Sourcen werden nach bestimmten Kriterien durchsucht und/oder getestet (z. B. Datenbankaufrufe effizient?, alle Variablen benutzt? etc.)	Herzwurm /CASEWBS/ o. S.
OBJBASE	System zur Strukturierung und Verwaltung von Wissen	Bauer /OBJBASE/ 201-255
ObjectMaker	Regelbasiertes grafisches CASE-Tool für den Entwurf und die Entwicklung von Programmen mit objektorientierten Methoden	Balzert /Auszüge aus der TOOLS-Datenbank/ 742
ODESSA	Tool zur rechnergestützten Organisationsanalyse; Analyse und Simulation von Prozeßdaten (DFD); wissensbasierte Komponenten zur Methodenunterstützung und Schwachstellenanalyse	Herzwurm /CASEWBS/ o. S.
OEW/C++	Grafisches Entwicklungswerkzeug für Windows 3.0, Presentation Manager und NEXT (THE OBJECT ENGINEERING WORKBENCH FOR C++)	Herzwurm /CASEWBS/ o. S.
OPERA	Diagnose und Beratung bei Fehlern in Anwendungsprogrammen auf PDB11/70-Computern	Albit /X-INFO/ o. S.

Systemname	Beschreibung	Fundort
OPTIMIST	Regelbasiertes System zur Beurteilung von LISP-Code	Böcker /OPTIMIST/ 153-168
Ozym	Spezifizierung und Implementierung von Anwendungsprogrammen ohne besondere Vorkenntnisse im Anwendungsgebiet und in der Systementwicklung	Lowry, Duran /Knowledge-based Software Engineering/ 299-301
P-ASPAM	Auswahl von Routinen aus einer Programmbibliothek	Mertens, Borkowski, Geis /Expertensystem-Anwendungen/ 46
PAMIN	Analyse eines gegebenen Programms hinsichtlich Funktionen, Variablen und Entstehungsgeschichte	Böcker /Wissensbasierter Kommunikations- und Designprozeß/ 65-66
PAT	Program Analysis Tool; wissensbasierte Programm-Analyse	Harandi, Ning /Knowledge-Based Program Analysis/ 75-81
PBS*HyperWork	Objektorientiertes und wissensbasiertes CASE-Tool für intelligente Datenbankanwendungen	Herzwurm /CASEWBS/ o. S.
PECOS	Verfeinerung des wissensbasierten Systems PSI durch Transformation abstrakter Algorithmen in konkrete Programme	Lowry, Duran /Knowledge-based Software Engineering/ 267
Performance Estimation Assista	Wissensbasiertes System zur Einschätzung der Performance eines Systems; Teil des KBSA-Projekts	Johnson /Evolution Transformation Library/ 238
PhiNix	Generierung von Programmen auf der Basis physischer Gegebenheiten	Lowry, Duran /Knowledge-based Software Engineering/ 320-321
PISA/XP	Wissensbasiertes System zur Unterstützung des Datenbankentwurfs	Albit /X-INFO/ o. S.
PKX	Programmaufbau mit Begriffen der Grafentheorie	Mertens, Borkowski, Geis /Expertensystem-Anwendungen/ 46
PQCC	Halbautomatische Generierung von Compilern aus gesprochenen und maschinellen Beschreibungen	Mertens, Borkowski, Geis /Expertensystem-Anwendungen/ 46
PRISMA	Vielseitige wissensbasierte Umgebung zur Entwicklung von Software-Spezifikationen unter Verwendung von Heuristiken aus Methoden wie Datenflußdiagramme, Petri-Netze und Entity-Relationship-Modelle	Niskier, Maibaum, Schwabe /Knowledge-based Environment for Software Specification Acquisition/ 128-135

Systemname	Beschreibung	Fundort
PRO KAPPA-PC	Objektorientierte, C-basierte Entwicklungsumgebung für PC unter MS-DOS, MS-Windows	Herzwurm /CASEWBS/ o. S.
ProgFox 1	ProgFox 1 transformiert Anforderungsspezifikationen, die EDV-Laien erstellen können, in nutzungsfertige Qualitätssoftware; Einsatzgebiet: kommerzielle Büroautomatisierung; ProgFox 1 basiert auf einem neuen Patent Paradigma (nicht Lebenszyklus)	Gmilkowsky, Saeltzer /Softwareproduktionsautomaten/ 7-8
Programmer's Apprentice	Interaktives Werkzeug zur Überwachung des Design- und Implementierungsprozesses mit Hilfe einer durchdachten Wissensdarstellung, d. h. Programme als Netzwerk von operation plans	Favaro /Market trends/ 36-46
Programming Assistant	Expertensystem zur Restrukturierung und Generierung von Programmen auf der Ebene einer formalen Systementwicklungs- und Wartungsumgebungssprache	Gane /Computer-Aided Software Engineering/ 125
PROJCON	Diagnose von Problemursachen bei Software-Entwicklungsprojekten	Albit /X-INFO/ o. S.
Project Engineer	Expertensystem für Projektmanager zur Führung durch den Prozeß der Bestimmung der Entwicklungsstrategie und der zu erledigenden Aktivitäten bzw. Taktiken; das System schätzt interaktiv den Typ, die Größe sowie die Risiken des Projekts und berät	LBMS /Project Engineer/ 4
Projekt Advisor/KNOSSOS	Wissensbasiertes System mit Schnittstellen zum CASE-System EPOS	Herzwurm /CASEWBS/ o. S.
PROLOGA	PROcedural LOGic Analyzer; interaktives, regelbasiertes Werkzeug für die rechnergestützte Erstellung und Modifikation von Entscheidungstabellen	Hazevoets, Vanhoutte, Vanthienen /Decision Table Systems/ 527-528
PROM	Programmiersystem mit vorgegebenen Moduln; methodische, wissensbasierte Unterstützung der Erstellung von Expertensystemen durch Verwendung vorgefertigter Moduln	Mertens, Borkowski, Geis /Expertensystem-Anwendungen/ 32
Prometheus	Expertensystem zum Entwurf von Datenbank-Anwendungen unter Verwendung einer Metadatenbank und von heuristischen Regeln	Brägger /Wissensbasierte Werkzeuge für den Datenbank-Entwurf/ 115-169
ProSpec	Unterstützung des Rapid Prototyping	Lowry, Duran /Knowledge-based Software Engineering/ 249

Systemname	Beschreibung	Fundort
PROTOSYSTEM	Unterstützung der Handhabung von input-output-intensiven Programmen	Mertens, Borkowski, Geis /Expertensystem-Anwendungen/ 46
Proust	Tutor zur automatischen Programmierung	Lowry, Duran /Knowledge-based Software Engineering/ 266
PSG	Generierung eines sprachspezifischen hybriden Editors und eines interaktiven Interpretierers aus der Syntax und der Semantik einer Programmiersprache; beinhaltet auch inferenzbasierte Programmanalyse	Henhapl, Kaes, Snelting /Fifth Generation Technology/ 154
PSI	Integration von speziellen Methoden der automatischen Programmierung, Modellerstellung, Programmsynthese, Effizienzanalyse und Spezifikation in einem einzigen System, bestehend aus mehreren Moduln (experts)	Schoder /Expertensysteme im Software-Engineering/ 88-91
QUINT/TINA	Entwurf von Datenbanken mit NIAM (=Nijssens Information Analysis Methodology)	Albit /X-INFO/ o. S.
RA	Requirements Apprentice; Generierung formaler und konsistenter Spezifikationen aus anfänglich vagen, informalen Anforderungen	Lowry, Duran /Knowledge-based Software Engineering/ 296-298
RABBIT	Unterstützung unerfahrener Benutzer im Umgang mit einem Datenbanksystem	Albit /X-INFO/ o. S.
RAMBOT	Verallgemeinerung von Beispielsituationen zur Verbesserung einer vorhandenen Wissensbasis	Mertens, Borkowski, Geis /Expertensystem-Anwendungen/ 45
RAP-System	System zur Prototyperstellung; man kann schnell überprüfen, ob eine formale Spezifikation der informalen Problembeschreibung entspricht; Vorteil sind Problemdarstellungen, die mit Hilfe des Spezifikations-Interpretierers sofort ausführbar sind	Herzwurm /CASEWBS/ o. S.
RECORDER	Expertensystem zur Restrukturierung von COBOL-Source-Code	Gane /Computer-Aided Software Engineering/ 125
REFINE	Deklarative Spezifikation von Programmen auf sehr hoher Ebene (Sätze und Logik); aufbauend auf PSI und CHI	Lowry, Duran /Knowledge-based Software Engineering/ 251, 258, 313 ff.
REGULA	Einsatz im Projektmanagement	Herzwurm /CASEWBS/ o. S.

Systemname	Beschreibung	Fundort
REMIS	Wissensbasiertes Rapid-Prototyping Unterstützungssystem mit integriertem Erfahrungswissen über Strukturen, Komponenten und Realisierungsmöglichkeiten militärischer Führungsinformationssysteme	Lindner /Rapid Prototyping mit KI-Techniken/ 102-108
Repository	Zentrales Objektsystem für die Anwendungsentwicklung	Hensel /Perspektiven/ 11
Requirements Assistant	Wissensbasiertes System zur Unterstützung des Requirements Engineering	Johnson /Evolution Transformation Library/ 238
RESCU	Regelbasierte Unterstützung des Projektmanagements in Entwicklungsumgebungen, die wissensbasierte Komponenten beinhalten; Einbettung in eine spezifische Anwendung (Qualitätssicherung im Chemie-Betrieb)	Shorter /Artificial intelligence in software engineering/ 32-33
REX	Reconfigurable and Extensible Parallel and Distributed Systems; Expertensystem zur Unterstützung der Entwicklung und des Managements paralleler und verteilter Systeme	European Communities /Esprit Programme/ 12-13
RLL	Unterstützung des Knowledge Engineers bei der Konstruktion, dem Gebrauch und der Modifikation von Expertensystemen	Mertens, Borkowski, Geis /Expertensystem-Anwendungen/ 45
ROCHADE	Repository-basierte Software-Entwicklungsumgebung mit Vorgehensmodellen, Projektmanagement, Reengineering, CASE-Anbindung, Data Dictionary in unterschiedlichen Betriebssystemumgebungen	Herzwurm /CASEWBS/ o. S.
SADIA	Auswahl effizienter Datenstrukturen für ADA-Programme	Mertens, Borkowski, Geis /Expertensystem-Anwendungen/ 44
SAFE	Programmgenerierung	Mertens, Borkowski, Geis /Expertensystem-Anwendungen/ 46
SAMBS	Im Rahmen des Projekts "wissensbasierte Integration von Systemanalysemethoden und deren anwendungsorientierte Interpretation" werden auf der Basis begrifflicher Grafen unterschiedliche IS-Analyse- und Designmethoden in einer gemeinsamen Wissensbasis zusammengeführt	Herzwurm /CASEWBS/ o. S.
SAMPIE	Integrierte Prototyping-Umgebung auf der Basis der funktionalen Sprache SAMPIE; enthält hybriden Editor, inferenzbasierten Typ-Checker, einen Interpreter, einen Kompilierer, einen Debugger und ein Bibliotheksystem	Henhapl, Kaes, Snelting /Fifth Generation Technology/ 160-166

Systemname	Beschreibung	Fundort
Sapiens	Anwendungsgenerator und Datenbank-Management-System der 5. Generation mit einem wissensbasierten Comprehensive Data Dictionary, das die Software-Entwicklung durch den Endbenutzer ohne Programmierkenntnisse ermöglicht	Sanchi /Erfahrungen mit SAPIENS/ 1-3
SCM	Software Konfigurations Management	Singleton /Rationale and Realisation/ 204-216
SEBIS	Experimentelles Entwurfssystem mit Non-Standard-Entwurfsdatenbank und leistungsstarker Semantik-Komponente	Gutzwiller /Integrierte Beschreibung/ 1-195
SECSI	Unterstützung des Datenbank-Entwurfs	Mertens /Materialsammlung/ o. S.
SERM	Strukturiertes Entity-Relationship-Modell (SERM); Werkzeug zur Modellierung konzeptueller und externer Schemata; Generierung der Spezifikation in prozeduralen Programmiersprachen	Sinz /Datenmodellierung betrieblicher Probleme/ 259-273
SESMOD	Selection Expert System for Modules; Expertensystem zur Auswahl von wiederverwendbaren Programmmoduln	Zimbel, Weber /Auswahl von wiederverwendbaren Programmmoduln/ 174-192
SETL	Ausführbare Spezifikations-Sprache	Lowry, Duran /Knowledge-based Software Engineering/ 315-316
Short Cut	Short Cut macht mit dem CASE-Produkt ProMod erstellte SA/RT Modelle ablauffähig und stellt sie aus Endbenutzersicht dar; ein Compiler erzeugt aus einem SA/RT Modell eine Regelbasis, die durch eine NEXPERT Routine ausgeführt werden kann	Herzwurm /CASEWBS/ o. S.
SIMPLIFY	Optimiert LISP-Programme in einem depth-first Verfahren	Böcker /Wissensbasierter Kommunikations- und Designprozeß/ 63-85
SINTALAB	Expertensystem zur Generierung abstrakter Algorithmen aus formalen Spezifikationen eines Problems; Bestandteil von CAPRA, einem intelligenten CAI-System, das Programmier-Anfänger schult	Garijo u. a. /CAPRA/ 183-186
SIPDES	Simulations Programm Debugger unter Verwendung eines Expertensystems	Doukidis, Paul /SIPDES/ 153-166
SIS	Entwurf von Datenbanken aus konzeptuellen Schemata	Mertens, Borkowski, Geis /Expertensystem-Anwendungen/ 45

Systemname	Beschreibung	Fundort
SIUX	Anwenderunterstützung für das Datenbanksystem VDS (insbesondere Analyse der Performance und Empfehlungen zur Verbesserung der Effizienz)	Albit /X-INFO/ o. S.
SIVA	Expertensystem-Prototyp für das Projektcontrolling bzw. zur Aufwandsschätzung	Walter /Expertensystem für das DV-Projektcontrolling/ 1-19
SML	System Modelling Language (SML); logikbasierte, objektorientierte Wissensrepräsentationssprache als Grundlage für modellbasierte Expertensysteme; ausführbare Spezifikation; Generierung von PROLOG aus SML	Herzwurm /CASEWBS/ o. S.
SNIFFER	Debugging von LISP-Programmen	Mertens, Borkowski, Geis /Expertensystem-Anwendungen/ 44
SOFTORG	System als Menge vernetzter einzelner Werkzeuge, teils auf dem PC, teils auf dem Mainframe mit einem gemeinsamen Repository (Knowledge-Base)	Herzwurm /CASEWBS/ o. S.
SPC	Software Productivity Consortium; Design von reusable Software zur Beschleunigung der Anwendungsentwicklung	Hensel /Perspektiven/ 2
Spectrum	Spezifikation über hochgradig interaktives Interface; Transformation der interaktiv erzeugten Spezifikation in C-Code	Hensel /Perspektiven/ 7
SPQR-2	Abschätzung von Kosten, Qualität und Zuverlässigkeit von Softwareprojekten	Hensel /Perspektiven/ 4
SRE	Wissensbasierte Software-Re-engineering Umgebung zum Zurückübersetzen und Analysieren von Source-Code	Kozaczynski, Ning /SRE/ 114-121
SRW	Software Re-Engineering Workbench; Analyse, Übersetzung und Aktualisierung von Assembler Programmen	Kozaczynski, Ning /SRE/ 120
STE	Statistical Test Expert; interaktives Expertensystem zur Auswahl einer Testmethode in Abhängigkeit von den zugrundeliegenden Daten	Frakes, Fox /An Approach/ 53-54
STRATA	Generierung von Algorithmen durch Problemumwandlung	Lowry, Duran /Knowledge-based Software Engineering/ 316-319

Systemname	Beschreibung	Fundort
Super	Werkzeug zur Entwicklung von Expertensystemen, das über eine wissensbasierte Komponente verfügt, die über die Eignung von Super für eine gegebene Problemstellung berät	Frakes, Myers /Using expertsystem components/ 367-369
SUPERCAT	Unterstützung bei der Erstellung von Testprogrammen für VLSI-Chips	Mertens, Borkowski, Geis /Expertensystem-Anwendungen/ 44
SYNSYS	Generierung von rekursiven LISP-Programmen aus vorgegebenen Spezifikationen	Mertens, Borkowski, Geis /Expertensystem-Anwendungen/ 43
System Architect	CASE-Tool; aufgrund des veränderbaren Dictionaries erfolgte eine wesentliche Erweiterung sowie Anpassung an firmenspezifische Anforderungen / Methoden	Herzwurm /CASEWBS/ o. S.
TABLEX	Integrierte Entwicklungsumgebung unter UNIX für C, relationaler Datenbank und Maskensystem XMS; Bestandteile sind Repository, Eingabesystem, Programmgenerator; erzeugte Programme sind stark modularisiert	Herzwurm /CASEWBS/ o. S.
TABLO	In IF/PROLOG implementiertes, benutzerorientiertes Dialogsystem zur Entwicklung, Pflege und Abarbeitung von Entscheidungsregeln in Tabellenform nach DIN 66241	o. V. /TABLO/
Tailor	Wissensbasiertes Forschungswerkzeug zur Verfeinerung und Evaluierung des System-Entwurfs	Hurley /A Tool for Constructing Interactive Software/ 85-96
Talus	Tutor zur automatischen Programmierung	Lowry, Duran /Knowledgebased Software Engineering/ 266
TEMPORA	Regelbasiertes System zur Erzeugung ausführbarer Spezifikationen	Loucopoulos u. a. /TEMPORA paradigm/ 129-152
TESS	Automatische Generierung der Software in PABX (Telefonnebenstellenanlagen)	Herzwurm /CASEWBS/ o. S.
TISPEC	Konfiguration und Programmierung von Adaptern zur Integration unterschiedlicher Hardware in ein Industrie-LAN	Albit /X-INFO/ o. S.
Transform	Wissensbasierte Programmierumgebung für IBM MVS-Rechner; Generierung von COBOL-Code	Hensel /Perspektiven/ 5

Systemname	Beschreibung	Fundort
TREX	TRansformation EXpert System; Transformation der Dokumente der verschiedenen Software-Entwicklungsphasen; regelbasiertes Transformationssystem für Übersetzungen auf hoher Ebene, insbesondere flexibel zwischen den Phasen des Software-Lebenszyklus	Persch /Transformations-Expertensystem/ 143-154
TUTOR	Hypertext- und wissensbasiertes Lernsystem zur Unterstützung des Anwenders bei der Arbeit mit dem CASE-Tool EPOS	Sens /Hypertutorial/ 414-418
UC	Natürlichsprachliches Hilfesystem für UNIX	Albit /X-INFO/ o. S.
UIDE	Wissensbasiertes User Interface Management System	Foley u. a. /Knowledge-Based User Interface Management System/ 67
UNIMEN	Informationssystem zur Generalisierung von Beispielsituationen	Mertens, Borkowski, Geis /Expertensystem-Anwendungen/ 45
UNIVERSE	Wiederverwendung von Software-Komponenten mit Hilfe des Wissens über die Vorgehensweise von Experten beim Programmieren auf der Basis eines kognitiven Modells	Parker, Hendley /UNIVERSE programming environment/ 104-114
VDE	VAX DECISION-EXPERT; Shell für die Erstellung von Software-Systemen zur Entscheidungsunterstützung	Herzwurm /CASEWBS/ o. S.
VISIONS	Testsystem zur Beurteilung von Mustererkennungsprogrammen	Mertens, Borkowski, Geis /Expertensystem-Anwendungen/ 44
Watson System	Interaktive Auflösung von Doppeldeutigkeiten und Inkonsistenzen in natürlichsprachlichen Szenarien neuer Eigenschaften bestehender Systeme	Lowry, Duran /Knowledge-based Software Engineering/ 249, 301-302
WBS-CONSULTANT	Überprüfung der Eignung wissensbasierter Technologie für eine vorgegebene Problemstellung	Mertens, Borkowski, Geis /Expertensystem-Anwendungen/ 32-33
Workshop System	Wissensbasierte Software-Entwicklungsumgebung, die front end Tätigkeiten wie Editieren, Konfigurationsmanagement, interaktives Testen und Programmieren unterstützt	Clemm /Knowledge-Based Software Environment/ 56-64
X-TRACT	Generierung von Code (C, ADA) aus SA/RT mit impliziten Software-Design	Herzwurm /CASEWBS/ o. S.

Systemname	Beschreibung	Fundort
Xforce	Rahmenexpertensystem, das grundlegende Mechanismen zur wissensbasierten Programmkonstruktion enthält	Klette, Heße /Programmkonstruktion/ 15-19
XGEN	Umsetzung von Maschinenprogrammen in einen ALGOL-ähnlichen Code	Mertens, Borkowski, Geis /Expertensystem-Anwendungen/ 44
XPM	Expert Project Management Software; effektives Management von Ressourcen unter Zeitvorgaben	Hensel /Perspektiven/ 1
XTEST	Erzeugung rechenanlagenspezifischer Testprogramme	Albit /X-INFO/ o. S.
ZMACS	Intelligenter Editor für verschiedene Programmiersprachen mit Debuggingmöglichkeiten	Timmermann /LISP-CASE/ 1107-1108
ZOO	Wissensbasiertes Werkzeug zur Gestaltung von Anwendungssystemen durch den Endbenutzer	Riekert /ZOO/ 188-198

Sachwortverzeichnis

A

AD/Cycle 15 f.

ADPS 15

ADS 199 f.

ADW/IEW *145*, 262, 270

Aktivitätentypen 12, 129 f., *143 ff.*

Analyse 12, 64, *65 ff.*, 83 f., 141 f.,
143 f., 158 ff., 170 ff.

Analyst Assist *170 ff.*, 263

ARROWSMITH-P *175 ff.*, 263

Assistenz-Metapher *88*, 192

Aufgabenklassen
Analyse *81 ff.*, 135, 145 ff., 162 ff.
Synthese *82 f.*, 146, 162 ff.
Mischformen *83*, 146, 162 ff.

Aufgabenschicht 198

Aufgabensystem 118 ff.

Aufwand 155 f.

Aufwandsschätzung *78 f.*, 143 f.

B

Benutzerführung 49, 143 ff.

Benutzermodell 30 f., 195

Benutzerschnittstelle 13 f., 27 f., 193,
201

Bezugsrahmen 5, *127 f.*, 168 f.

Bildverstehende Systeme 18

C

CASE
Architektur 11 ff.
Begriff 8 ff.
Konfigurationsformen 14 f.
Kosten 47 f.

Markt 13, 63

Potential 47 ff.

Client-Server-Architektur 15 f., 107,
202

Codegenerierung
siehe Generierung

D

Data Dictionary 15, 194

Datenflußdiagramme 65 ff., 80, *194 ff.*

Datenmodellierung 67 f.

DDE 200 ff.

Deduktionssysteme 18

Diagnose *82 f.*, 162 ff., 170 ff.

Diagrammunterstützung 65 f.

Dokumentation *80 ff.*, 141 ff., 158 ff.

Domänenschicht 196

E

Entity-Relationship-Modell 67 f., 145

Entwickler 50, 131 f., 139 f., 158 f.

Entwicklungsdatenbank
siehe Informationsverwaltung

Entwurf 12, *64 ff.*, 141 f., 158 ff.

Erklärungskomponente *28*, 110

Erprobung und Konsolidierung 12, *76*,
83, 141 f., 158 ff.

Experte 23, 114, 116, 120

ExpertAssistant 154, *192 ff.*, 269

Expertensysteme 19 ff.
s. a. wissensbasierte Systeme

F

Frames *134*, 151 ff., 164 f., 176 f.

Petri-Netze

Eine anwendungsorientierte Einführung

von Bernd Rosenstengel und Udo Winand.

*4., verbesserte und erweiterte Auflage 1991. XII, 167 Seiten. Kartoniert.
ISBN 3-528-33582-3*

Die Petri-Netz-Theorie dient der graphischen Modellierung von Systemzusammenhängen sowie der mathematischen Analyse von Systemdynamik. Sie eröffnet Möglichkeiten,

- alle im Rahmen der Systemstruktur angelegten, relevanten Verhaltensmuster zu simulieren,
- Antworten auf gezielte „What-if"-Fragen zu finden und
- Systeme auf definierte dynamische Eigenschaften hin zu überprüfen.

In der 4., verbesserten und erweiterten Auflage des Buches wurden neuere Entwicklungen der Petri-Netz-Technik und -Theorie sowie kritische Anmerkungen berücksichtigt. Es stellt eine umfangreiche und gut strukturierte Informationsquelle zum Thema dar und erleichtert zugleich den Einstieg in die meist sehr spezifische mathematische Literatur. Ergänzt wurde der Text durch ein in der Praxis erprobtes Fallbeispiel aus der Petrochemie.

Dr. *Bernd Rosenstengel* ist in der Abteilung Operative Planung der Technischen Olefin-Werke (ROW), Wesseling bei Köln, tätig.

Dr. *Udo Winand* ist in der Forschungsstelle für Informationswirtschaft der Gesellschaft für Mathematik und Datenverarbeitung mbH, Köln, tätig.

Verlag Vieweg · Postfach 58 29 · D-6200 Wiesbaden 1

Sicherheit in netzgestützten Informationssystemen

Proceedings des BIFOA-Kongresses SECUNET '92

herausgegeben von Heiko Lippold und Paul Schmitz.

1992. XXVI, 550 Seiten. Gebunden.
ISBN 3-528-05262-7

Ziel des seit 1990 zum dritten Mal durchgeführten BIFOA-Kongresses ist es, Sicherheitsprobleme und -lösungen netzgestützter Informationssysteme unter organisatorischen, technischen, personellen, wirtschaftlichen und rechtlichen Gesichtspunkten umfassend zu diskutieren; zu derartigen Systemen werden Verbundlösungen unter Einbeziehung von Groß-, Abteilungs- und Arbeitsplatzrechnern (sowie auch anderen Endgeräten), von Nebenstellenanlagen, lokalen sowie von Nahbereichs- und Weitverkehrsnetzen (einschließlich: öffentliche Netze und Dienste, Mehrdienstanbieter, nicht-terrestrische und grenzüberschreitende Kommunikation) gerechnet.

Besonderes Gewicht wird in den 30 Experten-Vorträgen und im Panel „Unix und Sicherheit" auf Konzepte und Lösungen, Erfahrungen und Entwicklungstendenzen gelegt.

Dr. *Heiko Lippold* ist Geschäftsführer des BIFOA (Betriebswirtschaftliches Institut für Organisation und Automation) an der Universität zu Köln.

Professor Dr. *Paul Schmitz* ist Direktor des BIFOA, Köln.

Verlag Vieweg · Postfach 58 29 · D-6200 Wiesbaden 1